VISIONOMICS

Wirtschaftsforum der SPD e. V. (Hg.)

VISION OMICS

Fünf Säulen für Wohlstand in einer unsicheren Welt

DIETZ

Bibliografische Information der Deutschen Nationalbibliothek

Die Deutsche Nationalbibliothek verzeichnet
diese Publikation in der Deutschen Nationalbibliografie;
detaillierte bibliografische Daten sind im Internet
über http://dnb.dnb.de abrufbar.

ISBN 978-3-8012-0704-5

Umschlag: Hermann Brandner, Köln
Satz: Rohtext, Bonn
Druck und Verarbeitung: Plump Druck & Medien GmbH, Rheinbreitbach

Inhalt

Vorwort des Herausgebers

Deutschland steht vor großen Herausforderungen: Strukturelle wirtschaftliche Probleme, tiefgreifende Transformationsprozesse, demografischer Wandel sowie geopolitische Verwerfungen setzen Wirtschaft und Gesellschaft unter Druck. Gleichzeitig gerät auch die Demokratie unter Spannung – sei es durch schwindendes Vertrauen in Institutionen, Polarisierung der Gesellschaft oder die wachsende Skepsis gegenüber der Handlungsfähigkeit des Staates. Dies erschwert langfristige politische Weichenstellungen.

Die zentrale Frage lautet daher: Wie kann der Wohlstand in Deutschland gesichert und nachhaltig gestaltet werden? Und was genau verstehen wir unter Wohlstand?

Ein neuer Kompass für politisches Handeln

Lange Zeit wurde Wohlstand fast ausschließlich über Wirtschaftswachstum definiert. Doch dieser eindimensionale Blick greift zu kurz. Bereits in den 2010er-Jahren wurden etwa mit dem »Neuen Magischen Viereck« von Sebastian Dullien und Till van Treeck oder auch den W3-Indikatoren alternative Wohlstandsmessungen angedacht. Daran knüpfen wir an und erweitern den Ansatz: Mit dem Magischen Fünfeck haben wir ein Instrumentarium entwickelt, das nicht nur die wirtschaftliche Entwicklung, sondern auch soziale Teilhabe, ökologische Verantwortung, globale Stabilität und demokratische Qualität einbezieht. Diese fünf Dimensionen bilden das Fundament für nachhaltigen Wohlstand:

1. **Wirtschaftliche Entwicklung** – Stabilität, Innovation und Beschäftigung.
2. **Soziale Teilhabe** – Chancengerechtigkeit, faire Löhne, Renten- und Pflegeabsicherung.
3. **Ökologische Verantwortung** – Klimaschutz, Kreislaufwirtschaft, Biodiversitätserhalt.

4. **Globale Sicherheit, Stabilität und Kooperation** – Regelbasierte Ordnung, wirtschaftliche Stabilität, Friedenspolitik.
5. **Demokratische Qualität** – Handlungsfähige Institutionen, politische Partizipation, effiziente Verwaltung.

Diese Dimensionen stehen in Wechselwirkungen zueinander und sind nicht frei von Zielkonflikten: Wie lässt sich wirtschaftliche Wettbewerbsfähigkeit mit ambitioniertem Klimaschutz vereinen? Welche Rolle spielt die Demokratie bei der gerechten Gestaltung wirtschaftlicher Transformationen? Und wie können Sozialstaat und wirtschaftliche Dynamik so balanciert werden, dass sie sich nicht gegenseitig blockieren? Darüber hinaus stellt sich die Frage, wie Europa seine außen- und sicherheitspolitische Handlungsfähigkeit in einer sich wandelnden geopolitischen Lage stärken kann, ohne dabei nationale Interessen und demokratische Prozesse zu vernachlässigen.

Vom Konzept zur politischen Umsetzung

Viele alternative Indikatorensets wurden bereits entwickelt – doch ihr Einfluss auf das politische Handeln bleibt begrenzt. Hier setzt das Magische Fünfeck an: Es bietet nicht nur eine strukturierte Bestandsaufnahme der Lage, sondern es ermöglicht auch, strategische Prioritäten für eine Legislaturperiode festzulegen. Dabei geht es nicht darum, andere Politikbereiche zu vernachlässigen, sondern um gezielte Schwerpunktsetzung und eine konsequente Umsetzung der gewählten Prioritäten. Das Magische Fünfeck unterstützt die Politik dabei, transparente Entscheidungen zu treffen – und gibt ihr die notwendige Stabilität, um gegen kurzfristigen Gegenwind standhaft zu bleiben.

Um ein erstes Bild über den aktuellen Stand und die Perspektiven für 2030 zu erhalten, haben wir unsere Autor:innen um eine intuitive Einschätzung der fünf Dimensionen gebeten. Diese Bestandsaufnahme dient als Grundlage für eine politische Priorisierung. In einem weiteren Schritt könnte sie wissenschaftlich unterlegt und durch belastbare Indikatoren ergänzt bzw. plausibilisiert werden, wobei wir der Meinung sind, dass es nicht um eine unbestrittene Wahrheit, sondern um eine breit geteilte Einschätzung zum Status Quo geht. Diese ist dann wiederum die Basis für die Setzung von Prioritäten und erfolgreichen politischen Handelns. Die nachfolgende Grafik visualisiert diese Einschätzungen und bietet eine erste Grundlage für eine politische Schwerpunktsetzung:

Abb. 1: Das Magische Fünfeck

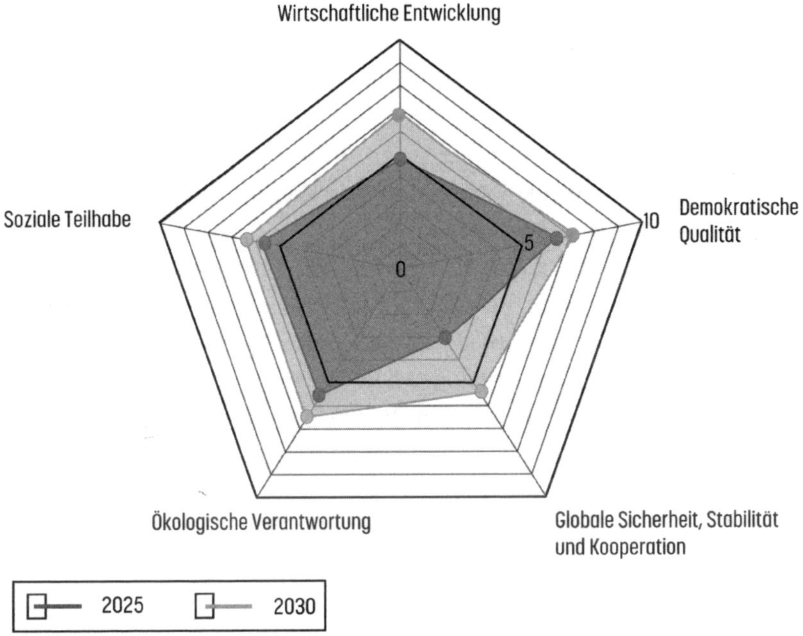

Die Grafik zeigt die Einschätzung unserer Autor:innen zu den fünf Dimensionen auf einer Skala von 1 (sehr schlechter Zustand) bis 10 (Idealzustand). Dabei wird deutlich: Deutschland steht insgesamt besser da, als es die allgemeine Stimmungslage vermuten ließ. Dennoch gibt es klare Herausforderungen. Besonders die Dimensionen »Wirtschaftliche Entwicklung« und »Globale Sicherheit, Stabilität und Kooperation« fallen aktuell zurück und zeigen den größten Handlungsbedarf.

Mit Blick auf 2030 erwarten die Autor:innen eine insgesamt positive Entwicklung, insbesondere wenn es gelingt, die wirtschaftliche Dynamik zu stärken und die sicherheits- und verteidigungspolitischen Herausforderungen entschlossen anzugehen. Hier braucht es gezielte Anstrengungen, um nationale und internationale Bedrohungen abzuwehren sowie eine stabile, regelbasierte internationale Ordnung zu sichern – wirtschaftlich, handelspolitisch und geopolitisch.

Die Debatte über Wohlstand aktiv gestalten

Dieses Buch soll nicht nur ein analytisches Werk sein, sondern konkrete Denkanstöße für die Politik liefern. Unsere Autor:innen – führende Wissenschaftler:innen, Manager:innen, Funktionsträger:innen aus Gewerkschaften und Politik – zeigen auf, wie Prioritäten gesetzt und Zielkonflikte bearbeitet werden können.

Wir danken allen, die mit ihren Beiträgen zu dieser Debatte beigetragen haben. »Visionomics« ist die fünfte Publikation unserer Buchreihe – und sie soll helfen, nicht nur die aktuellen Herausforderungen zu analysieren, sondern auch positive Visionen für unser Land zu entwickeln. Denn um Wohlstand in einer unsicheren Welt zu sichern, braucht es nach der Bestandsaufnahme eine klare Vision und Strategie für die Zukunft.

Ihr Präsidium des Wirtschaftsforums der SPD

Prof. Dr. Ines Zenke (Präsidentin), Prof. Dr. Susanne Knorre (Schatzmeisterin), Dr. Peter Güllmann, Matthias Machnig, Philipp Schlüter, Dr. Tanja Wielgoß (Koordinatorin Magisches Fünfeck) und Michael Wiener

März 2025

Jana Schultheiß

Was ist Wohlstand?
Historische und internationale Debatten und ihre Grenzen

Ruft man die Starthomepage des deutschen Statistischen Bundesamtes – destatis.de – auf, erscheint als erste, sofort ins Auge springende Zahl *das Wirtschaftswachstum*. Dies ist nur ein Beispiel dafür, welch hohen Stellenwert das Bruttoinlandsprodukt (BIP) bzw. sein Wachstum immer noch hat – gerade in wirtschaftspolitischen Debatten ist es die dominante Kennzahl zur Entwicklung des Wohlstands. Hier setzt vielseitige Kritik an, denn die jährliche Veränderung des BIP blendet viele Aspekte eines umfassenden Wohlstandsverständnisses, wie Bildung, Gesundheit, Gleichstellung, Mitbestimmungsmöglichkeiten, ökologische Nachhaltigkeit oder Verteilungsfragen aus.[1] In den letzten Jahrzehnten gab und gibt es weltweit zahlreiche Initiativen, die versuchen Wohlstand neu zu definieren. Hier lässt sich einerseits gut anknüpfen, will man einen neuen, alternativen Indikator zum BIP entwickeln, anderseits werden auch Grenzen in der Durchsetzbarkeit ersichtlich.

Beyond GDP? Internationale Debatten und zentrale Akteure

Die Frage, was ein gutes Leben ausmacht, wird mindestens seit der Antike (Aristoteles) diskutiert. In den vergangenen Jahrzehnten gab es zwei größere Wellen: Eine erste in den 1960/70er Jahren, die insbesondere durch den Bericht »Die Grenzen des Wachstums«[2] des Club of Rome 1972 geprägt war. Aber auch das deutsche Stabilitäts- und Wachstumsgcsctz von 1967, in dcm das gcsamtwirtschaftlichc Glcichgcwicht als »magisches Viereck« von Preisniveaustabilität, einem hohen Beschäftigungsstand, einem außenwirtschaftlichen Gleichgewicht und eines stetigen Wirtschaftswachstums im Sinne eines breiteren Wohlstandsverständnisses festgeschrieben wird, fällt in diese Zeit. Zwar etablierte sich langsam eine akademische Forschung zu Sozialindikatoren, die teilweise von internationalen Organisationen wie der UN, OECD und auch der EU aufgegriffen wurde – etwa geht der UN Human Development Index seit 1990 daraus hervor –, dennoch schwächte die Welle wieder ab. Die OECD verstärkte ab Anfang der 2000er Jahre wieder ihren Fokus auf ein umfassenderes Wohlstandskonzept und auch auf EU-Ebene gab es wieder vermehrt Beyond GDP Debatten. Der Start einer bis heute anhaltenden zweiten Welle lässt sich spätestens mit dem Bericht[3] der sogenannten *Commission on the Measurement of Economic Performance and Social Progress* – besser bekannt unter dem Namen ihrer Leiter als Stiglitz-Sen-Fitoussi-Kommission – 2009 festmachen. Eingesetzt im Auftrag der französischen Regierung sollte vor dem Hintergrund der Wirtschafts- und Finanzkrise die Fokussierung auf das BIP in der wirtschaftlichen Entwicklung hinterfragt werden. Es wurden konzeptionelle Empfehlungen für drei Schwerpunktthemen entwickelt. Auf der dabei zugrunde gelegten Erweiterung der ökonomischen Perspektive (materieller Wohlstand) um Aspekte der Lebensqualität und der ökologischen Nachhaltigkeit, basieren bis heute viele Konzepte – der Bericht gilt als zentraler Referenzpunkt für die Wohlstandsdebatte. Dabei wird in der internationalen Debatte häufig der Begriff »Wellbeing« verwendet, um auch die eher subjektiven Aspekte bzw. die Lebensqualität zu berücksichtigen, im deutschsprachigen Bereich wird der Begriff des Wohlstands meist um das *Wohlergehen* ergänzt, um dies zum Ausdruck zu bringen.

Unter anderem zentral für den Erfolg des Stiglitz-Sen-Fitoussi-Berichts dürfte auch die Tatsache gewesen sein, dass er keinen alternativen Indikator oder ein neues Indikatorenset vorschlug, sondern lediglich Prinzipien für solche aufstellte. So entzog er sich der Angreifbarkeit und drängte zur Weiterarbeit[4]. Tatsächlich leitete der Bericht eine neue Dynamik ein und wurde von einer Vielzahl internationaler Organisationen wie der OECD und Eurostat aufgegriffen[5], die auf eine Operationalisierung und Messbarkeit – insbesondere über die Entwicklung von Indikatorensets – setzten. So wurden etwa bei der OECD maßgeblich Theorien und Methoden weiterentwickelt – der »OECD well-being framework« gilt als »best practice« für die Messung von Wohlstand und Wohlergehen. 2020 wurde ein eigenes OECD-Zentrum für Wohlbefinden, Inklusion, Nachhaltigkeit und Chancengleichheit (Englisch: Well-being, Inclusion, Sustainability and Equal Opportunity – WISE) eingerichtet[6].

Auch die Vereinten Nationen sind weiterhin ein zentraler Akteur in der Debatte um Wohlstand und Wohlergehen. Denn auch die 2015 beschlossene UN-Agenda 2030 (UN 2015) mit den 17 Zielen nachhaltiger Entwicklung, den Sustainable Development Goals (SDGs), kann hier als wichtiger Beitrag verstanden werden, sollen die Ziele doch als Leitlinien für eine sozial, ökonomisch und ökologisch ausgewogene Politik dienen. Ein Vorschlag zur Messung der Umsetzung der Ziele seitens der UN enthält 169 Unterziele und noch deutlich mehr Indikatoren, die bei der nationalen Umsetzung jedoch unterschiedlich abgestimmt werden sollen. Auf EU-Ebene liegt die Berichterstattung zu den SDG-Indikatoren bei Eurostat, der europäischen Statistikbehörde, die ein 100 Indikatoren umfassendes Set entwickelt hat und jährlich einen Fortschrittsbericht als Entscheidungsgrundlage für die Politik erstellt[7]. In Deutschland liegt die Verantwortung für das Monitoring beim Statistischen Bundesamt, seit 2019 erfolgt dies im Wesentlichen über die Online Plattform sdg-indikatoren.de. Hier ist zudem das Indikatorenset der Deutschen Nachhaltigkeitsstrategie (DNS), der strategischen Umsetzung der Agenda 2030 in Deutschland mit nationalen Schwerpunkten, zu finden. Weltweit berichten Staaten bzw. die statistischen Behörenden über die Umsetzung der SDGs, darüber hinaus gibt es zahlreiche Berichte auf Ebene der UN[8].

Es existieren zahlreiche weitere Initiativen um die Fragen, was (Teil-) Ziele zu mehr Wohlstand und Wohlergehen sein können und wie diese gemessen werden können. Die Debatten wurden in den letzten Jahren zudem um Erkenntnisse aus der Ungleichheits-, der Glücksforschung sowie der sogenannten Alltagsökonomie/Foundational Economy bereichert.

Weitere Konzepte und Debatten in Deutschland

Neben der bereits erwähnten Deutschen Nachhaltigkeitsstrategie, die 2002 eingeführt und seit 2004 alle vier Jahre fortgesetzt wird, existieren auch in Deutschland bereits zahlreiche weitere Initiativen im Rahmen der Wohlstandsdebatte – einige zentrale bzw. exemplarische werden im Folgenden überblicksartig dargestellt:

- Anknüpfend an die Stiglitz-Sen-Fitoussi Kommission wurde 2010 die Enquete-Kommission »Wachstum, Wohlstand, Lebensqualität - Wege zu nachhaltigem Wirtschaften und gesellschaftlichem Fortschritt in der Sozialen Marktwirtschaft« eingesetzt, deren Hauptaufgabe es ebenfalls war, eine Wohlstandsmessung zu entwickeln, bei der nicht mehr das BIP im Fokus steht. Zwar legte die Kommission 2013 einen umfangreichen Bericht, inklusive Indikatoren – die W3-Indikatoren, die sich ebenfalls an den drei Leitlinien materieller Wohlstand, Soziales und Teilhabe sowie Ökologie orientierten – vor, jedoch erhielten die Ergebnisse deutlich weniger nachhaltige Aufmerksamkeit als in Frankreich.
- 2012 haben Sebastian Dullien und Till van Treeck im Auftrag der Friedrich-Ebert-Stiftung ein neues magisches Vieleck einer wohlstandsorientierten Wirtschaftspolitik entwickelt. In Anlehnung an das Stabilitäts- und Wachstumsgesetz aus 1967 schlugen die beiden ein neues »Stabilitäts- und Wohlstandsgesetz« vor, das einen deutlich breiteren Wohlstandsbegriff vorsieht.[9]
- 2019 legte der Sachverständigenrat zur Begutachtung der gesamtwirtschaftlichen Entwicklung eine »ganzheitliche Berichterstattung über die gesamtdeutsche Wohlfahrtsentwicklung der vergangenen drei Jahrzehnte vor«. Dabei wurde auf ein 2010 mit dem französischen Conseil d'analyse économique entwickeltes Indikatorensystem zurückgegriffen, bei dem »Elemente des materiellen Wohlstands, nicht marktgehandelte Facetten der Lebensqualität und Aspekte der Nachhaltigkeit gleichberechtigt nebeneinandergestellt« wurden.[10]
- Vom Institut für Makroökonomie und Konjunkturforschung (IMK) der Hans-Böckler-Stiftung wird jährlich der NWI – der Nationale Wohlfahrtsindex – herausgegeben, der sich ebenfalls in der Tradition der alternativen Wohlstandsmessung gegenüber dem BIP sieht.[11] Er geht zurück auf die Arbeiten der FEST (Forschungsstätte der Evangelischen Studiengemeinschaft e.V.), dem Forschungszentrum für

Umweltpolitik der FU Berlin und dem Umweltbundesamt (2009), und wird bis heute mit der FEST berechnet.

- Seit 2022 wird mit einem Kapitel zur Wohlfahrtsmessung im Jahreswirtschaftsbericht der Bundesregierung versucht, das BIP um weitere Aspekte von Wohlfahrt und Nachhaltigkeit zu ergänzen. Dazu wurde ein Set von über 30 Indikatoren entwickelt. 2023 erfolgte zudem eine breite Online-Konsultation zur Debatte einer Weiterentwicklung der Wohlfahrtsmessung im Jahreswirtschaftsbericht.[12]

Fazit: Messen alleine reicht nicht – eine stärkere Steuerung ist gefragt

Es existiert – zumindest in Fachkreisen – bereits ein jahrelanger Diskurs über die Messung von Wohlstand und Wohlergehen als Alternativen zum BIP und damit auch über die Ziele von (Wirtschafts-)Politik. Zwar wurden zahlreiche Indikatorensets und jährliche Fortschrittsberichte von anerkannten Institutionen entwickelt, gerade vor dem Hintergrund der Vielfachkrisen – Pandemie, Energie-Teuerung und Klimakrise – gibt es aber immer noch überraschend wenig Niederschlag der Erkenntnisse im tatsächlichen politischen Handeln. Den tausenden Seiten an Kennzahlen, Dokumentationen ihrer Entwicklungen und Empfehlungen müssen deutlich mehr Taten und politische Maßnahmen mit der Orientierung an einer Wohlstandssteigerung folgen.[13]

Damit Wohlstand und Wohlergehen gestaltungswirksamer und nachhaltig politisch handlungsleitend werden kann, ist es zuvorderst wichtig, die sogenannte »Governance«, also die Institutionen und Steuerungsprozesse, strukturell stärker an diesen auszurichten. Im Wohlstandsbericht der Arbeiterkammer – der seit 2018 jährlich in Österreich erscheint – haben wir 2021 einen entsprechenden Vorschlag für Österreich entwickelt[14], der sich auch auf Deutschland übertragen lässt. Im Wesentlichen enthält er drei zentrale Punkte:

1. **Ein neuer, eigenständiger wirtschaftspolitischer Steuerungsprozess**, in dessen Zentrum eine jährliche Entwicklungsstrategie steht. Diese sollte von der Bundesregierung im Frühjahr (in Abstimmung mit den europäischen Meldeverpflichtungen) vorgestellt, öffentlich

diskutiert und vom Parlament beschlossen werden. Sie sollte möglichst klare Ziele beinhalten, deren Entwicklung auf einer soliden empirischen Basis beruhen.

2. **Ein neues Indikatorenset und ein jährlicher Expert:innenbericht**: Als wichtigste empirische Basis soll ein eigenes Indikatorenset dienen, das unter breiter Beteiligung entwickelt wird und auf internationalen Vereinbarungen (wie den SDGs) und bestehenden Indikatorensets aufbaut. Dabei sind auch Prognosen und Analysen zentral, denn für eine politische Steuerung müssen sich abzeichnende kurz- und mittelfristige Zielabweichungen möglichst ex ante erkannt werden, um gegensteuern zu können und nicht nur ex post zu messen. Ein Expert:innenbericht, der die laufende Entwicklung aufzeigt, den Grad der Zielerreichung misst, allfällige Zielabweichungen analysiert und Empfehlungen ableitet, soll die Grundlage für die jährliche Entwicklungsstrategie bilden.
3. **Expert:innenbeirat**: Es sollte ein Beirat für die nachhaltige Entwicklung von Wohlstand und Wohlergehen eingerichtet werden, der den Jahresbericht sowie Sondergutachten erstellt und dessen Mitglieder als Protagonist:innen in der öffentlichen Debatte auftreten.

Neuere Konzepte wie das SDG-Budgeting – dabei geht es darum, die SDGs stärker im Budgetprozess zu verankern und die Budgetwirkung u.a. daran zu orientieren – könnten ebenfalls gut in die hier skizzierte neue Governance-Struktur integriert werden.

Bei der Erarbeitung eines neuen ganzheitlichen Indikators zur Wohlstandsmessung im Rahmen eines Fünfecks sollte neben dem Rückgriff auf zentrale Erkenntnisse der internationalen Debatte von Anfang an mit bedacht werden, wie die Ergebnisse politisch steuerungswirksam werden können und welche Prozesse hier aufgesetzt werden müssten.

Prof. Dr. Achim Truger

Leichter berechnet als umgesetzt: Umfassendere Wohlstandsindikatoren und wirtschaftspolitische Beratung

Eigentlich ist es vollkommen klar und dürfte weitgehend Konsens unter Ökonom:innen sein: Das Bruttoinlandsprodukt (BIP) pro Kopf ist kein guter Indikator für den gesamtwirtschaftlichen und -gesellschaftlichen Wohlstand. Es erfasst nur marktliche Transaktionen und vernachlässigt damit beispielsweise wesentliche Teile der Care-Ökonomie. Es leidet unter Bewertungs- und Erfassungsproblemen, ist verteilungsblind und vernachlässigt ökologische Nebenwirkungen und Umweltkatastrophen. Um diesbezügliche Kritik an der Zunft abzuwehren, lässt sich allerdings leicht darauf verweisen, dass die Probleme des BIPs ausführlich in den Lehrbüchern der oder den entsprechenden Kapiteln zu den Volkswirtschaftlichen Gesamtrechnungen (VGR) behandelt werden. Zudem gibt es mittlerweile viele Ansätze in der ökonomischen Literatur, in denen ein neues magisches Vieleck oder Indikatoren für eine umfassende oder ganzheitliche Wohlstandsberichterstattung vorgeschlagen werden. Das Problem besteht jedoch darin, dass diese Ansätze in der konkreten wirtschaftspolitischen Beratung und Debatte kaum eine Rolle spielen. Diese ist nach wie vor – zumal in Krisenzeiten – fast ausschließlich auf das (potenzielle) BIP fixiert.

Teilweise selbstkritisch muss angemerkt werden, dass diese Einschätzung leider auch für den Sachverständigenrat zur Begutachtung der gesamtwirtschaftlichen Entwicklung (SVR) gilt. Zunächst kann der Sachverständigenrat mit Recht darauf verweisen, dass er schon 2010 im Auftrag des deutsch-französischen Ministerrates gemeinsam mit seinem französischen Pendant, dem Conseil d'Analyse Économique

(CAE) die ausführliche Studie »Wirtschaftsleistung, Lebensqualität und Nachhaltigkeit: Ein umfassendes Indikatorensystem« vorgelegt hat. Im Jahr 2019 hat er dann anlässlich des 30. Jahrestags des Mauerfalls ein update der Indikatorwerte für Deutschland mit dem Titel »Ganzheitliche Wohlfahrtsberichterstattung: Die Entwicklung Deutschlands seit dem Mauerfall« publiziert. Ziel ist es, einen ganzheitlichen Blick auf materiellen Wohlstand, Lebensqualität und Nachhaltigkeit zu ermöglichen. Dies geschieht anhand von insgesamt 24 Indikatoren, die den Bereichen materieller Wohlstand, Lebensqualität und Nachhaltigkeit zugeordnet sind.

Beim materiellen Wohlstand finden sich wenig überraschend einige Standardindikatoren wie das reale BIP pro Kopf, die Arbeitsproduktivität, und die Erwerbstätigenquote, aber auch, um die tatsächliche Versorgung der Bevölkerung im Inland zu erfassen, das Nettonationaleinkommen und die privaten und staatlichen Konsumausgaben pro Kopf. Schließlich wird ergänzend auch die Einkommensverteilung anhand eines Quintilsverhältnisses (Einkommen am 4. Quintil zu Einkommen am 1. Quintil der Verteilung) erfasst. Im Bereich Lebensqualität finden sich spannende Indikatoren zum Stand von Gesundheit und Bildung, zur Qualität der Arbeit anhand der Schichtarbeitsquote, und der Erfüllung von Arbeitszeitpräferenzen mittels der Quote der unfreiwilligen Teilzeitbeschäftigung. Außerdem wurde je ein Indikator für die Möglichkeit der politischen Einflussnahme und Kontrolle, für soziale Kontakte und Beziehungen, die Umweltbedingungen sowie die Armutsrisikoquote einbezogen. Manche der einzelnen Indikatoren, etwa die Feinstaubbelastung in Ballungsräumen für den Gesamtkomplex der Umweltbedingungen, mögen etwas verengt anmuten, sie wurden jedoch in der SVR-/CAE-Studie von 2010 mittels statistischer Verfahren wie der Hauptkomponentenzerlegung aus einem umfassenderen Datenset als sinnvoll extrahiert. Schließlich gibt es für den Bereich der Nachhaltigkeit Indikatoren für die ökologische Nachhaltigkeit (Treibhausgasemissionen, Biodiversität) ebenso wie für die Nachhaltigkeit von Wachstum und die finanzielle Nachhaltigkeit des öffentlichen und des privaten Sektors.

So spannend und beeindruckend die Vielzahl an Indikatoren ist, so enttäuschend bleibt jedoch, dass sie in den Gutachten des SVR seit 2010 bzw. der Neuauflage 2019 eigentlich kaum keine Rolle spielen, erst recht bleibt ihr Einfluss auf die diskutierten wirtschaftspolitischen Optionen eng begrenzt. Besonders aufschlussreich ist das Jahresgutachten 2019/2020, das am 6. November 2019 und damit gerade einmal sechs Wochen nach der Publikation des Indikatoren-Updates am 23. September 2019 erschien und teilweise parallel zu diesem entstand. In zwei Minderheitsvoten musste ich damals darauf hinweisen, dass die Ratsmehrheit im Verteilungskapitel die Zunahme der Einkommensungleichheit (interessanterweise mit einem anderen Quantilsverhältnis als in der Wohlfahrtsberichterstattung) seit den 1990er Jahren und die Diskussion möglicher wirtschaftspolitischer Gegenmaßnahmen völlig ignorierte. In einem weiteren Minderheitsvotum zum Produktivitätskapitel musste ich darauf hinweisen, dass die Ratsmehrheit die USA aufgrund ihres im internationalen Vergleich sehr hohen Pro-Kopf-Einkommens als Maßstab für andere Volkswirtschaften verwendet und so implizit zum Vorbild erhoben hatte. Dabei basierte das höhere Pro-Kopf-Einkommen dortzulande im Vergleich zu Deutschland nicht auf einem nennenswerten Vorsprung bei der Produktivität je Erwerbstätigenstunde, sondern vor allem auf längeren Arbeitszeiten je Erwerbstätigem. Damit wurden zwei innerhalb der ganzheitlichen Wohlfahrtsberichterstattung vom SVR als relevant für den materiellen Wohlstand eingestufte Indikatoren vernachlässigt oder ohne weitere Begründung mindergewichtet.

Man könnte einwenden, der SVR sei durch sein Mandat in §2 des SVR-Gesetzes auf die Zielgrößen des »Magischen Vierecks« aus Preisniveaustabilität, hohem Beschäftigungsstand, angemessenem und stetigem Wirtschaftswachstum sowie außenwirtschaftlichem Gleichgewicht verpflichtet und dadurch letztlich gezwungen, im Zweifel das Wachstumsziel zu priorisieren, und er könne das Verteilungsziel außen vorlassen. Letzteres ist jedoch wenig überzeugend, denn in §2 findet sich auch der Auftrag: »In die Untersuchung sollen auch die Bildung und die Verteilung von Einkommen und Vermögen einbezogen werden.« Und bezüglich des Wachstumsziels ist darauf hinzuweisen, dass die Zielvorgabe des »angemessenen« Wachstums Interpretationsspielräume aufweist, die es durchaus erlaubt hätten, stärker auf das Produktivitätswachstum abzustellen und anzuerkennen, dass dieses nicht zwangsläufig nur zur Wachstumssteigerung eingesetzt, sondern auch für geringere Arbeitszeiten und damit mehr immateriellen Wohlstand in Form von mehr Freizeit genutzt werden könnte. Denn »angemessen« kann schwerlich mit »maximal« gleichgesetzt werden, zumal vom SVR offenbar implizit immer wieder quantitative Neuanpassungen in der Interpretation des Mandates vorgenommen wurden: In den 1960er Jahren wäre ein (Potenzial-)Wachstum von 2 % oder 1,5 % sicherlich nicht als angemessen betrachtet worden, wie es Jahrzehnte später unter dem Eindruck allgemein sinkender Wachstumsraten aber offenbar getan wurde. Schließlich muss angemerkt werden, dass sich der SVR immer wieder die Freiheit herausgenommen hat, selbst im Gesetz genannte Ziele, wie das des außenwirtschaftlichen Gleichgewichts, letztlich zu vernachlässigen, wie in meinem Minderheitsvotum zum Produktivitätskapitel des Jahresgutachtens 2019/20 ausgeführt wurde.

Mittlerweile hat sich der SVR in neuer Besetzung durchaus weiterentwickelt und stellte im Verteilungskapitel des Jahresgutachtens 2023/24 erstmals den trendmäßigen Anstieg der Armutsrisikoquote – und damit eines Indikators aus dem Bereich »Lebensqualität« des ganzheitlichen Indikatorensystems – und wirtschafts- und sozialpolitische Maßnahmen zu seiner Senkung in den Mittelpunkt. Gleichwohl muss (selbst-)kritisch eingestanden werden, dass die Fixierung auf das (Potenzial-)Wachstum auch in den jüngeren SVR-Gutachten weiter im Fokus steht, obwohl dies, wie argumentiert, keinesfalls zwangsläufig wäre. Offenbar fällt es trotz fertig entwickelter umfassenderer Wohlstandsindikatoren schwer, sie in die wirtschaftspolitische Beratung einzubringen, und die Beharrungskräfte der traditionellen BIP-Fixierung sind groß.

Dies zu ändern, dürfte nicht leicht sein. Letztlich bedarf es einer ausführlichen gesellschaftlichen Debatte um einen umfassenderen Wohlstandsbegriff, die dann über zwei Kanäle in die wirtschaftspolitische Beratung einfließen kann: Erstens darüber, dass die gesellschaftliche Relevanz auch in der Wissenschaft zu einer zunehmenden Beschäftigung und der Entwicklung von weiterführenden Konzepten und wirtschaftspolitischen Vorschlägen führt. Zweitens institutionell abgesichert, indem die Politik neue Gremien einrichtet oder das Mandat bestehender Gremien entsprechend ändert.

1.

Wirtschaftliche Entwicklung

Dr. Jörg Kukies

Wirtschaftspolitik in einer unsicheren Welt

I. Wir waren selten so gefordert wie heute

Wir leben in Zeiten, in denen wir uns bewähren müssen. Die geopolitische und geoökonomische Konkurrenz hat sich verschärft. Die internationale Ordnung ist unter Druck. Ihre Regeln werden von immer weniger Ländern befolgt. Wie eine zukünftige Ordnung aussehen wird, ist offen. Der einstmals weit verbreitete Fortschrittskonsens aus freiem Handel, offenen Märkten und mobilem Kapital wird in vielen Hauptstädten und Bevölkerungen so nicht mehr geteilt. Die Phase von Aufschwung und Stabilität, die nach dem Fall des Eisernen Vorhangs in der Welt dominierte, ist Vergangenheit.

Unser Land profitierte als global vernetzte und technologisch führende Volkswirtschaft explizit vom *status quo ante* und ist daher jetzt besonders gefordert. Autoritäre Kräfte versuchen, den Liberalen Demokratien das Wasser abzugraben und den sozialen Zusammenhalt in den Gesellschaften zu unterminieren. Spätestens der russische Überfall auf die Ukraine hat den Nachholbedarf bei unserer Verteidigungsfähigkeit offengelegt. Wir haben massiv an Wettbewerbsfähigkeit verloren. Unser Land hat mittlerweile eine strukturelle Wachstumsschwäche. Die Alterung der Gesellschaft gleichen wir noch nicht durch ein angemessenes Produktivitätswachstum aus. In den vergangenen zehn Jahren ist unser Potenzialwachstum von 1,5 Prozent auf nur noch rund 0,5 Prozent gesunken. Unsere wirtschaftliche Schwäche ist daher nicht zyklischer, sondern struktureller Natur.

Dennoch gab es wirtschaftspolitisch in den vergangenen Jahren durchaus Erfolge. Die wirtschaftlichen Konsequenzen der Corona-Pandemie und des russischen Angriffskrieges konnten wir begrenzen. Bei der ökologischen und digitalen Transformation unseres Landes sind wir vorangekommen. Noch niemals in der Geschichte der Bundesrepublik Deutschland waren so viele Menschen in Arbeit wie in den vergangenen Jahren. Wir haben Fortschritte gemacht, jetzt sind jedoch Sprünge nach vorne notwendig.

II. Wirtschaftspolitik in unsicheren Zeiten

Wir sind gefordert uns zu bewähren, insbesondere wirtschaftlich. Deutschland ist grundsätzlich attraktiv, wir verfügen über einen starken Mittelstand und viele innovative, zukunftsorientierte Unternehmen. Die Chancen sind gut, wieder auf den Wachstumspfad zurück zu kommen. Es ist die Zeit für eine Wirtschaftspolitik, die uns wettbewerbsfähiger macht und gleichzeitig unserer Sicherheit und dem Klimaschutz dient sowie die demokratischen und gesellschaftlichen Grundlagen unseres Wohlstands stärkt. Aus meiner Sicht braucht es diese Initiativen:

Höhere Arbeitsanreize und mehr Fachkräfte

Die geburtenstarken Jahrgänge der Baby-Boomer gehen in Rente und stehen dem Arbeitsmarkt nicht mehr zur Verfügung. Um dem Mangel gegenzusteuern, hat die Bundesregierung unter Bundeskanzler Scholz wichtige Schritte unternommen, die den Arbeitsmarkt mobilisieren. Das Fachkräfteeinwanderungsgesetz und die Fachkräftestrategie sind umgesetzt. Mit der Wachstumsinitiative liegen zahlreiche Maßnahmen vor, an die die nächste Bundesregierung anknüpfen und damit Anreize stärken kann, eine Erwerbstätigkeit aufzunehmen oder eine bestehende auszuweiten.

Menschen, die über die Regelaltersgrenze hinaus beruflich aktiv sind, stützen unseren Wohlstand. Für ältere Arbeitnehmerinnen und Arbeitnehmer soll es daher leichter und finanziell attraktiver werden, länger erwerbstätig zu sein. Auch Überstunden sollen sich lohnen. Das Kabinett Scholz hat deshalb im Rahmen der Wachstumsinitiative beschlossen, Zuschläge für Mehrarbeit, die über die tariflich vereinbarte Vollzeitarbeit hinausgehen, steuer- und beitragsfrei zu stellen. Wenn Arbeitgeber außerdem eine Prämie für die Ausweitung der Arbeitszeit zahlen, soll diese Prämie steuerlich begünstigt werden.

Wir können uns in der politischen Diskussion in unserem Land nicht über unzureichende Anreize zur Arbeitsaufnahme und über hohe Teilzeitquoten insbesondere bei Frauen beklagen und gleichzeitig wesentliche steuer- und abgabenrechtliche Regelungen unberücksichtigt lassen. Die Übergänge in qualifizierte sozialversicherungspflichtige Beschäftigung sollten sowohl bei der Ehegattenbesteuerung als auch im Sozialrecht erleichtert werden. Insbesondere im unteren Einkommensbereich kann das Zusammenspiel verschiedener staatlicher Transferzahlungen dazu führen, dass sich Mehrarbeit nicht immer lohnt, da die Transferentzugsraten zu hoch sind. Ein steigendes Einkommen wird dann größtenteils durch geringere Transferleistungen absorbiert. Die Wachstumsinitiative legt daher fest, dass »ein wesentlicher Anteil jedes zusätzlich verdienten Euros« bei den Erwerbstätigen verbleiben soll. Eine Prämie für die Aufnahme einer sozialversicherungspflichtigen Tätigkeit soll darüber hinaus auf Bürgergeldempfänger motivierend wirken, den Lebensunterhalt wieder selbständig verdienen zu können. Auch arbeitsvertragliche Regelungen wie das Vorbeschäftigungsverbot sollten an die Realitäten angepasst werden.

Für Bürgergeldbezieher hat die Wachstumsinitiative vorgeschlagen, die Mitwirkungspflichten und Zumutbarkeiten zu verschärfen. Zudem gilt es weiterhin, internationale Arbeitskräfte für den deutschen Arbeitsmarkt zu gewinnen und die Integration sich bereits in Deutschland befindlicher ausländischer Fachkräfte zu beschleunigen. Es gibt Potenzial, die Förderung von Weiterbildung einfacher und somit effektiver zu gestalten und so das Qualifikationsniveau der Beschäftigten anzuheben.

Damit sich Arbeit mehr lohnt, müssen wir auch die Steuer- und Abgabenbelastung generell im Blick behalten. Wenn wir uns Spielräume für Entlastungen erarbeitet haben, dann sollten davon insbesondere untere und mittlere Einkommen profitieren. So kann der Arbeitsmarkt zu einem Wachstumsmotor für die gesamte Gesellschaft werden.

Den Staat vereinfachen

Der Bund hat beim Bürokratieabbau zuletzt Fortschritte gemacht. So haben wir Planungszeiten verkürzt und genehmigen heute Schlüsselinfrastrukturen im überragenden öffentlichen Interesse in Rekordgeschwindigkeit. Das ist insbesondere beim Ausbau der Erneuerbaren Energien spürbar. Die Bundesregierung unter Olaf Scholz hat vereinbart, künftig jährliche Bürokratieentlastungsgesetze vorzulegen, um sicherzustellen, dass die Belastung aus Bundesgesetzen von Jahr zu Jahr abnimmt. Dieser Kurs sollte beibehalten werden. Aber auch die Bundesländer und Europa sind bei dem Thema in der Pflicht. Der Erfüllungsaufwand auf europäischer Ebene ist hoch. Ich habe mich daher intensiv dafür eingesetzt, dass die Europäische Kommission den Bürokratieabbau zu einem ihrer Schwerpunkte macht. Insbesondere halte ich es für wichtig, dass wir zu einem verschlankten, effektiven und effizienten System der Nachhaltigkeitsberichterstattung kommen. Soziale und Umweltstandards möglichst bürokratiearm umzusetzen, ist für die Erreichung dieser Ziele eher zu- als abträglich.

Zielgerichtete Impulse für private Investitionen setzen

Deutschland ist ein attraktiver Wirtschaftsstandort. Nationale und internationale Beispiele bestätigen das. So baut Eli Lilly für 2,3 Milliarden Euro sein erstes Werk in Deutschland – eine der größten Investitionen des Unternehmens weltweit. Rheinmetall errichtet im niedersächsischen Unterlüß ein neues Munitionswerk, um die Versorgung der Bundeswehr sicherzustellen. Amazon und Microsoft haben Investitionen in Höhe von mehreren Milliarden Euro in KI-Rechenzentren und Cloud-Infrastruktur in Deutschland angekündigt. Carrier und Viessmann schließen sich zusammen, um einer der weltweit führenden Anbieter von Klimalösungen zu werden. Und beim Bau der LNG-Terminals hat Deutschland bewiesen, dass es auch unkompliziertes Tempo kann.

Damit Deutschland bei Sicherheit, Digitalisierung, Zukunftstechnologien und dem Übergang zur Klimaneutralität mithalten kann, braucht es aber mehr. Wir brauchen weitere Investitionsanreize und Anreize für Forschung und Entwicklung. Mit dem Wachstumschancengesetz und dem Zukunftsfinanzierungsgesetz wurden in der 20. Legislaturperiode erste Impulse gesetzt. Der Entwurf der Bundesregierung für das Steuerfortentwicklungsgesetz hatte neben den Entlastungen für Familien und dem Ausgleich der Kalten Progression auch gezielte steuerliche Anreize und beschleunigte Abschreibungsregelungen vorgesehen. Auch die Forschungszulage sollte ausgeweitet werden, um unsere Innovationskraft zu stärken. Darauf sollte eine neue Bundesregierung aufbauen.

Einen leistungsfähigen Energiemarkt für die Wirtschaft von morgen schaffen

Bezahlbare, sichere und umweltverträgliche Energie ist wichtig für die Wirtschaft und für die gesellschaftliche Stabilität. Die Bundesregierung hat die Grundlagen für eine deutlich stärkere Dynamik beim Ausbau von Erneuerbaren Energien gelegt, um die Abhängigkeit von fossilen Energieträgern nachhaltig zu verringern. Wind- und Solarenergie nehmen einen immer größeren Stellenwert ein. Wir beschleunigen außerdem den Markthochlauf von Wasserstofftechnologien und den Aufbau eines Wasserstoffnetzes. Um unsere Gasversorgung auch aufgrund sicherheitspolitischer Erwägungen resilienter zu machen, treiben wir die Diversifikation von Gaslieferquellen konsequent voran.

Der schnellere Ausbau des erneuerbaren Energieangebots trägt zu sinkenden Strompreisen an den Kurzfristmärkten bei. Nun gilt es, die Systemkosten zu reduzieren. Der sichere Systembetrieb bei großen Mengen volatiler Erzeugung, der Ausbau der Netzinfrastruktur sowie das Engpassmanagement verursachen derzeit hohe Kosten, die perspektivisch weiter ansteigen dürften. Daher ist es wichtig, dass die von der Bundesregierung beschlossenen Anreize zu Investitionen in Speichertechnologien ebenso umgesetzt werden, wie ein wettbewerblicher und technologieneutraler Kapazitätsmarkt. An die in dieser Legislaturperiode nicht mehr verabschiedeten Vorhaben Kraftwerksstrategie und Kohlendioxid-Speichergesetz (KSpG) sollte eine künftige Regierung anknüpfen. Die Strategie ist wichtig, um den Hochlauf der Wasserstoffwirtschaft voranzutreiben und die Stromproduktion zuverlässiger zu machen. In Verbindung mit dem KSpG und der damit einhergehenden Möglichkeit zur CO2-Abscheidung und -Nutzung/Speicherung (CCU/S) öffnet sie den Weg für eine kostengünstige Dekarbonisierung der Wirtschaft überall dort, wo eine direkte Elektrifizierung nicht möglich ist. Perspektivisch sollten die Übertragungsnetzentgelte für die Unternehmen gedeckelt werden, um der Wirtschaft in der Energiewende mehr Planungssicherheit zu geben.

Wo es auf Größe ankommt, ist Europa unser Trumpf

Wo es auf die Größe von Märkten ankommt, ist eine europäische Lösung naheliegend, denn die Europäische Union ist der größte Binnenmarkt der Welt. Wir müssen mehr Kapital mobilisieren – auch durch eine Stärkung der privaten und betrieblichen Altersvorsorge. Unsere Wachstumsperspektiven sind immer noch ungünstiger als beispielsweise in den USA. Es mangelt unseren Unternehmen an Eigenkapitalfinanzierungen. Dies liegt auch am fragmentierten EU-Kapitalmarkt. Nach Fortschritten in der vergangenen Legislaturperiode habe ich daher die neue Kommissarin für Finanzmärkte mit einem Konzept zur Vertiefung der Kapitalmarktunion begrüßt. Ziel ist es unter anderem, die Verbriefungsmärkte dynamischer und die Sparprodukte in Europa mit Hilfe des Kapitalmarkts attraktiver zu gestalten.

Wir müssen uns darauf einstellen, dass es in Zukunft weniger »regelgebundenes« Verhalten von Staaten und mehr »machtbasierte« Verhandlungen geben wird, und bilaterale Wirtschaftsbeziehungen pluri- und multilateralen Abkommen vorgezogen werden. Um dem entgegenzuwirken, müssen wir uns um Einigkeit innerhalb der EU und um eine starke Zusammenarbeit mit solchen Partnern bemühen, die unsere Interessen teilen. Jüngste Äußerungen der neuen US-Administration sollten uns in diesem Ziel bestärken. Gute transatlantische Beziehungen bleiben für uns von grundlegender Bedeutung, und ich bin der festen Überzeugung, dass sowohl die USA als auch Europa davon profitieren. Naiv sollten wir jedoch nicht sein. Ein Handelskonflikt kann in niemandes Interesse liegen, weil Zölle inflationstreibend wirken und die importierenden Unternehmen auch nicht wettbewerbsfähiger machen. Für diese Perspektive müssen wir werben.

Wir sind gut beraten, kritische Abhängigkeiten weiter zu reduzieren und unsere Lieferbeziehungen zu diversifizieren, um unsere wirtschaftliche Sicherheit und Widerstandsfähigkeit zu erhöhen. Neue Handelsabkommen und gezielte Kooperationen sind dabei der bessere Weg, um so viel wirtschaftliche Offenheit wie möglich zu bewahren und uns gleichzeitig vor Risiken zu schützen. Daher ist es entscheidend, dass das Mercosur-Abkommen mit Lateinamerika zügig umgesetzt wird. Darüber hinaus ist ein baldiger Abschluss von Freihandelsabkommen der EU mit Indien, Indonesien, Malaysia und dem Golfkooperationsrat, also mit Bahrain, Katar, Kuwait, dem Oman, Saudi-Arabien und den Vereinigten Arabischen Emiraten, geboten.

III. Öffentliche Investitionen in Infrastruktur und Sicherheit: Die Bundesregierung Scholz hat die investiven Ausgaben aus dem Bundeshaushalt stark erhöht und so den Rückstand bei staatlichen Investitionen in die öffentliche Infrastruktur abgebaut. Jedoch haben Schienen, Straßen, Brücken, die Schulen und Hochschulen jahrzehntelang unter zu geringen Investitionen gelitten. Der Nachholbedarf ist also weiterhin erheblich. Gleichzeitig werden wir in unsere Sicherheit investieren müssen. Wir sollten daher die Staatsausgaben konsequent priorisieren und weniger drängende Aufgaben zurückstellen. Ebenso sollte der Staat effizienter werden. Wir brauchen strukturelle Reformen auf nationaler und auf EU-Ebene, um das Wachstum zu erhöhen und so die wirtschaftliche Grundlage der Staatsfinanzen zu verbreitern. Aber bei den mit unseren Aufgaben verbundenen finanziellen Größenordnungen wäre es illusorisch zu denken, man finanziere diese alleine durch Einsparungen und Effizienzgewinne.

Neue Sondervermögen sind eine Option. Ich bin überzeugt, dass wir auch den finanzpolitischen Rahmen an die aktuelle Lage anpassen sollten. Die Schuldenbremse wurde 2009 in einer anderen Zeit beschlossen. Heute ist unsere Schuldenstandsquote vergleichsweise niedrig, das Kreditrating hoch. Wenn wir Generationengerechtigkeit umfassend verstehen, dann sollten wir unseren Nachkommen ein Leben in Wohlstand und Sicherheit mit einer intakten Umwelt, soliden Finanzen und gerechter Teilhabe ermöglichen. Eine zielgerichtete Reform der Schuldenbremse könnte hierzu einen Beitrag leisten. Das strukturell schwache

Potenzialwachstum ist das Kernproblem unserer Volkswirtschaft. Daher muss eine Reform auf Maßnahmen fokussiert sein, die unser Wachstumspotenzial nachhaltig und dauerhaft steigern und die bestehenden Möglichkeiten innerhalb der Schuldenbremse besser nutzbar machen.

IV. Schluss

Wollen wir uns bewähren und unsere Art zu leben behaupten, so brauchen wir wieder mehr wirtschaftlichen Erfolg, denn Wohlstand und Demokratie bedingen einander. Die Deutschen haben in den vergangenen Jahrzehnten mit Liberaler Demokratie und Sozialer Marktwirtschaft breite Teilhabe an wachsendem Wohlstand bei demokratischer Mitbestimmung und Frieden in Sicherheit erreicht. Wenn wir jetzt dieses Wachstumsmodell weiterentwickeln, können wir selbstbewusst aus der Mitte heraus unsere Zukunft gestalten.

Prof. Dr. Jörg Rocholl

Wirtschaftswachstum als Schlüssel zur Zukunft Deutschlands und Europas

Deutschland steht im Jahr 2025 nach zwei Jahren der Rezession vor einer entscheidenden Weichenstellung. Sollte die Wirtschaft auch in diesem Jahr schrumpfen, wäre dies das erste Mal seit dem Zweiten Weltkrieg, dass die Wirtschaft drei Jahre in Folge rückläufig wäre. Aber auch wenn eine erneute Rezession abgewendet werden kann, bleiben die Wachstumsprognosen düster. Der Abstand zur Wachstumslokomotive USA wird immer größer.

Dabei stellt sich eine zentrale Frage: Ist Wirtschaftswachstum in Deutschland gewollt? Konzepte wie »Degrowth« oder »Postwachstum« erfreuen sich wachsender Beliebtheit, auch in politischen Kreisen. Doch so berechtigt und wichtig das Ziel einer nachhaltigeren Wirtschaftsweise ist, ein pauschaler Wachstumsverzicht wäre fatal. Wirtschaftswachstum bedeutet nicht nur Wohlstandssteigerung, sondern ist essenziell für soziale Stabilität, Klimaschutz und geopolitische Sicherheit.

Die wirtschaftlichen und gesellschaftlichen Herausforderungen, mit denen Deutschland konfrontiert ist, sind komplex und vielschichtig. Sie lassen sich nicht allein durch Umverteilung oder Sparmaßnahmen bewältigen, sondern erfordern eine zukunftsgerichtete Wirtschaftspolitik, die auf nachhaltiges Wachstum setzt. Wirtschaftswachstum ist kein Selbstzweck, sondern die zentrale Voraussetzung für sozialen Zusammenhalt, den erfolgreichen ökologischen Wandel und geopolitische Handlungsfähigkeit. Ohne eine dynamische Wirtschaft drohen steigende soziale Unsicherheit, eine nachlassende Innovationskraft und ein Verlust an internationaler Standortattraktivität.

Es gibt fünf Hauptgründe, warum Wachstum unverzichtbar ist:

1. Soziale Sicherheit und Wohlstandssicherung

Der demografische Wandel stellt Deutschland vor enorme Herausforderungen. Während die Zahl der Rentnerinnen und Rentner steigt, schrumpft die erwerbstätige Bevölkerung. Schon jetzt steigen die jährlichen Zuschüsse aus dem Bundeshaushalt an die Rentenversicherung massiv an und liegen bei deutlich mehr als 100 Milliarden Euro pro Jahr. Auch die Kranken- und Pflegeversicherung geraten unter Druck. Ohne nachhaltiges Wirtschaftswachstum geraten die sozialen Sicherungssysteme an ihre Grenzen – mit der Folge steigender Steuer- und Abgabenlasten, die wiederum Investitionen und Konsum bremsen würden.

2. Nachhaltige Transformation und technologische Innovationskraft

Klimaschutz ist eine globale Herausforderung – und eine riesige wirtschaftliche Chance. Deutschland kann sich nur dann als weltweit führender Standort für grüne Technologien etablieren, wenn es Innovation mit wirtschaftlichem Erfolg verbindet. Ein schwaches Wachstum hingegen führt dazu, dass Unternehmen zögern, in neue, nachhaltige Technologien zu investieren. Ohne wirtschaftliche Dynamik droht Deutschland seine führende Rolle in der Umwelt- und Energietechnik an Länder wie die USA oder China zu verlieren.

Gleichzeitig reicht es nicht aus, wenn Deutschland seine Emissionen reduziert, während sie weltweit steigen. Entscheidend ist, dass andere Länder Deutschland als Vorbild und nicht lediglich als Vorreiter sehen. Nur wenn die nachhaltige Transformation wirtschaftlich erfolgreich ist, werden andere Länder folgen. Wirtschaftswachstum ist kein Gegensatz zu Klimaschutz, sondern eine Voraussetzung dafür.

3. Geopolitische Stabilität und strategische Handlungsfähigkeit

Die sicherheitspolitische Lage hat sich seit dem 24. Februar 2022 drastisch verändert. Deutschland kann sich nicht mehr auf die sogenannte Friedensdividende verlassen, die es Jahrzehnte lang ermöglichte, wenig in Verteidigung und strategische Unabhängigkeit zu investieren. In einer Welt wachsender geopolitischer Spannungen braucht Deutschland eine starke Wirtschaft, um seine sicherheitspolitischen Interessen zu wahren.

Eine leistungsfähige Wirtschaft bedeutet, dass Deutschland seine Verteidigungsausgaben finanzieren kann, ohne andere gesellschaftliche Bereiche zu vernachlässigen. Ebenso ermöglicht wirtschaftliche Stärke, in Schlüsseltechnologien wie Cybersicherheit und Künstliche Intelligenz zu investieren – essenzielle Faktoren für eine souveräne europäische Sicherheitsarchitektur.

4. Standortattraktivität und internationale Handlungsfähigkeit

Deutschland befindet sich in einem intensiven Wettbewerb mit anderen Wirtschaftsnationen. Während die USA und China massiv investieren, verliert Deutschland an Standortattraktivität. Höhere Energiekosten, Bürokratie und Fachkräftemangel bremsen das Wachstum und führen dazu, dass Unternehmen zunehmend ins Ausland abwandern.

Ohne eine wachstumsfreundliche Wirtschaftspolitik droht Deutschland in eine Abwärtsspirale aus sinkenden Investitionen, schwacher Produktivitätsentwicklung und nachlassender Innovationskraft zu geraten. Ein starkes Wachstum hingegen sichert die wirtschaftliche Souveränität.

5. Gesellschaftlicher Zusammenhalt und soziale Teilhabe

Wirtschaftswachstum schafft nicht nur materielle Werte, sondern auch soziale Stabilität. In stagnierenden oder schrumpfenden Volkswirtschaften nehmen Spannungen und gesellschaftliche Polarisierung zu, weil Verteilungskämpfe zunehmen. Fehlt wirtschaftliches Wachstum, bleibt weniger Spielraum für Investitionen in Bildung, Infrastruktur und soziale Projekte. Dies verstärkt soziale Ungleichheiten und schürt gesellschaftliche Unzufriedenheit.

Eine wachsende Wirtschaft bietet Chancen für alle. Sie ermöglicht sozialen Aufstieg, kulturellen Fortschritt und eine Gesellschaft, die sich nicht nur mit der Bewältigung von Krisen beschäftigt, sondern aktiv eine bessere Zukunft gestaltet. Sinnstiftende Arbeit, Innovationen und Fortschritt entstehen nicht durch Verzicht, sondern durch kluge Investitionen in Menschen und Technologien.

Diese fünf Säulen – soziale Sicherheit, ökologische Nachhaltigkeit, geopolitische Stabilität, Wettbewerbsfähigkeit und gesellschaftlicher

Zusammenhalt – sind eng miteinander verbunden. Wirtschaftswachstum bildet die Grundlage für eine widerstandsfähige, innovative und zukunftsfähige Gesellschaft. Es erfordert eine mutige, strategische und investitionsfreudige Politik, die auf Talente, Kapital und technologische Innovation setzt.

1. Talente: Ein Magnet für die klügsten Köpfe der Welt

Deutschland kann durch politische Stabilität, eine hohe Lebensqualität und eine starke Bildungslandschaft ein Magnet für internationale Talente sein. Doch es bedarf gezielter Anreize: unkomplizierte Visa-Verfahren, eine echte Willkommenskultur und gezielte Forschungsförderung. Wissenschaftler, Entwickler und Unternehmer müssen aktiv angeworben werden.

2. Kapital: Effiziente Nutzung vorhandener Ressourcen

Deutsche Privathaushalte gehören mit ihrer Sparquote zur europäischen Spitze, doch große Teile dieses Kapitals liegen brach oder werden in risikoarme Anlageformen investiert. Durch bessere Rahmenbedingungen für Venture Capital kann mehr Kapital in innovative Unternehmen gelenkt werden. Programme wie die WIN-Initiative der Bundesregierung sind ein erster Schritt, doch Deutschland braucht eine entschlossenere Wachstumsstrategie.

3. Innovation: Deutschland als Deep-Tech-Standort stärken

Deutschland ist nach wie vor ein Land der Erfinder. Doch während die USA und China ihre Investitionen in Zukunftstechnologien massiv ausbauen, droht Deutschland den Anschluss zu verlieren. Besonders im Bereich Deep Tech – also bahnbrechender, wissenschaftlich fundierter Technologien mit langfristiger Wirkung – muss Deutschland seine Anstrengungen verstärken. Dazu gehören Quantencomputing, Robotik, Künstliche Intelligenz (KI), Cybersicherheit und Clean Tech.

Deep Tech unterscheidet sich von klassischen Innovationen dadurch, dass es sich nicht nur um inkrementelle Verbesserungen bestehender Technologien handelt, sondern um revolutionäre Durchbrüche mit weitreichenden wirtschaftlichen und gesellschaftlichen Auswirkungen: Quantencomputer könnten die Rechenleistung ganzer Industrien verändern, KI wird zum zentralen Treiber der Automatisierung, und neue Materialtechnologien haben das Potenzial, ganze Produktionsprozesse zu revolutionieren. Besonders im Bereich der Künstlichen Intelligenz (KI) läuft Deutschland Gefahr, entscheidende Entwicklungen zu verpassen. Während die USA 2023 über 54,8 Milliarden Dollar in KI-Start-ups investierten, waren es in Deutschland lediglich 2,2 Milliarden Dollar – ein alarmierendes Missverhältnis.

Deutschland muss daher stärker in Deep Tech investieren, universitäre Spitzenforschung mit unternehmerischer Dynamik verbinden und ein innovationsfreundliches Ökosystem schaffen. Die Zukunftsfähigkeit des Standorts hängt davon ab, ob es gelingt, disruptive Technologien nicht nur zu entwickeln, sondern auch in marktfähige Anwendungen zu überführen. Nur so kann Deutschland sich als führender Deep-Tech-Standort in Europa behaupten.

Die Politik muss den Rahmen für eine innovationsgetriebene Wirtschaft setzen. Dazu gehört:

1. Forschung und Entwicklung fördern

Bürokratische Hürden abbauen und exzellente Forschung gezielt unterstützen. Ein Vorschlag ist die Einrichtung eines Risikofonds für disruptive Start-ups, der ähnlich wie der European Research Council arbeitet – mit mindestens 20 Millionen Euro pro Projekt.

2. Leuchtturmprojekte initiieren

Spitzenforschung und Unternehmertum müssen enger verknüpft werden. Hier setzen Initiativen wie die Kooperation zwischen CISPA und ESMT Berlin an. Ziel ist es, ein europäisches Innovationszentrum aufzubauen, das wissenschaftliche Durchbrüche effizient in wirtschaftliche Wertschöpfung überführt.

Deutschland und Europa stehen vor einer entscheidenden Phase. Die Herausforderungen sind groß, aber die Chancen ebenso. Wirtschaftswachstum ist nicht nur möglich, sondern notwendig, um den Sozialstaat zu sichern, die Klimawende erfolgreich zu gestalten und geopolitische Stabilität zu gewährleisten. Deutschland hat die Talente, das Kapital und das Know-how, um eine neue Ära des Wachstums einzuleiten. Jetzt gilt es, die richtigen Weichen zu stellen – mit einer klugen und innovationsgetriebenen Wirtschaftspolitik.

Dafür brauchen wir nur eins: Mut!

Sabine Nallinger

Wohlstand, Wachstum, Wandel – Warum Deutschland einen neuen wirtschaftspolitischen Kompass braucht

Unser Wohlstandsmotor im (Klima-) Wandel

Mit der historischen Einigung des Pariser Klimaabkommens hat sich die internationale Staatengemeinschaft auf den Weg in die Klimaneutralität gemacht und einen »Strukturwandel per Termin« angestoßen.[15] Blickt man heute – knapp zehn Jahre nach Paris – auf Wachstumszahlen und die politische Stimmung im Land, muss nüchtern festgestellt werden, dass sich damit verbundene Hoffnungen auf ein zweites Wirtschaftswunder in Deutschland nicht materialisieren konnten. Auch vor diesem Hintergrund wird immer klarer, dass der Weg zur Klimaneutralität nicht ohne Zumutungen und ein großes Maß an Veränderungsbereitschaft zu bewältigen sein wird.

Besonders die Industrie, seit jeher der Motor für den wirtschaftlichen Wohlstand in Deutschland, bekommt bei allen unbestritten großen Chancen, die die Wachstumsbranchen der Zukunftstechnologien bieten, heute auch die schmerzhafte Seite der Transformation zu spüren: Bereits seit 2018 geht die Industrieproduktion in Deutschland zurück.[16] In Deutschland, wo große Industrieunternehmen und ein tief in die Lieferketten reichender, innovativer Mittelstand lange voneinander profitiert haben, schlagen die Krisen der Großen gnadenlos zu den Kleinen durch. Allein in der Grundstoffindustrie hängen an den knapp 750.000 direkt Beschäftigten etwa eine Million weitere Arbeitsplätze, die von Aufträgen der Grundstoffriesen abhängig sind.[17] Gerät also die Grundstoffindustrie ins Straucheln, trifft das auch Anlagenbauer, Logistiker und andere Unternehmen in den vor- und nachgelagerten Lieferketten. Laut Berechnungen der Beratungsgesellschaft McKinsey sind branchenübergreifend etwa 15-20% der Arbeitsplätze in Deutschland vom bevorstehenden Strukturwandel betroffen.[18] Für viele Menschen steht damit nicht nur ihr Arbeitsplatz, sondern auch ihre persönliche Grundlage für Wohlstand und Identität auf dem Spiel.

Obwohl die Nachwehen der Pandemie genauso wie der russische Angriffskrieg gegen die Ukraine nicht wegzudiskutierende Faktoren für die aktuelle Wachstumsschwäche sind, dürfen die alarmierenden Wachstumszahlen nicht als Momentaufnahme verstanden werden. Sie legen vielmehr die strukturellen Probleme des deutschen Wirtschaftsmodells schonungslos offen. Kurzum: Das deutsche Geschäftsmodell ist nicht mehr wettbewerbsfähig. Doch der Klimawandel wartet nicht auf politisch günstige Handlungsfenster oder geopolitisch stabile Zeiten. Ebenso wenig kann daher der nötige strukturelle Wandel warten.

Wohlstand durch Klimaschutz – Deutschland darf den Anschluss nicht verlieren

Wo die Arbeitsplätze der Zukunft liegen, wird längst nicht mehr allein in Deutschland bestimmt. Die globalen Märkte der Zukunftstechnologien werden zu großen Teilen von anderen Playern dominiert. Besonders China enteilt Deutschland und dem Rest der Welt in den Wachstumsmärkten wichtiger Zukunftstechnologien mit großen, zielstrebigen Schritten. Allein im Jahr 2023 investierte China beeindruckende 890 Milliarden US-Dollar in Clean-Energy-Sektoren – eine Summe, die nahezu den gesamten globalen Investitionen in fossile Brennstoffe entspricht.[19]

Auch wenn China trotz aller Fortschritte noch fast 16 Milliarden Tonnen CO2 pro Jahr vom Status eines echten Klimachampion entfernt ist, zeigt die Volksrepublik mit ihrer klaren industriepolitischen Ausrichtung eindrucksvoll, dass Investitionen in den Klimaschutz der Schlüssel zu zukünftigem wirtschaftlichen Erfolg sind.[20] Denn die Investitionen zahlen sich aus: Laut einer Studie des Forschungsinstituts Climate Energy Finance entfallen inzwischen rund ein Drittel der weltweiten E-Auto-Exporte, rund ein Viertel der Exporte von Lithium-Batterien und mehr als drei Viertel der Solarmodul-Exporte auf China.[21] Damit sichert sich das Land nicht nur einen erheblichen wirtschaftlichen Vorteil, sondern auch ein Stück weit die Deutungshoheit darüber, mit welchen Technologien die Zukunft gestaltet wird. Das Beispiel China macht vor allem eines deutlich: Klimapolitik und Standortpolitik sind keine Gegensätze. Sie sind längst zwei Seiten derselben Medaille.

Und in Deutschland? Auch hierzulande haben Unternehmen erkannt, dass nur der Weg zu einer klimaneutralen Wirtschaft unternehmerischen Erfolg und gesellschaftlichen Wohlstand nachhaltig sichern kann. Das zeigen nicht zuletzt die vielen mutigen Frontrunner, die sich in der Stiftung KlimaWirtschaft engagieren und den Wandel zu einer klimaneutralen Wirtschaft mit ihrer Innovationskraft und Lösungskompetenz vorantreiben. Investierte die deutsche Wirtschaft 2021 noch rund 54 Milliarden Euro in saubere Energieversorgung, Effizienzmaßnahmen oder klimafreundliche Mobilität, beliefen sich die Klimaschutzinvestitionen 2023 bereits auf rund 85 Milliarden Euro.[22] Doch gerade im für Deutschland so wichtigen Mittelstand ist ein besorgniserregender Rückgang der Investitionen in die klimaneutrale Zukunft der Unternehmen zu beobachten.[23] Insgesamt bleibt die deutsche Wirtschaft so derzeit deutlich hinter dem 2021 errechneten Ziel von 860 Milliarden Euro zusätzlicher Investitionen bis 2030 zurück.[24]

Planungssicherheit ist das höchste Gut in der Transformation

Damit Investitionen die Zukunftsfähigkeit des Standorts stärken und zukunftsfähige Arbeitsplätze sichern können, muss jeder investierte Euro immer auch betriebswirtschaftlichen Erwägungen standhalten. Und genau hier liegt das Problem. Erwartungen über zukünftige Entwicklungen im Marktumfeld sind derzeit mit großen Unsicherheiten belastet. Solange die Erträge auf Investitionen nicht oder zumindest nicht seriös abschätzbar sind, heißt die Maxime vieler Unternehmen eben: Lieber gar nicht investieren als falsch zu investieren.

Um die aktuelle Zurückhaltung vieler Unternehmen bei wegweisenden Zukunftsinvestitionen zu verstehen, reicht ein Blick in die jüngere Vergangenheit aus. Nach klaren Signalen des Aufbruchs in die erneuerbare Zukunft der Wärmeerzeugung durch GroKo und Ampel, investierten beispielsweise viele Wärmepumpenhersteller mutig in den Standort

Deutschland. Nachdem das Heizungsgesetz unter dem Druck der Opposition wieder zusammengestrichen wurde, stehen die Wärmepumpenhersteller heute vor einer unsicheren Zukunft. Getätigte Investitionen verpufften, tausende Beschäftigte mussten in Kurzarbeit geschickt werden.[25] Neben der Heizungsbranche bekommen auch die Automobilhersteller die Folgen einer kurzsichtigen Politik zu spüren. Mit dem abrupten Wegfall der Kaufprämie für E-Autos brachen die Absatzzahlen deutscher E-Autos nach Zahlen des Kraftfahrtbundesamts um mehr als ein Viertel ein.[26] Die Konsequenz: Auch die von mutlosen Managemententscheidungen bereits arg gebeutelten Automobilersteller rutschten immer tiefer in die Krise. Selbst die Schließung ganzer Werke können in der einstigen Vorzeigebranche nicht mehr ausgeschlossen werden.[27]

Wo Unternehmen in Zeiten großer struktureller Umbrüche mehr denn je stabile und belastbare Erwartungen brauchen, verunsichert ein politischer Zick-Zack-Kurs Unternehmen und Verbraucher, entwertet Investitionen in Zukunftstechnologien Made-in-Germany und lähmt ganze Branchen auf dem Weg in die KlimaWirtschaft. Planungssicherheit lautet daher die Maxime, nach der die Politik den vor uns liegenden Strukturwandel begleiten muss. Nur wenn die politischen Rahmenbedingungen eindeutig und belastbar sind, können private Investitionen getätigt werden, die die deutsche Wirtschaft im Wettbewerb um die Zukunftstechnologien voranbringen und zur Sicherung des gesellschaftlichen Wohlstands beitragen.

Belastbare Leitplanken für die Zukunft des Standorts

Damit Unternehmen die bevorstehenden Transformationsaufgaben mit der nötigen Planungssicherheit angehen können, braucht das Land dringend einen neuen wirtschaftspolitischen Kompass. Gemeint ist dabei kein Masterplan, der den Takt der Transformation minutiös vorgibt und den Entwicklungspfad der deutschen Wirtschaft bis ins letzte Detail ausdefiniert. Vielmehr geht es um eine Einigung auf politische Grundsätze, die Verlässlichkeit signalisieren und den Unternehmen am Standort Deutschland in Zeiten des Umbruchs die dringend benötigte Planungssicherheit geben. Auch in wirtschafts- und klimapolitischen Fragen kann und muss weiterhin über Detailfragen gestritten werden können. Aber nur mit beständigen Rahmenbedingungen kann sich daraus ein fruchtbarer Wettbewerb der Ideen entwickeln, in dem sich die besten Konzepte und Technologien durchsetzen können.

Investitionen in gute Konzepte und Technologien müssen auch bei politischen Wetterumschwüngen bestehen können. Die Leitplanken für die Zukunft unseres Standorts müssen daher von breiten Schultern getragen werden. Mehr denn je braucht es Brückenbauer, die politische Gräben überwinden und die vielen, wertvollen Ideen für die Zukunft unseres Standorts an einen Tisch bringen. Nur wenn Regierung, Opposition, Wirtschaft und Zivilgesellschaft zu gemeinsamen Leitplanken finden, können sich Unternehmen tatsächlich darauf verlassen, dass bestehende Rahmenbedingungen legislatur- und lagerübergreifend Bestand haben.

Angesichts der wieder aufkommenden Grundsatzdiskussionen muss ein klares Bekenntnis zu den Klimazielen bis zur Mitte des Jahrhunderts selbstverständlicher Bestandteil einer solchen Übereinkunft sein. Nur mit einer belastbaren Zielvorgabe lassen sich die Investitionen seriös kalkulieren, die die deutsche Wirtschaft dringend benötigt, um gute Arbeitsplätze in Deutschland halten zu können. Ein klares Festhalten an der Energiewende als Schlüssel für wettbewerbsfähige Energiepreise, am europäischen Emissionshandel, am Bürokratieabbau und an resilienten Lieferketten sollte ebenfalls Teil dieser Leitplanken sein. Zudem sollten wir uns ehrlich machen: Der CO2-Preis allein kann und wird nicht alles regeln. Er muss vielmehr durch eine aktive, kluge Industriepolitik ergänzt werden. Nicht zuletzt muss eine Verständigung darüber erzielt werden, wie auch der Staat ausreichende finanzielle Spielräume erhalten kann, um in die klimaneutrale Zukunft unseres Standorts investieren zu können. Denn auch in der KlimaWirtschaft können Unternehmen nur mit intakten Brücken, belastbaren Stromnetze und einer funktionierenden Schieneninfrastruktur eine erfolgreiche Zukunft aufbauen.

Angesichts der vor uns liegenden Aufgabe braucht Deutschland die Rückkehr zu einer politischen Kultur, in der das, worauf man sich bereits einigen konnte, nicht wieder und wieder in Frage gestellt wird. Wir sollten über konstruktive Ideen für die Zukunft streiten, statt maximales politisches Kapital aus den Fehlern der Vergangenheit zu schlagen. Das zu gewährleisten ist die Aufgabe aller, die am politischen Prozess beteiligt sind. Denn: Zu wertvoll ist das Vertrauen der Unternehmen in die Beständigkeit des politischen Rahmens. Zu wichtig ist ihre Rolle als Wohlstandsmotor der klimaneutralen Zukunft.

Dr. Volker Treier

Deutschland braucht eine wachstumsorientierte Standortpolitik

Die wirtschaftliche Lage in Deutschland ist schlecht. In den vergangenen beiden Jahren ist die Wirtschaftsleistung leicht geschrumpft und auch für 2025 ist eine Stagnation zu erwarten. Sogar eine Fortsetzung der Rezession ist leider im Bereich des Möglichen. Drei Jahre in Folge ohne Wirtschaftswachstum hat es in der deutschen Nachkriegsgeschichte noch nie gegeben. Auch international laufen wir Gefahr, abgehängt zu werden: Nach den Daten des Internationalen Währungsfonds ist das BIP in Deutschland seit 2015 lediglich um 8 Prozent gewachsen. Im EU-Durchschnitt war das Wachstum doppelt so hoch (16 Prozent), in den USA sogar dreimal so hoch (24 Prozent). Auch die längerfristige Perspektive ist trüb. Der Sachverständigenrat zur Begutachtung der gesamtwirtschaftlichen Entwicklung schätzt unser Potenzialwachstum auf magere 0,5 Prozent pro Jahr.

Die deutsche Wirtschaft leidet also nicht nur unter konjunkturellen Problemen. Es sind insbesondere strukturelle Sorgen, die den Unternehmen zu schaffen machen: Fachkräftemangel, hohe Energiepreise, hohe Steuer- und Abgabenbelastung, lange Verfahrensdauern sowie überbordende Bürokratie und Berichtspflichten. Gleichzeitig droht uns auch in der Außenwirtschaft Ungemach. Geopolitische Konflikte und ein zunehmender weltweiter Protektionismus belasten das Auslandsgeschäft der Unternehmen.

Das sind schlechte Voraussetzungen, um die vielen Herausforderungen zu meistern, denen sich die Wirtschaft und Gesellschaft gegenübersehen. Die demografische Entwicklung treibt nicht nur die Kosten für den Sozialstaat in immer neue Höhen. Sie verknappt auch das Angebot an Arbeits- und Fachkräften. Ein drohender Rückgang des Arbeitsvolumens kostet uns jährlich ein halbes Prozent an Potenzialwachstum. Die Dekarbonisierung der Wirtschaft zum Schutz des Klimas verursacht ebenfalls hohe Kosten, denen aber kurzfristig kein entsprechender Produktivitätszuwachs gegenübersteht. Eine funktionierende Infrastruktur ist eine wesentliche Voraussetzung für Unternehmertum. Hier haben wir einen gewaltigen Modernisierungsbedarf im Land – nicht nur bei Straßen, Schienen oder Brücken, sondern auch mit Blick auf die digitale Infrastruktur.

All diese Herausforderungen sind nur mit mehr Investitionen und mehr Innovationen zu bewältigen. Allerdings liegt das Niveau der Bruttoanlageinvestitionen in Deutschland um mehr als sechs Prozent unter dem Vorkrisenniveau von 2019. Ein schnelles Aufholen oder gar ein »Überschießen« der Investitionen ist nicht zu erwarten. Die Investitionsabsichten der Unternehmen sind schlecht: Laut der DIHK-Konjunkturumfrage zu Jahresbeginn 2025 plant ein Drittel der Unternehmen seine Investitionen zurückfahren. Auch ausländische Investoren halten sich mit einem Engagement in Deutschland zurück. Es fließen immer weniger Auslandsdirektinvestitionen in unser Land.

Fast 90 Prozent aller Investitionen stammen aus der Privatwirtschaft. Die Unternehmen brauchen mehr Vertrauen in den Wirtschaftsstandort und die Wirtschaftspolitik, damit sie ihre Investitionspläne im Inland wieder hochfahren. Eine wachstumsorientierte Standortpolitik mit verlässlichen Rahmenbedingungen, die wieder mehr Spielraum für Kreativität und unternehmerisches Engagement schafft, ist mehr als überfällig.

Wirtschaftspolitische Rahmenbedingungen verbessern

Die Unternehmen werden in der Breite nur dann wieder mehr Vertrauen in die Politik gewinnen, wenn positive Veränderungen in der täglichen Praxis ankommen – schnell und konkret. Dabei geht es zunächst um mehr Vertrauen in die Eigeninitiative. Vor allem sollte sich die Politik von der Vorstellung befreien, alles bis ins Kleinste regeln zu können. Die Königsdisziplin guter Politik sind einfache, nachvollziehbare Regeln mit guter Wirkung in der Praxis – vor allem in der betrieblichen Realität. Mit Detailsteuerung und sich widersprechenden Vorschriften überfordert der Staat nicht nur die Wirtschaft, sondern letztlich auch sich selbst. Es werden oft kleinteilige Regeln, Pflichten und Vorgaben geschaffen, die am Ende auch kontrolliert werden müssen. Die zunehmenden Kontrollaufgaben überlasten immer häufiger auch die Verwaltungsbehörden. Hinzu kommt, dass beim Bürokratieabbau oft Versprechungen gemacht werden, die in der Praxis dann aber nicht zu halten sind. Statt immer mehr komplizierter Regeln, wünschen sich die Betriebe wieder gute, wachstumsorientierte Politik!

Entschlossen Deutschland-Tempo bei Planung und Genehmigung vorantreiben

Wachstum, Innovation und Veränderungsgeschwindigkeit in Deutschland werden durch die schier endlosen Planungs- und Genehmigungsverfahren ausgebremst. Das gilt für die schnelle Transformation der Industrie ebenso wie für den flächendeckenden Breitbandausbau, für eine attraktive Entwicklung der Städte und Gemeinden sowie für eine nachhaltige Verkehrswende. In der Gaskrise hat die Politik mit dem schnellen Bau von LNG-Terminals und Ausnahmen für den Fuel-Switch den Mut bewiesen, wichtige Blockaden zu durchbrechen. Einige dieser Projekte konnten in Rekordzeit realisiert werden. Das kann und muss als Muster für einen umfassenden Befreiungsschlag von unnötiger Bürokratie dienen!

Bund und Länder haben sich mit dem Beschleunigungspakt verpflichtet, diese Blockaden aufzulösen. Darin finden sich viele wichtige Maßnahmen, die Unternehmen sich schon lange wünschen. Beispielsweise Erleichterungen wie mehr Anzeige- statt Genehmigungspflichten, verbindliche Fristen- und Stichtagsregelungen für alle Beteiligten oder Stichprobenkontrollen statt flächendeckender zeitintensiver Überwachung. Leider sind diese Beschlüsse nur für die Genehmigung einzelner Technologien wie Windenergie und Wasserstoffelektrolyse oder aber für Infrastrukturen wie Übertragungsnetze und Schienenwege umgesetzt worden. Das bringt die Wirtschaft insgesamt jedoch noch kaum weiter, denn auch für Windenergieanlagen brauchen wir Schwerlasttransporte über tragfähige Autobahnbrücken und für Wasserstoff brauchen wir eine

Wasserförderung und Rohrleitungen. Das wurde bisher leider kaum beschleunigt. Daher sollten die Ankündigungen des Paktes zeitnah und vollständig umgesetzt werden. Ein Kulturwandel in den Behörden ist nötig, die Maxime muss sein, Projekte zu ermöglichen, statt sie durch Risikominimierung und engmaschige Vorgaben zu beeinträchtigen.

Energieangebot ausbauen, weniger abschalten

Auch wenn die Energiepreise wieder deutlich unter den Höchstständen vom Herbst 2022 liegen, verfestigen sich Strom- und Gaspreise auf einem etwa doppelt so hohen Niveau wie vor der Krise. Nachhaltige Kostensenkungen sind mittel- bis langfristig nur durch eine erhebliche Ausweitung des Energieangebots möglich, vor allem im Bereich der erneuerbaren Energien. Mit der StromPartnerschaft schlägt die DIHK vor, über Investitionszuschüsse und eine Netzentgeltabsenkung für grüne Stromlieferverträge (PPA) den Ausbau zu beschleunigen. Zusätzlich müssen Anlagen schneller ans Stromnetz angeschlossen und die Weitergabe von Strom zum Beispiel in der Nachbarschaft erleichtert werden. Eine Senkung der Stromsteuer für alle Unternehmen wäre notwendig. Darüber hinaus würde eine dauerhafte Bezuschussung der Netzentgelte aus dem Bundeshaushalt finanziellen Freiraum für die Unternehmen schaffen.

Neben Strom braucht die Wirtschaft auch große Mengen Wasserstoff zu wettbewerbsfähigen Preisen. Deutschland wird nur einen kleinen Teil selbst erzeugen können. Daher ist eine nachvollziehbare Importstrategie zentral. Wir brauchen rasch Klarheit über den Infrastrukturausbau, damit der Wasserstoff auch bei den Unternehmen ankommt. Zusätzlich sollte die Bundesregierung schnellstmöglich die Förderung von heimischem Schiefergas als Brückentechnologie sowie CCS (Carbon Capture and Storage) und CCU (Carbon Capture Utilization) in Deutschland erlauben.

Wir brauchen mehr Energieoptionen am Standort Deutschland, auch jenseits von Wind und Sonne. Dazu gehören neben Geothermie und Biomasse auch Kohle und Schiefergas als heimische Energiequellen, um hohe Belastungen in der Energieversorgung – durch volatile erneuerbare Energien ebenso wie durch externe Schocks – abzufedern.

Wirtschaftliche Offenheit bewahren – Internationale Kooperation stärken

Keine andere fortgeschrittene Volkswirtschaft ist so in den Welthandel integriert wie Deutschland. Unser Handelsvolumen entspricht fast 90 Prozent unseres Bruttoinlandprodukts. Unser Wohlstand basiert zu einem großen Teil darauf, dass wir die Vorteile der internationalen Arbeitsteilung gut genutzt haben. Jeder vierte Arbeitsplatz in Deutschland hängt direkt oder indirekt am Exportgeschäft, in der Industrie sogar jeder zweite. Die deutschen Unternehmen leben vom globalen Wettbewerb. Gleichzeitig profitieren deutsche Konsumenten von dem breiteren und günstigen Warenangebot, das durch den internationalen Handel möglich wird. Vor dem Hintergrund eines zunehmenden Protektionismus, gestiegener geopolitischer Risiken und einer geringeren Wettbewerbsfähigkeit benötigen wir eine kluge EU-Handelspolitik und eine ambitionierte EU-Wettbewerbsagenda. Dabei müssen wir unseren Partnern auf Augenhöhe begegnen.

Handelsabkommen sind ein Werkzeug, um sich gegen protektionistische Tendenzen zu wappnen. Der Abschluss der Verhandlungen des EU-Mercosur-Abkommens ist ein Meilenstein für die deutsche Wirtschaft. Nun muss das Abkommen zügig in Kraft treten, damit Unternehmen möglichst schnell von der Marktöffnung profitieren können. Doch Mercosur allein reicht nicht. Um ihre Lieferketten zu diversifizieren, brauchen Unternehmen dringend weitere Marktöffnungen, zum Beispiel durch Handelsabkommen mit Indien und Indonesien.

Drohende protektionistische Maßnahmen der USA stellen die deutschen Unternehmen vor große Herausforderungen. Die EU muss ihre handelspolitischen Interessen gegenüber den USA noch entschlossener vertreten und eine Balance finden zwischen offenen Märkten und fairem Marktzugang. Vergeltungsmaßnahmen zwischen Handelspartnern dürfen sich nicht hochschaukeln. Das bedroht letztendlich auch die Stabilität globaler Lieferketten.

Die Weltwirtschaft fragmentiert sich zunehmend. Dabei kommt der Welthandelsorganisation, Hüterin multilateraler Handelsregeln, eine besondere Rolle zu. Ihre Aufgabe ist es, das globale Handelssystem zu stabilisieren und fairen Handel zu gewährleisten. Um dem nachzugehen, muss sie dringend reformiert werden.

Neustart dringend notwendig

Die deutsche Wirtschaft braucht ein Programm, mit dem ein Neustart möglich wird und mit dem wir wieder international wettbewerbsfähig werden. Deutschland hat hervorragende Fachkräfte. Wir haben innovative und kreative Unternehmer mit einer hohen Resilienz. Mit der richtigen Weichenstellung werden wir schnell wieder besser und können zur Weltspitze aufschließen.

Anke Rehlinger

Das Magische Fünfeck und die industrielle Transformation

Der Jubel war ohrenbetäubend. Gemeinsam mit Bundeswirtschaftsminister Robert Habeck stand ich im Dezember 2023 vor tausenden glücklichen Gesichtern im saarländischen Völklingen. Soeben hatten wir den Beschäftigten der saarländischen Stahlindustrie 2,6 Milliarden Euro für den klimaneutralen Umbau der Hütten zugesagt: Siebzig Prozent aus Bundesmitteln und dreißig Prozent aus dem saarländischen Transformationsfonds. Stahl soll im Saarland künftig mittels Wasserstoff klimafreundlich produziert werden. Bei all der Freude, die Politikerinnen nicht allzu oft so hautnah erleben, wurde mir seitdem von anderen nicht selten die Frage gestellt: So viel Geld für eine Branche, die mancher noch immer zur »old economy« erklärt?«

Ich kann auch heute dazu nur mit voller Überzeugung sagen: Ja, das war die richtige Entscheidung. Diese gigantische Investition, die mit Mitteln des Unternehmens auf über 3,5 Milliarden Euro gehebelt wird, ist keine Subvention aus Nostalgie, sondern notwendiger Anschub für die Zukunft. Hier findet eine technologische Revolution statt. Und sie ist idealtypisch für eine politische Entscheidung, die auf den Kriterien des Fünfecks aus moderner Wirtschaftspolitik, nachhaltigem Wachstum, sozialer Teilhabe, geopolitischer Stabilität und einer starken Demokratie besteht.

Mit der Transformation hin zu Grünem Stahl halbieren wir letztlich in etwa den CO2-Ausstoß des Saarlandes. Letztlich kann die Stahlindustrie nur auf diesem technologischen Weg klimaneutral werden. Wir leisten einen Beitrag zur Modernisierung unserer Wirtschaft: Ohne Stahl weder Windräder noch E-Autos. Die Stahlindustrie ist seit langem unter Preisdruck. Lange konnten wir das vor allem durch technologische Kompetenz bei den Produkten ausgleichen: die Außenhaut der

Ariane-Rakete, das Dubai Eye, die Dächer neuer Fußballstadien oder moderne Windräder sind »Made in Saarland«. Auch die Effizienz wurde gesteigert, was nicht zuletzt tausende Arbeitsplätze gekostet hat. Und nun sind wir erneut vorne dabei, wenn die Produktion revolutioniert wird. Wieder schaffen wir ein Alleinstellungsmerkmal und stärken unsere Wettbewerbsfähigkeit. Der grüne Stahl ist Zukunftsmusik mit saarländischer Melodie. Damit sorgen wir mit dafür, dass unsere Kompetenzen und Kapazitäten bei den Grundstoffen nicht verloren gehen und wir damit resilient und unabhängig bleiben als Wirtschaftsstandort Deutschland.

Neoliberale reden gerne einer Verlagerung der Grundstoffindustrien in andere Länder das Wort. Das wäre eine Katastrophe für unsere Wirtschaft und Sprengstoff für den sozialen Frieden. Und es hätte dauerhafte geopolitische Folgen für unser Land. Die Energiekrise nach der russischen Invasion in die Ukraine war uns eine Lehre. Resilienz und Autarkie sind auch Thema bei den Grundstoffen. Und apropos Energie: Auch hier macht die Investition Sinn. Die enorme künftige Nachfrage der Stahlindustrie zieht einen weitgehend marktgetriebenen Ausbau der Wasserstoff-Infrastruktur nach sich, der die Versorgung mit Wasserstoff auch für andere Branchen ermöglicht. Und wir fördern den weiteren Ausbau der erneuerbaren Energien, für die wir weder aus Russland noch aus den USA oder aus dem mittleren Osten eine Rechnung oder wahlweise keine Lieferung bekommen. Natürlich ist das auch ein Projekt regionaler Strukturpolitik und sorgt nicht nur bei der Stahlindustrie und ihren Beschäftigten, sondern auch im Mittelstand für Wachstum und Wohlstand. Und damit für soziale Teilhabe – durch hochwertige und gut bezahlte Arbeitsplätze. Es zahlt so auch auf die fünfte Ecke ein: eine stabile Demokratie, die eben auch von ihren Erfolgen abhängig ist.

Mark Schieritz verweist in seinem 2025 erschienenen provokanten Buch »Zu dumm für die Demokratie?« darauf, dass Legitimation für die liberale Demokratie auch dadurch entstehe, »dass der Wohlstand steigt.« Er verweist auf den Politikwissenschaftler Fritz W. Scharf, der von der »Output Legitimation« liberaler Demokratien spricht. Oder, wie Schieritz ausführt, bekanntlich »wichtig ist was hinten rauskommt«. Die Frage nach Wachstum und Wohlstand ist also eine mitentscheidende, wenn auch nicht die einzige, Überlebensfrage liberaler Demokratien.

Dazu gehört eine ehrliche politische Kommunikation und Führung. Wir dürfen die Herausforderungen und Risiken auf diesem Wege nicht verschweigen und trotzdem vor allem Chancen und Perspektiven beschreiben. Nur so schaffen wir Sicherheit im Wandel für alle. Denn viele warten in ihrer Meinung nicht im Scharf'schen Sinne auf das gute Ende, sondern suchen auch nach Sicherheit auf dem Weg. Das ist inzwischen auch den Stahlarbeitern anzumerken, nachdem die Euphorie des Augenblicks vorbei war und die Kärrnerarbeit des Umbaus begonnen hat. Wird die Mission gelingen? Werden wir über genügend Wasserstoff verfügen? Werden die Leitmärkte geschaffen, die wir zum Start brauchen? Berechtigte Fragen, berechtigte Sorgen. Sie aufzulösen ist eine Frage der Tat. Und der Weg dahin muss begleitet sein von Transparenz, die hergestellt wird durch soziale und politische Teilhabe, besonders durch den stetigen Austausch mit Unternehmen und Mitbestimmung.

Es ist höchste Zeit, dass Politik und Wirtschaft in Europa die Kriterien für Fortschritt und fair verteilten Wohlstand neu justieren. Die Debatte um das vom Wirtschaftsforum vorgeschlagene »Fünfeck« ist am Puls der Zeit. Es ist sogar allerhöchste Zeit. Systemkonkurrenzen, Marktradikalismus und zunehmende bewusst gestreute Zweifel an der Handlungsfähigkeit liberaler Demokratien fordern uns heraus. Unsere eigene Haltung, aber vor allem auch unser politisches Handeln braucht die Verlässlichkeit und Objektivität der richtigen Kriterien. Und wir brauchen ein Verständnis dafür, dass auch heute die Beziehungen der Ziele zueinander »magisch« sind: Dass es also weiterhin ein Spannungsverhältnis zwischen diesen Zielen gibt. Das macht es leichter, Zielkonflikte zu benennen und gesellschaftlich zu entscheiden. »Alles wird irgendwie gut« ist keine Haltung und wird – zu Recht – nicht mehr akzeptiert. Aber das Gespräch darüber, wie es gut werden kann, wie welche Ziele erreicht werden können, welche Perspektiven sich dadurch für die Gesellschaft und den Einzelnen ergeben, das ist zentral für Zustimmung, mindestens aber für Verständnis und Akzeptanz politischer Maßnahmen. Wir brauchen ein Bewusstsein für die Größe der Aufgabe. Wir brauchen aber auch das Selbstbewusstsein, dass wir das bewältigen können, wenn wir es richtigmachen. Diese begründete Zuversicht ist notwendig, um Menschen in der Transformation nicht das Gefühl zu geben, dass der Boden unter ihren Füßen existenziell schwankt.

Die Bedingungen dafür sind aktuell nicht gut. Wir haben es mit der Verschränkung einer konjunkturellen Schwäche mit leider lange vernachlässigten strukturellen Problemen zu tun. Dafür ist nicht nur eine Bundesregierung oder eine staatliche Ebene, auch nicht eine politische Richtung oder nur die Versäumnisse von Unternehmen verantwortlich.

Wir stehen heute an einem Scheideweg: Sind die liberalen Demokratien in der Lage, die gleichzeitigen technologischen, ökologischen, ökonomischen und politischen Veränderungen dieser Welt mitzugestalten? Und zwar zum Vorteil der Vielen und nicht nur Weniger? Da hilft die Orientierung des Fünfecks, aber es müssen auch wichtige Voraussetzungen angegangen werden, um die Ziele zu erreichen. Denn wirtschaftliche, und ja eigentlich gesellschaftliche Leitplanken werden – zumal in Konkurrenz zu anderen Gesellschafts- und Wirtschaftsmodellen in anderen Weltregionen – nur dann erfolgreich sein, wenn die Gestaltung des Wandels finanzierbar ist, so wie beim Stahl. Mit dem Fetisch der schwarzen Null und seinem Instrument, der kompromisslosen Schuldenbremse, wird das nicht gelingen. Und dies noch weniger, weil wir dringend grundlegende Defizite auffangen müssen. Wir haben riesige Investitionsbedarfe in Infrastruktur und innerer wie äußerer Sicherheit und überbordende Bürokratie, die für unsere Verwaltungen gar nicht mehr leistbar ist. Alle drei Aspekte haben für die nächsten Jahre eine eigenständige Relevanz für alle fünf Ecken des Modells.

Wir müssen dringend wieder für infrastrukturelle Grundlagen sorgen, deren Verlässlichkeit in der Vergangenheit eine Voraussetzung für unseren Erfolg war: Egal ob auf der Schiene, der Straße oder per Glasfaser, Wasserstoff-Pipeline und Stromtrassen.

Ein handlungsfähiger Staat macht sich nicht fest an der Anzahl oder Komplexität von Regeln, sondern an deren Inhalten und deren Effizienz. Wohlgemerkt: wer unter Bürokratieabbau das Schleifen von Arbeitnehmer- oder Verbraucherrechten oder den Türöffner zu einem unfairen

Wettbewerb zwischen Unternehmen sieht, der schleift in Wahrheit die Verlässlichkeit des Staates. Aber wer über Regeln Fairness schaffen will, muss sich selbstverständlich an der Praktikabilität messen lassen, sonst gibt es dafür keine Akzeptanz. Das liegt im Argen.

Eines hat Europa hoffentlich aus der Vergangenheit gelernt: wirtschaftlicher Erfolg, der nicht auf kurzfristigen (Kriegs-)Renditen beruht, sondern langfristig und breit angelegt ist, braucht Sicherheit. Im Äußeren wie im Inneren. Die guten Seiten der Globalisierung, regelbasiert gegenseitig voneinander zu profitieren, geraten aktuell ins Hintertreffen. Kalte Konflikte bergen wieder das Potenzial, heiß ausgetragen zu werden. In der Ukraine, im Nahen Osten, in anderen Regionen ist das bereits tödliche Realität. An anderen Stellen wachsen die Drohkulissen. Sicherheit ist wieder zum Wirtschaftsfaktor geworden.

Die Klärung dieser strukturellen Defizite ist in Deutschland die Grundvoraussetzung, um überhaupt die Ziele des Fünfecks erreichen zu können. Es ist dabei die Gleichzeitigkeit, in der diese Herausforderungen bearbeitet werden müssen, die uns besonders fordert.

Es bleibt daher richtig, dass es in diesem Jahrzehnt der Polykrisen geboten ist, miteinander abzuwägen, wo die Ziele wirtschafts- und gesellschaftspolitischen Handelns liegen. Schon die gesetzliche Verankerung des »Magischen Vierecks« als Vorfahr des Fünfeck-Vorschlages im Stabilitäts- und Wachstumsgesetz fiel 1967 nicht zufällig auf einen Zeitpunkt, an dem das deutsche Wirtschaftswunder seine erste Delle erhielt. Die aus heutiger Sicht kleine Krise mit einer leicht steigenden Arbeitslosigkeit und einem pausierenden Wirtschaftswachstum reichte aus, um sich der Zielmarken wirtschaftlicher Entwicklungen zu versichern.

Nach dem Platzen der Dotcom-Blase und parallel zur Finanzkrise ab 2007 entbrannte erneut eine – diesmal internationale – Diskussion über die Kriterien zur Messung wirtschaftlichen Wachstums. Der französische Präsident Sarkozy beauftragte die Stiglitz-Sen-Fitoussi-Kommission, die Grenzen des BIP als Wohlstandsindikator auszuloten und mögliche Wege einer umfassenderen Wohlstandsmessung aufzuzeigen.

Und auch in Deutschland diskutierte in der Folge die Enquete-Kommission Wachstum, Wohlstand und Lebensqualität des Deutschen Bundestages die Entwicklung eines ganzheitlichen Wohlstands- bzw. Fortschrittsindikators. Und die Friedrich-Ebert-Stiftung setzte zusammen mit dem Denkwerk Demokratie diese Debatte fort, um das magische Viereck mit den veränderten Anforderungen und einem neuen Wachstumsverständnis des 21. Jahrhunderts in Einklang zu bringen.

Es ging damals und es geht heute darum, Orientierung im Wandel zu geben, zum Beispiel den saarländischen Beschäftigten im Stahl. Aber auch und gerade uns als politischen Akteuren in unserem Tagesgeschäft und bei den langfristigen Perspektiven für unsere Gesellschaft.

Nicht jedes Vorhaben, das die Aspekte des Fünfecks berücksichtigt, muss die finanzielle Dimension haben wie der Umbau der saarländischen Stahlindustrie. Aber Vorbild für mutige, zukunftsgewandte und nachvollziehbare Ziele und Kriterien kann dieses Mammutprojekt sein. Vor der Menschheit türmt sich die Jahrhundertaufgabe der sozial-ökologischen und digitalen Transformation auf. Dieser Verantwortung müssen wir uns stellen: global und lokal. Mit Taten und mit der Haltung, diese Transformation so zu gestalten, dass sie alle Menschen zu Wohlstand und Sicherheit verhelfen kann. Wenn wir uns am Fünfeck orientieren, dann werden wir beweisen können, dass die liberale Demokratie am besten in der Lage ist, die Voraussetzung für technologischen gesellschaftlichen Wandel zu schaffen und zu realisieren. In Völklingen und anderswo.

Frank Werneke

Gerechter Wohlstand für alle – Wege aus der sozialen und ökologischen Krise

Die Welt scheint aus den Fugen zu geraten. Im noch jungen 21. Jahrhundert jagt eine Krise die nächste: Dotcomkrise, Finanzmarktkrise, Eurokrise, Handelskrise, Klimakrise, Flüchtlingskrise, rechte Terroranschläge, Demokratiekrise, die Corona-Pandemie und zuletzt der russische Angriffskrieg.

Das 21. Jahrhundert droht ein Jahrhundert der extremen Ungerechtigkeit zu werden. Der Sozialstaat kann die zunehmende soziale Spaltung immer weniger korrigieren. In der Berliner Republik sind Einkommen und Vermögen inzwischen so ungleich verteilt wie in den USA, dem Mutterland des entfesselten Kapitalismus. Die großen Lebensrisiken können nicht mehr für Alle ausreichend abgesichert werden. Die soziale Infrastruktur bröckelt. Für viele Menschen gilt das Aufstiegsversprechen nicht mehr. Der Bildungserfolg hängt sehr stark vom Elternhaus ab.

Aus sozialer Ungleichheit ist inzwischen politische Ungleichheit geworden. Viele Geringverdienenden, prekär Beschäftigte, Arbeitslose und Bürgergeldempfänger*innen wählen nicht mehr. Seit einigen Jahren gehen die Proteste gegen die sozialen und politischen Verhältnisse nach rechts. Die rechtspopulistischen und rechtsradikalen Bewegungen finden ihren Nährboden in der Zersetzung sozialer und kultureller Sicherheiten.

Gleichzeitig verschärft sich die ökologische Krise. Extremtemperaturen, Orkane und Starkniederschläge nehmen zu, der Meeresspiegel steigt, die Böden erodieren, die Gletscher schmelzen und viele Arten sterben. Klimawandel, Armut, Hunger und Kriege zwingen weltweit Millionen Menschen zur Flucht.

Diese vielfältigen Krisen sind Ausdruck einer organischen Krise des modernen Kapitalismus. Dessen Gesundheit ist inzwischen so stark angeschlagen, dass er in den letzten 15 Jahren zweimal auf die Intensivstation musste. In der Finanzmarktkrise und in der Corona-Pandemie musste der Staat notoperieren.

Die Zivilisationskrise ist politisch gemacht. Die gute Nachricht ist: Die politischen Fehlentscheidungen der letzten Jahrzehnte können korrigiert werden. Ein Aufbruch in eine gerechte, umweltfreundliche und friedliche Gesellschaft ist möglich. Gewerkschaften, Umweltbewegung, Sozialverbände, fortschrittliche Parteien und soziale Bewegungen können gesellschaftliche Mehrheiten für eine sozial-ökologische Reformpolitik gewinnen.

Lohnungleichheit

Deutschland galt einmal als ein Land mit geringen Lohnunterschieden. In den letzten Jahrzehnten vergrößerte sich jedoch die Kluft zwischen hohen und geringen Arbeitseinkommen.

Zwischen 2003 und 2012 schrumpften in einem Umfeld hoher Arbeitslosigkeit und arbeitnehmerfeindlicher Politik – Agenda 2010, Hartz-Gesetze – die Stunden- und Monatslöhne. Die stärksten Lohnverluste mussten Geringverdienende hinnehmen. Die Stundenverdienste der ärmsten 10 Prozent sanken zwischen 1995 und 2012 um ganze 27 Prozent. Fast gleichzeitig (1992 bis 2010) schrumpften die Monatslöhne der unteren 30 Prozent. Währenddessen stiegen die monatlichen Einkommen der Spitzenverdienenden um ein Viertel.

Folglich wuchs der Niedriglohnsektor. Im Jahr 2007 arbeitete fast jede und jeder vierte Beschäftigte für einen Niedriglohn (2/3 des Median). Damit hatte die Berliner Republik einen der größten Niedriglohnsektoren Europas.

Abb. 1: Entwicklung der Bruttostundenlöhne nach Dezilen, 1995 bis 2020
(in Prozent, 1995=100)

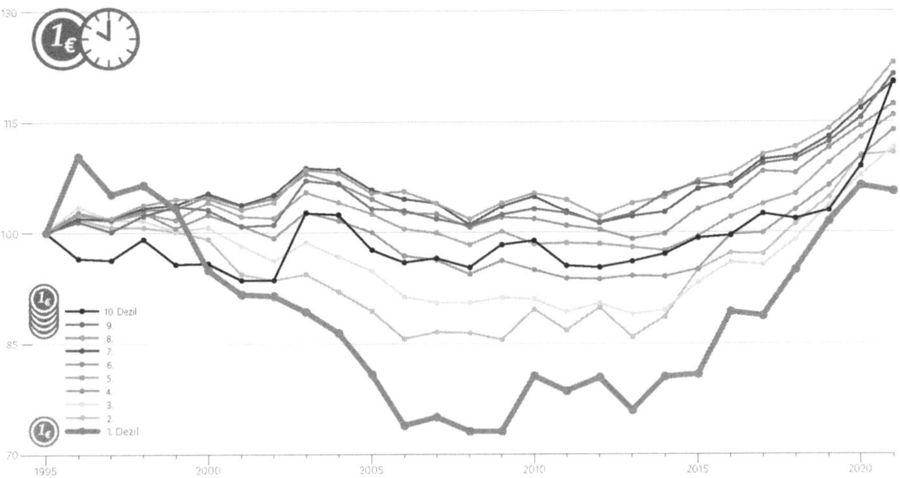

Anm.: Abhängig Beschäftigte in Haupttätigkeit in Privathaushalten, ohne Auszubildende, Praktikant*innen, Selbstständige. In Preisen von 2015. Quelle: SOEPv38.1, eigene Berechnungen. DIW Wochenbericht 5/2025, @ DIW Berlin 2024.

Nach der Finanzmarktkrise konnten die Gewerkschaften den Negativtrend bei den Löhnen durchbrechen und eine tarif- und lohnpolitische Trendwende einleiten. Eine gute Arbeitsmarktlage – sinkende Arbeitslosigkeit, partieller Fachkräftemangel – verbesserte die strukturelle Macht der Gewerkschaften. In den 2010er Jahren sorgten die Einführung des gesetzlichen Mindestlohns (2015) und eine solidarische Tarifpolitik – Mindestbeträge für untere Lohngruppen – dafür, dass die Stundenlöhne um 20% anziehen konnten. Die monatlichen Bruttoarbeitseinkommen stiegen zwischen 2010 und 2020 sogar um 40 Prozent. Während die mittleren Monatslöhne um 25 Prozent zunahmen, wuchsen die Topgehälter nur um 19 Prozent. Anschließend ließ die Erhöhung des Mindestlohns auf 12 Euro (2022) den Niedriglohnsektor weiter schrumpfen. Heute arbeitet nur noch jede und jeder siebte Beschäftigte für einen Niedriglohn.

Mitte der 1990er bezogen die Spitzenverdienenden (oberstes Zehntel) einen 3,2mal so hohen Stundenlohn wie die Geringverdienenden (ärmstes Zehntel). Bis zum Jahr 2011 kletterte dieses Ungleichheitsverhältnis auf das 4-Fache, um bis 2020 wieder auf das 3,4-Fache zu sinken. Im Jahr 2020 erhielten die Topverdienenden einen zehnmal so hohen Monatslohn wie Geringverdienende.[28] Nach der deutschen Einheit war es nur viermal so viel.

Lohnungleichheit gibt es hierzulande auch zwischen den Geschlechtern. Männer erhalten im Schnitt ein Fünftel mehr Lohn als Frauen. Dieser unbereinigte Gender-Pay-Gap wird in der EU nur noch von Estland und Österreich übertroffen. Ursächlich ist unter anderem ein geschlechtsspezifisch stark ausgeprägter Ausbildungs- und Arbeitsmarkt.

Ungleichheit nach Umverteilung

Die Ungleichheit in der Primärverteilung wächst. Was in der ersten Runde der Einkommensverteilung schiefläuft, kann der Staat anschließend nur mühsam mittels Steuern, Abgaben und Transfers korrigieren. Der soziale Ausgleich und somit die Wirksamkeit des Sozialstaats lässt jedoch nach.

Seit Mitte der 1990er Jahre sind die Nettoeinkommen immer ungleicher verteilt. Nach der Jahrtausendwende konnte der Sozialstaat die steigende Einkommensungleichheit immer schlechter korrigieren. Der neoliberale Ab- und Umbau des Sozialstaats – Kürzungen bei Rente und Gesundheit, Steuersenkungen für Unternehmen und Besserverdienende – sorgte dafür, dass die heimischen Steuer- und Transfersysteme mit den Herausforderungen steigender Ungleichheit nicht mehr Schritt halten konnten. Bis Anfang der 90er Jahre konnte Berlin mit Hilfe des Steuer- und Transfersystems den Anstieg der Ungleichheit in der primären Einkommensverteilung noch verringern. Seitdem hat die umverteilende Wirkung des Sozialstaates deutlich nachgelassen.

Während das durchschnittliche Nettohaushaltseinkommen zwischen 1995 und 2020 um real ein Drittel wuchs, konnten die Reichen (10.Dezil) ihr verfügbares Einkommen um 50 Prozent steigern. Die Einkommensschwächsten hatten hingegen nur ein Plus von vier Prozent.

Abb. 2: Entwicklung der verfügbaren Haushaltseinkommen nach Dezilen, 1995 bis 2020 (in Prozent, 1995=100)

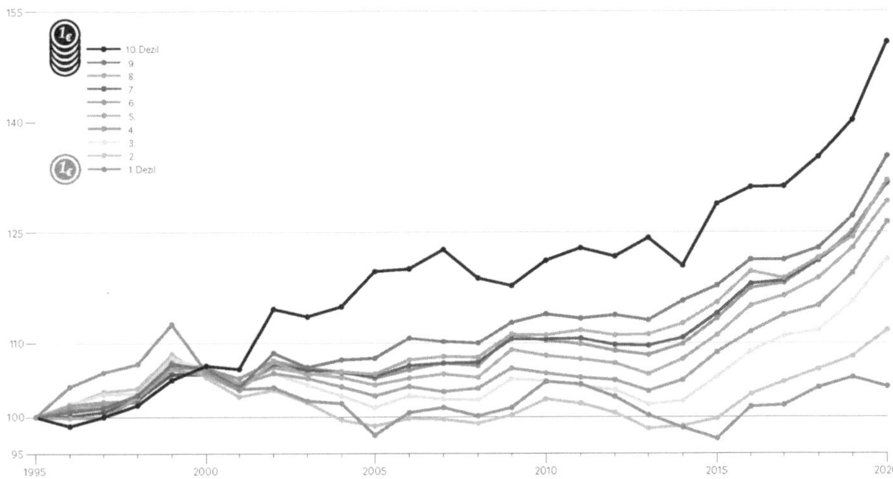

Anm.: Reale Einkommen in Preisen von 2015. Population: Personen in Privathaushalten. Bedarfsgewichtete Jahreseinkommen im Folgejahr erhoben, bedarfsgewichtet mit der modifizierten OECD-Äquivalenzskala. Quelle: SOEPv38.1, eigene Berechnungen. DIW Wochenbericht 5/2025, @ DIW Berlin 2024.

Ungleiche Vermögensverteilung

Besonders ausgeprägt ist die Ungleichheit bei Vermögen. Hier reproduziert sich Ungleichheit über Generationen hinweg. Einkommen und Vermögen sind eng miteinander verknüpft. Wer ein hohes Einkommen hat, kann mehr sparen und somit Vermögen anhäufen. Umgekehrt erhöhen Vermögenserträge, also Zinsen, Dividenden oder Kursgewinne, das Einkommen.

Das Vermögen konzentriert sich in wenigen Händen. Zwischen München und Hamburg verfügt das reichste Zehntel über fast zwei Drittel des gesamten Nettovermögens. Das reichste ein Prozent hält rund ein Drittel des Vermögens. Die reichsten 0,1 Prozent – 41 000 Haushalte – besitzen über 17 Prozent des Vermögens. Die unteren 40 Prozent der

Bevölkerung gehen hingegen fast leer aus oder waren sogar verschuldet. Nirgendwo in Europa ist die Vermögensungleichheit so stark ausgeprägt wie in Deutschland. Vermögen sind hierzulande ähnlich ungleich verteilt wie in den USA.

Ein großer Teil des Vermögens wird in den nächsten Jahren vererbt. Eine gigantische Welle großer Erbschaften und Schenkungen rollt über unser Land. Jedes Jahr werden geschätzte 400 Milliarden Euro weitergegeben. Vererbt wird immer nach dem Matthäus-Prinzip: Wer hat, dem wird gegeben. Glückliche 0,1 Prozent erben im Schnitt stolze 17 Millionen. Die Hälfte der Bevölkerung wird aber überhaupt nichts erben. Folglich wird die Vermögenskonzentration weiter zunehmen.

Reichtum und Armut

Die wachsende Ungleichheit hat die Ränder der Einkommens- und Vermögensverteilung vergrößert. Während die Mitte schrumpft, nehmen Reichtum und Armut zu.

Die Zahl der heimischen Millionäre liegt bei fast 1,6 Millionen. Nach Schätzungen des Manager-Magazins leben zwischen Berlin und München 249 Milliardäre. Damit hat Deutschland den größten Club der Superreichen in Europa. Die reichsten Deutschen waren Dieter Schwarz (Lidl) mit einem Vermögen von fast 44 Milliarden Euro, Susanne Klatten und Stefan Quandt (BMW-Erben) mit 34,4 Milliarden Euro, gefolgt von der Familie Merck mit fast 34 Milliarden Euro.

Die Kehrseite des Reichtums ist die Armut. Die Europäische Union zieht die Armutsgrenze bei 60 Prozent des bedarfsgewichteten mittleren Nettohaushaltseinkommens. Diese Armutsrisikoquote stieg seit Mitte der 1990er Jahre von 11 auf fast 16,6 Prozent. Dies entspricht fast 14 Millionen Menschen.

Besonders von Armut betroffen sind Geringverdienende, Alleinerziehende, Arbeitslose, Migrant*innen, Kinder und zunehmend ältere Menschen. Jedes fünfte Kind (unter 18 Jahren) und jeder siebte ältere Mensch (ab 65 Jahren) sind hierzulande armutsgefährdet. Zudem sind über drei von fünf Arbeitslosen arm.

Öffentlicher Investitionsstau

Seit über zwei Jahrzehnten fließt zu wenig Geld in die physische und soziale Infrastruktur des Landes. Allein der kommunale Investitionsstau beläuft sich nach einer Umfrage der Kreditanstalt für Wiederaufbau (KFW) inzwischen auf über 180 Milliarden Euro.

Die Folgen sind unübersehbar. Die Lebensqualität breiter Bevölkerungskreise verschlechtert sich und die wirtschaftliche Leistungsfähigkeit der Unternehmen leidet. In Schulen und Universitäten müssten bis zu 130 Milliarden Euro investiert werden. Der Investitionsstau bei Krankenhäusern ist auf 30 Milliarden Euro angewachsen. Vor vergleichbaren Herausforderungen steht der Wohnungsbau. In den großen Städten fehlen 1,5 Millionen bezahlbare Wohnungen. Heute gibt es weniger als 1,1 Millionen preisgebundene Wohnungen, Tendenz sinkend. Jedes Jahr müssten 400.000 neue Wohnungen – davon 100.000 Sozialwohnungen – gebaut werden, um eine ausreichende Versorgung mit bezahlbarem Wohnraum sicherzustellen. Die Verkehrsinfrastruktur ist marode. Ein Fünftel der Autobahnstrecken und zwei Fünftel der Bundesfernstraßen müssen saniert werden und jede dritte Eisenbahnbrücke hat bereits über 100 Jahre auf dem Buckel. In den Ausbau des ÖPNV müssten jedes Jahr 16 Mrd. Euro investiert werden. Großen Investitionsbedarf gibt es aber auch bei Breitband und Energieversorgung. Die Liste ließe sich fortsetzen.

In den letzten Jahrzehnten wurde auch der Ausbau der öffentlichen und sozialen Dienstleistungen sträflich vernachlässigt. Allein in den Krankenhäusern und Pflegeheimen fehlen aktuell jeweils 100.000 Pflegekräfte. In den Kitas und Schulen fehlen rund 100.000 Erzieher*innen und 50.000 Lehrer*innen. Im öffentlichen Nahverkehr müssten etwa 60.000 Fachkräfte eingestellt werden.

Ungerechtes Bildungssystem

In Deutschland hängt der Bildungserfolg sehr stark vom Elternhaus ab. Von der Krippe bis zur Hochschule werden Kinder aus einkommensschwachen Familien systematisch benachteiligt. Der Sozialstaat versagt, wenn es um die Schaffung gleicher Bildungschancen geht. Unser Bildungssystem reproduziert die Armut von Kindern und Jugendlichen.

Berlin gibt für frühkindliche Bildung weniger Geld aus als die Industrieländer (OECD) im Durchschnitt. Nur jedes dritte Kind unter drei Jahren wird professionell betreut und Kinder aus sozial benachteiligten Familien erhalten noch seltener einen Krippenplatz. Besonders hart trifft es Kinder mit Migrationshintergrund.

In der Schule werden die ungleichen Entwicklungschancen fortgeschrieben. Da viele Grundschulen nur halbtags unterrichten, ist die Förderung der jungen Schüler*innen wieder vom Elternhaus abhängig. Privilegierte Eltern helfen den Kindern am Nachmittag bei den Hausaufgaben oder kaufen sich fremde Hilfe.

Nach der Grundschule beginnt die soziale Auslese. In kaum einem Land werden Kinder so früh auf unterschiedliche Schulformen verteilt wie hier. Schüler*innen aus einkommensschwachen Familien werden seltener für eine höhere Schule weiterempfohlen und landen auf den Haupt- und Realschulen. Die Kinder des einkommensstärksten Viertels der Bevölkerung haben bei gleicher Leistungsfähigkeit eine sechsmal höhere Wahrscheinlichkeit das Gymnasium zu besuchen als Kinder aus dem einkommensschwächsten Viertel. Drei von fünf Kindern, deren Mütter mindestens Abitur haben, gehen aufs Gymnasium. Aber nur jedes zehnte Kind, dessen Mutter maximal einen Hauptschulabschluss besitzt, besucht das Gymnasium.

Nach dem frühen Schulwechsel ist der weitere Bildungsweg vorprogrammiert. Ein Übergang, von der Hauptschule auf die Realschule oder aufs Gymnasium, kommt in der Praxis kaum vor. Soziale Mobilität auf den weiterführenden Schulen gibt es nur nach unten. 7 Prozent der Jugendlichen erreichen überhaupt keinen Schulabschluss. Der Großteil kommt aus bildungsfernen, sozial benachteiligten Familien.

Nach der Schule studieren die Kinder aus der Mittel- und Oberschicht. Sieben von zehn Universitätsabsolvent*innen kommen aus Akademikerhaushalten. Nur knapp 15 Prozent der deutschen Erwachsenen, deren Eltern kein Abitur haben, konnten erfolgreich eine Universität besuchen.

Zweiklassenmedizin

Das deutsche Gesundheitswesen ist auf den ersten Blick in einem guten Zustand. Die Berliner Republik hat mehr Krankenhäuser, Ärzte, Betten und medizinische Geräte als viele ihrer europäischen Nachbarn. Das viertteuerste Gesundheitssystem der Welt leidet nicht unter Geldmangel, sondern unter einer ungerechten Verteilung der Mittel.

Das Diktat der Ökonomie hat die Versorgung mit medizinischen und pflegerischen Leistungen verschlechtert. Bis Anfang der 1990er Jahre durften Krankenhäuser keine Gewinne erwirtschaften. Die Gesundheitsstrukturreform ersetzte das Selbstkostendeckungsprinzip durch ein System der Fallpauschalen (DRG). Diese erlös- und profitorientierte Krankenhaussteuerung veranlasste Ärztinnen, Ärzte und Klinikleitungen dazu, Operationen zu verschieben, unnötige medizinische Eingriffe vorzunehmen, Patient*innen früher zu entlassen oder erst überhaupt nicht aufzunehmen. Das Ergebnis ist eine Fehlsteuerung sowie eine Unter- und Überversorgung mit medizinischen und pflegerischen Leistungen. Doch damit nicht genug. Die unzureichende Finanzierung der Krankenhäuser durch die Bundesländer verursachte gleichzeitig einen Investitionsstau. Seit 1991 sind die realen Ausgaben der Länder für OP-Säle, Bettenhäuser, Kernspintomografen, etc. um fast 40 Prozent gesunken.

Die Gesundheitsrisiken der Bevölkerung sind ungleich verteilt. Arme sterben früher und Reiche leben länger. Die Lebenserwartung armutsgefährdeter Männer ist 10 Jahre niedriger als die von wohlhabenden Männern. Privat- und Kassenpatient*innen werden ungleich behandelt. Ärztinnen und Ärzte verdienen mit Privatpatient*innen mehr Geld, weswegen gesetzlich Versicherte häufig schlechter versorgt werden und länger warten müssen.

Das duale System der Krankenversicherung führt zu einer ungerechten Verteilung der Finanzierungslasten. Privatversicherte beteiligen sich nicht am Solidarausgleich der gesetzlich Krankenversicherten. Die Beitragsbemessungsgrenze der GKV sorgt dafür, dass Besserverdienende eine relativ geringe Beitragsbelastung haben. Geringverdienende werden hingegen durch Zuzahlungen für Medikamente, zahnärztliche Behandlungen und Reha-Maßnahmen überproportional belastet. Damit finanzieren überwiegend die unteren und mittleren Einkommensgruppen die Gesundheitsversorgung.

Rückkehr der Altersarmut

Die soziale Absicherung des Alters war eine große Errungenschaft des Sozialstaats. Im 21. Jahrhundert ist dieser soziale Fortschritt unter die Räder gekommen. Die gesetzliche Rente schützt heute weder vor Armut, noch sichert sie den Lebensstandard. Über eine Million ältere und erwerbsgeminderte Menschen müssen zum Sozialamt gehen. Ihre Zahl hat sich in den letzten zwei Jahrzehnten verdoppelt. Hinzu kommt die versteckte Altersarmut. Drei von fünf Anspruchsberechtigten beantragen keine Grundsicherung im Alter.

Künftig droht die Altersarmut weiter zu steigen. Nach einer DIW-Studie droht in 20 Jahren jeder und jedem fünften Neurentner*in ein Leben in Armut. Und dies selbst bei guter wirtschaftlicher Entwicklung und unter Berücksichtigung aller Alterseinkünfte. Am stärksten betroffen sind Alleinerziehende und Geringverdienende.

Die Rückkehr der Altersarmut ist politisch gemacht. Die gesetzliche Rente ist immer ein Spiegel des Arbeitsmarktes, denn Niedriglöhne und prekäre Beschäftigung führen zu Armutsrenten. Die Rentenpolitik tat ein Übriges. Anfang dieses Jahrtausends änderte die Schröder-Regierung unter Hinweis auf die vermeintlichen Sachzwänge einer alternden Gesellschaft und hoher Lohnnebenkosten ihren rentenpolitischen Kurs. Schröder, Fischer, Riester & Co opferten die Lebensstandardsicherung und Armutsfestigkeit für stabile Beiträge. Eine veränderte Rentenformel entkoppelte die Rente von den Löhnen. Dadurch wurde das zukünftige Rentenniveau gesenkt. Die entstehende Versorgungslücke sollte durch eine private kapitalgedeckte Altersvorsorge (Riester-Rente) geschlossen werden. Später wurde das Renteneintrittsalter auf 67 Jahre erhöht. Diese so genannten Reformen drücken das Sicherungsniveau der gesetzlichen Rente bis 2030 auf magere 43 Prozent. Erst die Ampel-Regierung wollte das Rentenniveau wieder bei 48% stabilisieren. Das frühzeitige Aus der rot-grün-gelben Koalition verhinderte jedoch, dass das Rentenpaket II Gesetz wurde.

Die Rentenkürzungen waren nie alternativlos. Der Sozialstaat kann die Alterung der Gesellschaft auch ohne Leistungsabbau bewältigten. Maßgeblich für die Rentenfinanzierung ist das Verhältnis von Beitragszahlenden zu Rentenempfänger*innen. Wie stark ein längeres Leben und weniger Kinder die Versicherten belasten, hängt von der wirtschaftlichen Leistungsfähigkeit unserer Volkswirtschaft ab. Wenn die Produktivität hinreichend steigt, sind die finanziellen Lasten des demografischen Wandels tragbar.

Politik für gute Arbeit, soziale Sicherheit und eine gesunde Umwelt

Die zunehmende soziale Spaltung unserer Gesellschaft ist kein Naturgesetz. Eine Politik für gute Arbeit, soziale Sicherheit und eine gesunde Umwelt kann den gesellschaftlichen Zusammenhalt wieder stärken.

Gute Arbeit und Gegenmacht

Zunächst muss die Verhandlungs- und Durchsetzungsmacht der Beschäftigten und ihrer Gewerkschaften wieder gestärkt werden. Nur starke Arbeitnehmerorganisationen können die ungleiche Primärverteilung korrigieren und die Spaltung des Arbeitsmarktes überwinden.

Das ist zunächst Aufgabe der Gewerkschaften. Sie müssen in ihrer Tradition als Selbsthilfeorganisationen ihre Organisationsmacht stärken. Gleichzeitig muss aber der Arbeitsmarkt politisch neu geordnet werden. Es geht um ein Regelwerk für sichere, gesunde und tariflich entlohnte Arbeit. Das umfasst u.a. Tarifverträge für Alle, einen Mindestlohn von 15 Euro, die Diskriminierung unsicherer Beschäftigung und eine Aufwertung sozialer Berufe.

Die kollektive Lohnsetzung sollte politisch gestärkt werden. So sollte die Allgemeinverbindlichkeit von Tarifverträgen (AVE) erleichtert werden. Darüber hinaus sollten öffentliche Aufträge nur noch an tarifgebundene Unternehmen vergeben werden. Diese Maßnahmen würden das Tarifsystem stabilisieren.

Die Einführung des allgemeinen gesetzlichen Mindestlohns im Januar 2015 war ein großer politischer Erfolg. Der Mindestlohn hat aber den Niedriglohnsektor nur nach unten abgedichtet. Das aktuelle Niveau ist nicht existenzsichernd. Deswegen sollte der gesetzliche Mindestlohn auf 15 Euro erhöht werden.

Ein höherer Mindestlohn würde Branchen aufwerten, die in den letzten Jahrzehnten von der allgemeinen Lohnentwicklung abgekoppelt wurden. Wenn die Lohnkonkurrenz nach unten eingedämmt wird, dann hilft das den Gewerkschaften, oberhalb des Mindestlohns neue Tarifstrukturen aufzubauen. Insofern stärkt ein höherer Mindestlohn auch die Tarifpolitik.

Prekäre Beschäftigungsverhältnisse müssen zurückgedrängt werden. Leiharbeit sollte darauf beschränkt werden, konjunkturelle und saisonale Spitzen abzudecken. Ab dem ersten Tag sollte gleicher Lohn für gleiche Arbeit gezahlt werden. Minijobs sollten ab dem ersten Euro sozialversicherungspflichtig werden. Sachgrundlose Befristungen sollten abgeschafft und der Missbrauch von Werkverträgen eingeschränkt werden.

Ausbau und Modernisierung des Sozialstaats

Ein weiteres zentrales Reformprojekt ist der Ausbau und die Modernisierung des Sozialstaats. Ein moderner Sozialstaat stärkt den sozialen Zusammenhalt, fördert die wirtschaftliche Entwicklung und festigt unsere Demokratie. Dafür muss die physische und soziale Infrastruktur modernisiert, die Daseinsvorsorge gestärkt und die soziale Sicherung verbessert werden.

Deutschland steht im Gesundheits- und Bildungswesen, in der Pflege, beim Wohnungsbau, in der öffentlichen Verwaltung, bei Digitalisierung, bei Energie und Verkehr, sowie Sport und Kultur vor großen Herausforderungen. Der öffentliche Sektor muss ausgebaut werden. Bund, Länder, Kommunen und öffentliche Unternehmen sollten mehr Kitaplätze und ganztägige Betreuungsangebote für Schulkinder schaffen, mehr Sozialwohnungen bauen, den Pflegenotstand beseitigen sowie Straßen, Brücken, Jugendzentren und Sportstätten sanieren.

Das geht nur mit einem höheren öffentlichen Investitions- und Ausgabenpfad. Der Investitionsbedarf von Bund, Ländern und Kommunen in Infrastruktur und Daseinsvorsorge beläuft sich auf mindestens 600 Mrd. Euro. Jedes Jahr müsste ein mittlerer zweistelliger Milliardenbetrag zusätzlich investiert werden, um den großen Investitionsstau und Personalmangel zu überwinden.

Die sozialen Sicherungssysteme müssen Armut vermeiden und den Lebensstandard sichern. Die Sozialversicherungen sollten aber auch neue Risiken – atypische und prekäre Beschäftigung, Niedriglöhne, Alleinerziehende –, die durch eine veränderte Arbeits- und Lebenswelt entstanden sind, besser absichern. Hier geht es um Sicherheit im Wandel.

Um den Lebensstandard im Alter zu sichern, sollte das Sicherungsniveau der gesetzlichen Rentenversicherung auf über 50% angehoben werden. Dafür muss die Rentenformel geändert werden. Die Rente muss wieder direkt an die Lohnentwicklung gekoppelt werden.

In der Pflege brauchen wir einen Systemwechsel von der gesetzlichen Pflegeversicherung zur solidarischen Pflegegarantie. Pflegebedürftige benötigen eine qualitativ hochwertige Versorgung. Dafür braucht es mehr Personal. Dies kann über bedarfsgerechte und verbindliche Personalvorgaben und eine faire tarifliche Entlohnung in allen Pflegeeinrichtungen erreicht werden.

Darüber hinaus sollten Renten-, Kranken- und Pflegeversicherung universalisiert werden. Eine allgemeine Versicherungspflicht würde alle Erwerbsformen beitragspflichtig machen. Die Rentenversicherung sollte zu einer Erwerbstätigenversicherung ausgebaut werden. Das duale System aus gesetzlicher und privater Krankenversicherung sollte zu einer solidarischen Bürgerversicherung umgebaut werden. Und die Pflegeversicherung sollte zu einer Pflegevollversicherung weiterentwickelt werden.

Wer durch die sozialen Sicherungssysteme nicht aufgefangen wird, darf nicht in Armut fallen. Die soziale Grundsicherung muss als letztes staatliches Auffangnetz vor Armut schützen und eine Teilhabe am gesellschaftlichen Leben ermöglichen. Folglich sollten die Regelsätze erhöht werden.

Die öffentliche Daseinsvorsorge muss ausgebaut werden. Das gilt besonders für die Bildung. Die frühkindliche Bildung in Kitas und die Ganztagsbetreuung in Schulen müssen gestärkt werden. Wir brauchen eine Ausbildungsoffensive für sozialpädagogische und soziale Berufe, um so dringend benötigte Fachkräfte zu sichern. Des Weiteren benötigen wir ein Kita- und Ganztags-Qualitätsgesetz.

Dieser Ausbau des Sozialstaats darf nicht an leeren öffentlichen Kassen scheitern. Wer öffentliche Infrastruktur, Daseinsvorsorge und soziale Sicherung auskömmlich finanzieren will, kann Schulden machen und Steuern und Abgaben erhöhen. Schulden sind kein Teufelszeug. Kreditfinanzierte Investitionen versorgen künftige Generationen mit modernen Schulen, Universitäten oder Krankenhäusern. Die Schuldenbremse verhindert solche Zukunftsinvestitionen. Deswegen sollten die Schuldenregeln gelockert und perspektivisch abgeschafft werden.

Die chronische Unterfinanzierung der öffentlichen Haushalte sollte aber auch über die Einnahmeseite korrigiert werden. Höhere Steuern verbreitern die staatliche Einnahmebasis. Dabei sollte es gerecht zugehen. Steuerpolitik muss immer auch die ungleiche Einkommens- und Vermögensverteilung – Primärverteilung – korrigieren.

Spitzenverdienende, Vermögende und finanzstarke Unternehmen müssen zukünftig wieder einen höheren Beitrag zur Finanzierung des Gemeinwesens leisten. Dafür brauchen wir zunächst einen höheren Einkommensteuerspitzensatz, bei gleichzeitiger Entlastung niedriger und mittlerer Einkommen. Zudem dürfen Kapitalgewinne gegenüber Arbeitseinkommen nicht weiter privilegiert werden. Deswegen sollte die Abgeltungssteuer abgeschafft werden. Des Weiteren sollte die Vermögensteuer wiedereingeführt und die Erbschaftssteuer reformiert werden. Aber auch Unternehmen sollten wieder stärker besteuert werden. Auf europäischer Ebene brauchen wir eine Finanztransaktionssteuer.

Sozial-ökologischer Umbau

Die Umweltkrise ist allgegenwärtig. Wenn die Folgen des menschengemachten Klimawandels minimiert werden sollen, muss jetzt gehandelt werden. Wir brauchen eine ökologische Energie- und Verkehrswende. Dieser ökologische Umbau muss aber sozial gerecht gestaltet werden.

Die CO2-Bepreisung soll Unternehmen und Verbraucher*innen dazu bewegen, sich umweltfreundlicher zu Verhalten. Viele Mieter*innen und Pendler*innen können aber bei steigenden Benzin- und Heizkosten nicht auf den ÖPNV oder klimafreundliche Heizungen umsteigen. Deswegen müssen diese zusätzlichen finanziellen Belastungen ausgeglichen werden (z. B. über ein Klimageld).

Im Mittelpunkt des sozial-ökologischen Umbaus sollte ein grünes Zukunftsinvestitionsprogramm stehen. Der öffentliche Nah- und Fernverkehr muss ausgebaut und modernisiert werden. Der Schienen- sollte gegenüber dem Straßen- und Luftverkehr Vorfahrt erhalten. Das Bahnnetz sollte erweitert und alle Bahnstrecken elektrifiziert werden. Der öffentliche Nahverkehr braucht ein dichteres Netz, kürzere Taktzeiten und saubere Antriebssysteme. Das erfordert mehr Investitionen in Schienen und Bahnen. Ein gut ausgebauter Nah- und Fernverkehr braucht aber auch gut bezahltes und qualifiziertes Personal. Bund und Länder müssen sich stärker an Investitionen beteiligen, um einen leistungsfähigen und bezahlbaren kommunalen ÖPNV auf Schiene und Straße sicherzustellen.

Die erneuerbaren Energien müssen weiter ausgebaut werden. Durch eine Solaranlagenpflicht auf schrägen Dächern, weitere Flächen für Windkraftanlagen, einen Aus- und Umbau der Stromnetze und mehr Kapazitäten für Strom- und Wärmespeicher kann der Ausbau vorangetrieben werden. Zudem sollte die Kraft-Wärme-Kopplung gefördert werden.

Die Wärmewende ist ein zentraler Baustein des Klimaschutzes. Die Kommunen gestalten im Rahmen der kommunalen Wärmeplanung Maßnahmen, um Wärmeenergie einzusparen und Wärme klimafreundlich zu erzeugen. Für eine erfolgreiche Wärmewende brauchen die Kommunen eine stärkere staatliche Unterstützung.

Die industrielle Produktion muss umwelt- und klimafreundlicher werden. Staatliche Normen, Quoten und Grenzwerte sollten der Produktion klimafreundliche Vorgaben machen. Eine CO_2-Grenzsteuer könnte helfen, Wettbewerbsnachteile für klimafreundliche Unternehmen zu verringern. Mit Top-Runner-Programmen können energieeffiziente und ressourcensparende Produkte und Innovationen gefördert werden. Durch abfallpolitische Regeln sollten perspektivisch geschlossene Materialkreisläufe angestrebt werden. Die öffentliche Beschaffung sollte stärker Umweltkriterien berücksichtigen.

Die im Zuge des ökologischen Umbaus entstehenden neuen Jobs müssen gute Arbeitsplätze sein. Sie müssen tarifgebunden, gesund und mitbestimmt sein. Das ist notwendige Voraussetzung dafür, dass Gewerkschaften ein solche Transformation aus vollen Kräften unterstützen können.

Gesellschaftliche Mehrheiten für einen Politikwechsel

Unsere Gesellschaft bewegt sich. Immer mehr Menschen wehren sich gegen Lohndumping, unsichere Jobs, hohe Mieten und die Zerstörung der Natur. Sie wollen eine sozial und ökologisch gerechtere Gesellschaft, höhere Löhne, bessere Arbeitsbedingungen, bezahlbares Wohnen, gute öffentliche Kitas und Schulen, armutsfeste Renten und den Schutz des Klimas.

Gewerkschaften, Umwelt- und Sozialverbände, soziale Bewegungen sowie progressive Parteien stehen vor der Herausforderung, die unterschiedlichen Proteste und Auseinandersetzungen miteinander zu verbinden. Es geht darum, die gemeinsamen Interessen und Anliegen unterschiedlicher Arbeitnehmergruppen und bürgerlicher Milieus zu bündeln. So entstehen gesellschaftliche Mehrheiten, die anschließend in politische Mehrheiten übersetzt werden können.

Eine mögliche gemeinsame Reformagenda umfasst die Stärkung gewerkschaftlicher Verhandlungsmacht, ein grünes Investitionsprogramm und den Ausbau des Sozialstaats in Form sozialer Dienstleistungen, bezahlbarem Wohnen und einer armutsfesten Rente.

Eine enge Zusammenarbeit der gesellschaftlich fortschrittlichen Kräfte für eine sozial-ökologische Reformpolitik ist sogleich ein wirksames Mittel gegen rechts. Wenn die progressiven gesellschaftlichen Kräfte glaubwürdige Antworten auf die sozialen Fragen unserer Zeit geben, dann wird eine der Hauptquellen des Rechtspopulismus und Rechtsextremismus wieder versiegen. Mehr soziale Sicherheit, weniger Abstiegsängste und mehr Kontrolle über das eigene Leben sind der beste Impfschutz gegen Fremdenfeindlichkeit und Rassismus.

Prof. Dr.-Ing. Thomas Weber und Florian Süssenguth

Zeit für eine aktiv gestaltende Technologie- und Innovationspolitik

Ein zweites Rezessionsjahr und anhaltend trübe Wirtschaftsaussichten, ein sich immer weiter auftürmender Modernisierungsstau. Ein raues internationales Klima, in dem sich Europa mangels eigener Stärke weitgehend als Zuschauer im Systemwettbewerb zwischen den USA und China wiederfindet. Deutschland erleidet sich beschleunigende Wohlstandsverluste, die sich in allen fünf in diesem Band vorgeschlagenen Säulen zur Definition eines umfassenden Wohlstandskonzepts niederschlagen.

Zu lange wurde übersehen, dass Wohlstand zunehmend innovations- und technologiegetrieben ist. Diese Erkenntnis schlägt sich bisher weder in der öffentlichen Debatte noch im politischen Handeln ausreichend nieder. Dies fällt uns umso mehr auf die Füße, als dass Innovationen und Technologie heute wie damals z. B. nach dem Sputnik-Schock abermals hochgradig außen- wie innenpolitisch aufgeladen sind. Die neue Bundesregierung hat hier die einmalige Chance, umzusteuern, bevor technologische Abhängigkeiten abermals auf Jahrzehnte zementiert werden.

Die Renaissance der politischen Bedeutung von Innovation und Technologie

Wir dürfen Technologie und Innovation also nicht mehr wie zur Jahrtausendwende auf reine wirtschaftliche Wettbewerbsfähigkeitsfaktoren reduzieren, die dann einer sich selbst entfaltenden, zunehmend globalisierenden Wirtschaft überlassen werden können. Es braucht vielmehr eine Antwort Deutschlands als Teil Europas auf den sich verschärfenden Wettbewerb politischer Systeme. Dieser – die Auseinandersetzung der USA mit China bei Halbleitern und KI belegt es eindrücklich – ist auch ein Wettlauf um Dominanz in Spitzentechnologien. Wir in Deutschland und Europa dagegen nehmen gegenwärtig zu oft nur eine Zuschauerrolle ein.

Aufgrund dieser wachsenden Bedeutung von Technologie für alle Lebensbereiche und die Handlungsfähigkeit von Staaten wundert es nicht, dass die Eckpunkte des in diesem Band vorgeschlagenen »Magischen Fünfecks« schon jetzt bei innovationspolitischen Zielstellungen mitschwingen. Es geht in Programmen und Strategien nicht mehr nur um Wettbewerbsfähigkeit und Wohlstand. Technologien sollen nach politischem Willen auch auf Nachhaltigkeit, Resilienz, technologische Souveränität in internationalen Beziehungen, die Qualität der Demokratie einzahlen. Sie werden zudem auch als entscheidender Faktor für die Verteidigungsfähigkeit Deutschlands und Europas diskutiert.

Diese Multiplikation der Zieldimensionen und damit zunehmende Komplexität hat sich aber eher ergeben, als dass sie systematisch eingeführt wurde. Ihre gegenwärtige Folge sind deshalb eher entweder überzogene Erwartungen an politische Maßnahmen oder aber eine Verwässerung in ihnen enthaltener Ziele und Mittel.

Erschwerend kommt hinzu, dass Technologie- und Innovationspolitik in der öffentlichen Debatte weitgehend ein Schattendasein führt. Meist blitzt sie nur negativ auf: das sinnvolle Prinzip der Technologieoffenheit wird als politischer Kampfbegriff genutzt (Stichworte: Heizen mit Wasserstoff oder Antriebsmix bei PKW); Subventionsdebatten werden durch Parteinahmen für einzelne Technologien geprägt, auch wenn für diese in der deutschen Wirtschaftsstruktur kein plausibles Geschäftsmodell existiert (z. B. Solarzellfertigung). Der Übermacht der digitalen Hyperscaler begegnen wir durch eine Mischung aus Neid, Unbehagen und Flucht in Überregulierung (DSGVO/KI-Verordnung) statt mit einem ambitionierten Plan zum Aufbau eigener Stärke. Die neue EU-Kommission muss hier handeln und die im Wettbewerbsfähigkeitskompass formulierten Ziele mit Leben füllen.

Anforderungen an eine Komplexität bewältigende statt Entscheidungen vermeidende Innovationspolitik

In Folge dieser nicht adressierten neuen Komplexität lesen sich die innovationspolitischen Strategien und Programme der letzten Bundesregierungen dann auch oftmals eigentümlich unpolitisch. Statt klarer Festlegungen werden oftmals nur utopische und vage Ziele formuliert, aus denen sich keine Prioritäten ableiten lassen. Zu oft wird vermieden, eindeutig identifizierbare Gewinner- und vor allem auch leer ausgehende Verlierer zu benennen. In der Folge wächst die Kluft zwischen dem formulierten Anspruch und der Wirklichkeit: Wir wollen den Krebs besiegen, die Meere retten und Deutschland als zeitgleich weltweit führend in der Biotechnologie, bei Quantentechnologien, KI, Halbleitern, der Wasserstoffwirtschaft, in der Elektromobilität und auch der Kernfusion aufstellen. In der Realität fallen wir in Innovationsfähigkeitsrankings international dagegen immer weiter zurück.

Die ersten erkennbaren Ansätze einer stärker missionsorientierten Innovationspolitik in der vergangenen Wahlperiode gehen in die richtige Richtung. Aber auch hier fehlen noch viel zu oft klare Meilensteine, Verantwortlichkeiten, Evaluationsmechanismen und vor allem: die Basis einer kohärenten, die gesamte Regierung und die ihr zur Verfügung stehenden Instrumentarien übergreifenden Strategie. In der Folge sehen wir in fast jeder Zukunftstechnologie andere, fokussiertere Wirtschaftsräume an uns vorbeiziehen und auch bisherige Stärken schwinden.

Werden Rahmenprogramme, Förderlinien und Einzelmaßnahmen weiterhin nicht wirklich miteinander verknüpft, bleibt es bei perfekt am formalen Prozess statt am Effekt orientierten Einzelmaßnahmen, die in der Gesamtschau kein klares Ziel realisieren und keine Synergien heben. Eine solche Komplexität vermeidende Innovationsverwaltung können wir uns nicht mehr leisten. Es bedarf einer aktiv gestaltenden Innovationsagenda, die ihren politischen Charakter ernst nimmt und Entscheidungen trifft.

Drei Thesen für eine Neuaufstellung der Innovationspolitik

Die neue Wahlperiode stellt hier eine große Chance dar, sowohl den Anspruch als auch das Versprechen einer ambitionierten Innovations- und Technologiepolitik einzulösen. Die Voraussetzungen – eine sehr starke Grundlagenforschung, eine weiterhin substanzielle industrielle Basis und strategisches Wissen – sind vorhanden.

Jenseits der Frage, wie genau Ressortzuschnitte und Verantwortlichkeiten neu gestaltet werden könnten, sollten für die neue Bundesregierung dabei aus unserer Sicht drei Thesen politisch handlungsleitend sein:

Erstens: Technologie- und Innovationspolitik sind ein Schlüssel zur Absicherung der Handlungsfähigkeit Deutschlands und der EU in der Welt.

Wir haben in der Corona-Pandemie gesehen, welches Glück es war, dass einer der Impfstoffe aus Deutschland kam. Unser Argument ist dennoch kein Plädoyer für eine sowieso unrealisierbare technologische Autarkie. Deutschland und Europa müssen sich weiter für einen möglichst offenen Austausch von Ideen und Handel einsetzen. Die Innovations- und Wirtschaftspolitik muss dann aber auch die internationale Wettbewerbsfähigkeit zu ihrem Maßstab machen. Fortschritte im eigenen Land reichen nicht, wenn andere Player schneller besser werden.

Es gilt, strategisch die Kontrollpunkte in neu entstehenden und den sich verändernden existierenden Wertschöpfungsketten zu besetzen. Die Sorge einer Überformung ganzer Industriezweige durch die Hyperscaler wächst. Ihr kann nur durch eigene leistungsfähige Anbieter wie bei Halbleitern ASML, Trumpf und Zeiss begegnet werden, auf die auch andere Wirtschaftsräume ungern verzichten wollen.

Zweitens: Deutschland muss ein klares innovationspolitisches Spitzentechnologie-Portfolio definieren.

Unsere Ressourcen sind endlich. Wenn wir weiterhin Förderung mit der Gießkanne betreiben, werden wir nirgends die notwendige kritische Masse erreichen. Eine sinnvolle Fokussierung setzt aber einen Portfolioprozess voraus, der Wirtschaft und Wissenschaft einbezieht und über faire und klare Entscheidungsmodi auch eine Akzeptanz gerade derjenigen sicherstellt, die am Ende leer ausgehen. Ein solcher Prozess sollte als Teil des Hunderttageprogramms der neuen Bundesregierung initiiert werden, um zeitnah Ergebnisse, abgeleitete Maßnahmen und damit schon zur Mitte der Wahlperiode spürbare Ergebnisse liefern zu können.

Mit so einem Vorgehen wären wir international keineswegs Spitzenreiter. Wir würden lediglich ein andernorts – und mit beispielsweise in Südkorea, Japan und dem Vereinigten Königreich auch in Demokratien – bereits mit großem Erfolg praktiziertes Vorgehen übernehmen. Das Ziel der Übung wären nicht staatlich gelenkte und mit (Schatten-)Subventionen aufgebaute Champions wie in China. Ebenfalls streben wir keine Monopolisten US-amerikanischer Prägung an, die Politik machen, statt sich demokratischen Leitplanken zu unterwerfen.

Unser Zielbild ist ein anderes, ein dezidiert europäisches. Es muss gelingen, den europäischen Binnenmarkt zu vollenden. Erst dieser bietet in den unterschiedlichen Branchen genug Platz für mehrere konkurrierende Unternehmen von Weltrang. Zudem würde er die von Start-ups dringend benötigten heimischen Skalierungsmöglichkeiten eröffnen. Durch eine solche Vielfalt an Angeboten, die untereinander im harten Wettbewerb stehen, wäre dann auch die Wahlfreiheit der Konsumentinnen und Konsumenten und die Handlungsfähigkeit des Staats besser geschützt als durch eine meist nachlaufende Regulierung außereuropäischer Monopolisten.

Drittens: Wir müssen den gesamten innovationspolitischen Instrumentenkasten nutzen.

Gegenwärtig determinieren und fragmentieren Ressortzuständigkeiten den jeweiligen Zugriff auf die Welt. Dabei sind weder Zuwendungen noch Verbundforschung noch Subventionen oder Steuererleichterungen der Königsweg. Sie sind keine Soloinstrumente. Sie müssen vielmehr zu einem Ganzen orchestriert werden, das dann mehr als die Summe seiner Teile ist. Dabei sollten auch bislang vernachlässigte Instrumente wie die innovative Beschaffung, Wettbewerbe und eine Leitanwenderrolle des Staats zum Einsatz kommen.

Die Verteidigungsausgaben von heute zum Wohlstand von morgen machen

Ein Beispiel für durch bestehendes Silodenken verschenkte Potenziale: Die Verteidigungsausgaben werden absehbar deutlich steigen müssen.

Bislang zahlt diese Zeitenwende aber nicht auf die Innovationsfähigkeit Deutschlands ein.

Sollte es nicht unsere Ambition sein, auf lange Sicht die russische Aggression und den politischen Druck der USA zu einem technologischen Bumerang zu machen? Könnten wir nicht einen Teil der Mehrausgaben dafür nutzen, bei einigen Verteidigungssystemen die Technologieführerschaft zu übernehmen? Das Potenzial ist da, wenn es uns gelingt, verkrustete Strukturen in Politik, Forschung und Wirtschaft durch kluge Kooperationsformate zu überwinden.

Ein lebender Strategieprozess statt einseitige und starre Setzungen

Eine einseitig von der Politik am Anfang einer Wahlperiode erstellte, nach kurzer Zeit durch unvorhergesehene Ereignisse obsolete Agenda kann dies nicht leisten. Ebenso gilt es, in Koalitionsverträgen erfahrungsgemäß eher zufällig, denn systematisch zustande kommende Technologielisten zu vermeiden. All dies kann nur über den schnellen Start eines lebenden, aktiv gemanagten Strategieprozesses gelingen. Dieser muss die unterschiedlichen Interessen von Politik, Wirtschaft und Wissenschaft ernst nehmen, in konkreten Vorhaben ausbalancieren und die wiederum schnell umsetzen.

Dieser Beitrag reiht sich nicht in den Abgesang auf alte Industrien und Kernbranchen ein. Es braucht die erfahrene Industrie als Wegbereiter und auch als Kunden für jüngere Unternehmen und neue Technologien. Es fehlt allerdings zu oft an einer Kooperation, von der beide Seiten profitieren. Der Erfolg der hier beschriebenen aktiv gestaltenden Innovationspolitik muss sich deshalb daran messen lassen, ob es sowohl gelingt, bestehende Innovationsökosysteme (z. B. Automotive) zu verjüngen und deren Transformation mit Nachdruck zu begleiten und zu unterstützen als auch neue Ökosysteme zu schaffen (z. B. New Space). Wir müssen bei laufendem Wirtschaftsmotor das Fundament für alle in diesem Band verhandelten Wohlstandssäulen runderneuern. Gemeinsam kann es gelingen.

Bernd Westphal

Die Elefanten im Raum: Wirtschaftspolitische Herausforderungen beim Namen nennen – Ein Appell an die nächste Bundesregierung

»Die Richtung stimmt, Kurs halten« – diesen Satz habe ich oft mit meinem Team zur Vorbereitung von Reden im Deutschen Bundestag diskutiert. Wir sind fest davon überzeugt, dass bei allem Reformbedarf der Kurs und das Ziel richtig sind. Die Richtung der Wirtschaftspolitik der letzten Jahre stimmt: Wir müssen unsere Wirtschaft transformieren und für die Zukunft aufstellen. Das bedeutet, dass sie klimaneutral und digital werden muss, dass wir unsere Kernindustrie schützen und Zukunftstechnologien und die digitale Wirtschaft stärken müssen. Wir müssen einseitige Abhängigkeiten reduzieren, unsere wirtschaftlichen Beziehungen diversifizieren und eine resiliente Volkswirtschaft werden. Nur so kann die deutsche Wirtschaft auch in Zukunft Garant für sichere Arbeitsplätze, gute Löhne und Wohlstand in diesem Land sein. Die exogenen Schocks der letzten Jahre, wie die Corona-Pandemie und der russische Angriffskrieg auf die Ukraine, haben es uns sehr schwer gemacht, den Kurs nicht aus den Augen zu verlieren. Aber wir haben es geschafft. Wir sind nicht in reaktionäre Muster verfallen und haben nach dem Ende des billigen russischen Gases auf Scheinlösungen, wie den Wiedereinstieg in Atomenergie, gesetzt oder lebensnotwendige Klimaziele über Bord geworfen. Und dennoch: Wir alle können mit dem aktuellen Zustand unserer Wirtschaft und einer Aussicht auf ein Mini-Wachstum von 0,3% in 2025 nicht zufrieden sein und müssen uns deswegen trauen, die großen Herausforderungen in Angriff zu nehmen[29].

Die Maßnahmen, die es aus Sicht der SPD braucht, um die Wirtschaft aus der Krise zu führen und aus der Transformationspolitik der letzten Jahre einen nachhaltigen wirtschaftspolitischen Erfolg zu machen, liegen auf dem Tisch: Wir müssen in die Infrastruktur unseres Landes investieren. In Bildung, in Schienen, in Rechenzentren. Wir müssen private Investitionen über den Deutschlandfonds ermöglichen und über einen Made-in-Germany-Bonus inzentivieren. Wir müssen die Stromkosten, insbesondere für unsere energieintensive Industrie, senken und Bürokratie für alle abbauen. All diese Maßnahmen sind richtig und wichtig und stehen so in der Wachstumsinitiative, die die Bundesregierung im Sommer 2024 verabschiedet hat, aber nicht mehr umsetzen konnte. Sie reichen aber nicht.

Die nächste Bundesregierung muss den Mut haben, die Elefanten im Raum beim Namen zu nennen und Lösungen für die großen wirtschaftspolitischen Herausforderungen der nächsten Jahre zu finden.

Drei Elefanten

Erstens, wir müssen den internationalen Kontext, in dem wir Wirtschaftspolitik machen, viel stärker mitdenken als bisher. Die Welt um uns herum hat sich verändert und wird es weiter tun. Die USA werden unter Trump II einen konsequenten »America First«-Ansatz verfolgen und auf den besten Deal fürs eigene Land setzen. China wendet schon lange wettbewerbsverzerrende Maßnahmen an und drückt staatlich subventionierte Überproduktionen zu Dumping-Preisen in den europäischen Markt. Wir müssen uns diesen neuen Realitäten stellen und unseren eigenen Instrumentenkasten anpassen.

Zweitens, die industrielle Landschaft in Deutschland wird sich verändern. Es ist richtig, dass wir als SPD für jeden Industriearbeitsplatz in Deutschland kämpfen. Aber wir müssen die Herausforderungen beim Namen nennen: Wir werden nicht jede Industrie auf einem gleichbleibend hohen Niveau halten können. Es wird Gewinner geben in der Transformation, aber auch Verlierer. Schlau ist das Unternehmen, das sich an die Spitze der Transformation stellt. Sich verändert, um nicht zu verlieren.

Drittens, wir haben die Relevanz der Zukunftstechnologien und der digitalen Wirtschaft viel zu lange unterschätzt: »Every company will be a software company«[30]. Der Wohlstand der Zukunft wird zu großen Teilen in der digitalen Wirtschaft erarbeitet. Fakt ist, dass die Champions dieser digitalen Wirtschaft bis jetzt aber nicht vornehmlich in Europa und Deutschland ansässig sind, sondern in den USA und in Asien.

Unser internationales Umfeld – Fokus: China

Das internationale Umfeld, in dem wir Wirtschaftspolitik gestalten, hat sich grundlegend verändert. Der russische Angriffskrieg gegen die Ukraine hat dazu geführt, dass Deutschland – richtigerweise – von einem auf den anderen Tag auf billiges Gas aus Russland verzichten musste. Es war gut und richtig, dass wir diese, schon viel zu lange andauernde, Abhängigkeit beendet haben. Es hat aber auch zu einem Anstieg der Energiepreise geführt, den wir mit viel Geld ausgleichen mussten und müssen. Die USA wird zum zweiten Mal von einem Präsidenten regiert, der auf den besten »Deal« für die USA setzt und dabei international vereinbarte Regelungen mit Füßen tritt. Neue Akteure betreten den Weltmarkt, zumeist aufstrebende, bevölkerungsstarke Länder, wie Indien, Brasilien und Nigeria.

Die größte Herausforderung für die deutsche und die europäische Wirtschaft ist jedoch China. Die Zeiten, in denen China die verlängerte Werkbank des Westens und ein beliebter Absatzmarkt deutscher Produkte war, ist vorbei. China verfolgt mit allen verfügbaren Mitteln einen globalen Machtanspruch und baut konsequent wirtschaftspolitische Abhängigkeiten von anderen ab und von China auf. Dabei hält sich China schon lange nicht mehr an die Regeln des Freihandels, die durch die Welthandelsorganisation (WTO) erlassen werden. Im Gegenteil: Die wirtschaftspolitische Strategie des Landes sieht vor, dass China eine jährliche Wachstumsrate von 5% erreicht. Dies soll über Technologieführerschaft und Marktdominanz in relevanten Industriezweigen erreicht werden[31]. Auf diesem Weg will China die Abhängigkcit vom Ausland verringern und gleichzeitig die Abhängigkeit internationaler Produktionsketten von China verstärken. Eine Maßnahme zum Erreichen dieser Ziele ist, dass China relevante Industrien staatlich stark subventioniert und so zu einer Überproduktion beiträgt, die der schwächelnde

Binnenmarkt China schon lange nicht mehr aufnehmen kann. Da viele große Märkte, wie z. B. die USA, aber auch Staaten wie Indien und Brasilien, sich vor diesen Überproduktionen, z. B. im Bereich der E-Mobilität, schützen, drückt China die Produkte zu Dumping-Preisen in den europäischen Markt. Eine Herausforderung für Europa, der wir bislang weder geschlossen, geschweige denn erfolgreich entgegentreten.

Hier müssen wir uns als Sozialdemokratinnen und -demokraten auch an die eigene Nase fassen: Deutschland darf zukünftig keinen europäischen Sonderweg mehr gehen, wie z. B. bei der Entscheidungsfindung rund um die Ausgleichszölle auf in China produzierte E-Autos. Volkswirtschaftlich besteht kein Zweifel daran, dass kein Land dieser Welt mittel- bis langfristig Interesse an Eskalationsspiralen im internationalen Handel haben kann. Maßnahmen, wie Ausgleichs- und Strafzölle machen den Handel für die Staaten und die Produkte für die Unternehmen und die Menschen teurer. Wir können als Europa, als Deutschland, aber auch nicht dabei zuschauen, wie insbesondere die großen wirtschaftspolitischen Akteure, wie die USA und China, ihre Unternehmen stärken, ihre Märkte schützen und die europäische Industrie und Wirtschaft das Nachsehen hat. Wir müssen auf europäischer Ebene kluge Maßnahmen entwickeln, um unseren Markt und unsere Unternehmen zu stärken. Wir brauchen einen »Europe-fast«-Ansatz, um schnellstmöglich die Wettbewerbsfähigkeit europäischer Unternehmen zu stärken und einen »Europe-first«-Ansatz, um nachhaltig Wertschöpfung und Wohlstand in Europa zu fördern: Durch die Vertiefung des Binnenmarktes, durch Investitionen in Forschung, Entwicklung und Innovation und das Fokussieren auf den Markttransfer guter Ideen, durch Investitionen in »cutting-edge« Technologie, durch den Abbau von Bürokratie, durch staatlich garantierte Abnahmen, durch eine Priorisierung europäischer Unternehmen in der öffentlichen Beschaffung, durch die Förderung von »local content« und die Lokalisierungspflicht ausländischer Unternehmen und nicht zuletzt auch durch Standardsetzung. Die EU hat mit dem Net Zero Industry Act eine wichtige Gesetzgebung auf den Weg gebracht. Der Clean Industrial Deal sollte schnellstmöglich folgen, um die Wettbewerbsfähigkeit unserer Unternehmen klug und nachhaltig zu stärken.

Investitionen in unsere Wettbewerbsfähigkeit sind nicht nur eine ökonomische Notwendigkeit, sondern auch eine sicherheitspolitische. »Economic Security« heißt das Konzept, mit dem z. B. unsere japanischen Freundinnen und Freunde ihre Wirtschaft krisensicher aufstellen, indem sie kritische Lieferketten lokalisieren, aber gleichzeitig internationale Handels- und Wirtschaftsbeziehungen (in unkritischen Bereichen) aufrechterhalten. Auch wir sollten genauer hinschauen und definieren, welche Produktions- und Lieferketten wir in Europa unabhängig aufrechterhalten wollen und was es dafür braucht. China ist ein Wettbewerber, weswegen die Stärkung unserer Wettbewerbsfähigkeit so wichtig ist. China ist aber auch ein systemischer Rivale, weswegen ein Ziel unserer wirtschaftlichen Beziehungen mit China auch immer Sicherheit und Resilienz sein muss.

Veränderung der Industrielandschaft

Die SPD kämpft um jeden Industriearbeitsplatz in Deutschland und das ist auch richtig so. An jedem Industriearbeitsplatz hängen weitere Arbeitsplätze, zum Beispiel in der Verarbeitung und Veredelung von Grundstoffen sowie in der Zuliefererindustrie. Durch die Transformation und ihre Ziele der Dekarbonisierung und Digitalisierung ist der Pfad der Veränderung für Unternehmen klar: Die Produktion muss perspektivisch klimaneutral erfolgen. Das führt ohnehin zu Veränderung in unserer Industrie: Wir benötigen bestimmte Rohstoffe, zum Beispiel für die Fertigung von Batterien und Mikroelektronik und neue Technologien, wie Konverterplattformen für Windparks oder Elektrolyseure für die Erzeugung von Wasserstoff. In dieser Veränderung steckt ein Wachstumspotential für eine Vielzahl von europäischen Unternehmen, wenn wir es schaffen, die nötigen Technologien in Europa zu entwickeln und vor allem zu beschaffen. Für die Arbeitnehmerinnen und Arbeitnehmer muss dies keinesfalls bedeuten, dass Arbcitsplätze abgebaut werden. Im Gegenteil: Wir brauchen gut qualifizierte Fachkräfte, um die Transformation zu meistern.

Aktuell beobachten wir jedoch, dass die Industrie in Deutschland ins Taumeln gerät und dem massiven und teilweise unfairen Wettbewerb (siehe oben) kaum standhalten kann. Dafür gibt es sicherlich auch Gründe, wie den schwächelnden Weltmarkt und die erratische Handelspolitik von Donald Trump, die wir nur schwer beeinflussen können. Es gibt aber auch strukturelle Gründe, an die wir ranmüssen: Erstens, wir müssen einen Umgang mit den bereits skizzierten unfairen, internationalen Wettbewerbsbedingungen finden, der unsere Unternehmen stärkt. Zweitens, wir müssen die hohen Produktionskosten in Deutschland senken, insbesondere durch eine weitere Stabilisierung und Senkung des Energiepreises. Drittens, wir müssen wieder innovativer werden und die Marke »Made in Germany« stärken. Viertens, wir müssen alle wirtschaftspolitischen Hebel nutzen, die wir haben, zum Beispiel ein kluges Vergaberecht und öffentliche Beschaffung, die europäische Unternehmen stärkt. Und fünftes, wir brauchen Fachkräfte. Dafür müssen wir in Bildung investieren, um die jungen Menschen in unserem Land gut auszubilden und gleichzeitig dafür sorgen, dass Fachkräfte aus dem Ausland gerne und unbürokratisch zu uns kommen können.

Aber reicht das, um jeden Industriearbeitsplatz in Deutschland zu retten? Wir werden nicht jede Industrie auf dem Produktionsniveau der letzten Jahre halten können. Vielmehr müssen wir strategische Entscheidungen treffen und genau definieren, welche Produkte wir perspektivisch unabhängig in Europa produzieren wollen und müssen und welche Liefer- und Wertschöpfungsketten es dafür braucht. Weil sie strategisch relevant sind und zur kritischen Infrastruktur gehören, wie z. B. die Technologie, die es für die Gewinnung erneuerbarer Energien braucht, oder Mikroelektronik, ohne die überhaupt nichts mehr funktioniert. Wir müssen uns fragen, wie viel uns Industrien wert sind und wie stark wir diese staatlich unterstützen. Der Markt alleine wird es nicht regeln, weil er keine strategischen Abwägungen treffen kann, weil er keine kurz- und langfristigen Ziele miteinander abwägen kann und weil er nicht in einem internationalen Kontext denkt, in dem Außen-, Sicherheits- und Wirtschaftspolitik schon längst miteinander verknüpft sind. Nur wenn wir uns ehrlich machen, können wir auch vorausschauende Maßnahmen, wie z. B. Transferprogramme für Arbeitnehmerinnen und Arbeitnehmer, entwickeln. Einige Industrien werden kleiner werden, aber andere werden wachsen. Das gilt z. B. für den Bereich Green Tech, aber auch für den Bereich Sicherheit und Verteidigung. Hier gibt es bereits erste positive Beispiele, wie die Übernahme von Mitarbeitenden eines schließenden Conti-Werks durch Rheinmetall.[32]

Veränderung heißt nicht Verschlechterung. Wir müssen jedoch für Unternehmen und Menschen klar verständlich machen, wie die Veränderung, bedingt durch die Ziele der Transformation und des sich verändernden internationalen Umfelds, aussieht und was das für sie bedeutet.

Die Digitalwirtschaft

Ein weiterer Elefant im Raum ist die Digitalwirtschaft. Hierbei geht es nicht primär um die Digitalisierung von Unternehmen. Es geht um Unternehmen, die digitale Technologien, Anwendungen und Dienstleistungen entwickeln, in den Markt einführen und Wertschöpfung generieren. Vergleicht man das Produktivitätswachstum der USA und der EU wird deutlich, dass die USA Europa abgehängt haben und zwar unter anderem durch digitale Technologien (s. Abb. 1).

Insgesamt 90% der 100 führenden Softwareunternehmen kommen aus den USA und die Spitze, die Unternehmen, die den größten Teil der Wertschöpfung erarbeiten, sind alle amerikanisch – die »big five«: Alphabet, Amazon, Apple, Meta und Microsoft. China ist den USA auf den Fersen und baut mit Alibaba, Tencent und Baidu ein eigenes digitales Ökosystem auf. Europa hingegen hat es verpasst, aus der ersten digitalen Revolution, in den 1990er Jahren, Kapital zu schlagen. Das führt nicht nur dazu, dass unsere Wachstums- und Wohlstandsraten perspektivisch hinter denen der USA und auch asiatischer Länder, wie China, zurückbleiben werden. Es führt auch zu Abhängigkeiten. In der analogen Welt haben wir durch den Ausbau erneuerbarer Energie unsere Abhängigkeit von Russland reduziert. In anderen Bereichen, wie zum Beispiel der Rohstoffgewinnung, versuchen wir das Gleiche durch den neu aufgesetzten Rohstofffonds. In der digitalen Welt geben jedoch 80% der deutschen Unternehmen an, dass sie bereits jetzt komplett von digitalen Technologien und Anwendungen ausländischer Unternehmen abhängig sind. Als Hauptgrund für die Abhängigkeit geben sie an, dass es schlicht und ergreifend keine europäischen Alternativen gibt.

Abb. 1: Produktivität in der EU und den USA im Vergleich (1890–2022)

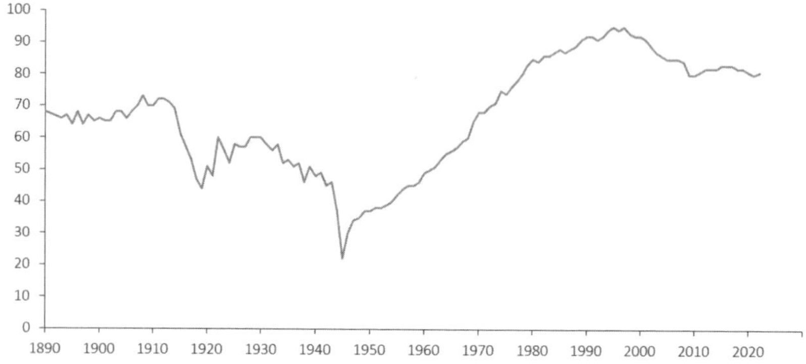

Anm.: Index USA=100; Die EU wird durch die Rückdatierung der Daten der Volkswirtschaftlichen Gesamtrechnungen von Deutschland, Frankreich, Italien, Spanien, den Niederlanden, Belgien, Irland, Österreich, Portugal, Finnland und Griechenland repräsentiert. Zur Erstellung der Daten zur Arbeitsproduktivität wurden fünf verschiedene Reihen verwendet: BIP, Kapitalstock, Beschäftigung, durchschnittliche Arbeitsstunden und Bevölkerung. Der Kapitalstock wird aus zwei Investitionsreihen – Bau- und Ausrüstungsinvestitionen – gebildet. Die Investitionen und das BIP werden als Volumen und in der Landeswährung von 2010 angegeben, sie werden dann mit einem ppp-Umrechnungskurs in $2010 umgerechnet. Quelle: Europäische Kommission: The future of European competitiveness. Part A.

Noch sind es hauptsächlich US-amerikanische Produkte und Dienstleistungen, von denen unsere Unternehmen und Behörden abhängig sind (Fun Fact: Die obersten Bundesbehörden in Deutschland sind größtenteils mit chinesischen Laptops und US-amerikanischer Software ausgestattet). Die Abhängigkeit von China nimmt allerdings zu[33].

Ein vertiefter Blick in die Zukunftstechnologien zeigt, wie stark Europa bereits abgehängt ist und welche Abhängigkeiten daraus resultieren: Rund 70% der existierenden KI-Modelle wurden in den USA entwickelt (von drei US-amerikanischen Hyperscalern) und über 65% der globalen Cloud-Infrastruktur wird durch US-amerikanische Unternehmen gestellt. Quantencomputing, eine Technologie, in die auch die deutsche Bundesregierung sehr viel investiert hat, wird die nächste sein, in der Europa abgehängt wird: Fünf der Top-Ten Unternehmen, die in Quantencomputing investieren, haben ihren Sitz in den USA, vier in China. Keines der Unternehmen hat seinen Sitz in Europa[34].

Abb. 2: Gründe für bestehende Abhängigkeit eines Unternehmens von nicht-europäischen Anbietern / Partnern (Anteil an Unternehmen mit bestehenden Abhängigkeiten in Prozent)

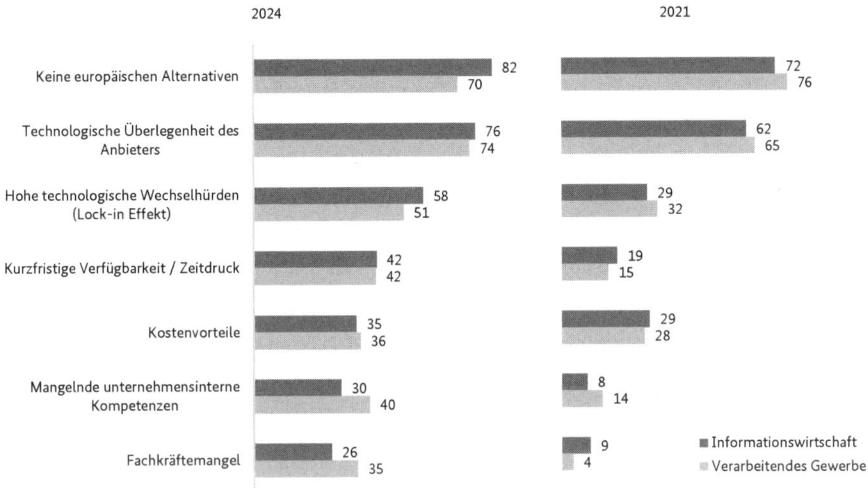

Quelle: Bundesministerium für Wirtschaft und Klimaschutz (BMWK): Digitale Souveränität: Herausforderungen aus Sicht der Unternehmen (2024) / ZEW-Konjunkturumfrage Informationswirtschaft, 2. Quartal 2024.

Aus dieser Bestandsaufnahme muss für die nächste deutsche Bundesregierung ein Fokus auf die Förderung von digitalen Technologien und die Wettbewerbsfähigkeit der entsprechenden Unternehmen resultieren. Ein nationaler Ansatz wird jedoch nicht ausreichen. Wir brauchen europäische Champions, die internationale Wettbewerbsfähigkeit durch Skalierung erzielen können und es mit den existierenden »Hyperscalern« aufnehmen können. Die Regierungen sind aufgerufen, die dafür notwendigen Rahmenbedingungen zu schaffen. Durch Investitionen in digitale Infrastruktur, wie Rechenzentren und schnelles, verfügbares Internet sowie Instrumente mit Hebelwirkung: Öffentliche Beschaffung und Vergabe – der Staat als Ankerkunde. Genau wie mit Blick auf die Kernindustrie müssen wir uns jedoch auch mit Blick auf die digitale Wirtschaft die Frage stellen, in welchen Bereichen wir eine Chance auf Wettbewerbsfähigkeit haben und sie dementsprechend fördern und welche Bereiche wir beherrschen müssen, weil sie sicherheitsrelevant sind.

Wirtschaftspolitische Herausforderungen beim Namen nennen

Dieses Buchkapitel entsteht in der heißen Phase des Bundestagswahlkampfs 2025. Wirtschaftspolitik steht im Fokus dieses Wahlkampfs. Es gibt einige Maßnahmen, wie z. B. die Senkung der Strompreise, bei denen große Einigkeit über Parteigrenzen hinweg herrscht, dass sie richtig und wichtig sind. Bei anderen Themen gibt es eindeutige parteipolitische Unterschiede, z. B. mit Blick auf die Finanzierung von Investitionen. Gemein haben aber alle Maßnahmen, die aktuell diskutiert werden, dass sie noch nicht mal in Summe ausreichen werden, um die endogenen und exogenen Herausforderungen der deutschen und europäischen Wirtschaft zu meistern. Dafür braucht es mehr. Dafür braucht es die strategische, langfristige, über eine Legislaturperiode hinausgehende Beschäftigung mit den großen Elefanten im Raum. Vor allem aber braucht es Konsequenzbereitschaft. Konsequenzbereitschaft für politische Entscheidungen, die vielleicht auf den ersten Blick nicht populär sind, aber notwendig.

Prof. Dr. Dr. h.c. Friederike Welter

Unternehmerische Vielfalt im Mittelstand sichert Teilhabe und Demokratie

Der Mittelstand in Deutschland ist ein wichtiger Wirtschaftsbereich in unserem Land, da er für die unternehmerische Vielfalt hierzulande steht. Die Palette mittelständischer Unternehmen erstreckt sich über alle privatwirtschaftlichen Sektoren und Unternehmensgrößen. Sie reicht vom freiberuflichen Soloselbstständigen, über das rasch wachsende Start-up, das kleine Handwerksunternehmen oder die Arztpraxis, bis hin zum industriellen Familienunternehmen. Entsprechend besitzt der Mittelstand einen hohen volkswirtschaftlichen Stellenwert: Die rund 3,2 Millionen mittelständischen Unternehmen erwirtschaften mit rund 2,6 Billiarden Euro rund 37 % der von allen Unternehmen in Deutschland erzielten Umsätze und sie beschäftigen rund 56% aller sozialversicherungspflichtigen Mitarbeiterinnen und Mitarbeiter.

Neben ihrer volkswirtschaftlichen Relevanz leisten die mittelständischen Unternehmen aufgrund ihrer Vielfalt und regionalen Verteilung aber auch einen wichtigen gesellschaftlichen Beitrag: So bilden sie beispielsweise die überwiegende Mehrheit der jungen Fachkräfte aus. Dies ist nicht nur im Hinblick auf den demografischen Wandel wichtig, sondern gewinnt gerade in der aktuellen Zeit immer mehr an Bedeutung: Denn wer einen Arbeitsplatz hat, kann aktiv am gesellschaftlichen Leben teilnehmen – was wiederum die individuelle Lebensqualität stärkt. Sind die Bürgerinnen und Bürger mit ihrer Lebensqualität zufrieden, sind sie dies auch eher mit der Demokratie – und umso weniger haben Populisten eine Chance, unsere Gesellschaftsordnung schlecht zu reden. Für die Wirtschaftspolitik bedeutet dies, dass sie einen wesentlichen Fokus auf den Mittelstand und auf dessen jeweilige, aktuellen Herausforderungen legen sollte.

Was den Mittelstand aktuell herausfordert

Bei der Befragung des IfM Bonn für das »Zukunftspanel Mittelstand 2024« im Herbst vergangenen Jahres bezeichneten die Unternehmerinnen und Unternehmer den »Fachkräftemangel/Demografischen Wandel« – wie schon in den Jahren zuvor – als ihre größte Herausforderung. Insbesondere der Dienstleistungsbereich sieht den Fachkräftemangel als herausfordernd an, deutlich seltener hingegen das Produzierende Gewerbe, der Handel und vor allem diejenigen Unternehmen, die bereits Künstliche Intelligenz (KI) verwenden. Im Gegensatz zu den Vorjahren verbinden die Unternehmen jedoch nicht nur die Folgen des demografischen Wandels und das Qualifikationsniveau der Bewerberinnen und Bewerber mit der dominierenden Herausforderung, sondern ebenso die steigenden Personalkosten.

Auf Platz 2 der größten Herausforderungen folgt »Erhöhter Wettbewerbsdruck« – wobei dies vor allem das Produzierende Gewerbe (38,5 %), der Handel (41,3 %) sowie kleine Unternehmen mit bis zu 49 Beschäftigten als fordernd erleben. Unternehmen mit 50 bis 249 Beschäftigten sehen dagegen das Thema »Digitalisierung/KI« als eine ihrer größten zukünftigen Herausforderungen an. Insgesamt lag diese Herausforderung jedoch auf Rang 3 des Zukunftspanels Mittelstand 2024.

Bürokratie steht im Zukunftspanel zwar »nur« noch auf Platz 4. Gleichwohl werden die Klimaschutzregulierungen seit geraumer Zeit als zunehmend kritisch betrachtet, wie eine Befragung des IfM Bonn für die Studie »Die unternehmerische Akzeptanz von Klimaschutzregulierung« im Frühjahr 2024 gezeigt hat. Nach Ansicht der Unternehmerinnen und Unternehmer stören sie die Abläufe in den Unternehmen. Zugleich binden sie übermäßig Personal. Ebenso negativ bewerteten die mittelständischen Führungskräfte die steigende Anzahl an Zertifizierungspflichten, weil sie sowohl zu zusätzlichen Kosten als auch zu einer höheren bürokratischen Belastung führen. Hinzu kommt, dass es bislang nur ein begrenztes Angebot an Zertifizierungsmöglichkeiten gibt. Da bestimmte Zertifikate aber Grundvoraussetzung für den Zugang zu Fördermitteln sowie für die Bewerbung um Aufträge von öffentlichen oder privaten

Großkunden sind, wird faktisch ein Teil der mittelständischen Unternehmen von der Marktteilnahme ausgeschlossen.

Wie die Politik die Unternehmen unterstützen kann

Prinzipiell gilt aus Sicht der Forschung: Stimmen die Rahmenbedingungen für das Unternehmertum, braucht der Mittelstand auch keine explizite Förderung – einmal abgesehen von temporärer Unterstützung in Krisenzeiten wie beispielsweise in den Pandemiejahren. Wird dennoch eine größenbezogene Unterstützung avisiert, reaktiviert dies lediglich das überholte Bild vom Mittelstand als hilfsbedürftigem Wirtschaftsbereich, den die Politik (unter-)stützen muss, weil die Unternehmen – vermeintlich – Krise, Strukturwandel oder die grüne Transformation nicht aus eigener Kraft schaffen. Eine solche Mittelstandspolitik des Nachteilsausgleichs ist jedoch nicht mehr zeitgemäß. Stattdessen sollte die Politik an den Stärken der mittelständischen Unternehmen ansetzen und die Potenziale des Mittelstands zur Erreichung der gesamtwirtschaftlichen Ziele nutzen.

Getreu dem Motto »Die beste Mittelstandspolitik ist eine gute allgemeine Wirtschaftspolitik« sollte es daher vorrangige Aufgabe der Politik sein, im Sinne der sozialen Marktwirtschaft nur den ordnungspolitischen Rahmen vorzugeben. Schließlich wird hierdurch am besten Wettbewerb und wirtschaftliche Leistung mit sozialem Ausgleich und Teilhabe verbunden. Zugleich werden Anreize zur unternehmerischen Betätigung gesetzt und den Unternehmen die Möglichkeit gegeben, ihre Potenziale optimal auszuschöpfen. All' das setzt jedoch voraus, dass die Politik den unternehmerischen Initiativen vertraut – und nicht versucht, die Wirtschaft gezielt zu lenken.

Gesellschaftliche Aspekte in der Mittelstandspolitik berücksichtigen

Die Ziele der Mittelstandspolitik umfassen im besten Fall nicht nur Beiträge zur gesamtwirtschaftlichen Entwicklung, wie z. B. die Schaffung von Arbeitsplätzen bzw. die Stabilisierung des Arbeitsmarktes, quantitatives und qualitatives Wachstum, struktureller Wandel und internationale Wettbewerbsfähigkeit. Sie beziehen vielmehr ebenso gesellschaftliche Zielsetzungen mit ein, wie die Stützung der Wirtschafts- und Gesellschaftsordnung, die Gewährleistung von Erwerbsalternativen und Teilhabe oder die Sicherstellung regionaler Versorgung und Entwicklung (s. Abb.1).

Abb. 1: Mittelstandspolitische Ziele

Quelle: , Mittelstandspolitik im Wandel, IfM-Materialien Nr. 247 / © IfM Bonn 16 1503 039

Auch sollte man im Blick behalten, dass die Mittelstandspolitik Querschnittspolitik ist: Sie betrifft nicht nur sehr unterschiedliche Unternehmen, sondern berührt auch eine Reihe anderer politischer Felder, wie beispielsweise die Forschungs- und Bildungspolitik, die Arbeits- und Sozialpolitik, die Finanzpolitik oder die Umweltschutz- und Energiepolitik. Aus beschäftigungspolitischer Sicht liegt die Aufgabe der Mittelstandspolitik in der Sicherung bzw. dem Ausbau der Beschäftigung im Mittelstand. Zugleich kommt der Fachkräfteversorgung des Mittelstands eine zunehmend wichtigere Bedeutung zu. Aus wettbewerbspolitischer

Sicht sorgt Mittelstandspolitik für die Aufrechterhaltung eines dynamischen Wettbewerbs – schließlich dient dieser dem Erhalt der Innovations- und Wettbewerbsfähigkeit des Mittelstands. Die Heterogenität des Mittelstandes erfordert aber auch eine Neukalibrierung der Wettbewerbspolitik, die gleiche Wettbewerbsbedingungen für neue und alte Angebotsformen schafft.

Gerade wenn die Politik bestimmte politische Ziele konsequent umsetzen möchte, sollte sie zudem immer mögliche »Nebenwirkungen« von Gesetzesvorhaben bedenken. Anderenfalls riskiert sie, dass die mittelständischen Unternehmen die Regularien als sehr belastend wahrnehmen, Ausweichstrategien verfolgen oder sogar in ihrer Existenz bedroht werden. Eine solche Entwicklung ließ sich in der vergangenen Legislaturperiode am Beispiel der ökologischen Transformation beobachten.

In den Zeiten größerer Unsicherheit, wie wir sie aktuell erleben, dürfen daher die Handlungsspielräume der mittelständischen Unternehmen nicht durch (zu) starre Vorgaben eingeschränkt sein. Eine rahmenorientierte und Anreize setzende Mittelstandspolitik ist zwar aufwändiger, mühseliger und von den Ergebnissen her »unsichtbarer« – jedoch in unserer komplexen Umwelt wichtiger und zeitgemäßer denn je. Nur so werden die mittelständischen Unternehmen in die Lage versetzt, ihre gesamtwirtschaftlichen und gesellschaftlichen Funktionen bestmöglich zu erfüllen.

Dr. Peter Güllmann

Die Rolle von Banken bei der Transformation der Wirtschaft: Nachhaltige Geldanlagen als Schlüssel zum Erfolg?

1. Einleitung

Die wirtschaftliche Transformation hin zu mehr Nachhaltigkeit ist eine der zentralen Herausforderungen unserer Zeit. Banken spielen hierbei eine entscheidende Rolle, da sie als Finanzintermediäre den Kapitalfluss steuern und maßgeblich beeinflussen, welche Unternehmen, Projekte und Technologien finanziert werden.

Nachhaltigkeit wird oft nur ökologisch verstanden, dabei umfasst das gängige Nachhaltigkeitskonzept auch die soziale und ökonomische Dimension. Das Spannungsfeld zwischen ökologischer und sozialer Nachhaltigkeit stellt Banken, Investoren und politische Entscheidungsträger vor Herausforderungen: Wie kann ökologische Nachhaltigkeit gefördert werden, ohne soziale Ungleichheiten zu verschärfen? Und wie kann eine sozial nachhaltige Wirtschaft gestaltet werden, die gleichzeitig ökologisch tragfähig bleibt?

In diesem Beitrag beleuchte ich die Rolle von Banken in der Wirtschaftstransformation, die Mechanismen nachhaltiger Geldanlagen, ihre Rentabilität sowie die politische Diskussion um Nachhaltigkeitskriterien. Zudem lege ich dar, warum es neben einer ökologischen auch eine soziale Dimension braucht und wie beide sinnvoll miteinander verzahnt werden können.

Abschließend formuliere ich meine Position, warum Atom- und Rüstungskonzerne keine nachhaltigen Investitionen sind und Banken eine besondere Verantwortung dafür tragen, den Begriff der Nachhaltigkeit nicht zu diskreditieren.

2. Banken als zentrale Akteure der nachhaltigen Transformation

2.1. Banken als Kapitalgeber und Lenkungsinstanz

Banken entscheiden durch ihre Kreditvergaben und Investitionen darüber, welche Sektoren bzw. Wirtschaftstätigkeiten finanziert und damit gefördert werden. Ihre Verantwortung reicht dabei über die bloße Kapitalvermittlung hinaus – durch ihr Handeln können sie aktiv zu einer nachhaltigen Wirtschaft beitragen.

Wichtige Instrumente einer nachhaltigen Finanzierung sind:

1. **Nachhaltigkeitskriterien bei der Kreditvergabe** – Banken können Kredite an Umwelt- und Sozialstandards knüpfen, um nachhaltiges Wirtschaften zu fördern.
2. **Grüne Anleihen (Green Bonds)** – Diese ermöglichen Unternehmen, Kapital für nachhaltige Projekte aufzunehmen, wobei der Emissionserlös zweckgebunden ist.
3. **Impact Investing** – Investitionen in Unternehmen, die neben einer finanziellen Rendite auch messbare ökologische oder soziale Vorteile erzielen.
4. **Nachhaltige Fonds und ETFs** – ESG-Fonds lenken Kapital gezielt in nachhaltige Unternehmen.
5. **Anlagegrundsätze** – Mit der Ausformulierung nachhaltiger Anlagegrundsätze legen Banken Regeln für die Eigenanlagen (Depot A) fest.

Durch diese Instrumente können Banken eine Steuerungsfunktion übernehmen, die bestenfalls ökologische UND soziale Nachhaltigkeit verbindet.

3. Die Rentabilität nachhaltiger Geldanlagen

3.1. Nachhaltige Investitionen sind oft wettbewerbsfähig oder überlegen.

Die Annahme, nachhaltige Geldanlagen seien weniger rentabel als konventionelle, ist durch zahlreiche Studien widerlegt. Eine Meta-Studie der

Universität Kassel analysierte 35 empirische Studien und zeigte, dass 14 Studien eine bessere Performance nachhaltiger Geldanlagen gegenüber konventionellen Anlagen feststellten, nur sechs Studien eine schlechtere Performance und 15 keinen signifikanten Unterschied.

Das Zentrum für Europäische Wirtschaftsforschung (ZEW) und die European Business School (ebs) fanden zudem, dass nachhaltige Aktienfonds oft mit konventionellen Fonds mithalten oder sie sogar übertreffen.

Hauptgründe für die Wettbewerbsfähigkeit nachhaltiger Investitionen sind:

- Langfristige Risikominimierung: Unternehmen mit ESG-Kriterien sind resilienter gegenüber Krisen und regulatorischen Veränderungen.
- Steigende Nachfrage: Nachhaltige Investitionen werden von Pensionsfonds und institutionellen Investoren zunehmend bevorzugt.
- Geringere Umwelt- und Reputationsrisiken: Unternehmen mit nachhaltigen Geschäftsmodellen vermeiden Skandale und Stranded Assets (wertlose fossile Investitionen).

4. Das Spannungsfeld zwischen ökologischer und sozialer Nachhaltigkeit: Das Beispiel Krankenhäuser

Krankenhäuser sind essenziell für die Gesundheitsversorgung und damit ein Kernbereich sozialer Nachhaltigkeit. Sie sind aber auch Umweltverschmutzer durch hohen Energieverbrauch, Abfallproduktion und Medikamenteneinsatz.

4.1. Ökologische Herausforderungen im Gesundheitssektor

- Hoher Energiebedarf für medizinische Geräte, Beleuchtung, Belüftung.
- Häufig unzureichend energetisch sanierte Gebäude.
- Wasserverbrauch und schwer recyclebarer medizinischer Abfall.
- Einwegprodukte zur Infektionsvermeidung als Widerspruch zu Nachhaltigkeitszielen.

4.2. Soziale Nachhaltigkeit und Finanzierung

- Krankenhäuser dürfen nicht aufgrund ökologischer Maßnahmen ihre Versorgungsqualität senken.
- Aufgrund der besonderen Finanzierungsstrukturen im Gesundheitswesen können Krankenhäuser Sanierungen und andere Maßnahmen nicht refinanzieren.

Dieses Beispiel zeigt, dass Banken Finanzierungslösungen entwickeln müssen, die ökologische und soziale Nachhaltigkeit integrieren.

5. Warum neben der ökologischen auch die sozialen Faktoren stärker in die Regulatorik einbezogen werden müssen

Bisher konzentrieren sich regulatorische Vorschriften zur Steuerung von Finanzflüssen in nachhaltige Wirtschaftstätigkeiten zu stark auf die ökologische Säule. Doch eine rein ökologische Ausrichtung greift zu kurz, da sie sozial ausgerichtete Branchen strukturell benachteiligen.

5.1. Vorteile einer stärkeren Einbindung der sozialen Faktoren

- Berücksichtigt faire Arbeitsbedingungen, Bildung, Gesundheitsversorgung und soziale Inklusion.
- Verhindert, dass ökologische Maßnahmen zu sozialer Ungerechtigkeit führen (z. B. steigende Energiepreise für ärmere Haushalte).
- Ergänzt die ökologische Betrachtung, indem Unternehmen nicht nur klimafreundlich, sondern auch sozial gerecht wirtschaften müssen.
- Deshalb ist es wichtig, dass sowohl die EU-Regulatorik, die aktuell auf eine Überarbeitung hin überprüft wird als auch aufsichtsrechtliche Regeln zur Risikoüberwachung von Banken die soziale Dimension stärker berücksichtigen. Erweitert man das Thema um eine zweite Dimension, die soziale Nachhaltigkeit, müssen beide miteinander sinnvoll verbunden werden.

5.2. Wie eine ökologische und soziale Betrachtung sinnvoll verbunden werden können

- Doppelte Nachhaltigkeitsbewertung: Unternehmen müssen sowohl ökologische als auch soziale Mindeststandards erfüllen.

- Nachhaltigkeits-Ratings für Banken: Banken sollten anhand ihrer Investitionen in sozial und ökologisch nachhaltige Projekte bewertet werden.
- Verpflichtende Berichterstattung: Unternehmen und Finanzakteure müssen ökologisch UND sozial nachhaltige Maßnahmen transparent machen.

Berücksichtigt man beide Dimensionen, so bekommt der Nachhaltigkeitsansatz eine viel breitere Bedeutung.

6. Politische Diskussion um Nachhaltigkeitskriterien: Warum Waffen und Atomkraft nicht nachhaltig sind

Aktuell gibt es eine politische Debatte um die Frage, welche Investitionen als nachhaltig klassifiziert werden dürfen. Ich möchte dies an zwei wichtigen Themen verdeutlichen.

Die EU-Kommission hat Atomkraft jüngst als nachhaltig eingestuft, da sie dem Kriterium der CO_2 Reduktion entspricht.

6.1. Atomkraft ist keine nachhaltige Energiequelle

Ich halte die Argumentation, die zu dieser Einstufung geführt hat, für problematisch:

- Ungeklärte Endlagerfrage: Atommüll bleibt über Hunderttausende Jahre radioaktiv und birgt massive Umweltgefahren.
- Katastrophenrisiko: Reaktorunfälle wie Tschernobyl und Fukushima haben gezeigt, dass Atomkraft nicht risikofrei ist.
- Hohe Kosten und lange Bauzeiten: Neue Atomkraftwerke sind extrem teuer und nicht die schnellste Lösung für die Klimakrise.

6.2. Waffenproduktion ist mit Nachhaltigkeit unvereinbar

Das zweite Beispiel resultiert aus der geopolitischen Lage. Während bewaffnete Konflikte weltweit zunehmen, nimmt die Ablehnung gegenüber Investitionen in der Rüstungsindustrie deutlich ab. Und so wird immer heftiger die Frage diskutiert, ob es nicht an der Zeit ist, die Rüstungsindustrie aus der Schmuddelecke herauszuholen und in den Kreis der nachhaltigen Investments aufzunehmen.

Dass Staaten in ihre Verteidigung investieren müssen, steht sicherlich außer Frage. Schließlich liegt es im Interesse der Bürger, dass ihr Land wehrhaft ist.

Wehrhaftigkeit begründet jedoch keine Nachhaltigkeit, denn Nachhaltigkeit erfordert zwingend ein ökologisch, ökonomisch und sozial tragfähiges Handeln.

Rüstungsgüter hinterlassen dort, wo sie eingesetzt werden, jedoch zwangsläufig massive Umweltschäden, soziales Elend und wirtschaftliche Ödnis. Darum ist es richtig, dass ethisch-nachhaltige Geldanlagen auch künftig strenge Ausschlusskriterien mit Blick auf die Rüstungsindustrie ansetzen.

7. Die besondere Verantwortung von Banken bei der Steuerung von Kapitalströmen

Banken tragen eine überragende Verantwortung, Kapital gezielt in nachhaltige Investitionen zu lenken. Dabei sind sie nicht nur passive Vermittler von Finanzströmen, sondern aktive Gestalter der Wirtschaftstransformation. Viele Banken haben bereits begonnen, Nachhaltigkeitskriterien in ihre Geschäftsmodelle zu integrieren, jedoch stehen wir hier noch am Anfang eines langen Weges.

7.1. Wie Banken heute schon soziale und ökologische Verantwortung übernehmen

Einige Banken haben in den letzten Jahren verstärkt Maßnahmen ergriffen, um sowohl ökologischer als auch sozialer Verantwortung gerecht zu werden. Dazu gehören:

1. Verstärkte ESG-Kreditvergaben:
   - Große Banken wie die Deutsche Bank, BNP Paribas oder ING haben ihre Kreditvergabe an ESG-Kriterien geknüpft. Unternehmen, die soziale oder ökologische Mindeststandards nicht erfüllen, erhalten schlechtere Konditionen oder gar keinen Kredit. Kirchen- und Sozialbanken, wie die Bank im Bistum Essen e.G. (BIB), legen ihren Schwerpunkt ohnehin auf Unternehmen, die einen ökologischen und sozialen Mehrwert stiften.

- Immer mehr Banken vergeben sogenannte Sustainability-Linked Loans, deren Zinssätze sinken, wenn der Kreditnehmer definierte Nachhaltigkeitsziele erreicht.

2. Grüne und soziale Anleihen:
   - Banken emittieren zunehmend Green Bonds zur Finanzierung erneuerbarer Energien, CO_2-Reduktion und Klimaschutzmaßnahmen.
   - Zudem gibt es Social Bonds, die explizit in Projekte mit sozialen Zielen investieren, z. B. in den sozialen Wohnungsbau oder in Krankenhäuser in strukturschwachen Regionen.
3. Exklusionslisten für kritische Sektoren:
   - Im Herbst 2024 haben die Deutsche Kreditwirtschaft(DK) und der Deutsche Fondsverband BVI ihre Kriterien zur Aufnahme von Rüstungskonzernen in als nachhaltig deklarierte Fonds ermöglicht.
   - Anlegerinnen und Anleger, die nachhaltig investieren, müssen also damit rechnen, künftig ungewollt Rüstungskonzerne zu finanzieren. Gegen diese Praxis wehren sich gerade Sozial- und Kirchenbanken, wie die BIB, und schließen Rüstungskonzerne weiterhin aktiv aus ihren nachhaltigen Fonds aus.
4. Eigene Klimaneutralität:
   - Banken setzen sich zunehmend zum Ziel, ihre eigene CO_2 Bilanz zu reduzieren, indem sie auf klimaneutrale Gebäude, nachhaltige IT-Infrastruktur und CO_2 Kompensationen setzen.
   - Darüber hinaus bestehen zunehmend Pflichten in Form von Transitionsplänen für Banken, Klimaneutralitätspfade für ihre Kreditbücher und Depots aufzubauen.

Diese Maßnahmen sind wichtige Schritte in die richtige Richtung, aber sie reichen nicht aus, um eine tiefgreifende Transformation der Wirtschaft zu ermöglichen.

Hierfür ist auch die Politik gefordert, den in den letzten Jahren eingeschlagenen Weg der Transparenzerhöhung und der Kriterienverschärfung nachhaltiger Geldanlagen weiter auszubauen. Aktuell ist hier leider ein Rückwärtstrend zu erkennen. Das Thema Nachhaltigkeit wird hierbei immer häufiger zur Disposition gestellt

7.2. Was Banken noch tun müssen – Zwei konkrete Vorschläge

Obwohl bereits viele Banken erste Maßnahmen umgesetzt haben, gibt es noch erhebliche Lücken in der Nachhaltigkeitsstrategie. Ich möchte an dieser Stelle zwei zentrale Maßnahmen vorschlagen, die Banken in Zukunft verstärkt verfolgen sollten:

*Vorschlag 1: **Werben für einen stärkeren sozialen Fokus***

Bisher liegt der Fokus vieler Banken vor allem auf ökologischer Nachhaltigkeit, während soziale Aspekte oft vernachlässigt werden. Dies hat auch und vor allem regulatorische Gründe. So prüft die BaFin beispielsweise, inwiefern Banken klimawandelbedingt physische Risiken in die Risikostrategie einbinden. Soziale Faktoren hingegen spielen noch keine Rolle. Gleiches gilt für Nachhaltigkeitsberichtspflichten wie die EU-Taxonomie, die fast ausschließlich ökologisch ausgerichtet ist.

Ohne klare politische und aufsichtsrechtliche Bekenntnisse kann auch der Bankensektor nur bedingt die dringend notwendige soziale Betrachtung in das eigene Handeln einbeziehen.

Wohl aber kann die Finanzwirtschaft den Dialog mit politischen Vertretern und – im Falle des oben genannten Krankenhaus-Beispiels – weiteren Stakeholdern wie Kostenerstattern aktiv vorantreiben.

Ziel ist es, vergleichbar zu den eindeutigen ökologischen KPIs auch soziale KPIs zu entwickeln, die eine Vergleichbarkeit der sozialen Dimension der Nachhaltigkeit einer Einrichtung erlauben.

Vorteile dieses Vorschlags:

- Er verhindert, dass ökologische Maßnahmen zu Lasten sozialer Nachhaltigkeit gehen (z. B. Billigproduktion in Entwicklungsländern).
- Er stärkt die gesellschaftliche Verantwortung von Banken und Investoren.
- Er setzt Anreize für Unternehmen, nicht nur klimaneutral, sondern auch sozial gerecht zu wirtschaften.

Vorschlag 2: ***Nachhaltige Transformation aktiv vorantreiben***

In Sachen Nachhaltigkeit und Klimaschutz erleben wir gerade politisch betrachtet eine fatale Rückwärtsgewandtheit. Diese sorgt für Unsicherheit in der Wirtschaft und verhindert die notwendige Transformation, die für eine künftige Stabilität der (Finanz-) Märkte dringend nötig ist.

Schon heute sind die finanziellen Schäden in der Finanz- und Versicherungswirtschaft, die durch klimawandelbedingte Extremwetter verursacht werden, enorm. In der Eigenkapitaldeckung von Banken sind diese Risiken aktuell noch gar nicht hinreichend berücksichtigt, hier stehen wir am Anfang eines Prozesses, der in einigen Jahren dazu führen wird, dass nicht-nachhaltige Wirtschaftsaktivitäten und Unternehmen mehr für ihre Kredite zahlen müssen.

Nicht aus ideologischen Gründen, sondern um die tatsächlich vorhandenen Finanzmarktrisiken abzudecken.

Diese Sichtweise wird häufig vergessen und es ist Aufgabe der Banken, auf die vorhandenen Risiken und die damit verbundenen Auswirkungen auf den Finanzmärkten aufmerksam zu machen. Außerdem müssen Banken gemeinsam mit ihren Kreditkunden den Transformationspfad unabhängig von rechtlichen Anforderungen weiter vorantreiben.

Hierfür braucht der Finanzmarkt auch die Politik, die entsprechende Mittel freimachen muss, um diese Transformation zu ermöglichen.

Vorteile dieses Vorschlags:

- Banken haben eine immense Hebelwirkung – durch die Steuerung von Kapitalströmen können sie aktiv nachhaltige Industrien fördern und klimaschädliche Sektoren austrocknen.
- Eine klare und verbindliche Roadmap sorgt für Transparenz und Planbarkeit für Unternehmen und Investoren.

8. Fazit

Banken haben eine zentrale Rolle bei der Transformation der Wirtschaft und können durch nachhaltige Geldanlagen maßgeblich zur Erreichung ökologischer und sozialer Nachhaltigkeitsziele beitragen.

Eine nachhaltige Finanzwirtschaft erfordert die Beachtung folgender Aspekte:

- Ökologische UND soziale Kriterien sind gleichwertig zu berücksichtigen (z. B. durch eine doppelte Nachhaltigkeitsprüfung).
- Klar definierte Ausschlusskriterien für nicht nachhaltige Sektoren, wie fossile Brennstoffe und Waffenproduktion, sind einzuführen und anzuwenden.
- Kapital ist gezielt in nachhaltige Innovationen zu lenken, um eine echte Wirtschaftstransformation voranzutreiben.
- Enger Schulterschluss mit der Politik und weiteren Stakeholdern um Rahmenbedingungen für Transformation auszuarbeiten und zu festigen.

Letztendlich liegt es an Banken, nicht nur auf kurzfristige Profite zu schauen, sondern eine langfristige nachhaltige Finanzstrategie zu verfolgen, die sowohl ökologischen als auch sozialen Herausforderungen gerecht wird. Die Wirtschaft der Zukunft braucht Banken, die nicht nur Geld verwalten, sondern aktiv als Gestalter einer nachhaltigen Gesellschaft agieren.

Nicole Dreyer-Langlet

Wohlstand dank Nachhaltigkeit – Luftfahrt Made in Germany

Der Luftverkehr führt Menschen weltweit zusammen, ermöglicht ihnen, andere Länder und Kulturen kennenzulernen und ermöglicht den Transport von rund einem Drittel aller Waren nach Wert. Das alles ist unverzichtbar in einer freiheitlichen und globalisierten Welt. Vor allem für Deutschland als Wirtschafts- und Industrienation mit einem starken Exportanteil sind Punkt-zu-Punkt-Verkehre, die Deutschland mit europäischen und außereuropäischen Wirtschaftszentren direkt verbinden, essentiell. Gleichzeitig ist die größte Herausforderung unserer Zeit das Aufhalten des Klimawandels. Den Handlungsdruck unterstreichen jüngst publizierte Daten des Copernicus Programms, laut denen der globale Temperaturanstieg im Jahr 2024 voraussichtlich durchschnittlich 1,55 °C über dem vorindustriellen Niveau erreicht hat, womit das Jahr »praktisch sicher« das wärmste Jahr seit Beginn der Wetteraufzeichnungen war.

Die Zukunft der Luftfahrt ist eng verbunden mit der Erfüllung der Klimaschutzziele

Die Branche ist sich der Dringlichkeit bewusst und übernimmt ihre gesellschaftliche Verantwortung, um auch zukünftigen Generationen das Fliegen zu ermöglichen. Im Oktober 2021 verpflichtete sich die globale Luftfahrt im Rahmen der Luftfahrtorganisation Air Transport Action Group (ATAG) das Netto-Null-CO2-Emissionen Ziel bis 2050 zu erreichen. Im Jahr darauf wurde dieses Ziel auch von der Internationalen Zivilluftfahrtorganisation (ICAO) verabschiedet. Die Erfüllung besagter Ziele ist für die Luftfahrt als schwer zu dekarbonisier- und defossilierbare Branche besonders herausfordernd. Während die Emissionen gesenkt werden müssen, wird sich das prognostizierte Passagieraufkommen in den nächsten rund 15 Jahren in etwa verdoppeln, getrieben durch die starke Zunahme der globalen Mittelschicht in Wachstumsmärkten wie Indien. Ohne zusätzliche Maßnahmen würde der Anteil der Luftfahrt an den globalen CO2-Emissionen deutlich über die heutigen 2,8 % steigen. Um die Klimaschutzziele trotzdem zu erreichen, bedarf es einer Entkopplung der Zunahme des Luftverkehrs von dem Zuwachs an Emissionen. Dies wird nur gelingen durch Technologien, Innovationen und die Umsetzung verschiedener politischer marktbasierter Maßnahmen, wie dem europäischen Emissionshandel (EU-ETS) oder dem einheitlichen europäischen Luftraum (SES). Die Optimierung von Flugrouten durch Maßnahmen wie dem SES hat das Potenzial, CO_2-Emissionen erheblich zu reduzieren, da kürzere, direktere Flugstrecken und effizientere Luftraumnutzung den Treibstoffverbrauch senken.

Wege zur Erreichung des Netto-Null-CO2-Emissionen Ziels

Bereits seit Jahrzehnten arbeitet die Luftfahrtindustrie intensiv an der Optimierung bestehender Technologien und Innovationen, um den Treibstoffverbrauch zu senken und damit auch das Fliegen für große Teile der Bevölkerung bezahlbar zu machen. So konnten die CO2-Emissionen pro Passagierkilometer seit den 1990er Jahren um rund 50 % gesenkt werden. Zur Vermeidung der restlichen 50 % arbeitet die Luftfahrt an verschiedenen Innovationsfeldern wie der Effizienzsteigerung bestehender Technologien und der Entwicklung neuer disruptiver Technologien als auch alternativen nachhaltigen Kraftstoffen, sogenannten Sustainable Aviation Fuels (SAF). Die Vermeidung der restlichen Emissionen ist dabei deutlich komplexer und stellt die Branche vor große Herausforderungen. Nur wenn alle verbleibenden Potentiale komplementär entwickelt und realisiert werden, kann das Netto-Null-CO2 Ziel erreicht werden.

Effizienzsteigerung bestehender Technologien und Entwicklung neuer disruptiver Technologien

Dank der Anstrengungen in der Vergangenheit wurde viel erreicht, sodass die modernsten Flugzeugmodelle von Airbus, wie z. B. die kürzlich in Betrieb genommene A321XLR, zwischen 20 bis 30 % weniger Treibstoff pro Sitzkilometer verbrauchen im Vergleich zu Flugzeugen der Vorgängergeneration. Gleichzeitig sind rund 70 % der weltweit fliegenden Flotte Flugzeuge älterer Generationen. Die Flottenerneuerung bietet somit ein erhebliches, kurzfristig realisierbares Potential zur Senkung der CO_2-Emissionen. Zur weiteren Reduzierung des Treibstoffbedarfs zukünftiger Flugzeugprogramme erforscht Airbus gemeinsam mit Partnern neue Technologien zur Steigerung der Aerodynamik wie den hochgestreckten Flügel, neue Antriebskonzepte und den Einsatz alternativer Materialien.

Um CO_2 neutral fliegen zu können, bedarf es aber auch disruptiver Technologien, wie dem Einsatz von Wasserstoff. Bei der Nutzung von Wasserstoff wird kein CO_2 emittiert, womit Wasserstoff die beste, wenn nicht gar einzige Alternative zu kohlenstoffbasierten Treibstoffen auf der Kurzstrecke ist. Die Konzepte von Airbus für ein Wasserstoff-Flugzeug für die Mitte des nächsten Jahrzehnts sehen beispielsweise eine Reichweite von 1800 km und mehr sowie Platz für mehr als 100 Passagiere vor. Das Fliegen mit Wasserstoff-Antrieb ist ein ehrgeiziges Ziel, da die Eigenschaften von Wasserstoff eine Kettenreaktion an Innovationsbedarfen auslösen. Der kryogene Wasserstoff muss bei minus 253 °C gelagert werden. Darüber hinaus hat Wasserstoff das vierfache Volumen von Kerosin, wodurch die benötigten Tanks sehr viel größer sind und nicht mehr in den Tragflächen untergebracht werden können, sondern im Rumpf, was die gesamte Struktur des Flugzeugs beeinflusst. Um diesen Herausforderungen gerecht zu werden, arbeitet Airbus branchenübergreifend mit Partnern wie der Ariane Group zusammen, um die vorhandene Wasserstoffexpertise der Raumfahrt zu nutzen. Neben der Technologie ist die größte Herausforderung für die Einführung eines Wasserstoffflugzeuges das Vorhandensein eines weltweiten Wasserstoffökosystems, welches die ausreichende Produktion von grünem Wasserstoff, den Transport und die entsprechende Bodeninfrastruktur an den Flughäfen zur Lagerung und Betankung umfasst.

Alternative nachhaltige Kraftstoffe (SAF)

Gleichzeitig braucht es für die Bestandsflotte und die Langstrecke SAF. Sowohl Biomasse als auch strombasierte SAFs, auch Power-to-Liquid (PtL) oder e-Fuels genannt, verursachen in der Lebenszyklusbetrachtung mindestens 80 % weniger CO2-Emissionen als herkömmliches Kerosin. Die Nutzung von SAF hat laut Eurocontrol das Potenzial, rund die Hälfte der CO2-Reduktionen zu ermöglichen, die notwendig sind, um das Ziel von Netto-Null-CO2-Emissionen bis 2050 zu erreichen. Das macht SAF zu einer effektiven und essentiellen Maßnahme in der Transformation der Luftfahrt. Um diese CO2-Einsparungen realisieren zu können, müssen allerdings einige Herausforderungen gemeistert werden beim Einsatz und der Verfügbarkeit von SAF. Bisher ist der Einsatz einer Beimischung von 50 % SAF für alle Airbus Flugzeuge zugelassen. Die Luftfahrt hat sich zum Ziel gesetzt, bis 2030 die Betankung von bis zu 100 % zu ermöglichen. Erste Testflüge mit 100 % SAF wurden bereits von Airbus erfolgreich durchgeführt. Die eigentliche Herausforderung beim Einsatz von SAF liegt aber nicht bei der Flugzeugtechnologie, sondern der weltweit verfügbaren Menge an SAF zu wettbewerbsfähigen Preisen. Im Jahr 2024 wurden weltweit rund 1,5 Mio. Tonnen SAF produziert, was weniger als einem Prozent aller vertankten Flugkraftstoffe entspricht. Die geringe Verfügbarkeit und der hohe Preis, der rund drei- bis fünfmal so hoch ist wie für herkömmliches Kerosin, verhindern derzeit einen umfassenden Einsatz. Marktanreizende, verpflichtende Quoten und politische Unterstützung sind daher notwendig, um durch Skalierung reduzierte Herstellungskosten und eine steigende Verfügbarkeit zu erreichen. Dies ist wichtig, um Flugreisen auch weiterhin für große Teile der Gesellschaft zu ermöglichen. Airbus unterstützt die Kraftstoff-Branche bei dem Aufbau von SAF-Produktionskapazitäten mit zahlreichen Partnerschaften und nutzt SAF auch im eigenen Flugbetrieb, um den weiteren Markthochlauf anzureizen.

Chancen einer nachhaltigen Luftfahrt für den Standort Deutschland

Die Dekarbonisierung der Luftfahrt ist eine enorme Herausforderung, bietet aber gleichzeitig auch vielfältige Chancen. Deutschland kann im Rahmen einer konzertierten europäischen Anstrengung seine Vorreiterrolle und Technologieführerschaft bei der Dekarbonisierung der Luftfahrt ausbauen, was einhergeht mit einer Steigerung der Wertschöpfung und des Wohlstands. Vor allem die enge, lokale Verzahnung zwischen hochkarätiger Wissenschaft wie z. B. dem Deutschen Zentrum für Luft- und Raumfahrt (DLR), Zulieferern, die in ihrem Feld häufig Weltmarktführer sind, und dem Flugzeugbauer, ist eine der Stärken des Luftfahrtstandortes Deutschland.

Die Luftfahrt ist und bleibt ein Wachstumsmarkt. Getrieben wird die geplante Steigerung der Flugzeugproduktion bei Airbus zum einen durch die weltweit zunehmende Nachfrage nach Flugreisen und zum anderen durch Flottenerneuerungen. Die hohe Nachfrage führte in den letzten Jahren zu einer Rekordbeschäftigung in der Luft- und Raumfahrtindustrie in Deutschland und wird aufgrund der Steigerung der Flugzeugproduktion perspektivisch weiter zunehmen.

Im Bereich Luftfahrtforschung besitzt Deutschland durch die enge Verdrahtung der Akteure Vorteile, was z. B. bei der Entwicklung der Brennstoffzelle für das Airbus Wasserstoffflugzeug genutzt wird. Dies sichert auch langfristig die Wettbewerbsfähigkeit der deutschen Luftfahrtindustrie gegenüber bekannten und neu aufstrebenden Mitbewerbern. Darüber hinaus ist die Luft- und Raumfahrt als Hightechbranche Technologie- und Innovationstreiber für andere Branchen und sichert durch Spillover-Effekte dadurch Wohlstand in Deutschland.

Die SAF-Produktionstechnologie ist eine Chance für Deutschland, gerade in Kombination mit der heimischen, starken chemischen Industrie und dem Anlagenbau. Vor allem bei strombasierten SAFs nimmt Deutschland eine Vorreiterrolle mit mehr als der Hälfte der europäischen PtL-Forschungsanlagen ein und hat gute Voraussetzungen, um künftig vom SAF-Markt, vor allem im Anlagenbau, zu profitieren. Ein dämpfender Faktor ist aber auch hier der hohe Strompreis in Deutschland.

Voraussetzungen für eine nachhaltige und wettbewerbsfähige Wirtschaft

Für das Erreichen des Netto-Null-CO2-Ziels bis 2050 bei gleichzeitiger Sicherung und Ausbau des Wohlstandes bedarf es eines Schulterschlusses zwischen Politik, Wissenschaft und Wirtschaft. Es gilt, Ökonomie und Ökologie zusammenzudenken. Diesem häufig fälschlicherweise als Widerspruch betrachteten Duo nimmt sich auch der Draghi-Bericht an. Er legt dar, wie groß der wachsende Rückstand der EU im Bereich Wettbewerbsfähigkeit und Innovation gegenüber den USA und China ist. Draghi spricht von »geringer industrieller Dynamik, geringer Innovation, geringen Investitionen und geringem Produktivitätswachstum« in der EU. Die Botschaft »Europa muss seinen Platz in einer sich verändernden Welt neu überdenken in drei Hauptbereichen: die Innovationslücke gegenüber den USA und China schließen und anerkennen, dass Innovation der größte Treiber des Produktivitätswachstums ist; Dekarbonisierung; mehr Sicherheit und Autonomie« und gleichzeitig den Blick auf die eigenen Stärken richten. Die EU ist in einer Führungsposition, wenn es z. B. um die Dekarbonisierung und die Energiewende geht, auch in der Luftfahrt. Aber die EU fällt zurück. Um zukünftig wettbewerbsfähig zu bleiben, muss die Kooperation zwischen den Mitgliedstaaten und der Europäischen Kommission in der Industriepolitik ausgebaut und massiv in Forschung und Entwicklung investiert werden. Es gilt, nationale und europäische Forschungsprogramme koordiniert auszubauen. Nationale Egoismen müssen der Vergangenheit angehören. Nur ein geeintes Europa wird auch zukünftig seinen Platz in der Welt verteidigen und seinen Wohlstand sichern können.

Prof. Dr. Hagen Krämer

Sozialer Kapitalismus: Innerer Widerspruch oder machbare Vision?

Die deutsche Wirtschaft steht an der Schwelle eines tiefgreifenden Wandels. Dekarbonisierung, Digitalisierung, Deindustrialisierung und der demografische Wandel stellen Unternehmen, Politik und Gesellschaft vor komplexe Herausforderungen. Gleichzeitig verliert die Globalisierung an Dynamik – ein Faktor, der das industriebasierte und exportorientierte Wirtschaftsmodell Deutschlands über Jahrzehnte gestützt hat. Unzureichende Investitionen haben dazu geführt, dass der volkswirtschaftliche Kapitalstock in Deutschland nicht ausreichend modernisiert wurde. Hinzu kommen neue geopolitische Spannungen und das Ende von günstigen fossilen Energieimporten. Deutschland steht ebenso wie Europa vor einem umfassenden Strukturwandel. Welche wirtschaftspolitischen Konzepte sind geeignet, um diesen Herausforderungen erfolgreich zu begegnen?

Neoliberalismus und autoritärer Neoliberalismus

Nach der Finanzkrise 2008/09 schien es zunächst, als würde der Neoliberalismus dauerhaft an Einfluss verlieren. Die Überzeugung, dass unregulierte (Finanz-)Märkte und ein schlanker Staat eine zentrale Voraussetzung für breiten Wohlstand sind, geriet ins Wanken. Gegenwärtig gewinnen neoliberale Konzepte in Deutschland jedoch wieder an Bedeutung, besonders im bürgerlich-konservativen Lager. Hier werden zunehmend Forderungen laut, althergebrachte angebotsorientierte Wirtschaftsreformen wie Steuersenkungen für Unternehmen und Wohlhabende, Deregulierung und Einschnitte in den Sozialstaat umzusetzen.[35] International setzt sich derzeit in einigen Ländern eine Variante des Neoliberalismus durch, in der sich wirtschaftliche und politische

Macht auf das Engste verbinden. Dies trifft insbesondere auf die USA zu, dessen Wirtschaftssystem schon seit längerem als Prototyp des Neoliberalismus gelten kann. Dieser *autoritäre Neoliberalismus* zeichnet sich durch eine starke Zentralisierung der Macht und die Einschränkung individueller und demokratischer Freiheiten aus.[36] Diese extreme Version des Neoliberalismus findet auch in Deutschland zunehmend Anhänger.

Die Attraktivität des autoritären Neoliberalismus rührt von mehreren Faktoren her. Wirtschaftliche Unsicherheit und soziale Spannungen führen dazu, dass Menschen autoritäre Führungspersönlichkeiten unterstützen, die Stabilität und einfache Lösungen versprechen. (Soziale) Medien und Propaganda spielen ebenfalls eine Rolle, indem sie autoritäre Ideen verbreiten und Gegner diskreditieren. Kandidaten für politische Ämter, die für ihre Wahl und Wiederwahl von privatem Vermögen und oberflächlicher Medienberichterstattung profitieren, haben Erfolg. Schließlich verstärken gesellschaftliche Veränderungen wie die Globalisierung und eine wachsende ökonomische Ungleichheit die Suche nach autoritären Lösungen. Um zu verhindern, dass sich auch in Deutschland aus ursprünglich bürgerlich-neoliberalen Vorstellungen eine Tendenz zum autoritären Neoliberalismus entwickelt, ist es unserer Ansicht nach dringend notwendig, ein Gegenmodell zu entwickeln, das für manche zunächst utopisch erscheinen mag. Es kann aber immer noch lohnenswert sein, über ökonomische und soziale Utopien nachzudenken, wobei die Anziehungskraft einer sozialen Utopie sowohl in ihrer idealisierten Abgrenzung von der realen Welt als auch in der Überzeugung liegt, dass ihre Umsetzung prinzipiell machbar erscheint.[37]

Die Alternative zum (autoritären) Neoliberalismus, für die sich Krämer, Proaño und Setterfield[38] aussprechen, ist der *soziale Kapitalismus*.[39] Diese Variante des Kapitalismus' bietet die Chance, die Wurzeln der Unzufriedenheit anzugehen und gleichzeitig die Grundlagen für eine Erneuerung der liberalen Demokratie zu schaffen. Dies erfordert jedoch ein Umdenken in der Wirtschaftspolitik, weg von der einseitigen Fokussierung auf Effizienz und Wettbewerbsfähigkeit und hin zu einer angemessenen Berücksichtigung von Verteilungsfragen und sozialer Inklusion.

Warum Kapitalismus?

Es steht außer Frage, dass die Dynamik eines kapitalistisch-marktwirtschaftlichen Systems beeindruckend ist. Dies hat nicht zuletzt der österreichische Ökonom Joseph A. Schumpeter hervorgehoben. Kein anderes Wirtschaftssystem hat in der Geschichte eine vergleichbare Innovationskraft entfaltet oder das Pro-Kopf-Einkommen durch langfristiges Wachstum in ähnlichem Ausmaß gesteigert. Eine kapitalistische Marktwirtschaft ist eine mächtige Wachstums- und Effizienzmaschine, sie sorgt jedoch nicht automatisch für soziale Gerechtigkeit. Wir vertreten die Ansicht, dass der Kapitalismus gerade wegen dieser Eigenschaften – und trotz seiner grundlegenden Konflikte und inhärenten Widersprüche – zu einem funktionierenden sozialen System weiterentwickelt werden kann. Ein solches System würde reguliertes Gewinnstreben mit sozialem Fortschritt verbinden und dabei sowohl die Achtung grundlegender Menschenrechte als auch demokratische Entscheidungsprozesse sicherstellen. Eine realistische Alternative zum Kapitalismus existiert nicht, da bislang noch kein tragfähiges Modell nicht-profitorientierter Produktionsverhältnisse als Gegenmodell zum profitorientierten kapitalistischen System etabliert werden konnte. Mit anderen Worten ist der soziale Kapitalismus ein Konzept, das die Produktivkräfte, symbolisiert durch das Wort »Kapitalismus«, mit den umfassenderen Merkmalen einer sozialen Produktionsweise, repräsentiert durch das Wort »sozial«, in Einklang bringen soll.

Ein derartiges gesellschaftliches Projekt wird von Vertretern des neoliberalen Ansatzes zweifellos für überflüssig und kontraproduktiv erachtet werden. Nach ihrer Ansicht würde Deutschland seinen Wohlstand aufs Spiel setzen, wenn nicht umfassende politisch-ökonomische Reformen durchgeführt werden, die darauf abzielen, sich von »überregulierten« Produkt- und Arbeitsmärkten sowie ausgedehnten wohlfahrtsstaatlichen Strukturen zu befreien. Im Gegensatz dazu vertreten wir die Auffassung, dass der Kapitalismus nicht weniger, sondern mehr an weitsichtiger Regulierung benötigt, um seinen inhärenten Tendenzen zu Krisen und sozialer Fragmentierung wirksam entgegenzuwirken.

Sozialer Kapitalismus vs. Ordoliberalismus

Wir verstehen unter dem sozialen Kapitalismus etwas anderes als die soziale Marktwirtschaft im Sinne des Ordoliberalismus. Das Konzept des sozialen Kapitalismus' betont stärkere strukturelle Veränderungen in der Wirtschaftspolitik wie zum Beispiel ein insgesamt progressives Steuersystem, stärkere Gewerkschaften, erhöhte staatliche Investitionen in öffentliche Dienstleistungen und die Infrastruktur, eine striktere Regulierung der Finanzmärkte sowie eine Priorisierung der sozialen Inklusion. Der Ordoliberalismus zielt dagegen darauf ab, den freien Markt durch staatliche Regulierung sozial auszugleichen und die Ungleichheit der Markteinkommen und Vermögen vor allem ex-post zu reduzieren. Das Konzept des sozialen Kapitalismus' geht einen Schritt weiter, indem es explizit auf eine Neuausrichtung der Machtstrukturen sowohl auf dem Arbeitsmarkt als auch in der Zivilgesellschaft abzielt. Es hat das Ziel, die Unzufriedenheit der »Verlierer« des Systems an der Wurzel zu bekämpfen, indem es inklusives Wachstum schafft und so den Wunsch nach einer illiberalen Ordnung verhindert.

Ein zentraler Bestandteil ist außerdem die wirtschafts- und finanzpolitische Botschaft des britischen Ökonomen John Maynard Keynes. Die ordoliberalen Vertreter der sozialen Marktwirtschaft legen traditionell weniger Gewicht auf die makroökonomische Stabilisierung und fokussieren sich stattdessen auf die Schaffung von ordnungspolitischen Rahmenbedingungen und regelbasierter Wirtschafts- und Finanzpolitik. Dies kann insbesondere in Krisenzeiten problematisch sein, da die strikte Einhaltung von Regeln allein oft nicht ausreicht, um wirtschaftliche Schocks zu bewältigen.[40] Im Unterschied dazu folgt das Konzept des sozialen Kapitalismus' den Prinzipien von Keynes, der staatliche Interventionen als essenziell für die Steuerung der wirtschaftlichen Entwicklung betrachtet. Keynes, der den Kapitalismus bewahren wollte, brachte auch die Idee einer sozialen Planung von zukunftsweisenden Investitionen ins Spiel, um die Entwicklung der Wirtschaft in eine stabilere und gerechtere Richtung zu lenken. Angesichts der Anforderungen der sozial-ökologischen Transformation ist es wichtiger denn je, hieran anzuknüpfen.

Neoliberalismus in Deutschland, Europa und den USA

In den USA hat der Neoliberalismus seit den 1980er Jahren die Wirtschaftsstrukturen deutlich geprägt, insbesondere in den Bereichen Arbeitnehmer- und Gewerkschaftsrechte, Kartellrecht, Freihandel und Sozialpolitik.[41] Deutschland und Europa haben diese neoliberale Umgestaltung auf dieser Ebene nicht in gleichem Maße durchlaufen. Anders sieht dies jedoch auf der makroökonomischen Ebene aus. So hat sich Europa viel strengeren fiskalischen Beschränkungen unterworfen als die USA. Dies zeigt sich vor allem in den Maastricht-Kriterien, die das Verhältnis von Staatsdefizit und -verschuldung zur Wirtschaftsleistung begrenzen sollen. Diese bildeten die Grundlage für die in vielen EU-Ländern nach der Finanzkrise umgesetzte Austeritätspolitik. Außerdem wurde die Europäische Zentralbank gemäß den Prinzipien des sogenannten Neuen Makroökonomischen Konsenses gestaltet, wodurch sie ausschließlich mit einem Mandat zur Bekämpfung der Inflation ausgestattet wurde. Die Vereinigten Staaten hingegen haben sich bei der makroökonomischen Politik nicht im gleichen Maße wie Europa von neoliberalen Prinzipien leiten lassen. In Krisenzeiten – sei es während der Finanzkrise oder in der Covid-19-Rezession – scheuten die USA nicht davor zurück, eine deutlich expansivere Fiskalpolitik einzusetzen. Zudem folgt die amerikanische Zentralbank seit den 1940er Jahren weiterhin einem Mandat, das sie verpflichtet, sowohl die Inflation als auch die Arbeitslosigkeit bei ihren geldpolitischen Entscheidungen zu berücksichtigen.

Wie Abbildung 1 zeigt, repräsentiert der soziale Kapitalismus etwas grundlegend anderes als die gegenwärtigen Konstellationen in den USA oder Europa. Tatsächlich steht er für eine klare Absage an den Neoliberalismus sowohl in Bezug auf die Wirtschaftsstruktur (Güter- und Arbeitsmärkte, industrielle Beziehungen, Wohlfahrtsstaat usw.) als auch in der makroökonomischen Sphäre (Geld- und Fiskalpolitik). Nach der Definition von Krämer, Proaño und Setterfield[42] versteht sich der soziale Kapitalismus als eine Konstellation, in der sowohl die Ausgestaltung der Wirtschaftsstrukturen als auch die Makropolitik darauf ausgerichtet ist, ein Wachstum zu fördern, das sowohl inklusiv (im Sinne einer gleich-

Abb. 1: Wirtschaftsstrukturen und makroökonomische Politik in den USA und der EU

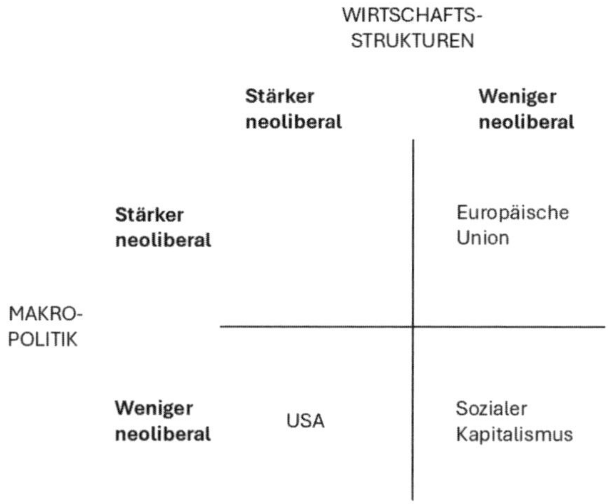

Quelle: Eigene Abbildung in Anlehnung an Setterfield.[43]

mäßigeren Verteilung) als auch nachhaltig (im Sinne der Vermeidung finanzieller Instabilitäten) ist. Diese Definitionen von Inklusivität und Nachhaltigkeit mögen zunächst eng gefasst erscheinen, doch ihr wirtschaftlicher Anspruch ist weitreichend: das Ziel des sozialen Kapitalismus besteht darin, Einkommen und Wohlstand zu schaffen, wie »eine steigende Flut, die alle Boote hebt« (John F. Kennedy) – nicht nur die Yachten der Wohlhabenden oder die Boote einer spezifischen Bevölkerungsgruppe, wie beispielsweise der sprichwörtlichen »unzufriedenen weißen Männer aus der Arbeiterschicht«.

Es ist uns jedoch bewusst, dass diese Definitionen von Inklusivität und Nachhaltigkeit weder direkte Bezüge zu Bürgerrechten (wie Datenschutz, politische Teilhabe oder reproduktive Rechte) aufweisen noch die ökologischen Grenzen des Wirtschaftswachstums berücksichtigen. Das primäre Ziel des sozialen Kapitalismus' besteht darin, sich auf arbeitsmarktorientierte Ergebnisse zu konzentrieren, die unverzichtbar sind, um eine echte Alternative zum Neoliberalismus zu schaffen: im

Einklang mit der Produktivität steigende Reallöhne sowie faire Arbeitszeiten – als Gegenentwurf zu immer flexibleren Arbeitsanforderungen und einem stetig weiter wachsenden Niedriglohnsektor.

Der Arbeitsmarkt im Fokus

In der Perspektive des sozialen Kapitalismus' ist der langfristige Rückgang der Lohnquote über die vergangenen drei bis vier Jahrzehnte ein Symptom für ein Machtgefälle, das die Position der Arbeitnehmerschaft erheblich geschwächt hat. Von arbeitssparendem technologischem Fortschritt, der Globalisierung und der Flexibilisierung der Arbeitsmärkte waren besonders Beschäftigte mit niedrigen und mittleren Qualifikationen betroffen. Da die Verlierer dieser Entwicklungen nicht ausreichend kompensiert wurden, vertiefte sich die Kluft zwischen denjenigen, die von diesen Entwicklungen profitierten, und jenen, die darunter zu leiden hatten. Der Arbeitsmarkt kann daher als entscheidender Hebel im Zusammenspiel von Ungleichheit, Arbeitslosigkeit und schwachem Wachstum angesehen werden – einem Dreiklang, der das soziale Gefüge des zeitgenössischen Kapitalismus' zunehmend gefährdet.

Eine nachhaltige und inklusive Wirtschaft erfordert daher umfassende arbeitsmarktpolitische Maßnahmen. Entscheidend ist, die Verhandlungsmacht der Arbeitnehmer zu stärken, um das Auseinanderdriften von Lohn- und Produktivitätswachstum zu stoppen. Hierzu gehören Reformen des Arbeitsrechts, die Gewerkschaften zu stärken, sowie die Einführung angemessener Mindestlöhne und internationaler Übereinkommen, die Wettbewerb auf Grundlage von Produktivitätssteigerungen statt auf niedrigen Arbeitsstandards fördern. Gleichzeitig sind Strategien zur Sicherung der Vollbeschäftigung essenziell. Neben traditionellen geld- und fiskalpolitischen Maßnahmen spielen Modelle wie der »Arbeitgeber der letzten Instanz« eine Rolle, bei denen der Staat sinnvolle Arbeitsplätze als Alternative zur Arbeitslosigkeit anbietet. Auch Instrumente, wie das in Deutschland bewährte Kurzarbeitergeld, können dazu dienen, in Krisen Einkommensverluste zu minimieren und Arbeitsplätze zu erhalten.[44]

Ein modernisierter Wohlfahrtsstaat ergänzt diese Ansätze. Die Verbreitung von Ressentiments gegen den Wohlfahrtsstaat ist ein zentraler

Bestandteil der neoliberalen Agenda. Ein wesentlicher Aspekt des sozialen Kapitalismus' besteht darin, sowohl der Rhetorik entgegenzutreten, die den Wohlfahrtsstaat fälschlicherweise als eine Institution darstellt, von der vorwiegend vermeintliche Müßiggänger profitieren und die hauptsächlich negative Arbeitsanreize schafft, als auch die öffentliche Bereitstellung und den Zugang zu grundlegenden sozialen Diensten wie Gesundheitsversorgung, Bildung und Kinderbetreuung wieder zu stärken. Dadurch sollen soziale Sicherheit gewährleistet und gesellschaftliche Aufstiegschancen verbessert werden.

Zivilgesellschaft

Im Hinblick auf die Zivilgesellschaft stützt sich der soziale Kapitalismus auf die Vorrangstellung der repräsentativen Demokratie in Verbindung mit dem Schutz individueller Rechte, ohne dabei davon auszugehen, dass Menschen ausschließlich oder zwangsläufig ihrem eigenen Nutzen verpflichtet sind. Inspiration findet sich hier in den vom schottischen Ökonom und Philosophen Adam Smith beschriebenen »moralischen Gefühlen«, die das Streben nach wirtschaftlichem Eigeninteresse in einen umfassenderen sozialen Kontext stellen.[45] Dieser gründet auf dem Respekt vor den Rechten anderer, einem Verantwortungsbewusstsein gegenüber gemeinsamen Anliegen und der Anerkennung der Bedeutung von Zusammenarbeit und Abstimmung mit anderen Individuen und Gemeinschaften. In einer solchen Zivilgesellschaft wird Freiheit nicht nur als ein »negatives« Konzept verstanden, das lediglich die Abwesenheit von Beschränkungen individuellen Handelns umfasst, sondern auch als ein »positives« Konzept.[46] Positive Freiheit bezieht sich auf die Fähigkeit und Möglichkeit, seine eigenen Ziele zu verwirklichen und ein selbstbestimmtes Leben zu führen. Sie bedeutet, das tun zu können, was man als wertvoll oder wichtig erachtet. Ein Beispiel dafür ist im weitesten Sinne die Straßenverkehrsordnung: Die Einschränkung der individuellen Freiheit im Straßenverkehr durch Regeln fördert gleichzeitig die allgemeine Sicherheit. Wenn alle Verkehrsteilnehmer die Regeln befolgen, wird der Straßenverkehr sicherer, und die Menschen können ihre Ziele erreichen, ohne Angst vor Unfällen haben zu müssen.

Basis für weiteren gesellschaftlichen Fortschritt

Die wirtschaftlichen und gesellschaftlichen Herausforderungen, vor denen wir stehen, erfordern eine grundlegende Neuausrichtung unserer wirtschaftlichen und gesellschaftlichen Institutionen. Will man vermeiden, dass sich der autoritäre Neoliberalismus weiter ausbreitet, muss es eine Hinwendung zu einem sozialen Kapitalismus geben. Letzterer könnte nicht nur zur Wiederherstellung sozialer Gerechtigkeit beitragen, sondern auch eine Erneuerung liberaler demokratischer Werte ermöglichen und damit eine nachhaltige Lösung für zukünftige Herausforderungen bieten. Der soziale Kapitalismus bildet dafür einen zentralen Ausgangspunkt, sicher jedoch keine universelle Lösung. Er erscheint uns als notwendige, wenn auch nicht hinreichende Bedingung, um die Missstände des modernen Kapitalismus' anzugehen – einschließlich der sozialen und geschlechtsspezifischen Ungleichheiten sowie der drängenden Klimafragen.

Die Herausforderung besteht darin, konkrete politische Maßnahmen zu entwickeln, die diese Vision in die Praxis umsetzen. Dies könnte Bereiche wie progressive Steuerpolitik, Stärkung von Arbeitnehmerrechten, Investitionen in Bildung, Infrastruktur und grüne Technologien sowie eine Reform des Finanzsystems umfassen. Nur durch einen solch umfassenden Ansatz kann es gelingen, ein Wirtschaftsmodell zu schaffen, das sowohl ökonomisch erfolgreich als auch sozial gerecht und ökologisch nachhaltig ist.

Um abschließend die im Titel dieses Essays gestellte Frage zu beantworten: Unsere Hoffnung ist, dass der soziale Kapitalismus, der für ein inklusives und nachhaltiges Wachstum steht und der einen sozialen Schutz für alle bieten soll, eine machbare Vision des Kapitalismus' ist.

2.
Soziale Teilhabe

Claudia Mandrysch

Lohnenswerte Teilhabechancen für einen zukunftsgewandten, wirtschaftlich erfolgreichen Sozialstaat – eine strategische Perspektive

Vermögens- und Einkommensgerechtigkeit

Finanzielle Mittel sind der Schlüssel, um in einer Gesellschaft, die viel Wert auf Konsum legt, dabei zu sein. Auch wenn es vielen Menschen in Deutschland gut geht, haben längst nicht alle ausreichend Geld, um ein Minimum an Teilhabe zu erreichen. Viele Millionen Menschen haben so wenig materielle, kulturelle und soziale Ressourcen, dass sie nach den Kriterien der Europäischen Union als armutsgefährdet gelten.[47] Sie können nicht so leben, wie es als Minimum in unserer Gesellschaft definiert wird.

Das Vermögen in Deutschland ist extrem ungleich verteilt. Im Jahr 2021 hatten private Haushalte insgesamt ein Nettovermögen von 13,2 Billionen Euro, wobei 9,2 Billionen davon auf den Immobilienbesitz fallen. Während das durchschnittliche Vermögen pro Haushalt bei über 100.000 Euro lag, haben 6 Prozent der Menschen gar kein Vermögen oder gar Schulden. Gleichzeitig besitzen die reichsten 10 Prozent mehr als die Hälfte des gesamten Vermögens. Das macht Deutschland zu einem der Länder mit der höchsten Vermögensungleichheit in Europa.[48]

Auch die Einkommen sind ungleich verteilt. Besonders auffällig ist, dass die Unterschiede zwischen den höchsten und niedrigsten Einkommen größer werden und sich Armut verfestigt. Zum Beispiel verdienen die reichsten 20 Prozent mehr als viermal so viel wie die ärmsten 20 Prozent.[49] Zudem sind 39,7 Prozent der armutsgefährdeten Menschen über Jahre hinweg dauerhaft in dieser Lage.[50]

Frauen sind häufiger von Armut bedroht als Männer. Ihre Armutsgefährdungsquote ist um 1,4 Prozentpunkte höher. Frauen verdienen außerdem im Schnitt weniger als Männer: Der Gender Pay Gap liegt bei 18 Prozent. Selbst wenn man Unterschiede in Tätigkeit und Qualifikation berücksichtigt, beträgt er immer noch 6 Prozent.[51] Ehegattensplitting und die aktuelle Verteilung von Care Arbeit treiben und halten Frauen in Teilzeitarbeit oder in den Niedriglohnsektor. Spätestens im Alter sind viele von ihnen dann mit den Konsequenzen konfrontiert und befinden sich in der Altersarmutsfalle.

Genau solche Ungleichheiten gefährden nicht nur den gesellschaftlichen Zusammenhalt und den sozialen Frieden in unserem Land, sondern sind verantwortlich für fehlende Innovationskraft, Unternehmertum und Entwicklungserfolge. Es braucht konkrete Vorschläge, in welchen Bereichen verbesserte Teilhabechancen schon heute möglich sind und ein anderes Bewusstsein, weshalb sie zu mehr Erfolg einen wichtigen Beitrag leisten. Die Rahmenbedingungen zu setzen ist Auftrag der Politik. Ideen und Anregungen für zielgerichtete Veränderungsoptionen zu formulieren, das geht uns alle an.

Vorschläge zur Verbesserung der Teilhabechancen

Monetäre Familienförderung

Familien werden in Deutschland über Kindergeld und Steuerfreibeträge unterstützt. Doch besserverdienende Familien profitieren stärker, da sie zusätzlich zu den 250 Euro Kindergeld[52] höhere Steuerersparnisse haben. Reiche Familien können dadurch fast 120 Euro mehr pro Monat erhalten, was eine durch die AWO in Auftrag gegebene Studie sehr gut belegt.[53]

Würde man diese Vorteile begrenzen und stattdessen die freiwerdenden Mittel an arme Kinder und Jugendliche umverteilen, könnten diese fast 100 Euro mehr im Monat bekommen. Eine gerechtere Familienförderung könnte so nicht allein den von Armut betroffenen Kindern und Jugendlichen helfen, sondern insgesamt zu einer höheren Teilhabegerechtigkeit führen.

Solidarische Pflegevollversicherung

Die Soziale Pflegeversicherung deckt längst nicht alle Pflegekosten ab. Ein Pflegeplatz in einem Heim kostet im Durchschnitt fast 2.900 Euro monatlich,[54] weshalb inzwischen sehr viele Menschen (ca. 35-40 Prozent) Sozialhilfe benötigen, um Pflegekosten zu decken.[55] Selbst diejenigen, die ihre Rente oder ihr Vermögen dafür einsetzen, geraten oft in finanzielle Schwierigkeiten. Eine echte Sozialversicherung müsste alle Pflegekosten übernehmen. Dies könnte durch eine solidarische Vollversicherung erreicht werden, in die alle – unabhängig von privater oder gesetzlicher Versicherung – gemeinsam einzahlen. Ein aktuelles Gutachten zeigt, dass dies finanzierbar wäre.[56]

Freiwilligendienste

Freiwilligendienste besitzen eine besonders wichtige Brückenfunktion, um gesellschaftlichen Zusammenhalt und das Gemeinwohl zu stärken. Sie sind nicht allein wichtige Lernerfahrungsräume für jüngere Menschen, sondern wirken generations- und milieuübergreifend, und damit kulturell verbindend. Aus diesem Grund sollten sie eigentlich für alle offen sein, doch junge Menschen aus einkommensschwachen Familien haben oft Schwierigkeiten, sich das zu leisten. Das Taschengeld reicht nicht zum Leben, daher sollte es erhöht werden, Freiwillige ein kostenloses Deutschlandticket erhalten und von Rundfunkgebühren befreit werden. Dies würde soziales Engagement für alle zugänglicher machen.

Mietrecht

Menschen mit wenig Einkommen sind oft stark durch hohe Mietkosten belastet. Viele geben mehr als 40 Prozent ihres Einkommens für Miete aus.[57] Gleichzeitig steigen die Mieten in Städten, und es gibt kaum gesetzlich gesicherten Schutz vor überhöhten Mietforderungen. Ein Mietendeckel, der Mieten einfriert oder senkt, könnte helfen. Für einen wirksamen Mietendeckel muss man Mietobergrenzen definieren, die nicht überschritten werden dürfen. Ebenso wichtig sind eine umfassende Förderung und ein Ausbau des sozialen Wohnungsbaus, um mehr bezahlbaren Wohnraum zu schaffen.

Potentialentfaltende Bildungsteilhabe

Kinder aus armen und belasteten Familien haben schlechtere Chancen in unserem Bildungssystem. Besonders das dreigliedrige Schulsystem und die zunehmende Privatisierung sorgen dafür, dass soziale Ungleichheiten bestehen bleiben. Dabei zeigen Studien, dass frühe Förderung und gemeinsames Lernen von Kindern aus verschiedenen sozialen Hintergründen allen nützen. Eine fehlerfreundliche, experimentell basierte und lernerfahrungsreiche Umgebung fördert empathische, sozial- und lösungskompetente, innovative und gestaltungsstarke Menschen.

Eine bessere Bildungsteilhabe würde demnach nicht nur persönliche Aufstiegschancen, sondern eine leistungsfähigere und eine ihrer individuellen und kollektiven Verantwortung bewusstere Gesellschaft fördern.

Fazit

Gleiche Teilhabechancen sind in einer demokratischen Gesellschaftsordnung ein zentraler Schlüsselfaktor für wirtschaftlichen Erfolg und sozialen Frieden.

All diese Beispiele zeigen: Durch eine konzentrierte Reduzierung von Ungleichheit steigen Teilhabechancen und individuelle Belastungsfaktoren nehmen ab. Das kann mit steuer-, sozialversicherungs- oder ordnungsrechtlichen Maßnahmen recht pragmatisch umgesetzt werden.

Durch eine gerechtere Verteilung von Ressourcen können mehr Menschen in unserer Gesellschaft teilhaben. Teilhabe ist nicht nur ein individuelles Recht, sondern auch die Grundlage für den Zusammenhalt und die Stärkung unserer Demokratie. Mehr Teilhabe bedeutet, mehr Fokus auf die persönliche und letztendlich gesellschaftliche Entwicklung legen zu können.

Eine teilhabegerechte Gesellschaft ist vor allem ein Wettbewerbsvorteil in einer geopolitisch unübersichtlichen Welt: Der Standortvorteil Deutschlands liegt eben nicht im Vorhandensein wertvoller Rohstoffe, sondern im Wissens- und Entwicklungspotential seiner Bevölkerung. Wir brauchen in allen Wirtschaftssektoren den in Deutschland verfügbaren »Rohstoff« Wissen und Kompetenzen. Dieser »Rohstoff« ist prinzipiell im Überfluss vorhanden und könnte sein volles Potential entfalten, wenn alle Menschen unabhängig von Geschlecht und Herkunft gleiche Chancen erhalten, sich persönlich weiterzuentwickeln, aktiv mitzuwirken und innovative Ideen einzubringen.

Und genau deswegen sollte in dieser wettbewerbsorientierten und zugleich volatilen Welt, mit all ihren sozialen, ökonomischen und ökologischen Herausforderungen, Teilhabegerechtigkeit in ihrer strategischen Bedeutung für die Zukunft unseres Sozialstaats mehr denn je in den Fokus genommen werden. Ein fairer Sozialstaat, der allen Menschen gleiche Teilhabechancen bietet, hebt die Potentiale der Menschen in Deutschland und sorgt in einer unsicheren Welt für mehr Sicherheit, Wettbewerbsfähigkeit und Wohlstand.

Prof. Dr. Gerhard Bosch

Soziale Teilhabe und Chancengleichheit sichern

Unsere Gesellschaft lebt von der aktiven Teilhabe seiner Bürger. Teilhabe meint aktives Mitwirken und Gestalten in unterschiedlichen Lebensbereichen, angefangen von ehrenamtlichen Tätigkeiten, Nutzung des kulturellen Angebots, politisches Engagement und vieles mehr. Teilhabe geht oft über die Verfolgung eigener Interessen hinaus. Sie zielt auch auf die lebenswerte Gestaltung unserer Umwelt im Kleinen und im Großen. Sie ist der Kitt, der unsere Gesellschaft zusammenhält. Chancengleichheit ist die Voraussetzung der sozialen Teilhabe aller.

Der Begriff der sozialen Teilhabe ist ursprünglich für eine Politik der Inklusion von Behinderten entwickelt worden. In dieser Tradition zielt das Bundesteilhabegesetz von 2016 auf die Integration von Behinderten, um sie aus dem »Fürsorgesystem« herauszubringen und ihnen ein selbstbestimmtes Leben zu ermöglichen. Der Begriff hat inzwischen eine weitere Bedeutung bekommen. Er meint die Inklusion aller Gruppen, die durch einen Mangel an Ressourcen, wie Einkommen, an Wohnraum oder Bildung keinen oder nur erschwerten Zugang zu den üblichen gesellschaftlichen Aktivitäten haben und ihr Leben nicht aus eigener Kraft gestalten können, sondern dauerhaft auf soziale Unterstützung angewiesen sind.

Dahinter steht die Erfahrung, dass durch die wachsende soziale Ungleichheit arme und bildungsferne Gruppen aus dem Arbeitsmarkt ausgeschlossen sind. Ihr Einkommen reicht nicht für eine selbständige Lebensführung ohne staatliche Unterstützung. Armut und geringe Einkommen können ein Grund sein, sich gerade besonders für politische Veränderungen zu engagieren. Das lässt sich auch in vielen Fällen beobachten, wie etwa den jüngsten Tarifrunden der Gewerkschaften, in denen mit hoher Mitgliederbeteiligung höhere Lohnsteigerungen gerade für die unteren Entgeltgruppen durchgesetzt wurden. Solche Erfolge setzen kollektives Handeln voraus. Die überwiegende Anzahl der Geringverdiener/-Innen ist aber nicht gewerkschaftlich organisiert. Die Unternehmen sind durch die Auslagerung gerade der gering bezahlten Tätigkeiten in Subunternehmen oder prekäre Beschäftigungsformen inzwischen so fragmentiert, dass das traditionelle Solidaritätsband zwischen den durchsetzungsstarken und -schwachen Beschäftigtengruppen zerrissen ist.

Daher überwiegen in großen Teilen der ärmeren Bevölkerung Resignation und Gefühle der Machtlosigkeit und Ärger, nicht beachtet zu werden. Der sechste Armuts- und Reichtumsbericht der Bundesregierung zeigt, wie auch schon die früheren Berichte, dass Arbeitslose und Personen mit geringem Einkommen und niedriger Bildung weniger soziale Kontakte haben, sich weniger ehrenamtlich engagieren, sich weniger für Politik interessieren und weniger wählen gehen als besser gebildete Personen mit mittlerem und hohem Einkommen[58]. Solche Verhaltensweisen verbreiten sich nicht bei vorübergehenden Notlagen, sondern nur, wenn sich Einkommens- und Bildungsarmut verfestigen und auf die nachwachsende Generation vererben. Durch die Herausbildung eines großen Niedriglohnsektors mit geringen Aufstiegsmöglichkeiten nicht nur der Erwachsenen, sondern auch ihrer benachteiligten Kinder in den letzten drei Jahrzehnten, ist es zu einer solchen Verfestigung prekärer Lebenslagen gekommen.[59]

»In einer egalitären Gesellschaft fühlen sich Personen mit niedrigem Einkommen besser vertreten und beteiligen sich somit auch stärker an der Wahl der Volksvertretung«[60]. Ungleiche Gesellschaften hingegen driften auch auseinander, weil ein abnehmender Teil der Ausgeschlossenen wählen geht und – was leider nicht Thema des Armuts- und Reichtumsberichts war – seinen Glauben an den Sinn gesellschaftlicher Beteiligung und den Wert des Sozialstaats verloren hat und rechtspopulistische Parteien mit marktradikalen Wirtschaftsprogrammen wählt. Die soziale Teilhabe aller ist also nicht nur wichtig aus wirtschaftlichen Gründen, also zur Erhöhung der Beschäftigungsquote und der Verringerung des Arbeitskräftemangels, sondern auch zur Stabilisierung unserer Demokratie.

Soziale Teilhabe setzt zunächst einmal armutsfeste Einkommen voraus. Internationale Vergleiche zeigen, dass die Länder mit hoher Tarifbindung die geringste Einkommensungleichheit aufweisen. Tarifverträge mit ihren differenzierten Entgeltgruppen stellen sicher, dass Qualifikation, Verantwortung und auch besondere Belastungen (z. B. Schichtarbeit) angemessen entlohnt werden. Bis in die frühen 1990er Jahre lag die Tarifbindung in Deutschland bei 85 Prozent und der Anteil geringer Einkommen war im internationalen Vergleich gering. Inzwischen ist der Anteil der tarifgebundenen Beschäftigten auf nur noch 49 Prozent gesunken. Der 2015 eingeführte Mindestlohn ist eine wirkungsvolle Lohnuntergrenze, die extrem niedrige Löhne unterbindet. Die für eine selbstständige Lebensführung notwendigen mittleren Einkommen sind damit aber nicht garantiert. Der nächste Schritt muss daher die Erhöhung der Tarifbindung zur Sicherung der Einkommensmitte sein.

Da die Gewerkschaften in der locker organisierten Dienstleistungsgesellschaft allein eine Erhöhung der Tarifbindung nicht mehr durchsetzen können, sind gesetzliche Stützmaßnahmen notwendig. Das wirkungsvollste Instrument ist die Erleichterung der Allgemeinverbindlichkeitserklärung von Tarifverträgen. Dazu müsste man das Tarifvertragsgesetz in wenigen Punkten ändern. Der Antrag auf Allgemeinverbindlichkeit müsste künftig, wie das schon vor 2015 der Fall war, auch von einer Seite der Tarifpartner allein gestellt werden können. Der Antrag sollte dann nur noch mit der Mehrheit der Mitglieder des paritätisch besetzten Tarifausschusses abgelehnt werden können. Wenn der Antrag im öffentlichen Interesse liegt, kann dann der Tarifvertrag für allgemeinverbindlich erklärt werden[61]. Als Ergänzung ist ein Tariftreuegesetz für öffentliche Aufträge notwendig, das schon im Koalitionsvertrag der Ampel-Regierung vereinbart worden war. Es ist nicht zu akzeptieren, dass die öffentliche Hand über Vergaberichtlinien dazu gezwungen wird, Anbietern mit dem niedrigsten Angebot aufgrund schlechter Löhne einen Auftrag zu geben und damit das soziale Gleichgewicht zu ruinieren. Der Einwand der Wirtschaft, dass der bürokratische Aufwand einer Einhaltung der Tariftreue sehr hoch ist, ist gerechtfertigt. Das gilt im Übrigen auch für den Mindestlohn, zu dessen Kontrolle die Finanzkontrolle Schwarzarbeit personell erheblich aufgestockt wurde. Die Wirtschaft hat es allerdings selbst in der Hand, durch den Abschluss von Tarifverträgen und der Zustimmung zu ihrer Allgemeinverbindlichkeit die Bürokratie zu verringern. Um hier einen Anreiz zum Bürokratieabbau zu setzen, sollten Tariftreuegesetze bei einer Erhöhung der Tarifbindung auf 80 Prozent wieder ausgesetzt werden.

Ein zweiter zentraler Ansatzpunkt ist die Verringerung des Anteils junger Erwachsener im Alter von 20-34 Jahren ohne einen Berufsabschluss, der allein zwischen 2021 und 2022 von 2,64 Millionen Personen (17,8 Prozent) auf 2,86 Millionen (19,1 Prozent) gestiegen ist[62]. Die Qualifikationsanforderungen auf dem Arbeitsmarkt sind durch den Wegfall der meisten einfachen, spracharmen Tätigkeiten inzwischen so gestiegen, dass die Personen ohne eine Berufsausbildung oft nur Zugang zu schlecht bezahlten und unsicheren Arbeitsplätzen haben oder arbeitslos sind. Durch die Migration hat sich das Problem verschärft. »Bei Personen, die vor 2013 nach Deutschland eingewandert sind, liegt die Quote mit 40 Prozent dreimal so hoch wie bei in Deutschland geborenen Deutschen und Nichtdeutschen. Bei Zuzügen ab 2013, die vermehrt auch Fluchtmigrant/-innen beinhalten, beträgt die Quote 50 Prozent und ist damit viermal so hoch wie bei in Deutschland geborenen Deutschen und Nichtdeutschen.[63]

Die traditionellen Aufgaben der Arbeitsmarktpolitik, die Zahl der Ausbildungsplätze zu erhöhen und Umschulungsmöglichkeiten im Strukturwandel zu unterstützen, haben sich nicht nur durch die digitale und grüne Transformation, sondern auch durch die besonderen Anforderungen der Integration von Migrant/-innen erhöht. In den letzten Jahren wurden durch mehrere große Aus- und Weiterbildungsgesetze, zuletzt das Gesetz »Zur Stärkung der Aus- und Weiterbildungsförderung« von 2022, die Chancen auf eine nachholende Aus- und Weiterbildung deutlich verbessert. Zudem wurde die Altersgrenze im BAföG, das auch das Nachholen von Schulabschlüssen fördert, von 30 auf 45 Jahre erhöht. Neue Formate der Aus- und Weiterbildung, wie die Kombination von Sprachkursen mit fachlicher Ausbildung und die Vermittlung von Teilqualifikationen haben durch die Migration an Bedeutung gewonnen.

Ebenso wichtig wie die Nachqualifizierung von Erwachsenen ist die Prävention. Eine gute vorschulische und schulische Bildung ist die beste präventive Arbeitsmarktpolitik. Nur durch frühen Spracherwerb in Kindergärten und Ganztagsschulen mit individueller Förderung – im Übrigen auch für Kinder aus benachteiligten heimischen Familien – können die Abbrecherquoten an Schulen verringert werden und die Voraussetzungen für eine erfolgreiche Berufsausbildung gelegt werden. Hier liegen noch große Aufgaben vor uns. Der zweite Bericht der Bundesregierung über den Ausbaustand der ganztägigen Bildungs- und Betreuungsangebote für Grundschulkinder von 2024 zeigt einen Fehlbestand von 342.000 Plätzen an Ganztagsschulen zur Umsetzung des ab 1. August 2026 geltenden Rechtsanspruchs auf eine Ganztagsbetreuung. Zudem melden viele Kommunen trotz bestehenden Rechtsanspruchs Fehlbestände an Kitaplätzen. Die Finanzierung des notwendigen Investitionsbedarfs in Ganztagsschulen und Kitas ist eine der zentralen Bedingungen zur Herstellung von Chancengleichheit in unserer Gesellschaft, in der Bildung und Zugänge zum Arbeitsmarkt noch viel zu sehr vom Elternhaus abhängen.

Dr. Ulrich Schneider

Soziale Teilhabe als Fundament für Wohlstand und Demokratie

Deutschland befindet sich wirtschaftlich in einer ungewohnt lang andauernden Rezession. Zwei Jahre hintereinander Minuswachstum gab es bisher erst ein Mal in der Geschichte der Bundesrepublik. Es war 2002/2003. Für eine Gesellschaft, die ganz auf Wachstum getrimmt ist, die immer aus einem Mehrerwirtschafteten verteilen konnte, ist dies eine harte Herausforderung. Dem deutschen Modell der Wachstumsgesellschaft scheint, zumindest zeitweise, der Boden entzogen. Und so verwundert auch nicht, dass nicht Wenige in einer Art einfältiger Panik oder auch panischer Einfalt wirtschaftlichem Wachstum einen *unbedingten und absoluten* politischen Vorrang einräumen möchten. Hänge doch alles andere vom wirtschaftlichen Erfolg dieses Landes ab.

Dass gerade in der drittstärksten Wirtschaftsmacht auf diesem Planeten Politik derart eindimensional jedoch nicht funktioniert und erfolgreiche Politik – auch und gerade Wirtschaftspolitik – einer systemischen Betrachtung bedarf, wird dabei entweder nicht gesehen oder weitestgehend ausgeblendet. Dabei sollten gerade die letzten Krisenjahre von Corona über den russischen Krieg gegen die Ukraine, die Energieknappheit bis hin zu explodierenden Lebenshaltungskosten Politiker und Politikerinnen aller Couleur eines Besseren belehrt haben.

Soziale Teilhabe und die Gewissheit, sich ihrer auch dann noch sicher sein zu können, wenn es das Schicksal mal nicht so gut mit einem meint, wenn man seinen Job verloren hat, wenn man gesundheitlich einfach nicht mehr kann oder auch einfach nur alt ist, sind kein ad on auf der politischen Prioritätenliste, sondern sind für eine aufgeklärte und demokratische Gesellschaft essentiell. Ob Wirtschafts-, Klima- und Umwelt oder Geopolitik: Es geht am Ende immer um die konkrete Möglichkeit eines guten Lebens für alle. Die Bedeutung einer guten Wirtschafts-, Umwelt- und Klimapolitik für den Lebensstandort Deutschland ist dabei weitgehend unstrittig. Dass auch eine weitsichtige Außen- und Geopolitik für die Sicherheit dieses Landes und seinen Wohlstand höchste Bedeutung hat, dürfte spätestens seit Anfang 2022 jedem klargeworden sein.

Weniger präsent scheint dagegen zu sein, dass die Möglichkeit sozialer Teilhabe, das Gefühl sozialer Sicherheit und der Eindruck sozialer Gerechtigkeit ihrerseits wesentliche Voraussetzung für eine gelingende Politik in den anderen Sektoren und schließlich für unsere Demokratie schlechthin sind. Der viel gelobte und viel beschworene soziale Frieden war schon von je her ein Standortvorteil der Bundesrepublik, dessen man sich rühmte. Die Politik konnte im Vergleich zu anderen Ländern auf nur wenig Produktionsausfälle durch Arbeitskämpfe verweisen und selbst nach der Agenda 2010 noch auf einen halbwegs funktionierenden Sozialstaat und ein recht gutes Gesundheitssystem. Über die Bedeutung einer guten sozialen Infrastruktur für den Wirtschaftsstandort kann jeder Bürgermeister berichten, der sich um Unternehmensansiedlungen bemüht.

Auch für eine gelingende Umwelt- und Klimapolitik ist die Gewährleistung sozialer Teilhabe für alle eine Voraussetzung, wenn sich dieser Zusammenhang auch nicht gleich auf den ersten Blick erschließen mag. Eine verantwortliche Umwelt- und Klimapolitik, die Artenvielfalt genauso ernst nimmt wie das 1,5-Grad-Ziel, ist mit enormen Investitionen verbunden und verteuert die Lebenshaltung als Ganzes. In einer Demokratie, in der wir glücklicherweise leben dürfen, bedarf eine solche Politik der Zustimmung der Bevölkerung. Diese wird sie aber kaum geben, wenn Ängste vor einem sozialen Absturz vorherrschen, Angst, ob die klimasanierte Wohnung noch bezahlbar sein wird, ob der Fahrweg zur Arbeit nicht zu teuer wird, ob wenigstens die Ausgaben für das Nötigste noch gestemmt werden können, ob all die zusätzlichen Staatsausgaben letztlich dann doch wieder auf Kosten von Renten, Gesundheit, Arbeitslosengeld, Pflege oder Bildung für die Kinder getätigt werden und es letztlich wieder vor allem die »kleinen Leute« sind, die dabei auf der Strecke bleiben.

Eine wirkungsvolle Klima- und Umweltpolitik wird daher in einer Demokratie nicht ohne soziale Flankierung und ohne das glaubhafte Versprechen verwirklicht werden können, dass niemand zurückgelassen wird. Die ökologische Wende wird in Deutschland nur ökosozial oder gar nicht stattfinden. Positiv formuliert: Die Menschen werden die Klimawende mittragen, wenn ihnen glaubhaft die Angst genommen wird, sie könnten dadurch in ein soziales Abseits geraten. Wo Menschen in großer Zahl jedoch ohnehin bereits Angst haben, ob sie morgen noch ihre Wohnung bezahlen können, ob es im Alter mal für einen guten Lebensabend reichen wird, wie die steigenden Lebenshaltungskosten aufgebracht werden sollen, ob ihr Arbeitsplatz noch sicher ist und was passiert, wenn er verloren geht, werden sie ihre Zustimmung verweigern. Es ist Sache der Politik, in soziale Vorleistung zu gehen.

Andernfalls gerät über Kurz oder Lang unsere demokratische Staats- und Gesellschaftsordnung selbst in Gefahr. Soziale Sicherheit und die Möglichkeit zu sozialer Teilhabe sind ganz entscheidend für die Akzeptanz unserer parlamentarischen Demokratie. Die Menschen erwarten zurecht, dass unser politisches System zu einer Politik führt, die ihnen genau diese Sicherheit beschert. Wenn sie das nicht tut, wenn die demokratischen Parteien auf diesem Feld dauerhaft versagen, bekommen populistische und rechtsradikale Kräfte, die letztlich auf Systemfrust der Menschen setzen, Aufwind.

Den Aufstieg der AfD allein aus Mangel an sozialer Sicherheit heraus zu erklären, wäre sicherlich zu einfach. Aber es dürfte auch feststehen: In einem Land, in einem Staatssystem und mit einer Politik, in der sich alle – wohlgemerkt »alle« – gut aufgehoben und sicher fühlen, hätten es rechtsradikale und faschistische Kräfte sehr viel schwerer als derzeit. Leicht haben sie es, wenn mehr und mehr Menschen von sozialer Teilhabe ausgeschlossen werden oder wenn sie um ihre soziale Teilhabe und ein Leben in bescheidenem Wohlstand fürchten müssen – selbst dann, wenn von Rechtsaußen keinerlei wirklich problemlösende Politikangebote gemacht werden.

Genau das jedoch ist die Lage in der Bundesrepublik. Über 14 Millionen arme Menschen zählt die Statistik in Deutschland, fast 17 Prozent aller Einwohner. deren Einkommen nicht einmal 60 Prozent des mittleren Einkommens in dieser Gesellschaft erreicht.[64] Jedes fünfte Kind lebt in einer einkommensarmen Familie und ist damit schlicht ausgegrenzt in einer Gesellschaft, in der so gut wie alles – von Sport über Kultur bis zur Geselligkeit – über Geld funktioniert und in der die Gut- und Besserverdienenden den Standard es gesellschaftlichen Miteinanders vorgeben. Auch unter den älteren Menschen, vor allem unter Rentnerinnen und Rentnern, hat die Armut in den letzten Jahren eklatant zugenommen, zuletzt auf etwas über 18 Prozent.

Die enormen Preissprünge bei den Lebenshaltungskosten in den Jahren 2021 bis 2023 haben Haushalten mit ohnehin geringem Einkommen besonders hart zugesetzt. Und die Preise steigen, wenn auch verlangsamt, weiter. Die Lebensmittelpreise liegen heute rund 30 Prozent über dem Vorkrisenniveau von 2019![65] Über zwei Millionen Bedürftige, die regelmäßig die Tafeln für Essensspenden aufsuchen, sprechen Bände über die Situation in Deutschland.

Neben den Lebensmittelpreisen sind es vor allem die Wohnkosten, die sich in Deutschland zur sozialen Frage schlechthin entwickelt haben. Knapp 28 Prozent des gesamten verfügbaren Einkommens mussten bereits 2022 im Durchschnitt allein für die Miete ausgegeben werden.[66] Bei kleinen Einkommen bis 1.500 Euro waren es sogar fast 45 Prozent, bei sogenannten armutsgefährdeten Haushalten sogar noch ein Prozentpunkt mehr.[67]

Daneben haben wir es mit einem Arbeitsmarkt zu tun, auf dem fast jeder fünfte abhängig Erwerbstätige prekär beschäftigt ist, geringfügig, nur befristet, in Teilzeit oder in Leiharbeit.[68] 16 Prozent sind trotz gesetzlichen Mindestlohnes im Niedriglohnsektor tätig, d. h. für einen Stundenlohn, der nicht einmal zwei Drittel der mittleren Vergütung in Deutschland erreicht.[69]

Wenn dabei noch hinzukommt, dass nunmehr seit Jahren von liberalen Politikern und Ökonomen das gegebene Rentenniveau genauso in Frage gestellt wird wie das Renteneintrittsalter, und wenn den Bürgerinnen und Bürgern von höchster Stelle dringend empfohlen wird, privat vorzusorgen, wenn es im Alter mal reichen soll – wohlwissend, dass dies für die untere Hälfte auf der Einkommensskala keine echte Option ist –, sollte es niemanden verwundern, wenn Sozialpessimismus und Abstiegsängste bis in die Mittelschicht hineinziehen.

Deutschland muss als Gesellschaft wieder zueinander finden, um Wohlstand für alle in einem umfassenden Sinne verwirklichen zu können. Es muss dazu sein soziales Fundament stärken, das schon einmal in deutlich besserer Verfassung war, und soziale Teilhabe für alle sicherstellen. Ganz konkret heißt das[70]:

1. Grundsicherungsleistungen sind so auszugestalten, dass sie tatsächlich vor Armut schützen und gesellschaftliches Miteinander ermöglichen. Es muss der in Artikel 1 und Artikel 20 Grundgesetz angelegte Grundsatz Realität werden, wonach sich niemand, ganz gleich aus welchem Grund er in Not gerät, im gesellschaftlichen Abseits wiederfinden muss.
2. Der gesetzliche Mindestlohn ist so zu erhöhen, dass er den Niedriglohnsektor praktisch austrocknet. Nach Berechnungen des WSI der Hans-Böckler-Stiftung muss er dazu aktuell auf etwas über 15 Euro anhoben werden. Im Mindestlohngesetz wäre die Marke von 60 Prozent des Medianlohnes verbindlich festzuschreiben.[71]
3. Die gesetzliche Rentenversicherung ist in Richtung einer Bürgerversicherung weiterzuentwickeln, in die ausnahmslos Alle und zwar auf Grundlage aller ihrer Einkommen – auch Kapitaleinkünfte oder Einkünfte aus Vermietungen und Ähnlichem – einzahlen. Die Beitragsbemessungsgrenze ist abzuschaffen, zumindest aber ganz deutlich zu erhöhen. Das sogenannte Äquivalenzprinzip wäre zugunsten eines Solidarprinzips durch eine Mindestrente und einer Rentenhöchstgrenze einzuschränken.
   Dass derartige Umstellungen wegen des notwendigen Vertrauensschutzes im Zweifelsfalle mehrere Jahrzehnte benötigen, ist bekannt, sollte jedoch nicht davon abhalten zu tun, was schlechterdings notwendig ist, um unsere zentrale Säule der Alterssicherung zukunftsfest auszugestalten.
4. Es bedarf einer konsequenten Mietpreisdämpfungspolitik. Trotz der 2015 eingeführten Mietpreisbremse sind die Mieten um über 15 Pro-

zent weiter angestiegen.[72] Zu viele generelle Ausnahmeregelungen trugen dazu ebenso bei, wie die Tatsache, dass Verstöße gegen die Vorschriften für den Vermieter praktisch folgenlos blieben. Gerade einmal in 410 der 11.000 Gemeinden in Deutschland wurde sie überhaupt angewandt.

Der marktwirtschaftliche Verweis auf notwendigen Neubau, um das Wohnungsangebot zu erhöhen und die Preise zu senken, übersieht gern, dass in oberen Preissegmenten durchaus gebaut wird. Woran es fehlt, ist bezahlbarer Wohnraum. Auch wird gern übersehen, dass es nicht nur um zusätzlichen Wohnraum geht, sondern auch und gerade um den Schutz von Mietern in ihren angestammten Quartieren. Eine engagierte Mietpreispolitik hat daher eine Vielzahl von Registern zu ziehen. Sie reichen von der Wiederbelebung des in Deutschland dahinsiechenden sozialen Wohnungsbaus über den Ausbau kommunaler Wohnungsbestände bis hin zu der Möglichkeit eines echten Mietendeckels. Im Zweifel darf dabei auch nicht vor rigiden Maßnahmen wie der Vergesellschaftung von Wohnungskonzernen zurückgeschreckt werden, wenn es sachlich geboten ist.

Voraussetzung für all dies – für die Sicherung sozialer Teilhabe durch die Sicherung eines auskömmlichen Einkommens – ist jedoch eine echte Umkehr in der Steuerpolitik der letzten Jahrzehnte hin zu einem solidarischen Steuersystem, in dem hohe Einkommen und Vermögen deutlich stärker zur Finanzierung eines funktionierenden Sozialstaates herangezogen werden, als es derzeit der Fall ist.[73] Ohne Umverteilung ist eine Wohlstandsgesellschaft für alle schlechterdings nicht möglich.

Die Vermögenskonzentration in Deutschland hat mittlerweile geradezu asoziale Ausmaße angenommen, wie uns das Deutsche Institut für Wirtschaftsforschung (DIW) regelmäßig vorrechnet.[74] Die Spreizungen bei Vermögen und Einkommen sind derart groß, dass sie auf der anderen Seite ein steuerpolitisches Umsteuern ermöglichen, ohne dabei die Konjunktur abzuwürgen.[75]

Deutschland hat sich zu einem Steuerparadies für Hochvermögende entwickelt. Ohne Not wird auf eine Vermögensteuer ebenso verzichtet wie auf eine effektive Besteuerung großer Erbschaften. Die Kapitalertragsteuer liegt mit 25 Prozent deutlich unter dem Spitzensatz der Einkommensteuer. Dieser scheint mit seinen 42 Prozent bzw. 45 Prozent bei der sogenannten Reichensteuer seit Jahrzehnten wie in Stein gemeißelt, obwohl er noch bis zur Jahrtausendwende bei über 50 Prozent lag.

Erst eine andere Steuerpolitik lässt alles andere möglich werden. Die Steuerpolitik ist der Glaubwürdigkeitstest für jedes Wohlstandsversprechen.

Dr. Maximilian Blaeser, Sirkka Jendis und Andreas Steppuhn

Mehr als nur Lebensmittelretter: Wie die Tafeln Teilhabe fördern und warum es gegen Armut trotzdem eine sozialnachhaltige Zeitenwende braucht

Die Tafelbewegung in Deutschland ist mittlerweile über 30 Jahre alt. Ihre Anfänge liegen in den Nachwendejahren in Berlin. Mit ihren Privat-PKWs sammelte eine Gruppe Berliner Frauen um Sabine Werth mit Thermoforen warme Speisen und übriggebliebene Backwaren. Aus dem Kofferraum heraus verteilten sie diese Lebensmittel an Armutsbetroffene und setzten damit die Initialzündung für eine bundesweite Bewegung. Heute sind die Tafeln aus dem Netzwerk der sozialen Hilfe in Deutschland nicht mehr wegzudenken. Während der Dachverband Tafel Deutschland e. V. als Serviceorganisation für die lokalen Tafeln arbeitet, leisten die lokalen Tafeln die Arbeit vor Ort. Mit ihrem meist ehrenamtlichen Engagement sorgen die Tafel-Aktiven tagtäglich für Unterstützung von Armutsbetroffenen.

Der Begriff der Sozialen Teilhabe erfährt in der jüngeren Vergangenheit einen enormen Auftrieb. Was bedeutet soziale Teilhabe? Für uns ist soziale Teilhabe kein erreichbarer Zustand, sondern ein vielschichtiger, facettenreicher Prozess. Heruntergebrochen meint soziale Teilhabe wie selbstbestimmt Menschen an einem Gesellschaftsgefüge partizipieren können. Sie umfasst Teilhabe am politischen und gesellschaftlichen Leben, genauso wie an der Wirtschafts- und Arbeitswelt sowie den Kulturangeboten einer Gesellschaft.[76] Diese Dimensionen der sozialen Teilhabe stehen in einer engen Wechselwirkung zueinander. Auf der individuellen Ebene sind Herkunft, Erwerbstätigkeit, Bildungsniveau und die Gesundheit wichtige Einflussfaktoren auf die eigenen Teilhabechancen. Diesen

Wirkungsprozess beschreibt der 6. Armuts- und Reichtumsbericht der Bundesregierung:

> *»Je geringer das Einkommen, desto höher ist der Anteil am Haushaltseinkommen, der für Grundbedürfnisse wie Wohnen und Nahrung aufgewendet wird, und desto geringer sind die finanziellen Spielräume für andere Teilhabedimensionen wie Rücklagenbildung oder kulturelle, sportliche und soziale Aktivitäten«*[77]

So vielfältig die Aspekte von sozialer Teilhabe sind, so weitreichend sind ihre Auswirkungen auf die individuellen Entfaltungsmöglichkeiten. Die Ermöglichung der größtmöglichen sozialen Teilhabe ist ein Versprechen und ein Arbeitsauftrag der Demokratie. Dieses Versprechen ist mit den Staatsstrukturprinzipien verfassungsrechtlich verankert.[78]

Viele Aspekte der sozialen Teilhabe sind in Deutschland daher bereits durch staatliche Bemühungen unterstützt. Es besteht ein breites Netz sozialer Sicherungssysteme, welches Menschen unabhängig von ihrer Staatsbürgerschaft in schwierigen Lebenssituationen absichert[79]. Das Bildungssystem ist in der Bundesrepublik gefächert und bietet einen kostenlosen Basiszugang zu Bildung[80]. Der deutsche Arbeitsmarkt ist mit zahlreichen Maßnahmen ausgestattet, um die Erwerbsquote von Frauen, Menschen mit Behinderung oder Migrant:innen zu erhöhen.[81] Parallel bildet der gesetzliche Mindestlohn ein Grundgerüst eines Existenzminimums.[82] Durch sozialen Wohnungsbau und Wohngeldleistungen soll Wohnraum für alle bezahlbar bleiben.[83] Trotz dieser staatlichen Bemühungen wird Deutschland immer wieder im internationalen Vergleich gerügt, wie zuletzt, im Jahr 2024, durch den Europarat, auf Grund einer hohen Armut und sozialer Benachteiligung.[84]

Versucht man sich an einem Gesamturteil könnte dies »Gut, aber deutlicher Verbesserungsbedarf« lauten. Denn viele Aspekte der sozialen Teilhabe sind vor allem einkommensabhängig. Bildung und die Partizipation am Wohnungsmarkt, aber auch kulturelle, soziale und politische Angebote, der alters- oder behindertengerechte Umbau; sie alle hängen trotz aller Sicherungssysteme weiterhin stark vom individuellen Geldbeutel ab.

Und das hat für rund 14 Millionen Menschen, die von Armut bedroht oder direkt betroffen sind, in der Bundesrepublik dramatische Folgen. Viele dieser Folgen sind bereits bekannt und erforscht. Armut im Kontext von Krankheit und Pflege stellt die Betroffenen vor Herausforderungen.[85] Die Wahlbeteiligung Armutsbetroffener ist geringer als im Durchschnitt.[86] Die soziale Exklusion in Form von geringerer Beteiligung am gesellschaftlichen und kulturellen Leben – ist ebenfalls wissenschaftlich belegt.[87] Armut schränkt auch die Möglichkeiten zur sozialen Mobilität ein. Der sozioökonomische Aufstieg wird für Menschen, die von Armut betroffen sind, immer schwieriger.[88] Dabei nimmt Armut in Deutschland seit Jahren zu.[89] Der Paritätische Gesamtverband verdeutlicht in seinem Armutsbericht, dass Armut in Deutschland steigt und eine erhebliche gesellschaftliche Herausforderung darstellt. Im Jahr 2022 lebten 16,8 % der Bevölkerung – etwa 14,2 Millionen Menschen – in Armut. Besonders betroffen sind aktuell Kinder (jedes fünfte Kind in Deutschland wächst in Armut auf), Alleinerziehende, kinderreiche Familien sowie Menschen mit niedrigem Bildungsniveau, Menschen im Niedriglohnsektor oder ohne deutsche Staatsangehörigkeit. [90] Armut verringert die Chancen auf soziale Teilhabe und wirkt exkludierend.[91]

Das wird auch am Beispiel unserer Wohnungsmärkte deutlich. 2022 gaben Menschen in Deutschland knapp 28% ihres verfügbaren Einkommens für Wohnen aus.[92] Die Teilhabe am Wohnungsmarkt ist auch ein gutes Beispiel für die weitreichenden Wirkungsmechanismen, die unsere soziale Teilhabe bedingen: wie wir wohnen, hat einen direkten Einfluss auf unser soziales Kapital, also auf die Chancen, die sich uns in der Gesellschaft bieten, und unsere Teilhabemöglichkeiten an einer Stadtgesellschaft.[93] Wo jemand wohnt, entscheidet auch mit, auf welche Schule seine oder ihre Kinder gehen. Bildung wird stark von der sozialen Herkunft beeinflusst und wirkt sich später auf die individuelle Teilhabe am Arbeitsmarkt aus.[94] Die Teilhabe am Arbeitsmarkt hat wiederum einen direkten Einfluss auf die finanzielle Absicherung im Alter.[95] Faktoren wie Gesundheit, körperliche Beeinträchtigung oder Migration sind in diesem Beispiel noch nicht mal mitgedacht.

Für uns ist Armut die größte Gefahr für Teilhabe an der Gesellschaft. Armut verhindert den Zugang zu Bildung, Kultur und gesellschaftlichem Leben. Armut schränkt ein und gefährdet den sozialen Zusammenhalt. Armutsbetroffene erleben häufig Stigmatisierung und eine Einschränkung ihrer Teilhabechancen. Erfahrungen, die mitunter an die nächste Generation weitergegeben werden. Menschen mit Armutserfahrung durch gerettete Lebensmittel zu unterstützen und dadurch ihre Teilhabechancen zu steigern, motiviert circa 75.000 Menschen in Deutschland für die Tafel-Arbeit. Wir erleben in unseren Ausgabestellen auf der einen Seite eine wachsende Zahl an Kund:innen. Wir erleben aber auch immer wieder eine Erleichterung, wenn unsere Hilfe für eine spürbare Entlastung sorgt. Als Dachverband Tafel Deutschland e. V. versuchen wir, die enorme lokale Expertise zu bündeln und gegenüber Politik und Gesellschaft zu vertreten. Die 975 Tafeln in Deutschland organisieren neben der Lebensmittelausgabe weitere Angebote zur Teilhabeförderung – beispielsweise Senioren Cafés, Hausaufgabenhilfe und Mittagstische.

Tafeln arbeiten nicht nur an der direkten Linderung von Armutssituationen, sondern fordern auch eine sozialpolitische Zeitenwende und haben eine klare Vision für ein gesellschaftliches Miteinander. Wir haben eine gesellschaftliche Haltung der Empathie und Solidarität verinnerlicht und übernehmen füreinander Verantwortung. Wir wollen, dass Armut nicht mehr als individuelles, stigmatisierendes Schicksal wahrgenommen wird. Wir wünschen uns mehr Chancengleichheit und dass Menschen unabhängig von Einkommen, Herkunft, Status, Geschlecht und sexueller Orientierung am gesellschaftlichen und politischen Leben teilhaben können. Wir wollen auch, dass der große gesellschaftliche Beitrag der fast 29 Millionen ehrenamtlich tätigen Personen in Deutschland mehr gewürdigt wird.[96] Um unsere Vision einer gerechten und inklusiven Gesellschaft zu erreichen, halten wir die folgenden Punkte für elementar:

- **Armut entstigmatisieren:** besonders in einer Zeit steigender gesellschaftlicher Polarisierung, technologischer Umbrüche und Polykrisen ist Armut systemisch und eine gesamtgesellschaftliche Aufgabe.

Wir müssen daher in eine Kultur der gesellschaftlichen Fürsorge investieren und die Stigmatisierung von Armut bekämpfen.

- **Armutssichere Gehälter und Sozialleistungen:** Wir setzen uns für armutsfeste Löhne und die Anhebung des Mindestlohns ein. Braucht man mal Hilfe, muss diese unbürokratisch und armutsfest sein. Wir plädieren daher für die Einführung und langfristige Sicherung armutsfester Regelsätze bei Sozialleistungen, um den Lebensstandard armutsbetroffener Menschen nachhaltig zu verbessern.
- **Gezielte Unterstützung für vulnerable Gruppen:** es gilt niederschwellige Hilfen für besonders gefährdete Gruppen wie Alleinerziehende, Migrant:innen, ältere Menschen, kinderreiche Familien und Menschen mit Behinderungen zu schaffen.
- **Förderung von Chancengleichheit:** Es gilt sicherzustellen, dass alle Menschen gleiche Chancen in Bildung und Beruf haben, unabhängig von sozialer oder nationaler Herkunft. Hierzu sind Maßnahmen zur Unterstützung von Kindern aus einkommensschwachen Familien sowie Programme zur Integration von Migrant:innen wichtig.
- **Kindergrundsicherung und Abbau der Kinderarmut:** Wir fordern weiterhin eine vollfinanzierte Kindergrundsicherung. Nur so kann ein substanzieller Beitrag zur Reduzierung der Kinderarmut geleistet und Familien entlastet werden.
- **Förderung des Ehrenamtes:** Ehrenamt ist unverzichtbar für unser gesellschaftliches Zusammenleben. Rettungsdienste wie die Feuerwehr, politische Parteien, Sportvereine, Jugendgruppen in der Kirche oder soziale Initiativen – sie alle basieren in weiten Teilen auf Ehrenamt. Es sind Menschen, die zuweilen in gesellschaftlichen Ausnahmesituationen an ihre Grenzen gehen und mit ihrer Arbeit die Gesellschaft zusammenhalten. Diese Arbeit gilt es, über eine Ehrenamtscard hinaus, zu entlasten und zu fördern.

Die Tafel Deutschland ist in den 1990er Jahren angetreten, um Lebensmittelverschwendung zu reduzieren und armutsbetroffenen Menschen zu helfen. Heute sind wir mit unserem Netz aus über 2.000 Ausgabestellen in ganz Deutschland präsent. Allein unsere Größe ist für manche

Sozialwissenschaftler:innen ein Beleg für die sozialen Problemlagen in unserem Land.[97]

Und wir machen mittlerweile mehr, als nur Lebensmittel zu retten. Unsere Jugendbeisitzerin im Vorstand der Tafel Deutschland, Anna-Sophia Majewska[98], hat es in einem Interview einmal auf den Punkt gebracht: »Ich verändere hier keine Leben, aber ich sorge zumindest für volle Kühlschränke«. Wir wollen jedoch auch unseren 1,5 Millionen Kundinnen und Kunden eine Stimme geben. Wir füllen mit unseren Ehrenamtlichen vor allem eine Lücke im Netz der sozialen Sicherung. Indem wir Lebensmittel an armutsbetroffene Personen – egal ob Menschen ohne Beschäftigung oder im Niedriglohnsektor, Geflüchtete, Alleinerziehende, Studierende, Rentner:innen – verteilen, schaffen wir finanziellen Spielraum für andere Formen der Teilhabe. Obwohl unsere Arbeit stark vom Geld- und Lebensmittelspendenaufgebot abhängig und damit auch volatil ist, schafft das Hilfsangebot der Tafeln für die Betroffenen doch eine Chance auf bessere soziale Teilhabe.[99]

Wir springen da ein, wo staatliche Hilfen an ihre Grenzen stoßen – wohlwissend, dass wir keine dauerhafte Lösung sozialstaatlicher Probleme sein können und die Politik durch angemessene Reformen dafür sorgen muss, dass Armut bekämpft wird. Verantwortliche in der Politik haben die Möglichkeit, die Weichen in Wirtschaft, Bildung und Sozialstaat so zu stellen, dass weniger Menschen in Deutschland in Armut leben müssen. Doch wir als Tafeln sind anpackende Pragmatiker:innen. Bis zur Umsetzung unserer Vision einer sozialnachhaltigen Gesellschaft werden wir weiterhin unsere tagtäglichen Routen durch die Städte der Republik fahren und überschüssige Lebensmittel dahin bringen, wo sie gebraucht werden.

Michaela Engelmeier

Die deutsche Sozialversicherung – Lebensrisiken solidarisch abgesichert

Schicksalsschläge können jede*n von uns treffen: Sie können Ihren Job verlieren, krank werden, einen Unfall haben oder Sie können im Alter nicht mehr arbeiten und müssen gepflegt werden. Was dann? Hier greift die deutsche Sozialversicherung, um Sie finanziell abzusichern. Natürlich auch im Interesse des Gemeinwohls, aber auf keinen Fall im Interesse der Gewinnorientierung. Das schafft die deutsche Sozialversicherung erfolgreich seit weit über 100 Jahren. Wohlstand bedeutet mehr als der bloße Blick auf Wertschöpfung, sondern auch die Teilhabe daran.

Die Ursprünge der deutschen Sozialversicherung gehen bis ins 19. Jahrhundert zurück. Im Zuge der Industrialisierung und der wachsenden Ungleichheit kam es zu sozialen Spannungen zwischen Arbeiter*innen, dem Staat und Großunternehmer*innen. Die Einführung der Sozialversicherung wird unter Historiker*innen als Entspannungspolitik in diesem Konflikt gesehen. Die Geschichte zeigt uns, dass ein starker Sozialstaat ein wichtiger Baustein für eine friedliche Lösung von sozialen Konflikten sein kann. Seit dem 19. Jahrhundert sind viele folgenschwere Ereignisse geschehen. Zwei Weltkriege wurden ausgetragen, die deutsche Teilung und Wiedervereinigung haben stattgefunden. Doch heute wie damals erfüllt die Sozialversicherung ihren Zweck: Arbeitnehmer*innen vor Lebensrisiken zu schützen.

Einige Wirtschaftsliberale würden sie am liebsten wieder ganz abschaffen. Sie behaupten, die Bürger*innen würden sich selber gegen Lebensrisiken versichern können. Die schwerwiegenden Folgen werden in Ländern ohne eine verlässliche soziale Sicherung sichtbar. Eine Harvard-Studie beschreibt, dass in den USA jährlich bis zu 45.000 Menschen durch mangelnden Zugang zur Gesundheitsversorgung sterben, weil sie keine Krankenversicherung haben. Viele von ihnen konnten sie sich schlicht nicht leisten.

Doch was, wenn die Versicherung nicht zahlt? Ein Beispiel für die Nichterbringung von Versicherungsleistung zeigt sich aktuell bei der Riesterrente. Einige Anbieter haben den Rentenfaktor (monatlicher Rentenbetrag je 10.000€ Guthaben) nachträglich gesenkt. Diese Vertragsverstöße wurden durch die Gerichte korrekterweise als rechtswidrig festgestellt. Ein solches Vorgehen der gesetzlichen Rentenversicherung ist undenkbar. Zum einen hätte sie keinen Anreiz dazu, da sie ihrem gesetzlichen Versorgungsauftrag, nicht aber privaten Profiten verpflichtet ist. Zum anderen wird die Leistungserbringung gesetzlich geregelt und kann daher vertragsrechtlich nicht geändert werden. Kommt es trotzdem zu einem Rechtsstreit, weil etwa ein Antrag auf Rente wegen Erwerbsminderung abgelehnt wird, so gilt im Prozess die Sozialgerichtsbarkeit. Das bedeutet unter anderem, dass die Kläger*innen auch im Falle einer Niederlage weder Gerichtskosten noch Anwaltskosten der Gegenseite zu tragen haben und Sozialgerichte von Amts wegen den Sachverhalt ermitteln müssen. Deswegen sind die Rechtsdurchsetzung und das Kostenrisiko für die Versicherten im Allgemeinen wesentlich günstiger als bei den meisten zivilgerichtlichen Verfahren.

Ein Kritikpunkt an der Sozialversicherung ist, dass sich die Verwaltungskosten negativ auf das Beitrags-Leistungsniveau auswirken. Zur Wahrheit gehört jedoch, dass das auf jede Versicherung zutrifft, unabhängig davon, ob sie in privater oder öffentlicher Rechtsform organisiert ist. Doch was die Spreu vom Weizen trennt: Private Versicherer müssen ihren Investor*innen eine Rendite bieten und daher zusätzlich eine Gewinnmarge in den Beitrag der Versicherten einkalkulieren. Die Sozialversicherung hat Überschüsse in der Regel zu vermeiden oder in Form von Rücklagen zu bilanzieren. Diese Rücklagen kommen der Versichertengemeinschaft in Zukunft wieder zugute.

Eine große Stärke der Sozialversicherung ist auch die paritätische Beitragsfinanzierung, die seit ihrer Einführung existiert. Das bedeutet, dass Arbeitgebende und Arbeitnehmende jeweils die Hälfte des Beitrags übernehmen (die gesetzliche Unfallversicherung wird komplett finanziert durch Arbeitgebende). Das führt zu einer höheren Verteilungsgerechtigkeit, denn die versicherten Arbeitnehmer*innen mit niedrigen oder mittleren Einkommen werden entlastet und Unternehmen werden in ihre soziale Verantwortung genommen.

Die Sozialversicherung basiert auf fünf Zweigen: der gesetzlichen Kranken-, Pflege-, Unfall-, Arbeitslosen- und Rentenversicherung. Nehmen wir die gesetzliche Renten-, Kranken- und Pflegeversicherung unter die Lupe.

Gesetzliche Rentenversicherung

Wohlstand hat auch damit etwas zu tun, dass die Menschen das Gefühl haben, am Wohlstand teilzuhaben. Gerade diejenigen, die jahrzehntelang gearbeitet und zu dem Wohlstand beigetragen haben, wollen zu Recht auch im Alter etwas davon abhaben. Dieses Wohlstandsversprechen, das unser Sozialstaat für das Alter macht, wird aktuell für viele – zu viele – Menschen gebrochen.

Die Standardrente liegt 2025 bei 1.769,40 Euro. Diese Rente erhält ein*e Versicherte*r nach 45 Beitragsjahren, wenn immer zum Durchschnitt verdient und darauf Beiträge entrichtet wurden. Zum Vergleich: Ein*e Pensionär*in erhält ein durchschnittliches Ruhegehalt von 3.240 Euro brutto im Monat. Hier soll es nicht um Neid gehen. Es wird aber deutlich, dass zum einen mit einer Brutto-Rente von weniger als 1.800 Euro – es werden noch Sozialabgaben abgezogen und Steuern entrichtet – eine Entkopplung der Renten vom Wohlstand der Gesellschaft erfolgt, wenn nicht zusätzlich vorgesorgt werden konnte. Zum anderen fällt auf, dass es einen deutlichen Unterschied macht, in welchem System eine Person versichert ist. Das schürt das Gefühl von Ungerechtigkeit, gewissermaßen auch von Ohnmacht. Denn wenn eine Person erst einmal in Rente ist, lässt sich an der Einkommenssituation nur wenig ändern.

Deshalb ist es auch eine Frage der Teilhabe am Wohlstand, eine Frage der Solidarität und eine Frage der Chancengerechtigkeit, wenn alle Beschäftigten in einem System versichert werden. Die gesetzliche Rentenversicherung muss daher zu einer Erwerbstätigenversicherung weiterentwickelt werden. In einem ersten Schritt sind alle Selbstständigen einzubeziehen. Auch die Bundestagsabgeordneten sollten mit gutem Beispiel vorangehen. Perspektivisch sind auch Beamt*innen und die Versicherten der berufsständischen Versorgungswerke in den Kreis aufzunehmen. Damit würden für alle Beschäftigten in Deutschland gleiche Voraussetzungen geschaffen und vor allem könnte dadurch im System der gesetzlichen Rentenversicherung zielgenauer zugunsten kleiner und mittlerer Renten umverteilt werden. Denn auch im Alter haben die Menschen ein Recht darauf, am Wohlstand teilzuhaben.

Gesetzliche Kranken- und Pflegeversicherung

Die gesetzliche Krankenversicherung wurde als erste Sozialversicherung im Jahr 1883 unter dem damaligen Reichskanzler Otto von Bismarck eingeführt und garantiert seitdem Arbeitnehmer*innen Zugang zur Gesundheitsversorgung. Es war ein sozialer Meilenstein, dass alle gesetzlich Versicherten die gleichen Leistungen erhalten und somit gleichberechtigt an der Gesundheitsversorgung teilhaben können. Durch die einkommensabhängige Beitragsgestaltung wird dem solidarischen Prinzip »Breite Schultern tragen mehr« entsprochen. Bei privaten Krankenversicherungen ist dies nicht der Fall. Schlimmer noch: Bei ihnen wird der Beitrag in der Regel nach Vorerkrankungen differenziert, was eine große Zusatzbelastung, besonders für chronisch kranke Menschen, darstellt. Außerdem sind in der gesetzlichen Krankenversicherung Familienmitglieder kostenlos mitversichert.

Das Potenzial einer leistungsfähigen gesetzlichen Krankenversicherung ist noch nicht ausgeschöpft. Mithilfe einer Bürgerversicherung, in die auch Beamt*innen, Selbstständige und Abgeordnete einbezogen sind, könnte die Finanzierung gestärkt und eine gleichberechtigte Gesundheitsversorgung für alle möglich werden. Bis dahin müssen Versichertenunterschiede zwischen den privaten und gesetzlichen Krankenversicherungen finanziell ausgeglichen werden. Um die tatsächliche wirtschaftliche Leistungsfähigkeit der Versicherten zu erfassen und für die Beitragsbemessung heranzuziehen, ist es erforderlich, neben dem Erwerbseinkommen regelmäßig auch andere Einkünfte einzuschließen, etwa aus Vermietung, Verpachtung und Kapital. Aus Steuermitteln müssen gesamtgesellschaftliche Leistungen, wie etwa Leistungen bei Schwangerschaft und Mutterschaft, vollumfänglich refinanziert werden.

Die beschriebenen Sachverhalte zur gesetzlichen Krankenversicherung lassen sich auch auf die gesetzliche Pflegeversicherung übertragen. Hinzu kommt jedoch, dass ein besonders hoher Anteil der Pflegekosten von den Versicherten zu tragen ist. Die Zuzahlungsbeträge zur stationären Pflege betragen trotz Zuschüssen der Pflegeversicherung aktuell (laut vdek) im Durchschnitt 2.984,00 Euro pro Monat allein im ersten Jahr des Heimaufenthalts. Dadurch sind viele Pflegebedürftige finanziell überfordert und auf zusätzliche Sozialhilfe angewiesen. Wir fordern deshalb eine Pflegevollversicherung, die alle pflegebedingten Kosten übernimmt, die für eine bedarfsgerechte und damit würdevolle Pflegeversorgung erforderlich sind.

Fazit

Die Sozialversicherung hat sich als Garant des sozialen Friedens seit ihrer Einführung im 19. Jahrhundert etabliert. Sie bietet ihren Versicherten dank der Sozialgerichtsbarkeit, dem Verzicht auf Gewinne und einem gesetzlich definierten Leistungsspektrum bessere und stabilere Rahmenbedingungen, als es private Versicherungen könnten. Damit sie auch in Zukunft für den gesellschaftlichen Zusammenhalt wirken kann, müssen wir sie stärken. Die gesetzliche Rentenversicherung sollte alle Erwerbstätigen einschließen. Die gesetzliche Kranken- und soziale Pflegeversicherung müssen zu einer Bürgerversicherung umgestaltet werden, sachgerecht mit Steuermitteln ausgestattet sein und auch weitere Einkommensarten berücksichtigen. Damit jede*r eine bedarfsgerechte Pflegeversorgung erhält, die eine würdevolle Lebensführung und schöne Momente mit der Familie ermöglicht, die nicht durch Existenzängste betrübt werden, braucht es eine Pflegevollversicherung.

Kristian Kirpal und Dr. Gert Ziener

Handlungserfordernisse für einen zukunftstauglichen Sozialstaat

Der demografische Wandel wird in den nächsten zehn Jahren zu erheblichen Veränderungen der Bevölkerungsstruktur in Deutschland führen. Die Bevölkerung im erwerbsfähigen Alter wird bis zum Jahr 2040 um bis zu sieben Millionen zurückgehen. Diese Verschiebungen stellen insbesondere für die umlagefinanzierten Sozialversicherungszweige eine große Herausforderung dar, da die Beitragseinnahmen zurückgehen, während die Leistungsausgaben steigen.

Um eine nachhaltige Finanzierung der sozialen Sicherung zu garantieren und zugleich ein verlässliches Leistungsangebot vorhalten zu können, sind Reformen[100] notwendig. Mit Blick auf die Lohnnebenkosten und die Wettbewerbsfähigkeit der Unternehmen ist es dabei anzustreben, dass der Gesamtbeitragssatz zur Sozialversicherung dauerhaft bei unter 40 Prozent stabilisiert wird. Zugleich muss der stetige Anstieg der Steuerzuschüsse in die soziale Sicherung gestoppt werden. Dazu ist es notwendig, dass zur demografiefesten Weiterentwicklung der sozialen Sicherungssysteme in allen Bereichen der umlagefinanzierten Sozialversicherungszweige Anpassungen vorgenommen werden müssen:

Die gesetzliche Rentenversicherung muss durch kapitalgedeckte Elemente ergänzt werden, da davon auszugehen ist, dass das Rentenniveau künftig sinkt. Dazu ist die private und betriebliche Altersvorsorge attraktiver zu gestalten. Entsprechend sollten Unternehmen bei der Durchführung der betrieblichen Altersvorsorge entlastet werden.

Zur Stabilisierung der gesetzlichen Rentenversicherung sind längere Lebensarbeitszeiten unabdingbar. Neben einer konsequenten Umsetzung der Rente mit 67, sollte die Arbeit im Rentenalter stärker gefördert werden. Zudem ist eine frühzeitige Erwerbsbeteiligung von jüngeren

Menschen angezeigt. Überdies darf die Einbeziehung weiterer Personengruppen als Beitragszahler in das Rentenversicherungssystem nicht länger tabuisiert werden.

Bei der gesetzlichen Krankenversicherung muss es gelingen, den Wettbewerb zwischen den Kassen zu stärken, indem beispielsweise mehr Spielräume für Selektivverträge zwischen Kassen und Leistungserbringern geschaffen werden. Zudem ist die Eigenverantwortung der Versicherten über sozial gestützte Selbstbeteiligungen zu stärken.

Für höhere Qualität in der Gesundheitsversorgung und niedrigere Kosten im Gesundheitswesen ist mehr Wettbewerb zuzulassen, da dieser ein wirksames Mittel zur Begrenzung der Ausgabenentwicklung und zur Vermeidung von leistungsbezogenen und strukturell-organisatorischen Ineffizienzen ist. Für mehr Wettbewerb müssen die Handlungsspielräume der Krankenkassen erweitert werden. Dazu sind mehr Vertragsfreiheiten bei der Aushandlung von Preisen, Mengen und Qualitäten mit den Leistungsanbietern erforderlich. Zudem benötigen die Krankenkassen größere Gestaltungsspielräume bei der Angebotsgestaltung für die Versicherten. Diesbezüglich sollten Auswahloptionen für die Versicherten angeboten werden, bezüglich derer definiert werden muss, welche solidarisch über die Beiträge zu finanzieren sind.

Die Ausgabendynamik im Gesundheitswesen muss durch medizintechnischen Fortschritt, Digitalisierung und intelligent vernetzte Versorgungsstrukturen gebremst werden. Damit kann die Qualität der Versorgung bei gleichzeitiger Realisierung von Effizienzpotenzialen erhöht werden. Um Kosten z. B. durch Doppelbehandlungen zu vermeiden, ist die digitale Vernetzung im gesamten Gesundheitswesen flächendeckend auszubauen. Mit der 2025 eingeführten elektronischen Patientenakte muss der Austausch wichtiger medizinischer Daten unter allen Akteuren des Gesundheitssystems ermöglicht werden.

Bezüglich der sozialen Pflegeversicherung sollte in Erwägung gezogen werden, künftig komplett auf ein Kapitaldeckungsverfahren umzusteigen. Unabhängig davon muss die soziale Pflegeversicherung weiterhin eine Teilleistungsversicherung bleiben. Dabei ist ein Teil der im Pflegefall tatsächlich anfallenden Kosten von den Pflegebedürftigen selbst zu tragen. Eine pauschale Deckelung dieses Eigenanteils ist im Hinblick auf die Stabilisierung des Systems nicht zielführend. Überdies würde dadurch die individuelle finanzielle Leistungsfähigkeit keine Berücksichtigung erfahren. Um im Gegenzug die individuelle Überlastung durch die Eigenanteile zu verhindern, muss die private Pflegevorsorge gestärkt werden, z. B. durch die Einführung einer »Eigenanteilsversicherung«. Ergänzend sollte die staatliche Zulagenförderung für die private Pflegevorsorge ausgebaut werden.

Einen wichtigen Beitrag zur Stabilisierung der Sozialversicherungssysteme leistet überdies eine anreizstarke familien- und kinderfreundliche Politik. Familienpolitik ist eine Querschnittsaufgabe und muss daher künftig in allen Politikbereichen mitgedacht werden. Ziel muss dabei sein, dass sich die Geburtenrate in Deutschland in absehbarer Zeit von derzeit 1,35 auf zwei Kinder je Frau erhöht. Der Ausbau von Betreuungskapazitäten, die bessere Vereinbarkeit von Beruf und Familie sowie eine größere Transparenz der Unterstützungsleistungen für Familien und Alleinerziehende mit Kindern müssen dazu noch konsequenter verfolgt werden.

Um die Einnahmesituation in den Sozialversicherungen zu verbessern, muss das Arbeitsvolumen erhöht werden. Dazu ist eine Umsteuerung in der deutschen Arbeitsmarktpolitik dringend notwendig. Die Fehlentwicklungen der vergangenen Jahre haben dazu geführt, dass das Volumen an im Jahr geleisteten Arbeitsstunden mittlerweile eines der geringsten aller EU-Staaten ist. Die mit dem »Bürgergeld«, zusätzlichen weiteren staatlichen Unterstützungsleistungen[101] und gesetzlichen Regelungen zur vereinfachten Nutzung von Teilzeitbeschäftigung falsch gesetzten Anreize sind ursächlich dafür, dass sich die Aufnahme von Arbeit in Vollzeit für viele Menschen aktuell schlicht nicht lohnt.

In Deutschland muss wieder gesellschaftlicher Konsens darüber hergestellt werden, dass Wirtschaft und Arbeit die Grundlagen unseres Wohlstandes sind und mithin das Fundament unseres Sozialstaates bilden. Es muss daher schnellstmöglich die Rückkehr zum bewährten Prinzip des »Forderns und Förderns« erfolgen. Dazu muss zunächst das als bedingungsloses Grundeinkommen angelegte »Bürgergeld« abgeschafft werden. Arbeitsagenturen und Jobcenter müssen legitimiert werden, härtere Sanktionen auszusprechen, wenn zumutbare Arbeitsangebote ausgeschlagen werden. Zudem sollte das Recht auf Teilzeit künftig wieder an konkrete Anlässe, wie z. B. im Falle der Pflege Angehöriger, geknüpft werden.

Um mehr Menschen in Arbeit zu bringen, muss zudem das Lohnabstandsgebot konsequent eingehalten werden. Es ist aus volkswirtschaftlicher Sicht nicht zu verantworten, dass staatliche Sozialtransfers in Summe nahezu das Niveau des in den vergangenen Jahren ohnehin schon beträchtlich gestiegenen gesetzlichen Mindestlohn erreichen. Insgesamt muss soziale Unterstützung mehr auf Arbeitsmarkt(re)integration gelenkt werden.

Der gesetzliche Mindestlohn darf nicht eigenmächtig von der Politik festgelegt werden. Für die Bestimmung der Höhe ist die dafür eingesetzte Expertenkommission verantwortlich. An dieser Stelle wird darauf verwiesen, dass die in den vergangenen Monaten kräftig gestiegenen Arbeitskosten aktuell das größte Geschäftsrisiko für viele Unternehmen darstellen.[102]

Angesichts der unterdurchschnittlichen Erwerbsbeteiligung von jungen Menschen im Alter zwischen 18 und 30 Jahren muss die duale Berufsausbildung, für die sich aktuell nur knapp die Hälfte der Jugendlichen entscheidet, forciert werden. Sie stellt sicher, dass man mit bereits 19 bis 20 Jahren als Facharbeiter in das Berufsleben eintreten kann.

Damit der Arbeits- und Fachkräftebedarf in der deutschen Wirtschaft in den kommenden, durch vermehrte Renteneintritte gekennzeichneten, Jahren gedeckt werden kann und mithin eine wesentliche Voraussetzung für die Stabilisierung der sozialen Sicherung geschaffen wird, ist die verstärkte Beschäftigung von Menschen aus dem Ausland notwendig. Wir brauchen daher eine die Wirtschaft und die Sozialsysteme fördernde Migrationspolitik. Migration muss gesteuert werden und sich dabei konsequent an den qualitativen und quantitativen Bedarfen des heimischen Arbeitsmarktes orientieren. Um eine den Bedarfen der Wirtschaft entsprechende Zuwanderung zu erleichtern, ist eine weitere Vereinfachung der noch immer zu komplexen Regelungen des Fachkräftezuwanderungs-

sowie des Berufsqualifikationsfeststellungsgesetz (BQFG) notwendig. Die Erteilung von Aufenthaltstiteln und das Erfordernis der Anerkennung und Bewertung von ausländischen Berufsabschlüssen darf nicht länger in kleinteiliger behördlicher Genehmigungs- und Anerkennungsbürokratie ausarten, denn nur so kann das sogenannte »Beschleunigte Fachkräfteverfahren« auch seinem Anspruch bzw. seiner Bezeichnung gerecht werden. Angesichts der angespannten Arbeits- und Fachkräftesituation sind ohnehin pragmatische Lösungen gefragt. So sollte es künftig primär den individuellen Entscheidungen von Unternehmern überlassen werden, ob eine ausländische Arbeitskraft im eigenen Betrieb eingestellt wird. Behördliche Genehmigungen, ob dafür sämtliche qualifikatorische und sonstige Voraussetzungen gegeben sind, müssen in den Hintergrund treten.

Jens Teutrine

Der historisch gewachsene Sozialstaat – reformierbar oder in Stein gemeißelt?

Um offensichtliche Absurditäten noch begründen zu können, gibt es in der Politik eine Formulierung: Etwas sei »historisch gewachsen«. Dieser Ausdruck wird oft verwendet, um zu erklären, dass etwas sehr kompliziert ist und sich nicht so einfach ändern lässt. Der deutsche Sozialstaat ist definitiv historisch gewachsen. Vier Beispiele:

1. Eine alleinerziehende Mutter, die Wohngeld und Kinderzuschlag als ergänzende Sozialleistungen zu ihrem Erwerbseinkommen erhält und ihren Stundenumfang ausweitet oder durch Qualifizierung eine Gehaltserhöhung bekommt, sodass sich ihr Bruttoerwerbseinkommen um 1000 € erhöht, hat nach der Verrechnung mit den Sozialleistungen nur knapp 50 € mehr netto in der Tasche.[103] Dieses Fallbeispiel, bei dem sich Mehrarbeit aufgrund der Verrechnung mit den Sozialleistungen nicht lohnt, kann bei verschiedenen Familienkonstellationen und Einkommensbereichen auftreten. Kurz gesagt: Ein Sozialstaat, der Leistungsbereitschaft und persönliche Anstrengungen bestraft.
2. Ein alleinerziehender Vater mit einer pflegebedürftigen Mutter, der aufgrund seiner Arbeitslosigkeit eine berufliche Weiterbildung macht und dessen Frau keinen Unterhalt zahlt, hat insgesamt Anspruch auf zwölf verschiedene Sozialleistungen aus fünf verschiedenen Bundesministerien, denen vier verschiedene Einkommensbegriffe zugrunde liegen und für deren Bewilligung acht Stellen zuständig sind.[104] Der Sozialstaat wirkt an dieser Stelle nicht wie die helfende Hand, sondern eher wie der dritte Betreuungsfall im Leben des Mannes. Dies ist ein Extrembeispiel eines gut ausgebauten Sozialstaates, bei dem aufgrund seiner Verästelungen auch ein Bürokratie-Wirr-Warr und Behördendschungel entstanden sind, bei dem weder Politiker noch Ministerien

über alle Bereiche mit ihren zig Wechselwirkungen durchblicken noch den Betroffenen stärken, sondern ausbremsen. Kurz gesagt: Ein Sozialstaat, der mit Bürokratie lähmt.

3. Ein Teil der Wohngeldberechtigten zahlt nicht nur Sozialabgaben, sondern auch Steuern, um anschließend zur Sicherung ihres Lebensstandards bei einer steuerfinanzierten Behörde steuerfinanzierte Sozialleistungen zu beziehen, die aufwendig von einem steuerfinanzierten Behördenmitarbeiter bewilligt werden. Kurz gesagt: Ein Sozialstaat, der Steuerzahler, die auf ihre Arbeit stolz sind, in die Abhängigkeit von Sozialleistungen führt.
4. Der Bundesrechnungshof prüft immer wieder stichprobenartig die Zusammenarbeit von erwerbsfähigen Leistungsberechtigten mit verfestigtem Leistungsbezug in der Grundsicherung für Arbeitsuchende, ehemals »Hartz IV«, heute Bürgergeld, mit den Jobcentern. Das Ergebnis der Prüfungen zeigt, dass knapp 16 % der Personen über ein ganzes Jahr gar kein Beratungsgespräch hatten. In 7% der Fälle waren es 24 Monate ohne Gespräch.[105] Auch andere Prüfungen ergaben, dass die Vermittlung in den Arbeitsmarkt nicht den Fokus hat, den es braucht.[106] Kurz gesagt: Ein Sozialstaat, der Arbeitslosigkeit verfestigt, statt von Sozialleistungen zu befreien.

Jetzt gibt es jene Sozialpolitiker, die, nachdem man solche »historisch gewachsenen« Beispiele präsentiert hat, zu einer flammenden Grundsatzrede zur Verteidigung der Existenz des Sozialstaates ansetzen, obwohl niemand die Existenz in Frage stellt. Es gibt auch jene Sozialpolitiker, die sich bewusst sind, dass dies für die Menschen in diesen Lebenslagen kein Ausdruck eines gut funktionierenden Sozialstaates ist, aber auch wissen, dass diese Probleme zu lösen nicht trivial ist. Dreht man an der einen Schraube im Uhrwerk des Sozialstaates, löst man eine Kettenreaktion von neuen Wechselwirkungen, anderen Ungerechtigkeiten und Auswirkungen aus, und wendet sich dann lieber anderen Themen zu. Dann gibt es auch noch jene, die auf die vielen verschiedenen Behörden mit steuerfinanzierten Kosten antworten und einen Sozialstaat prämieren, der eine Bringschuld habe. Das mag zwar gut gemeint sein, aber diese Logik ist eher Teil des Problems als der Lösung.

Und dann gibt es Sozialdemokraten wie Peer Steinbrück, die sehr genau wissen, weshalb sich zu wenig ändert. Im Tagesspiegel formulierte er es am 15.10.2024 zur Fallkonstellation des alleinerziehenden Vaters mit den dutzenden verschiedenen Sozialleistungen wie folgt: »Es kann auf Dauer nicht gutgehen, wenn jede Frage nach einer höheren Effizienz des Sozialstaates tabuisiert wird. Dann ist sofort von ›Sozialabbau‹ und ›Abrissbirne‹ die Rede. (…). Wir brauchen dringend eine Grundsanierung des Sozialstaates.«

Peer Steinbrück adressiert mit diesem Appell auch eine Form des Sozialpopulismus, der für sich in der Demokratie das Geschäftsmodell entdeckt hat, mit kurzfristigen scheinbaren sozialen Wohltaten auf Stimmenfang zu gehen:

»Mieten einfach deckeln. Wer ist schon für hohe Mieten? Wer fände die Viertagewoche nicht auch gut? Warum eigentlich nicht zwei Tage? Ein höherer Mindestlohn kurbelt die Konjunktur an. Also auf 30 Euro hoch setzen. Wieso sind wir da nicht schon früher draufgekommen? Die Anträge des Sozialstaates sind kompliziert. Ach komm! Wir stellen 5000 neue Behördenmitarbeiter ein, dann muss sich niemand darum kümmern und wir bringen den Sozialstaat zu den Menschen. Das nennen wir dann ›Kindergrundsicherung‹ und wer dagegen ist, hasst arme Kinder. Zu wenig Erzieher in Kitas? Egal. Für ein Beratungsgespräch alle drei Monate fehlt das Personal, um Menschen aus dem Sozialstaat zu bringen? Schade. Die arbeitende Mittelschicht findet den Lohnabstand zu gering? Dann bekommen die auch noch eine Leistung vom Staat, dann passt das wieder. Bezahlen können das dann die Supermegareichen.«

In einer Demokratie ist eine solche Dynamik sehr verführerisch. Das mag für Sie als Leser ketzerisch, zynisch und überspitzt klingen. Aber ich habe diese Beispiele in den letzten dreieinhalb Jahren im Deutschen Bundestag tatsächlich erlebt.

Zwischen solchen Ansichten und jenen, die den Sozialstaat für fehlerfrei und in Stein gemeißelt halten, gibt es einen dritten Weg von jenen, die die Qualität des Sozialstaates nicht an der Höhe der Sozialleistungen oder dem Anteil an den Staatsausgaben messen, sondern an anderen Fragen: Bringt das Bürgergeld Menschen nachhaltig in Arbeit und schafft mehr Qualifikationen? Wenn die Antwort nicht klar »Ja« lautet, dann muss sich das verändern. Sagt die junge Generation häufig, dass auch sie gerne in die Rente einzahlt, weil sie davon überzeugt ist, dass es sich auch für sie lohnt und nicht nur immer höhere Beiträge auf sie zukommen? Wenn die Antwort nicht klar »Ja« lautet, dann muss sich das verändern. Lohnt es sich immer spürbar ausreichend, sich Stück für Stück aus der sozialen Abhängigkeit herauszuarbeiten? Wenn die Antwort nicht klar »Ja« lautet, dann muss sich das verändern. Ermöglichen wir mehr Lebenschancen im Sinne einer »Befähigungsgerechtigkeit«, die den Einzelnen, beispielsweise Kindern, die von Armut betroffen sind, dazu befähigt, das Leben in die eigene Hand zu nehmen? Wenn die Antwort nicht klar »Ja« lautet, dann muss sich das verändern. Wurden diese Fragen im Bundestagswahlkampf diskutiert? Wenn die Antwort nicht klar »Ja« lautet, dann muss sich das verändern.

Dieser Text setzt sich implizit mit der Komplexitätsfalle des Sozialstaates auseinander, den leistungsfeindlichen Transferentzugsraten, die der Arbeitsmarktpartizipation entgegenstehen, sowie mit der Renaissance des Grundsatzes »Arbeit statt Bürgergeld«. All diese Themen ließen sich wissenschaftlich und fachpolitisch vertiefen. Doch der Wille zur Veränderung entsteht nur, wenn weder die Spirale des Sozialpopulismus noch der Glaube an einen unfehlbaren Sozialstaat aufgrund politischer Bequemlichkeit manifestiert werden. Wer die Dimensionen der wirtschaftlichen Entwicklung und der sozialen Teilhabe im Sinne des »Magischen Fünfecks« im Sozialstaat stärken möchte, muss zunächst den Fokus auf eine Frage richten: Historisch gewachsen oder sinnvoll?

Dr. Michael Eilfort und Dr. Guido Raddatz

Deutschland – ein nicht nachhaltiger Sozialstaat?

Die Soziale Marktwirtschaft in Deutschland ist ein Erfolgsmodell. Indem sie den Wettbewerbsprozess des Marktes durch eine geeignete staatliche Rahmenordnung absichert und erhält, begrenzt sie wirtschaftliche Macht, nutzt den Markt als effizientes Koordinations- und Entdeckungsverfahren, fördert Leistungsbereitschaft, Eigenverantwortung und Innovationen und trägt so maßgeblich zur wirtschaftlichen Dynamik und zum Wohlstand in unserem Land bei. Zugleich schafft sie damit die ökonomische Grundlage für unseren Sozialstaat und den mit ihm verbundenen sozialen Ausgleich. Dieser wird oft als nachgelagerter Korrekturmechanismus zur Beseitigung unerwünschter bzw. als »ungerecht« empfundener Verteilungsergebnisse des Marktes verstanden und fungiert insoweit als Garant für den »sozialen Frieden« und eine breite Akzeptanz der Sozialen Marktwirtschaft in der Gesellschaft. Insbesondere wenn man gedanklich eine Position hinter einem Rawls'schen »Schleier der Unwissenheit« einnimmt und eine hypothetische Entscheidungssituation unterstellt, bei der man weder die eigene zukünftige Position in der Gesellschaft noch die eigenen Fähigkeiten und die Zufallseinflüsse des Lebens kennt, dürfte ein gewisser Ausgleich der durch den Markt entstehenden Einkommensdifferenzen allgemein zustimmungsfähig sein. Des Weiteren stellt der Sozialstaat eine Versicherung gegen das Risiko des ökonomischen Scheiterns dar und erleichtert bzw. ermöglicht erst das Eingehen entsprechender Risiken. Diese grundsätzlich positiven und wohlstandssteigernden Wirkungen können allerdings in das Gegenteil umschlagen, wenn der Sozialstaat institutionell schlecht konstruiert und/oder überdimensioniert ist, so dass marktwirtschaftliche Leistungsanreize und das Prinzip der Leistungsgerechtigkeit unter die Räder einer nivellierenden, vermeintlichen Verteilungs»gerechtigkeit« geraten, lähmende Fehlanreize entstehen und Finanzierungsprobleme überhandnehmen.

Blickt man auf die Entwicklung des deutschen Sozialstaats im Zeitablauf, so ist seit den Anfängen der Sozialen Marktwirtschaft nach dem 2. Weltkrieg ein deutlicher Ausbau zu beobachten. Die mit dem Sozialbudget gemessene Sozialleistungsquote hat sich seit dem Jahr 1960 sukzessive von 18,3 auf aktuell über 30 Prozent des BIP erhöht. Selbst in der ersten Hälfte der 2000er-Jahre, als Deutschland von Massenarbeitslosigkeit geprägt war und als »kranker Mann Europas« galt, lag die Sozialleistungsquote noch durchgehend unter 30 Prozent des BIP. Gemessen an der Wirtschaftskraft war der deutsche Sozialstaat noch nie so groß wie heute. Auch andere Indikatoren, wie etwa der Anteil der Sozialausgaben am Bundeshaushalt, bestätigen dieses Bild. Bei einer realistischen Betrachtung muss man allerdings konstatieren, dass der deutsche Sozialstaat in seiner gegenwärtigen Form nicht mehr zukunftsfähig ist.

Erstens gehen von den bedürftigkeitsgeprüften sozialen Grundsicherungssystemen, etwa Bürgergeld, Kinderzuschlag und Wohngeld, erhebliche Fehlanreize aus, die dem Prinzip der Leistungsgerechtigkeit widersprechen und das Entstehen von verfestigter Arbeitslosigkeit begünstigen. Gerade im unteren und mittleren Einkommensbereich lohnt sich die Aufnahme oder Ausweitung einer Beschäftigung aus finanzieller Sicht häufig kaum, da dem zusätzlichen Arbeitseinkommen der Wegfall von Transferleistungen sowie Zahlungen für Sozialversicherungsbeiträge und Einkommensteuer gegenüberstehen. Grenzbelastungen, die in weiten Einkommensbereichen zwischen 70 und 100 Prozent liegen können, führen dazu, dass das Einkommensplus durch Mehrarbeit verschwindend gering ist. Auch wenn sich der Zielkonflikt zwischen der staatlichen Sicherung des Existenzminimums und dem Erhalt ausreichender Arbeitsanreize wohl nie ganz auflösen lassen wird, lässt er sich für erwerbsfähige Leistungsbezieher zumindest eindämmen. Am naheliegendsten ist dabei die Stärkung des Prinzips »Fördern und Fordern«. Erwerbsfähigen Empfängern von Grundsicherungsleistungen sollte klar signalisiert werden, dass von ihnen ausreichende Bemühungen erwartet werden, so weit wie möglich selbst zur Finanzierung des eigenen

Lebensunterhalts beizutragen. Bedürftigkeitsgeprüfte Sozialleistungen sind aus gutem Grund nicht als Stilllegungsprämie im Stile eines bedingungslosen Grundeinkommens konzipiert und sollten daher auch nicht als solches missverstanden werden. Darüber hinaus sollten die verschiedenen Grundsicherungsleistungen besser aufeinander abgestimmt und die Transferentzugsraten bei steigendem Einkommen möglichst verringert werden. Die auf diese Weise erzielbare Verbesserung der monetären Arbeitsanreize könnte deutlich höher ausfallen, wenn gleichzeitig das Ausgangsniveau der Transferleistungen für erwerbsfähige Leistungsbezieher abgesenkt würde. Allerdings müssten dann flächendeckend ausreichende Hinzuverdienstmöglichkeiten garantiert werden, da das sozio-kulturelle Existenzminimum nur noch durch eine Kombination mit eigenem Hinzuverdienst gesichert wäre.

Zweitens ist unser Sozialstaat insbesondere im Bereich der umlagefinanzierten Sozialversicherungen völlig unzureichend auf die voranschreitende Bevölkerungsalterung vorbereitet. In den kommenden Jahrzehnten wird eine schrumpfende Erwerbsbevölkerung steigende Sozialausgaben für immer mehr Ältere finanzieren müssen. Dadurch werden vor allem die jungen und zukünftigen Generationen belastet. Die bei Fortführung des Status quo entstehenden zukünftigen Defizite lassen sich als implizite Schulden interpretieren. Diese summieren sich in der der Gesetzlichen Renten-, Kranken- und Pflegeversicherung auf über 173 Prozent des BIP. Projektionsrechnungen zeigen, dass zur Deckung der finanziellen Lücken erhebliche Beitragssatzsteigerungen notwendig wären: Bereits Anfang der 2030er-Jahre dürfte die 45-Prozent-Marke überschritten werden, ein weiterer Anstieg auf über 50 Prozent in den darauffolgenden Jahrzehnten wäre vorprogrammiert. Die demographische Herausforderung besteht also mitnichten nur aus der Generation der Babyboomer und deren bevorstehendem Eintritt in den Ruhestand, sondern wird sehr viel länger andauern. Will man dieser fatalen Entwicklung entgegenwirken, wird man in den genannten Sozialversicherungszweigen nicht um weitreichende Strukturreformen auf der Ausgabenseite herumkommen, die auf eine Stärkung des Wettbewerbs, der Eigenverantwortung und der ergänzenden privaten Vorsorge zielen.

In der Rentenversicherung müssen die Rentensteigerungen langfristig hinter der Lohnentwicklung zurückblieben. Darüber hinaus erscheint eine weitere Anhebung des Renteneintrittsalters nach dem Jahr 2030 unvermeidbar, beispielsweise durch eine Koppelung des gesetzlichen Renteneintrittsalters an die Entwicklung der ferneren Lebenserwartung. Im Gesundheitsbereich bedarf es einer Stärkung des Wettbewerbs und innovativer medizinischer Versorgungskonzepte, um die Effizienz des Gesundheitssystems insgesamt zu erhöhen. In diesem Zusammenhang sollte auch der Leistungskatalog der Gesetzlichen Krankenversicherung regelmäßig auf den Prüfstand. Was die erst 1995 ins Leben gerufene Soziale Pflegeversicherung betrifft, kann man aus Kostengründen nur davor warnen, sie weiter in Richtung einer Vollversicherung auszubauen. Zwar lässt sich der Kardinalfehler bei Einführung der Pflegeversicherung, auf Kapitaldeckung zu verzichten, nicht mehr rückgängig machen. Da Pflegebedürftigkeit in den meisten Fällen erst im hohen Alter eintritt, wäre eine Pflicht zu einer ergänzenden kapitalgedeckten Vorsorge auf privater Basis allerdings nach wie vor sinnvoll – selbst die Babyboomer könnten noch einen gewissen Kapitalstock aufbauen. Diskussionswürdig ist auch die Einführung von Karenzmonaten zu Beginn der Pflegebedürftigkeit. Dadurch würde die Pflicht zur Eigenvorsorge maßvoll gestärkt und die Pflegeversicherung könnte sich stärker auf die kostenintensiven Fälle langer Pflegebedürftigkeit konzentrieren.

Selbst mit diesen Reformen dürften sich ein Anstieg der Sozialversicherungsbeiträge nicht ganz vermeiden lassen. Das aber führt zum dritten Problem unseres Sozialstaats. Perspektivisch stark steigende Lohnnebenkosten würden eine weitere Schwächung der Wettbewerbsfähigkeit der Wirtschaft und eine Erosion der Standortattraktivität Deutschlands – sowohl für Unternehmen und Investitionen als auch für gut ausgebildete in- und ausländische Fachkräfte bedeuten. Ohne Reformen droht der Sozialstaat mithin die ökonomischen Grundlagen zu zerstören, die er für seine Existenz braucht.

Bertram Brossardt

Sozialpolitik ist auch Wirtschaftspolitik

Die sozialen Sicherungssysteme geraten durch verschiedene Einflüsse unter Reformdruck, ein wesentlicher Faktor ist dabei die demografische Entwicklung. Führt diese doch bei den umlagefinanzierten Sozialversicherungszweigen zu immer höheren Ausgaben und tendenziell zu geringeren Einnahmen. In der Konsequenz rückt damit die Finanzierbarkeit des derzeitigen Leistungsniveaus immer stärker in den Fokus. Gleichzeitig sorgen die Digitalisierung und der technische Fortschritt gerade in den Bereichen Gesundheit und Pflege für Anpassungsdruck bei der Leistungserbringung. Es ist also klar, dass Reformen der sozialen Sicherungssysteme unumgänglich sind, um auch künftig ein qualitativ hochwertiges Versorgungsniveau garantieren zu können, das gleichzeitig finanzierbar bleibt.

Spätestens seit den Diskussionen um die Krankenhausreform wissen wir, dass eine verlässliche Versorgung mit Gesundheits- und Sozialleistungen zentral ist, um das Vertrauen in Staat, Wirtschaftsordnung und Gesellschaft zu erhalten. Insbesondere Reformen im Bereich der sozialen Sicherung beschränken sich nicht auf die eigentliche Anpassung im jeweiligen System, sondern ziehen Gerechtigkeitsfragen und Kontroversen nach sich. Die soziale Sicherung muss im Kontext unserer Wirtschaftsordnung, der Sozialen Marktwirtschaft, betrachtet werden. Nur mit dieser Grundvoraussetzung können begründete und nachvollziehbare Reformmaßnahmen abgeleitet und angestoßen werden.

Die soziale Sicherung im System der Sozialen Marktwirtschaft steht für eine Absicherung der elementaren Lebensrisiken Arbeitslosigkeit, Unfall, Krankheit, Alter und Tod des Versorgers. Bei der Ausgestaltung der sozialen Sicherung sind die drei Prinzipien Eigenverantwortung, Subsidiarität und Solidarität zu beachten: Nur wer unverschuldet in Not geraten ist, darf auf die Solidarität der Gemeinschaft vertrauen. Dieser sind aber durch die Eigenverantwortung des Einzelnen Grenzen gesetzt. Das ist entscheidend und muss zwingend eingefordert werden.

Welche Bedeutung die Eigenverantwortung hat, zeigt sich an den – mittlerweile leider auch populistisch aufgeheizten – Diskussionen zum Bürgergeld. Mit der Einführung des Bürgergelds wurde der für Hartz-IV-Reformen leitende Grundsatz von »Fördern und Fordern« aufgeweicht und das »Fordern« in den Hintergrund gerückt. Es sorgt aber nachvollziehbar für Unverständnis in der Breite der Bevölkerung, wenn Einzelne, die arbeiten könnten, Leistungen beziehen. Dies wiegt umso schwerer angesichts des Arbeitskräfte- und Fachkräftemangels, wenn offene Stellen bestehen und Betriebe ihren Personalbedarf nicht decken können. Das schadet nicht nur unserer wirtschaftlichen Entwicklung, sondern passt weder zum Gerechtigkeitsempfinden der Menschen, noch ist es solidarisch. Es widerspricht auch dem Gedanken der sozialen Teilhabe, in der Beschäftigung ein integraler Bestandteil für ein eigenständiges Leben ist. Klar ist: Leistungsbezug darf kein Dauerzustand sein. Wir brauchen dringend grundlegende Reformen der steuerfinanzierten sozialen Sicherung. Ziel muss es sein, Erwerbspersonenpotenziale durch Anreize für Arbeit zu heben und zielgerichtet sowie bedarfsorientiert nach dem Grundsatz ›Hilfe zur Selbsthilfe‹ zu unterstützen.

Handlungsbedarf besteht auch im Bereich der Sozialversicherung. Mittlerweile liegt der Gesamtbeitragssatz bei 42 Prozent – Tendenz weiter steigend. Dieser Trend muss dringend umgekehrt werden. Gleiches gilt für die Debatte über eine Anhebung bzw. Angleichung der Beitragsbemessungsgrenzen – wir brauchen nicht mehr Abgabenlast, sondern weniger. Ständig steigende Sozialabgaben gefährden unsere Wettbewerbsfähigkeit massiv. Sie sind ein weiterer Baustein, der Deutschland unattraktiv für Unternehmen macht. Wir müssen dringend gegensteuern, sonst riskieren wir Arbeitsplatzverluste und empfindliche Wohlstandseinbußen.

Wachsende Sozialabgaben sind auch gegenüber den Versicherten problematisch. Wir stehen heute im OECD-Vergleich schon auf Platz zwei bei der Steuer- und Abgabenbelastung. Satteln wir hier weiter drauf, wird der Rückhalt gegenüber unseren Sozialversicherungssystemen weiter schwinden und das System als ungerecht empfunden werden. Die Menschen wollen, dass ihnen mehr Netto vom Brutto bleibt – nicht weniger. Es ist auch leistungsfeindlich, diejenigen immer weiter zu belasten, die das System durch Steuern und Abgaben am Laufen halten. Umgekehrt müssen wir uns dann auch nicht wundern, wenn die Leistungsbereitschaft in unserer Gesellschaft sinkt. Wir dürfen den Gedanken der Solidarität nicht überspannen, insbesondere nicht dahingehend, dass immer weniger jungen Menschen eine wachsende Finanzierungslast aufgebürdet wird.

Auch für den Bereich der Sozialversicherung gilt, dass die Eigenverantwortung weiter gestärkt werden muss. Bei der Altersvorsorge ist eine Ergänzung der umlagefinanzierten gesetzlichen Rentenversicherung durch kapitalgedeckte Elemente unumgänglich. Hierfür brauchen wir eine Stärkung der privaten und betrieblichen Altersvorsorge. Insbesondere bei der betrieblichen Altersvorsorge verschenken wir unheimlich viel Potenzial durch komplexe und intransparente Regelungen, die für kleine und mittlere Unternehmen abschreckend wirken. Wir brauchen einfache und händelbare Systeme, die auch Kleinstbetriebe ohne großen administrativen Aufwand und ohne Haftungsrisiken nutzen können.

Bei der Pflege treten wir ebenfalls für eine kapitalgedeckte Zusatzversicherung ein. Das ist wesentlich gerechter als eine Pflegevollversicherung, die solidarisch finanziert auch denjenigen unterstützt, der die Pflegekosten selbst tragen kann. Ebenso akut wie die Finanzierungsfrage müssen wir die Versorgung regeln. Wir brauchen ein starkes Netz aus ambulanten und stationären Pflegediensten und Einrichtungen. Die Herausforderung ist mit Blick auf den eklatanten Personalmangel im Bereich Gesundheit und Pflege immens. Wir müssen offen gegenüber innovativen Versorgungsmodellen sowie technischen und digitalen Assistenzsystemen sein. Eine flächendeckend und qualitativ hochwertige Pflegeversorgung ist auch für den Wirtschaftsstandort wichtig, um zu verhindern, dass sich Personalengpässe weiter verschärfen, weil Beschäftigte wegen der Pflege von Angehörigen ausfallen.

Handlungsbedarf besteht auch in Sachen Prävention. Die Pflegebedürftigkeit muss möglichst lange hinausgezögert werden. Der Reformbedarf im Gesundheitswesen ist groß und überfällig. Ein nüchterner Blick auf die Zahlen verrät, dass wir zwar international gesehen zur Spitzengruppe bei den pro Kopf Ausgaben für Gesundheit gehören, aber keineswegs am längsten leben oder am gesündesten sind. Reformen im Gesundheitswesen müssen deshalb in erster Linie an der Ausgabenseite ansetzen. Eine ehrliche Debatte über künftige Versorgungsstrukturen ist nötig. Aufgrund von Faktoren wie technischer Fortschritt sowie individualisierte Therapien und Personalmangel, lassen sich bestehende Versorgungsstrukturen nicht konservieren. Gleichzeitig müssen die Menschen in Stadt und Land auch künftig in der Gewissheit leben können, dass im Notfall schnell und rasch medizinische Hilfe bereitsteht. Die Krankenhausreform hat es nicht geschafft, die Ängste vor Versorgungsengpässen zu nehmen. Hier muss nachgearbeitet werden – auch, damit sich ländliche Räume nicht abgehängt fühlen und einer Polarisierung der Gesellschaft entgegengewirkt wird. Auch im Bereich Gesundheit gilt es, die Eigenverantwortung zu stärken. Die Spielräume sind groß, sie müssen nur konsequenter genutzt werden. So kann gesundheitsbewusstes Verhalten beim Krankenversicherungsbeitrag honoriert werden – die Digitalisierung und die Verbreitung und beständige Weiterentwicklung von mobiler Technologie schaffen hier völlig neue Optionen. Auch sollten wir offen über ›Managed Care Systeme‹ diskutieren, mit denen die Versorgung der Patienten besser gesteuert, die Behandlungsqualität verbessert und Kosten gesenkt werden können.

Zusammengefasst: »Sozialpolitik ist auch Wirtschaftspolitik«. Die Zukunft unseres Wirtschaftsstandorts ist eng daran geknüpft, ob und wie es gelingt, den Sozialstaat zu reformieren und zukunftsfest auszugestalten.

Oliver Zander und Antonia Fischer-Dieskau

Ohne Sozialstaatsreform ist der Standort gefährdet

Am 15. November 1959 gab sich die SPD auf einem außerordentlichen Parteitag in Bad Godesberg ein neues Grundsatzprogramm. Das sogenannte Godesberger Programm richtete die SPD programmatisch neu aus, machte aus ihr eine sich zu Westbindung, Landesverteidigung und Sozialer Marktwirtschaft bekennende Volkspartei und legte damit den entscheidenden Grundstein für die Wahl Willy Brandts zum ersten sozialdemokratischen Bundeskanzler zehn Jahre später.

Die Prinzipien der Sozialen Marktwirtschaft, die die Freiheit des Marktes mit einem sozialen Ausgleich verbindet (Alfred Müller-Armack), wurden mit dem Godesberger Programm zu den Leitlinien sozialdemokratischer Wirtschaftspolitik. »Vollbeschäftigung sichern, die volkswirtschaftliche Produktivität steigern und den allgemeinen Wohlstand erhöhen« waren die Ziele, und der freie Markt, »wo immer wirklich Wettbewerb herrscht,« sollte der Weg dahin sein. Die SPD hatte erkannt, dass Wohlstand nur durch einen »stetigen Wirtschaftsaufschwung« geschaffen werden kann und dies die Freiheit des Marktes voraussetzt. Die Erfahrungen des Wirtschaftswunders und die Zustimmung der Wähler zur Sozialen Marktwirtschaft trugen zur Kursänderung der SPD bei. Bei der Bundestagswahl 1957 hatte die Union die absolute Mehrheit errungen.

Wirtschaftliches Wachstum – so wie schon im Godesberger Programm gefordert – muss auch heute Ziel jeder Wirtschaftspolitik sein. Nur so lässt sich der Wohlstand wahren und die Finanzierbarkeit der Sozialsysteme sichern. Die Deindustrialisierung Deutschlands hingegen gefährdet unseren Wohlstand und unsere Sozialsysteme.

Eine aktuelle Umfrage aus dem Januar 2025 unter den Unternehmen der Metall- und Elektro-Industrie hat ergeben, dass Sozialabgaben, Bürokratie, Energiekosten und Steuern die Unternehmen massiv belasten. Bei den verschiedenen Standortfaktoren wird im Saldo kein einziger Aspekt mehr positiv bewertet. Deutschland ist nicht mehr wettbewerbsfähig. Die Investitionspläne in der Metall- und Elektro-Industrie sind entsprechend alarmierend: Jedes zweite Unternehmen will seine Investitionen in Deutschland weiter reduzieren. Im Gegenzug wollen gut 30 Prozent der Firmen mehr im Ausland investieren. Als Hauptgrund für diesen Investitionsrückgang nennen die Unternehmen zu hohe Arbeitskosten. Die Sozialabgaben sind also ein wesentlicher Aspekt der Standortattraktivität. Werden diese weiter so rasant steigen, wird Deutschland zunehmend unattraktiv, und das sowohl als Standort für die Unternehmen als auch für die dringend benötigten Fachkräfte aus dem Ausland.

Der Gesamtsozialversicherungsbeitragssatz hat im Januar 2023 mit 40,45 Prozent erstmals seit 2012 die 40-Prozent-Schwelle überschritten. Im Juli 2023, Januar 2024 und Januar 2025 stieg der Beitragssatz schrittweise weiter an und erreicht nun bei kinderlosen Arbeitnehmern bereits 42,5 Prozent. Ohne Reformen wird dieser Trend weiter anhalten und der Beitragssatz könnte nach einer aktuellen Studie des IGES-Instituts aus Januar 2025 bis 2035 gar bei annährend 50 Prozent liegen.

Wir brauchen aber einen Gesamtsozialversicherungsbeitrag von 40 Prozent und eine dauerhafte Stabilisierung auf diesem Niveau. Eine Obergrenze von 40 Prozent sollte klar im Gesetz definiert werden. Sie könnte wesentlich dazu beitragen, ein Bewusstsein für langfristiges Denken und nachhaltige Entscheidungen in der Sozialpolitik zu fördern.

Seit 2020 treten die Versäumnisse in der Sozialpolitik zunehmend durch Beitragssatzanhebungen in der Sozialversicherung zutage und werden durch kostentreibende politische Entscheidungen weiter verschärft. So hat die Bundesregierung in den letzten Jahren die Problematik beispielsweise damit weiter verschärft, indem sie den Bundeshaushalt zulasten der Beitragszahler durch Verschiebung von Aufgaben und gleichzeitiger Kürzung von Bundesmitteln für die Sozialversicherung entlastet hat. Allein in dieser Legislaturperiode hat die Ampelregierung auf diese Weise mehr als 13,5 Mrd. Euro, die systematisch richtig bislang vom Steuerzahler getragen worden sind, bis 2027 auf die Sozialversicherung verlagert. Durch diese Verschiebebahnhöfe zu Lasten der Sozialversicherungen werden Beitragssteigerungen weiter beschleunigt.

Zu den Beitragssatzsteigerungen zum 1. Januar 2025 kam gleichzeitig eine signifikante Erhöhung der Beitragsbemessungsgrenzen. So wurde die BBG RV/AV um 8,05 Prozent im Osten und 6,62 Prozent im Westen auf 96.600 Euro angehoben, die BBG KV/PV um 6,52 Prozent auf 66.150 Euro.

All dies treibt die Sozialabgaben in die Höhe. Ein falsches Signal in Zeiten einer Rezession, in denen der Erhalt jedes Arbeitsplatzes im Fokus stehen sollte. Mit weiter steigenden Sozialversicherungsbeiträgen werden die erhöhten Arbeitskosten den Standort Deutschland immer unattraktiver werden lassen, die Investitionen werden ins Ausland verlagert, das wirtschaftliche Wachstum wird ausbleiben und Arbeitsplätze werden abgebaut werden.

Die nächste Bundesregierung sollte daher eine verantwortungsvolle und zukunftsfähige Sozialpolitik verfolgen und dabei stets einen ehrlichen Blick auf die kommenden Herausforderungen des Sozialstaats werfen. Die Finanzierungslast der demografischen Entwicklung allein auf die Beitragszahler abzuwälzen, ist keine nachhaltige Sozialpolitik. Nachhaltige Strukturreformen in allen Zweigen der Sozialversicherung sind längst überfällig und unumgänglich, um die Finanzierbarkeit des Systems langfristig zu sichern. Die Beitragsbemessungsgrenzen anzuheben und mehr Beschäftigte in die Sozialversicherung einzubeziehen, bringt vielleicht kurzfristig mehr Einnahmen. Langfristig stehen dem aber auch mehr Leistungsberechtigte gegenüber, so dass dies allein eine Verlagerung des Problems in die Zukunft zulasten der jüngeren Generationen darstellt. Schwarzarbeit und weniger reguläre Arbeitsplätze sind weitere schädliche Folgen. Ein solch einseitiger Blick auf die Einnahmenseite ist deutlich zu kurz gegriffen. Auch die Ausgabenseite ist zwingend mit in den Blick zu nehmen.

Die Wahlprogramme zur Bundestagswahl 2025 sind hier leider sehr ernüchternd. Die notwendigen Reformen sind hier nicht ansatzweise zu finden, größtenteils werden sogar Wahlgeschenke gemacht, die zu einer massiven Verschärfung der Situation führen würden.

So wäre beispielsweise die Festschreibung des Rentenniveaus in der gesetzlichen Rentenversicherung bei 48 Prozent teuer, ungerecht und kurzsichtig: Es würde milliardenschwere Zusatzbelastungen für die Beitragszahlenden bedeuten und die langfristige Finanzierbarkeit der Rentenversicherung erschweren. Das vorgeschlagene Mindestrentenniveau würde im Jahr 2040 zu Mehrausgaben von rund 40 Mrd. Euro führen. Es ist zukunftsvergessen, jetzt eine solche Sozialausgabenausweitung auf den Weg zu bringen, obwohl Deutschland unmittelbar vor dem kräftigsten Alterungsschub seiner Geschichte steht. Zudem werden die Renten auch ohne eine Rentenniveaustabilisierung real weiter steigen. Nach geltendem Recht werden die Renten nach Berechnungen des Bundesarbeitsministeriums um durchschnittlich 2,6 Prozent jährlich steigen. Die Renten würden damit nicht nur nominal weiter steigen, sondern voraussichtlich auch noch an Kaufkraft gewinnen.

Erforderlich wäre in der gesetzlichen Rentenversicherung vielmehr eine angemessene Anhebung des Renteneintrittsalters, die Erhöhung der Abschläge bei vorzeitiger Inanspruchnahme und die Abschaffung von Frühverrentungsanreizen.

Auch im Bereich der gesetzlichen Krankenversicherung sind grundlegende Strukturreformen lange überfällig. Momentan hat Deutschland in Europa das teuerste Gesundheitssystem. Demgegenüber liegt Deutschland bei der Lebenserwartung aber nur im Mittelfeld in Europa. Die Qualität des Gesundheitssystems ist eher Mittelmaß, was selbst Bundesgesundheitsminister Karl Lauterbach noch im Oktober 2024 im Bundestag eingeräumt hat. Mehr Wettbewerb, Anpassung des Leistungskatalogs auf eine Basisabsicherung, mehr Eigenverantwortung der Versicherten sowie konsequente Digitalisierung im Gesundheitswesen sind denkbare Ansätze, um die Versorgung zu verbessern und die Effizienz im Gesundheitswesen zu steigern.

Die soziale Pflegeversicherung ist stärker als alle anderen Sozialversicherungszweige vom demografischen Wandel betroffen. Hier bedarf es daher besonders umfassender Reformen, um die Finanzierbarkeit dauerhaft zu sichern. Schon jetzt ist klar, dass die Beitragssatzanhebung um 0,2 Prozentpunkte im Januar 2025 wahrscheinlich nicht einmal für das laufende Jahr 2025 ausreichen wird. Die Pflegeversicherung ist richtigerweise als Teilleistungsversicherung konzipiert. Hierbei sollte es auch in Zukunft bleiben. In Anlehnung an den Stabilisierungsmechanismus in der gesetzlichen Rentenversicherung sollte ein »Nachhaltigkeitsfaktor« eingeführt werden, der Ausbau der privaten kapitalgedeckten Vorsorge vorangetrieben sowie mehr Spielraum für Wettbewerb und Innovation auch in diesem Sozialversicherungszweig geschaffen werden.

Die Arbeitslosenversicherung ist der Zweig, der am meisten von der wirtschaftlichen Entwicklung abhängig ist. Steigt die Arbeitslosenquote, hat sie sowohl weniger Beitragszahler als auch mehr Leistungsempfänger. Garant für einen stabilen Beitragssatz in der Arbeitslosenversicherung ist also ein stabiler Arbeitsmarkt, der nur durch gute Wirtschaftspolitik und eine Verbesserung der Standortbedingungen gelingen kann.

Zudem spielt die Arbeitslosenversicherung in wirtschaftlichen Krisenzeiten wie zuletzt der Corona-Pandemie eine entscheidende Rolle bei der Abfederung der negativen Auswirkungen auf die Beschäftigung. Sozialstaatliche Maßnahmen wie das Kurzarbeitergeld helfen, die Wirtschaft in solchen Zeiten zu stabilisieren und Arbeitsplatzabbau zu vermeiden. Nach den Krisenjahren sind allerdings auch die Reserven der Arbeitslosenversicherung aufgebraucht, die wirtschaftliche Rezession spiegelt sich in einer zunehmenden Arbeitslosigkeit wider. Daher sind auch in diesem Zweig der Sozialversicherungen Reformen notwendig.

Am Charakter der Arbeitslosenversicherung als beitragsfinanzierte Risikoversicherung sollte in Zukunft konsequent festgehalten werden und eine Fokussierung auf die Kernaufgaben der Bundesagentur für Arbeit erfolgen.

Zudem könnte eine umfassende Organisationsreform über alle Zweige der Sozialversicherung hinweg zum Wohle der Versicherten erhebliche Effizienzsteigerungen in der Verwaltung bewirken und so zur Finanzierbarkeit beitragen. Die Sozialversicherung muss dringend nachhaltiger und effizienter organisiert werden, um den wachsenden Belastungen standzuhalten.

Trotz zahlreicher Reformen wie beispielsweise der Organisationsreform in der gesetzlichen Rentenversicherung im Jahr 2004 und der kontinuierlichen Fusionen gesetzlicher Krankenkassen wächst die Verwaltung der Sozialversicherung immer weiter an. So gab es eine Steigerung der Beschäftigtenzahl um etwa 32 Prozent und eine Erhöhung der Verwaltungskosten in der Sozialversicherung um 140,8 Prozent seit der Wiedervereinigung. Im Gegensatz dazu blieb die Zahl der Versicherten im gleichen Zeitraum nahezu unverändert.

Mögliche Ursachen ineffizienter Verwaltung könnte die fehlende zentrale Aufsicht über die Sozialversicherungsträger sein, die zu einer uneinheitlichen strategischen Ausrichtung führt. Doppelstrukturen belasten zusätzlich. Fehlende einheitliche IT-Systeme und standardisierte Prozesse stellen ein erhebliches Hindernis für die Digitalisierung dar.

Die Sozialversicherung ist im Laufe der Jahre zunehmend komplexer geworden, sowohl in ihrer Struktur als auch in den Anforderungen, die erfüllt werden müssen. Die kontinuierliche Anpassung und Vereinfachung des rechtlichen Rahmens sind daher entscheidend, um die Verwaltung zu entlasten und die Effizienz der Sozialversicherung zu steigern.

Ziel muss sein, dass Beiträge und Steuern in die Leistungen fließen und nicht in der Verwaltung versickern. In einem ersten Schritt sollte die Aufsicht über die Sozialversicherungsträger zentralisiert und mit einer umfassenden Effizienzstrategie verbunden werden. Dabei ist es entscheidend, Verwaltungsprozesse systematisch auf ihre Effizienz zu überprüfen und zu optimieren.

Die Digitalisierung muss konsequent vorangetrieben werden, wobei zunächst eine stabile und funktionierende Infrastruktur geschaffen werden sollte. Ein Beispiel aus den Empfehlungen des Normenkontrollrates könnte die Harmonisierung von IT-Systemen zwischen verschiedenen Sozialversicherungsträgern sein, um den Datenaustausch zu vereinfachen und Effizienzgewinne zu erzielen. Dies ist entscheidend, um langfristig eine effiziente und zukunftsfähige Sozialversicherung sicherzustellen.

Die neue Bundesregierung sollte daher umgehend nach der Regierungsbildung 2025 mit der Umsetzung der erforderlichen Reformen in der Sozialversicherung beginnen, um die Arbeitskosten wieder zu senken. Nur so kann der Standort Deutschland sowohl für die Unternehmen als auch für die Fachkräfte wieder attraktiver werden.

Prof. Dr. Dr. h.c. Wolfram F. Richter

Zur Zukunft der Sozialversicherung

Umlagefinanzierte Sozialversicherung als Problem

Die deutsche Sozialversicherung wird weitgehend durch Umlage finanziert. Das bedeutet, dass die Erwerbstätigen die Ausgaben für die Leistungsempfänger mit Beiträgen aus ihrem laufenden Lohneinkommen finanzieren. Da die Beitragsverpflichteten in der Regel jung sind und die Leistungsempfänger überwiegend alt, setzt die Alterung der Gesellschaft diese Finanzierung unter Druck. So steigt mit der Verrentung der Babyboomer die Zahl der Leistungsempfänger stark an, während die Zahl der Beitragszahler abnimmt. Der Altenquotient, der die Zahl der Personen im Alter von 65 Jahren und älter zu denen im Alter 20 bis 64 Jahren ins Verhältnis setzt, wird sich zwischen den Jahren 2000 und 2035 annähernd verdoppeln. Diese absehbare Entwicklung wirft die Frage auf, wie Beitragseinnahmen und Leistungsausgaben im Gleichgewicht gehalten werden können und wie die Kosten der Anpassung zwischen Alt und Jung auszutarieren sind. Dieser Frage muss sich die Politik stellen, und zwar je früher desto besser. Schließlich werden sich die Betroffenen auf Systemänderungen umso besser einstellen können, je mehr Zeit sie haben zu reagieren.

Wenig hilfreich sind Reformen, die auf eine Ausweitung der Umlagefinanzierung hinauslaufen. Das gilt sowohl für erweiterte Leistungsversprechungen als auch für einen Aufschub von Zahlungsverpflichtungen. Bei einer alternden Gesellschaft löst Umlagefinanzierung schließlich keine Verteilungskonflikte, sondern verschiebt sie lediglich in die Zukunft und verschärft sie im Ergebnis. Insofern waren die Mütterrente und die Rente mit 63 problematische Reformen. Aus gleichem Grund ist die Einführung einer unteren Haltelinie bei der Rente, für die die

Jüngeren aufzukommen hätten, abzulehnen. Ebenso verbietet sich eine Ausweitung der Leistungsversprechungen in der gesetzlichen Pflegeversicherung. Sie käme auch weniger den Begünstigten zugute als vielmehr deren Erben und würde Probleme der Verteilungsgerechtigkeit in der Generation der Erben nur verschärfen.

Die Bewältigung des demografischen Wandels verlangt eine Politik, die streng darauf achtet, dass jede als notwendig erachtete zusätzliche Umverteilung intragenerationell geschultert wird. Von zentraler Bedeutung für den Erhalt des sozialen Friedens ist dabei, dass die Menschen davon überzeugt werden können, dass es keine Bevölkerungsgruppen gibt, die von politischen Zumutungen verschont bleiben. Diese Einsicht liefert ein starkes Argument nicht nur für die systemische Angleichung von Beamtenversorgung und Sozialversicherung, sondern auch für den Wechsel zu einer Bürgerversicherung in der Gesundheitsversorgung. Dabei gilt es indes zu beachten, dass der Begriff der Bürgerversicherung hier in einem engeren Sinne als üblich gemeint ist, und zwar im Sinne einer bürgerlichen Gleichbehandlung. Einer derartigen Forderung wird sich kein vernünftiger Mensch verschließen können. Standesprivilegien wirken wie aus der Zeit gefallen. Die Frage ist indes, wie sich eine bürgerliche Gleichbehandlung erreichen lässt, ohne dabei Finanzierungslasten in die Zukunft zu verschieben.

Bürgerliche Gleichbehandlung und intragenerationelle Umverteilung als tragende Reformelemente

In der Alterssicherung soll das am Beispiel der Angleichung von Beamtenpensionen und Renten skizziert werden. Man würde damit beginnen, dass man beamtenrechtliche Versorgungsansprüche rechnerisch aufspaltet, und zwar in einen Anteil, der einer Anwartschaft auf die gesetzliche Rente entspricht, und in einem verbleibenden Anteil, der als Betriebsrente zu interpretieren wäre. Dynamische Rentenanpassungen und Korrekturen am System der GRV würden 1:1 auf den rentenbezogenen Anteil der Beamtenpensionen übertragen. Insbesondere wäre jede Verlängerung der Lebensarbeitszeit 1:1 zu übertragen. Eine solche wird von den meisten Ökonomen als notwendig erachtet. Dabei besteht weitreichender Konsens, dass Zugewinne bei der Lebenserwartung in einem Verhältnis von 2 bis 3:1 auf Beitrags- und Rentenphase aufgeteilt werden sollten. Ein Rentenzugang jenseits der 67 darf nicht länger Tabu sein.

Sollte die Politik eine untere Haltelinie bei der Rente für notwendig erachten, muss das Verteilungsproblem intragenerationell gelöst werden. Die Aufweichung der strengen Proportionalität von individuellen Beitrags- und Rentenzahlungen drängt sich als Lösung auf. Die GRV wäre also in Richtung einer intragenerationell umverteilenden Alterssicherung à la Beveridge weiterzuentwickeln. Selbstverständlich wäre diese Weiterentwicklung auf den rentenbezogenen Anteil der Beamtenpensionen zu übertragen.

Die Finanzierung der Umverteilung ginge dabei zu Lasten der Bezieher hoher Renten. Ein Ausgleich für diese Zumutung könnte wie folgt gesucht werden. Zum einen könnte die Politik sich verpflichten, die Regeln zur Anpassung der Beitragsbemessungsgrenzen in der Sozialversicherung nicht zu Lasten der besser Verdienenden zu verändern und auch nicht eine Beitragspflicht für Nichtlohneinkommen einzuführen. Zum anderen sollte Deutschland in der Alterssicherung stärker auf Kapitaldeckung setzen. Zu hoffen ist, dass sich die neue Regierung dieser Aufgabe stellt, nachdem eine entsprechende Reform am vorzeitigen Aus der Ampel gescheitert ist. Da der Aufbau kapitalgedeckter Anwartschaften – anders als bei Riester – individuell verpflichtend sein sollte und diese Verpflichtung den besser Verdienenden leichter fällt als allen anderen, wäre ein weiterer Beitrag zur fairen Verteilung von Reformzumutungen geleistet.

Steigende Zusatzbeiträge in der gesetzlichen Krankenversicherung

In seiner Zeit als Bundesgesundheitsminister hat Karl Lauterbach viele sinnvolle Reformen auf den Weg gebracht. Diese werden indes nicht reichen, um den Anstieg der Zusatzbeiträge in der GKV zu verhindern. Dafür wäre vielmehr eine Rückkehr zur ursprünglichen Konzeption der Zusatzbeiträge und des Gesundheitsfonds notwendig. Dieser lag die Erwartung zugrunde, dass sich die Politik auf ein dauerhaftes Wachstum gesundheitsrelevanter Leistungen einstellen muss, das durch die

Alterung der Gesellschaft, das Aufkommen von Lifestyle Arzneimitteln und den medizinisch-technischen Fortschritt getrieben wird. Eine solche Entwicklung wird es notwendig machen, stärker als bisher zwischen medizinisch Notwendigem und Nichtnotwendigem zu unterscheiden. Nur noch die Kosten des Notwendigen sollten über den allgemeinen Beitragssatz finanziert werden, und zwar kassenunabhängig, lohnbezogen sowie paritätisch von Beitragszahler und Arbeitgeber. Dagegen sollten die Kosten des medizinisch nicht Notwendigen über den Zusatzbeitrag finanziert werden, und zwar kassenindividuell, allein vom Beitragszahler sowie in einem festen Eurobetrag und also nicht lohnabhängig. Damit würde der Zusatzbeitrag anders als heute echten Preischarakter erhalten und den einzelnen Beitragszahler zwingen, kostenbewusst zwischen Zusatzleistungen zu wählen, zu denen auch die freie Arztwahl zu zählen hätte. Allerdings müsste es dann den Krankenkassen erlaubt sein, beim Versorgungsmanagement neue Wege zu gehen und mit den Erbringern medizinischer Leistungen auf selektiver Basis zu verhandeln und zu kontrahieren. Von einem gut organisierten Versorgungsmanagement versprechen sich die Experten Kostenersparnisse in der Gesundheitsversorgung, die nicht zu Lasten der Qualität gehen müssen. Welche Formen von Versorgungsmanagement von kosten- und qualitätsbewussten Versicherten auf Dauer nachgefragt werden, kann indes nur ein klug organisierter Wettbewerb zwischen den Krankenkassen herausfinden. Jedenfalls sollte man die Lösung dieser Aufgabe nicht vom Staat erwarten.

Die Rückkehr zum lohnunabhängigen Zusatzbeitrag hätte den Vorteil, dass sie den Einstieg in eine Bürgerversicherung im skizzierten Sinne erleichtern würde. Ein lohnunabhängiger Zusatzbeitrag ähnelt schließlich einer privaten Versicherungsprämie. Strukturell würde er sich nur noch dadurch unterscheiden, dass er von etwaigen Vorerkrankungen und persönlichem Erkrankungsrisiko unabhängig wäre. Gesetzlich und privat Versicherte kämen sich beitragstechnisch etwas näher, was eine spätere Vollendung der Bürgerversicherung erleichterte.

Die Gesundheitsversorgung krankt nicht an fehlendem Geld im System

Die Einbeziehung von Nichtlohneinkommen in die Verbeitragung verspricht dagegen keine Lösung der Probleme in der Gesundheitsversorgung. An Unterfinanzierung leidet sie schließlich nicht. Es gibt genug Geld im System. In keinem Land der EU wird pro Kopf mehr Geld für Gesundheit ausgegeben als in Deutschland. Sieht man von den USA ab und vergleicht man OECD-Staaten, erreicht Deutschland zusammen mit Frankreich und der Schweiz bei den Gesundheitsausgaben den höchsten Anteil am BIP.

Die Gesundheitsversorgung krankt in Deutschland nicht an fehlendem Geld, sondern an einer mangelhaften Planung und einem falsch organisierten Wettbewerb. Beispielsweise wird nicht länger bestritten, dass es zu viele, häufig zu kleine und schlecht ausgerüstete Krankenhäuser gibt. Würden überzählige Krankenhäuser geschlossen, Betten abgebaut und die Ärzte und Pflegekräfte auf die verbleibenden Häuser verteilt, ginge es allen besser, den Leistungserbringern, den Patienten und auch den Beitragszahlern bzw. den Versicherten. Um die überfällige Anpassung des stationären Sektors an den medizinisch-technischen Fortschritt und die Digitalisierung zu leisten, gibt es zwei Wege. Der erste besteht darin, die Planungskompetenz dem Bund zu übertragen. Die Länder haben sich schließlich als unfähig erwiesen, die gebotene Umstrukturierung zu planen und durchzusetzen. Der zweite und überlegene Weg bestünde, wie oben skizziert, darin, die Versicherungsgeber in eine Rolle zu drängen, in der sie als Sachwalter ihrer Versicherungsnehmer fungieren und Patientenströme zu deren Vorteil lenken. Jedenfalls täte ein klug geordneter Wettbewerb von Krankenkassen und Krankenversicherungen um Versicherungsnehmer der Gesundheitsversorgung in Deutschland gut.

Prof. Dr. h.c. Nicola Fuchs-Schündeln, Ph.D.

Bildung als Investition: Grundlage für Wachstum und soziale Teilhabe

Wie hängen Bildung, Chancengerechtigkeit und wirtschaftliches Wachstum zusammen? Der Zugang zu finanziellen Ressourcen ist entscheidend für die aktive Teilhabe am gesellschaftlichen Leben. Gleichzeitig sind Investitionen in die Bildung unerlässlich, um soziale Mobilität zu fördern und die Innovationskraft unseres Landes zu stärken.

Zugang zu finanziellen Ressourcen ist Voraussetzung für soziale Teilhabe

Die Caritas definiert Teilhabe als aktive Teilnahme am Leben der Gemeinschaft, die politisches Engagement, kulturelle Aktivitäten sowie bezahlte und unbezahlte Arbeit umfasst.[107] Einkommen und Vermögen sind zwar nicht unmittelbar ausschlaggebend für die Teilhabe, spielen aber indirekt eine zentrale Rolle. Ein Mangel an ausreichenden finanziellen Mitteln lässt oft wenig Zeit und Energie für eine aktive Teilnahme am gesellschaftlichen Leben, da das Leben in Armut eine erhebliche Belastung darstellt.

Im Bereich der Einkommensungleichheit nimmt Deutschland im Vergleich mit anderen EU-Ländern eine mittlere Position ein. Im Jahr 2023 betrug der Gini-Index, dessen Werte zwischen 0 und 100 die relative Gleichheit oder Ungleichheit anzeigen, 29,4 in Deutschland und 29,6 in der EU[108]. Im weltweiten Vergleich zählt Deutschland ebenfalls zu den Ländern mit moderater Einkommensungleichheit[109].

Eine extremere Position nimmt Deutschland in der Vermögensverteilung ein. Laut Europäischer Zentralbank besitzen in Deutschland zehn Prozent der Haushalte 56 Prozent des Gesamtvermögens[110] – ein höherer Wert als in vielen anderen europäischen Ländern. Nach dem Sozialbericht 2024[111], den das WZB gemeinsam mit anderen Institutionen erstellt, gibt es zudem kaum Anzeichen für eine Angleichung der Vermögensverteilung zwischen Ost- und Westdeutschland: Im Osten liegt das durchschnittliche Nettovermögen bei rund 150.900 Euro, im Westen bei rund 359.800 Euro. Dieser Abstand hat sich in den letzten zehn Jahren kaum verringert. Anders als Einkommen verändern sich Vermögen als Bestandsgrößen nur langsam und werden zudem über Generationen hinweg vererbt.

Bildung als Motor der intergenerationalen Mobilität

Ein zentraler Ansatz zur Überwindung von Ungleichheit in Einkommen und Vermögen ist der Zugang zu Bildung. Ungleichheit wird von der Gesellschaft eher akzeptiert, wenn allen die gleichen Chancen geboten werden, ihre Talente zu entwickeln und Erfolg im Arbeitsmarkt zu haben. Wünschenswert ist daher eine hohe intergenerationale Mobilität: der Bildungserfolg der Kinder sollte nicht vom Elternhaus abhängen. In Deutschland sind dagegen Einkommen und Bildung der Eltern oft entscheidende Faktoren, zum Beispiel beim Übergang zum Gymnasium.

Deutsche Innovationskraft hängt stark vom Humankapital ab

Bildung spielt aber nicht nur aus Gerechtigkeitsperspektive eine Rolle, sondern ist auch zentral für das Wirtschaftswachstum. Wenn der Bildungserfolg durch soziale Umstände erschwert wird, können nicht alle Kinder ihre Talente voll einsetzen.

Die Bedeutung von Bildung für Innovation und Wachstum ist für ein Land wie Deutschland umso zentraler, da Deutschland als rohstoffarmes Land auf Humankapital angewiesen ist. Die Innovationskraft, die unser Wirtschaftswachstum antreibt, basiert auf einer qualitativ hochwertigen Bildung. Ohne sie gehen Deutschland zukünftige potentielle Entwickler, Tüftler und Selbständige verloren. Kreative unternehmerische Ideen und Potentiale können sich in den Köpfen aller Kinder verbergen, und diese gilt es, zu heben.

Bildung als Investition betrachten

Bildung ist also zentral für intergenerationale Mobilität, Chancengleichheit und Wirtschaftswachstum. Daher sind staatliche Investitionen in Bildung lukrative Investitionen: Jeder Euro, der in die Bildung von Kindern investiert wird, zahlt sich mehrfach aus.

Bildung befindet sich unweigerlich im Spannungsfeld der Finanzpolitik. In dieser Diskussion sollten besonders die Auswirkungen öffentlicher Ausgaben berücksichtigt werden. Die zentrale Frage dabei ist, wie stark die Gesellschaft von gewissen Staatsausgaben profitiert. Eine Analyse von 133 Ausgabenprogrammen in den USA[112] zeigt, dass zusätzliche Ausgaben für die Bildung und Gesundheit von Kindern erhebliche positive Effekte haben, insbesondere, wenn sie Kindern aus einkommensschwachen Familien zugutekommen. Dahinter steht die Tatsache, dass Investitionen in die Bildung von Kindern zu besseren Bildungsergebnissen führen. Diese wiederum sind mit einem höheren späteren Erfolg auf dem Arbeitsmarkt und damit mit höheren Steuereinnahmen verbunden. Die Schüler von heute sind die Arbeitskräfte und Steuerzahler von morgen. Aus diesem Grund sollten Ausgaben für Bildung insgesamt als eine Form der Investition betrachtet werden.

Bereits im Bereich der Bildungsinfrastruktur besteht in Deutschland allerdings ein erheblicher Investitionsrückstau. Eine Studie des Instituts der deutschen Wirtschaft[113] gemeinsam mit dem Institut für Makroökonomie und Konjunkturforschung (IMK) schätzt den Investitionsbedarf für die Bildungsinfrastruktur auf rund 42 Milliarden Euro, davon sieben Milliarden Euro für den Ausbau von Ganztagsschulen. Auch der Sanierungsbedarf an den Hochschulen ist erheblich.

Höhere Ausgaben in Bildungsinfrastruktur und Lehrkräfte müssen flankiert werden durch Reformen im Bildungsbereich, wie zum Beispiel eine größere Autonomie von Schulen und eine Professionalisierung der Schulleitungen. Unser föderales System kann zudem aktiv genutzt werden, um in der Bildungspolitik voneinander zu lernen.

Gute Bildungsmöglichkeiten stärken die Demokratie

Investitionen in Bildung sind nicht nur ökonomisch sinnvoll, sondern tragen auch zur Stabilität der Demokratie bei. Eine unzulängliche Bildungslandschaft führt zu einer allgemeinen Unzufriedenheit, die sich schließlich in Misstrauen gegenüber demokratischen Institutionen manifestieren kann. Die Bildung ist ein staatliches Gut, mit dem Millionen von Eltern und Kindern täglich in Kontakt kommen. Werden hier erhebliche Defizite wahrgenommen, so geht Vertrauen in den Staat verloren. Daher unterstützt ein gut funktionierendes Bildungssystem auch die demokratische Stabilität.

Zusammenspiel aus sozialer Förderung und individueller Verantwortung berücksichtigen

Will Deutschland den Bildungserfolg erhöhen, so darf man gleichzeitig die Perspektive von Eltern und Kindern nicht aus dem Auge verlieren. Sie werden nur dann Zeit und Energie in Bildung stecken, wenn sie sich einen Nutzen davon erwarten. Daher interagiert das Bildungssystem mit dem Sozialstaat und mit Chancengerechtigkeit im Arbeitsmarkt. Sowohl die Chancen als auch die Anreize müssen so gestaltet sein, dass Kinder und Eltern Bildung und Arbeit als lohnenswert ansehen. Im Sozialstaat muss daher das Zusammenspiel aus sozialer Unterstützung und individueller Verantwortung berücksichtigt werden.

Komplexitäten im Sozialsysteme reduzieren

Der Sozialstaat ist eine wichtige Errungenschaft Deutschlands. Gleichzeitig braucht es gerade angesichts der demographischen Entwicklung Reformen, die die Arbeitsanreize erhöhen und den Übergang in den Arbeitsmarkt erleichtern. Zudem sind Vereinfachungen im Sozialsystem aus zweierlei Perspektive notwendig. Einerseits ist das derzeitige komplexe System mit Zuständigkeiten auf vielen verschiedenen Ebenen allein durch den Verwaltungsaufwand sehr teuer, was durch die fehlende Digitalisierung im Verwaltungsbereich noch mehr zu Buche schlägt. Andererseits sind die bestehenden Strukturen für unterstützungsbedürftige Menschen oft zu kompliziert, so dass die Hilfe nicht ankommt.

Das Prinzip der Holschuld ist nachvollziehbar, doch viele Menschen sind mit den Regelungen überfordert, was sich negativ auf ihre soziale Teilhabe auswirkt. In der Initiative für einen handlungsfähigen Staat empfehlen wir daher, die Systeme zu vereinfachen, insbesondere durch die Reduzierung der Zuständigkeiten und die Beseitigung administrativer Zersplitterung. Der Sozialbericht verdeutlicht die Dringlichkeit solcher Reformen.

Bildung als zentrale Aufgabe für Deutschland

Um in der globalen Wettbewerbslandschaft erfolgreich zu sein, sind Innovationen und Wachstum für Deutschland von zentraler Bedeutung, und Bildung ist der Grundstein dafür. Daher braucht es eine klare Strategie, um die Herausforderungen im Bereich der intergenerationalen Mobilität anzugehen und nachhaltige Impulse für unser Bildungssystem zu setzen.

Dr. Lukas Lehner

Soziale Teilhabe und Chancengerechtigkeit durch die Jobgarantie

Soziale Teilhabe ist ein zentrales Element für den gesellschaftlichen Zusammenhalt und die individuelle Verwirklichungschance eines jeden Menschen. In Deutschland bestehen jedoch erhebliche Ungleichheiten in zentralen Lebensbereichen, die die Chancengerechtigkeit beeinflussen. Trotz steigender Realeinkommen bleibt das Armutsrisiko mit 15% hoch, der Zugang zu hochwertiger Bildung hängt stark vom sozioökonomischen Hintergrund ab, Wohnraum ist vielerorts knapp und teuer, und das Renten- sowie Pflegesystem stehen unter wachsendem Druck.

Diese Entwicklungen stellen die soziale Teilhabe vor eine Herausforderung und stehen in einem Spannungsverhältnis mit den anderen Dimensionen des in diesem Buch diskutierten Fünfecks: wirtschaftliche Entwicklung, ökologische Verantwortung, globale Sicherheit, Stabilität und Kooperation, und die Qualität der Demokratie. Zielkonflikte und Interdependenzen erfordern ein Zusammenspiel aus gezielten wirtschafts- und sozialpolitischen Maßnahmen, um eine umfassende gesellschaftliche Teilhabe zu ermöglichen. Eine innovative arbeitsmarktpolitische Maßnahme, die genau an dieser Schnittstelle ansetzt, ist die **Jobgarantie**.

Die Jobgarantie als Instrument zur Sicherung sozialer Teilhabe

Arbeitslosigkeit – insbesondere Langzeitarbeitslosigkeit – stellt eine der größten Hürden für gesellschaftliche Teilhabe dar. Wer keinen Arbeitsplatz hat, ist nicht nur finanziellen Unsicherheiten ausgesetzt, sondern verliert auch oft den Zugang zu sozialen Netzwerken, gesellschaftlicher Anerkennung und einer strukturierten Tagesgestaltung. Die Jobgarantie bietet eine Lösung für dieses Problem: Sie garantiert arbeitslosen Menschen eine sinnvolle Beschäftigung zu fairen Bedingungen.

Dabei ist wichtig festzuhalten, dass eine Jobgarantie auf drei zentralen Kernelementen basiert, die sie von anderen arbeitsmarktpolitischen Maßnahmen deutlich abgrenzen. Erstens ist die Teilnahme freiwillig – es gibt keine Sanktionen für die Ablehnung eines Jobangebots. Dies ist von entscheidender Bedeutung, um zu vermeiden, dass die Grenze zu Zwangsarbeit überschritten wird, die oft nur schmal verläuft. Zweitens wird ein echter Lohn für »echte« Arbeit bezahlt. Die Beschäftigten sind sozialversichert und nach Tarifvertrag entlohnt, was die Jobgarantie klar von Workfare-Programmen und Ein-Euro-Jobs unterscheidet. Drittens bietet die Jobgarantie eine universelle Absicherung: Sie steht allen arbeitslosen Menschen, die länger als ein Jahr arbeitslos sind, dauerhaft offen. Damit geht die Jobgarantie weit über viele bestehende soziale Beschäftigungsprojekte hinaus, die oft nur temporäre Lösungen für ausgewählte Zielgruppen bieten.

Umsetzung in der Praxis: Die Marienthal Jobgarantie

Die Marienthal Jobgarantie in Österreich zeigt, dass eine Jobgarantie nicht nur Langzeitarbeitslosigkeit nahezu beseitigen, sondern auch das wirtschaftliche und soziale Wohlergehen der Teilnehmer:innen nachhaltig verbessern kann. In einem dreieinhalbjährigen Pilotprojekt bot der Arbeitsmarktservice allen langzeitarbeitslosen Menschen einer Gemeinde eine freiwillige, tariflich entlohnte Beschäftigung an. Insgesamt wurden Arbeitsplätze für 100 der 3.000 Einwohner:innen geschaffen – in Voll- oder Teilzeit, je nach individuellen Bedürfnissen.

Die Jobs entstanden entweder durch subventionierte Stellen in bestehenden Unternehmen oder – für die Mehrheit der Teilnehmer:innen – in neu geschaffenen, öffentlich finanzierten Arbeitsplätzen. Dabei galt: Niemand verdiente netto weniger als zuvor mit Arbeitslosenunterstützung. Die Tätigkeiten waren vielfältig und auf die Qualifikationen und Einschränkungen der Teilnehmer:innen zugeschnitten. Sie reichten von der Renovierung alter Wohnungen über eine Schreinerei für Möbelrestauration bis hin zur Pflege öffentlicher Grünflächen und der Unterstützung älterer Menschen im Alltag. Zudem entstanden innovative Projekte, darunter eine digitale Chronik des Ortes[114].

Gemeinsam mit Professor Maximilian Kasy habe ich das Projekt an der Universität Oxford wissenschaftlich begleitet und umfassend evaluiert. Die Ergebnisse liefern wertvolle Einblicke in die Wirkungsweise einer Jobgarantie und verdeutlichen ihr Potenzial für eine gerechtere Arbeitsmarktpolitik.[115]

Konsequenzen für Arbeitssuchende und den Arbeitsmarkt

Unsere wissenschaftliche Begleitung zeigt, dass die Teilnahme starke positive Auswirkungen auf das wirtschaftliche Wohlergehen ihrer Teilnehmer:innen hatte. Das umfasste das Einkommen, wirtschaftliche Sicherheit und Beschäftigung. Das ist erwartbar, aber nicht automatisch, da die Teilnahme am Programm freiwillig war und diejenigen Personen, die die Teilnahme ablehnten, weiterhin Anspruch auf Arbeitslosengeld hatten.

Die Teilnahme führte auch zu starken positiven Auswirkungen auf die sogenannten »latenten Funktionen« der Arbeit, die auf Marie Jahodas Arbeit zurückgehen. Dazu gehören die Zeitaufteilung im Tagesverlauf, regelmäßige Aktivität, die sozialen Kontakte und Interaktionen sowie die soziale Anerkennung und inwiefern jemand Sinn im Leben sieht. Die Teilnehmer:innen fühlten sich besser im Stande, ihren Alltag zu organisieren, sie hatten mehr soziale Kontakte, erfuhren mehr soziale Anerkennung durch ihr Umfeld und fühlten sich als wertvoller Teil der Gesellschaft. Die positiven Auswirkungen blieben auch über einen längeren Zeitraum bestehen.

Im lokalen Arbeitsmarkt führte die Jobgarantie zu einem drastischen Rückgang der Langzeitarbeitslosigkeit, während diese in Vergleichsgemeinden anstieg. Durch das freiwillige Programm fanden nahezu alle Langzeitarbeitslosen eine Beschäftigung, ohne dass die Anzahl der Personen außerhalb des Arbeitsmarktes wuchs. Zudem widerlegte das Pilotprojekt zentrale Kritikpunkte: Es entstanden keine negativen Arbeitsanreize, und reguläre Jobs wurden nicht verdrängt.

Die Finanzierbarkeit der Jobgarantie

Die Kosten der Jobgarantie sind moderat und stehen in einem ausgewogenen Verhältnis zu ihren positiven gesellschaftlichen und wirtschaftlichen Effekten. Während Kritiker eine flächendeckende Umsetzung als zu teuer ansehen, entstehen auch ohne eine Jobgarantie erhebliche öffentliche Ausgaben für Arbeitslosenunterstützung und klassische Arbeitsmarktprogramme.

Das Pilotprojekt in Marienthal zeigt, dass sich die Kosten primär von passiven zu aktiven Maßnahmen verlagern: Die monatlichen Ausgaben pro langzeitarbeitsloser Person stiegen um 388 Euro, während das Einkommen der Teilnehmer:innen um 390 Euro zunahm. Zudem generierte das Programm zusätzliche Steuereinnahmen und Sozialversicherungsbeiträge, die den Nettoaufwand senkten. Eine flächendeckende Ausweitung für alle 74.000 langzeitarbeitslosen Menschen in Österreich würde etwa 0,07 % des Bruttoinlandsprodukts an Mehrkosten verursachen – vergleichbar mit bestehenden arbeitsmarktpolitischen Maßnahmen.

Fazit: Ein Baustein für mehr Chancengerechtigkeit in Deutschland

Um soziale Teilhabe langfristig zu sichern, bedarf es eines breiten Maßnahmenpakets, das Einkommenssicherheit, Bildungsgerechtigkeit, leistbaren Wohnraum und eine stabile soziale Sicherung miteinander verbindet. Eine Jobgarantie ist zwar kein Allheilmittel, aber ein wirksames Instrument, um jenen arbeitslosen Menschen, die am stärksten benachteiligt sind, echte Teilhabe zu ermöglichen. Denn klassische Sozialleistungen allein reichen nicht aus – es bedarf gezielter Maßnahmen, die gesellschaftliche Integration aktiv fördern. Eine Jobgarantie kann hier entscheidend wirken: Sie bekämpft Langzeitarbeitslosigkeit, stärkt soziale Bindungen und eröffnet neue Perspektiven, insbesondere für jene, die kaum Chancen auf dem regulären Arbeitsmarkt haben.

Die Idee gewinnt international an Bedeutung: Ab 2025 stellt die EU-Kommission 23 Millionen Euro für Jobgarantie-Pilotprojekte bereit. Im U.S.-Kongress wurde vergangenes Jahr bereits eine Gesetzesinitiative für ein bundesweites Programm eingebracht. Und internationale Organisationen, wie die OECD, haben sich eingehend mit dem Pilotprojekt in Marienthal beschäftigt und dessen Vorbildfunktion hervorgehoben. Der Menschenrechtsrat der Vereinten Nationen sieht Potenzial in dem Modell zur Armutsbekämpfung.

Ein entscheidender Faktor in der Ausgestaltung der Jobgarantie liegt in ihrer **Freiwilligkeit** – anders als viele aktive Arbeitsmarktprogramme ist sie nicht an Sozialleistungen gekoppelt. Entscheidend ist zudem, dass sie **sinnvolle, fair entlohnte Arbeit** bietet. Das Prinzip aus Marienthal bleibt zentral: ein »echter« Lohn für eine »echte« Arbeit. Besonders jene, die auf dem Arbeitsmarkt kaum Chancen haben, profitieren von sinnvoller Arbeit.

Deutschland steht vor der Herausforderung, innovative Konzepte wie die Jobgarantie in bestehende Strukturen zu integrieren. Eine schrittweise, evidenzbasierte Umsetzung könnte langfristig neue Perspektiven schaffen und den Weg für eine moderne Sozialpolitik ebnen – eine, die soziale Sicherheit nicht nur gewährt, sondern auch aktive Teilhabe ermöglicht.

Verena Bentele

Die Wohlstandsindikatoren soziale Teilhabe und Klima- und Umweltschutz sind nur zusammen ein Erfolgsrezept – Eine Perspektive des Sozialverbands VdK

In der aktuellen gesellschaftlichen Debatte wird der Klimaschutz häufig als unvereinbar mit sozialer Gerechtigkeit dargestellt. Insbesondere wird oft die Frage aufgeworfen, wie ein funktionierender Sozialstaat und ein ambitionierter Klimaschutz gleichzeitig organisiert, kommuniziert und finanziert werden können – insbesondere in Zeiten wirtschaftlicher Unsicherheit und eines stagnierenden Wirtschaftswachstums. Vertreterinnen und Vertreter von Umwelt- und Sozialbewegungen werden mit dem Argument konfrontiert, dass beides – Klimaschutz und soziale Gerechtigkeit – in Zeiten, in denen das Bruttoinlandsprodukt (BIP) weiterhin als maßgeblicher Wohlstandsindikator gilt, ein echtes Luxusproblem seien. Umso wichtiger ist es, dass in aktuellen Debatten eine größere Bandbreite an Wohlstandsindikatoren beleuchtet werden.

Als Sozialverband VdK, der 2,3 Millionen Mitglieder vertritt, gehen wir in unserer politischen Arbeit davon aus, dass neben der wirtschaftlichen Entwicklung auch die soziale Teilhabe, eine intakte Umwelt, eine aktive Außen- und Geopolitik, sowie die Qualität der Demokratie essenziell sind, um den Wohlstand einer Gesellschaft zu bewerten. In diesem Beitrag soll im Besonderen auf die Interdependenz der beiden Dimensionen soziale Teilhabe und intakte Umwelt eingegangen werden. Verfolgen wir heute die öffentlichen Diskussionen, wie sich politisch Verantwortliche und Teile der Wirtschaft überbieten im Rufen nach mehr Förderung und weniger Regulierung für die Unternehmen, so sehen wir, dass der Blick – noch immer – eher eindimensional auf das Wirtschaftswachstum gerichtet wird.

Das Primat des Wirtschaftswachstums als vermeintlich einzigem Indikator für Wohlstand zeigt sich in der oft wiederholten Forderung, dass der Staat in Krisenzeiten bei der Umsetzung von Klimaschutzmaßnahmen und sozialer Gerechtigkeit kürzertreten müsse. Dies verkennt jedoch die Relevanz dieser beiden wesentlichen Wohlstandsindikatoren und führt zu einer falschen Dichotomie, in der Umweltschutz und soziale Teilhabe – insbesondere in Zeiten wirtschaftlicher Krisen – als unvereinbare Ziele dargestellt werden. Als Sozialverband VdK, dessen Mitglieder, wie alle anderen Menschen auch, unter den sozialen Folgen des Klimawandels leiden, vertreten wir eine andere Perspektive: Für eine nachhaltige, zukunftsfähige Gesellschaft müssen Klima- und Sozialpolitik als gleichwertige Ziele miteinander verbunden werden und höchste Priorität haben. Nur so kann Wohlstand in seiner wahren Bedeutung gefördert werden – durch wirtschaftliches Wachstum im Einklang mit sozialer Sicherheit auf einem langfristig lebenswerten Planeten.

Der vermeintliche Zielkonflikt zwischen Klima- und Sozialpolitik

Oft wird der Zielkonflikt zwischen Klimaschutz und sozialer Gerechtigkeit als unüberwindbar dargestellt, da beide Ziele auf den ersten Blick verschiedene Interessengruppen betreffen und unterschiedliche politische Prioritäten setzen. Klimaschutz erfordert weitreichende Veränderungen in der Gesellschaft, angefangen bei der Reduktion von CO_2-Emissionen bis hin zur Umstellung auf nachhaltigere Produktionsweisen und Konsummuster. Diese Maßnahmen kosten Geld und erfordern oft tiefgreifende Eingriffe in bestehende Infrastrukturen und Wirtschaftsstrukturen.

Im Gegensatz dazu zielt die soziale Teilhabe darauf ab, allen Menschen Zugang zu den Ressourcen und Chancen zu verschaffen, die sie benötigen, um am gesellschaftlichen Leben teilzuhaben. Dies bedeutet unter anderem, die Lebensbedingungen der sozial benachteiligten Gruppen zu verbessern, Diskriminierung und Ausgrenzung zu bekämpfen und den Zugang zu Bildung, Arbeit, Gesundheitsversorgung und einer gesicherten Existenz zu gewährleisten. Auf den ersten Blick könnten diese beiden Ziele als miteinander konkurrierend erscheinen – ein Umdenken in der Gesellschaft hin zu mehr Nachhaltigkeit erscheint zunächst als Wohlstandsverlust, vor allem für die gesellschaftlichen Gruppen, die zu niedrigen Löhnen arbeiten, die Sozialleistungen beziehen, die aufgrund einer Behinderung keinen Zugang in den Arbeitsmarkt finden oder erwerbsgemindert sind. Durch höhere Energiepreise, steigende Kosten für den Umbau von Gebäuden oder den Umstieg auf umweltfreundliche Technologien, werden diese Gruppen finanziell gefordert und haben strukturelle Nachteile.

Ein Beispiel für diesen Zielkonflikt ist die Mobilität. Der Umstieg auf umweltfreundliche Verkehrsmittel wie Elektrofahrzeuge ist eine wichtige Maßnahme im Klimaschutz. Doch für Menschen mit geringem Einkommen oder eingeschränkter Mobilität – etwa ältere Menschen oder Menschen mit Behinderungen – stellt dieser Wandel eine erhebliche Hürde dar. Sie sind stand heute noch auf einen Individualverkehr angewiesen. Dies gilt auch für Menschen im ländlichen Raum. Während in großen Städten die Infrastruktur für alternative Mobilitätslösungen wie Carsharing oder Fahrräder zunehmend ausgebaut wird, sind diese Lösungen auf dem Land oft nicht verfügbar, und die Umstellung auf Elektromobilität ist für Haushalte ohne finanzielle Rücklagen ohne staatliche Förderung schlichtweg unerschwinglich.

Ein weiteres Beispiel betrifft den Wohnbereich. Die energetische Sanierung von Gebäuden zur Reduzierung von CO_2-Emissionen ist ein zentrales Element der Klimapolitik. Doch für viele Menschen bedeutet dies eine zusätzliche finanzielle Belastung. Die Sanierungskosten werden oft den Vermieterinnen und Vermietern auferlegt, die sie dann auf die Miete umlegen – was die Wohnung für finanziell benachteiligte Haushalte noch weniger erschwinglich macht. Aber auch vielen Eigentümerinnen und Eigentümern fehlen die Rücklagen, eigenständig energetische Sanierungen vorzunehmen. In Kombination mit steigenden Energiepreisen durch die Energiewende steigt die Gefahr, dass sozial benachteiligte Menschen von den Vorteilen des Klimaschutzes ausgeschlossen werden. Das Abhängen von größeren Teilen der Bevölkerung birgt hier vor allem die Gefahr eines Akzeptanzverlustes für zwingend notwendige Maßnahmen zum Klimaschutz.

Klimaschutz und soziale Gerechtigkeit gehen Hand in Hand

Der Sozialverband VdK stellt sich gegen die Darstellung von Klimaschutz und sozialer Gerechtigkeit als unvereinbare Ziele. Beide Ziele ergänzen sich nicht nur, vielmehr bedingen sie sich, wenn Wohlstand, sozialer Frieden und ein gesellschaftliches Einvernehmen funktionieren sollen. Die ökologische Transformation bietet die Chance, nicht nur die Umwelt zu schützen, sondern auch soziale Gerechtigkeit zu fördern. Wenn Klimaschutzmaßnahmen richtig umgesetzt werden, können sie auch den benachteiligten Gruppen zugutekommen und deren Lebensqualität verbessern.

Der VdK fordert eine sozial ausgewogene Klimapolitik, die die Bedürfnisse ärmerer Menschen berücksichtigt. Diese müssen von Anfang an in den politischen Entscheidungsprozess einbezogen werden. Der Klimaschutz darf nicht nur als technokratische Herausforderung betrachtet werden, sondern muss die Lebensrealitäten der Menschen berücksichtigen. Wenn Klimaschutz als rein wirtschaftliche oder technologische Herausforderung gesehen wird, besteht die Gefahr, dass sozial benachteiligte Gruppen auf der Strecke bleiben.

Konstruktive Lösungen für den Zielkonflikt zwischen sozialer Teilhabe und Klimaschutz

Um den vermeintlichen Zielkonflikt zu überwinden, sind konkrete, sozial gerechte Maßnahmen erforderlich. Konkrete Lösungsvorschläge können wie folgt aussehen:

Sozialgerechte Förderprogramme für Klimaschutzmaßnahmen

Um die soziale Teilhabe am Klimaschutz zu gewährleisten, müssen gezielte Förderprogramme für sozial benachteiligte Gruppen aufgelegt werden. Diese sollten den Zugang zu energetischen Sanierungen, dem Kauf von Elektrofahrzeugen oder dem Umstieg auf erneuerbare Energien erleichtern. Ein zentraler Punkt ist, dass diese Förderprogramme unbürokratisch zugänglich sind und keine hohen Eigenanteile erfordern, die für viele Menschen eine Hürde darstellen würden. Eine sozial gestaffelte Förderung ist notwendig, um sicherzustellen, dass auch Menschen mit niedrigen Einkommen von der ökologischen Transformation profitieren. Die BEG-Förderung für effiziente Gebäude, bei der eine grobe soziale Staffelung stattfindet, darf hier nur der erste Schritt sein. Insbesondere in Zeiten, in denen Mittel rar sind, muss die Gießkanne in den Schrank gestellt werden. Stattdessen braucht es spezifische Förderung.

Barrierefreie und kostengünstige Mobilität für alle

Die Mobilitätswende muss so gestaltet werden, dass sie für alle Bevölkerungsgruppen zugänglich ist. Das bedeutet, dass öffentliche Verkehrsmittel in allen Regionen – auch in ländlichen Gebieten – barrierefrei zugänglich und kostengünstig sind. Dringend erforderlich sind ein Ausbau und eine Modernisierung der Infrastruktur, die auch ältere, kranke oder mobilitätseingeschränkte Menschen einbezieht. Hierzu gehört auch die Einführung eines Sozialtarifs für den öffentlichen Nahverkehr, der es einkommensschwachen Haushalten ermöglicht, am gesellschaftlichen Leben teilzunehmen. Ein praktisches Beispiel wäre hier ein flächendeckender Sozialtarif des Deutschlandtickets.

Energiepreise sozial abfedern

Um der zunehmenden Energiearmut entgegenzuwirken, fordert der VdK ein Sozialtarif-Modell für Energiepreise, das einkommensschwachen Haushalten auch bei steigenden Preisen den Zugang zu bezahlbarer Energie sichert. Zugleich müssen Maßnahmen zur energetischen Sanierung stärker gefördert werden, ohne dass Mieterinnen und Mieter durch hohe Investitionskosten belastet werden. Es muss verhindert werden, dass Modernisierungskosten überwiegend auf die Bewohnerinnen und Bewohner, denen die Wohnkosten ohnehin über den Kopf wachsen, umgelegt werden.

Langfristige Synergien zwischen Klimaschutz und sozialer Gerechtigkeit

Langfristig können Klimaschutz und soziale Gerechtigkeit sogar miteinander synergetisch wirken. Investitionen in erneuerbare Energien und energieeffiziente Gebäude führen langfristig zu niedrigeren Energiekosten, was besonders einkommensschwachen Haushalten zugutekommt. Dies ist insbesondere in Anbetracht der zu erwartenden Preissprünge durch den EU-weiten CO2-Preis ab 2027 dringend geboten. Ein fossiler Lock-In, also aufgrund von fehlender Investitionsmöglichkeiten an die Nutzung fossiler Energieträger gebunden und so steigenden Preisen schutzlos ausgeliefert zu sein, muss zwingend verhindert werden.

Für ältere Menschen und Menschen mit chronischen Erkrankungen bietet der Klimaschutz zudem gesundheitliche Vorteile. Gut isolierte und klimatisierte Gebäude schützen vor extremen Wetterbedingungen wie Sommerhitze und Winterkälte, was zu einer besseren Lebensqualität führt und gesundheitliche Probleme reduziert. Auch Maßnahmen zur Verbesserung der Luftqualität durch den Ausstieg aus fossilen Brennstoffen wirken sich positiv auf die Gesundheit aller Menschen aus, insbesondere jedoch auf diejenigen, die durch Feinstaub besonders belastet sind und in verdichteten Innenstädten an vielbefahrenen Straßen leben.

Fazit: Klimaschutz und soziale Teilhabe sind kein Widerspruch

Der vermeintliche Zielkonflikt zwischen sozialer Teilhabe und Klimaschutz lässt sich durch gut durchdachte, sozial gerechte Maßnahmen nicht nur überwinden, vielmehr existiert er nicht, wenn die große Frage der Verteilungsgerechtigkeit mitgedacht wird. Dies bedeutet unter anderem, dass die Personengruppen mit viel Besitz einen größeren finanziellen Beitrag zum Klimaschutz leisten. Es bedeutet, dass Konsummuster aller hinterfragt werden müssen, ohne dass hierdurch Abstiegsängste erzeugt oder Bevormundung als Argument vorgeschoben wird. Für die Zivilgesellschaft ist der gemeinsame Einsatz für eine Politik dringend geboten, die sowohl den ökologischen als auch den sozialen Wandel vorantreibt. Nur wenn der Klimaschutz sozial gerecht umgesetzt wird, bleibt er langfristig tragfähig und erhält breite gesellschaftliche Zustimmung. Wenn Klimaschutzmaßnahmen nicht die Bedürfnisse der sozial benachteiligten Gruppen berücksichtigen, droht der Verlust der breiten Unterstützung für die Transformation – was sowohl für den Klimaschutz als auch für die soziale Gerechtigkeit schädlich wäre. Es muss unbedingt verhindert werden, dass sich gesellschaftliche und demokratiegefährdende Gräben zwischen einer ökologischen Elite und einem abgehängten und finanziell überforderten Teil der Bevölkerung vertiefen.

Die richtige Balance zwischen sozialer Teilhabe und Klimaschutz zu finden, ist eine der größten Herausforderungen der Gegenwart. Sie ist jedoch auch eine der wichtigsten, wenn wir eine gerechte, nachhaltige und lebenswerte Zukunft für alle Menschen schaffen wollen.

3.
Ökologische Verantwortung

Prof. Dr. Ines Zenke

Klimaschutz und Ökologie im Zeitalter der Polykrisen

Die Aufmerksamkeit des Menschen ist eine begrenzte Ressource. In der Wahrnehmung nehmen deshalb neuere Krisen den Platz von alten Krisen ein. Aber natürlich verschwinden diese nicht, nur weil darüber in Wahlkämpfen weniger gesprochen und in Zeitungen weniger geschrieben wird. In den letzten fünf Jahren haben Corona, der Ukrainekrieg, die Energiepreiskrise, die Spannungen im Mittleren Osten, die Inflation und der Anstieg des globalen Rechtspopulismus leicht vergessen lassen, dass der Klimawandel und unsere Antworten hierauf immer noch die wichtigsten Fragen unserer Zeit sind. Dabei gilt weiterhin, dass die oft und gern herangezogene Dichotomie von klimaorientierter Transformation und Wirtschaftsstärke nicht gegeben ist. Der Wandel hin zu einer nachhaltigen, resilienten und ressourcenschonenden Industrie bietet große Chancen, gerade für unseren Wirtschaftsstandort.

Zunächst: Klimaschutz ist verpflichtend

Auch wenn im politischen Diskurs manchmal ein anderer Eindruck erweckt wird: Klimaschutz ist schon lange keine freiwillige Angelegenheit mehr. Es ist auch kein nice-to-have, wenn man nicht mehr weiß, wohin mit dem ganzen Geld. Ein Blick in die nationalen Gesetze sowie in die von Deutschland eingegangenen europa- und völkerrechtlichen Verpflichtungen zeigt, dass die Bundesrepublik rechtlich gebunden ist, gegen den Klimawandel zu arbeiten. Den meisten fällt hier der Kampf gegen die Erderwärmung cin, vor allcm dic diversen Ziele, den Ausstoß von CO2 und anderen Treibhausgasen zu begrenzen.

Schaut man zunächst auf die internationale Ebene, sieht man schnell, dass sich Deutschland mehrfach zum Einhalten von Klimaziele bekannt hat. Im Zentrum der Aufmerksamkeit steht normalerweise das Übereinkommen von Paris, mit dem sich fast die gesamte Staatengemeinschaft verbindlich darauf einigte, den globalen Temperaturanstieg auf 1,5-Grad Celsius zu beschränken. Wobei die Verbindlichkeit da beschränkt ist, wenn man einfach einseitig und ohne Konsequenzen das Übereinkommen kündigen kann, wie es die USA nun schon zum zweiten Mal machen.

Verbindlicher sind die Ziele der EU. Bis 2030 sollen die Treibhausgasemissionen um 55 Prozent verringern werden. Klimaneutralität soll ab 2050 herrschen. (Und eine kreislauforientierte Wirtschaft wurde als langfristige Wohlstandsstrategie ausgerufen.) Deutschland hat seine Verpflichtungen mit dem Klimaschutzgesetz in das nationale Recht umgesetzt und strebt Treibhausgasneutralität sogar bis 2045 an. Ohne EU-Austritt – den niemand wollen kann, dem unsere Wirtschaft am Herzen liegt – wird es also zumindest bei den EU-Zielen bleiben.

Und der Klimaschutz steht im deutschen Grundgesetz. Nach dem Bundesverfassungsgericht enthält dieses eine staatliche Pflicht, im Sinne der Generationengerechtigkeit eine Lösung der Klimakrise auf überstaatlicher Ebene zu suchen und international vereinbarte Lösungen umzusetzen.

Aber: Klimaschutz birgt auch wirtschaftliche, geopolitische und demokratische Chancen

Klimaschutz nur als (teure und lästige?) Pflicht zu betrachten, greift zu kurz. Er ist auch Chance. Wird er klug angegangen, hat der Klimaschutz das Potential, Synergieeffekte mit der Ökonomie, mit der Außen- und Sicherheitspolitik und mit dem Erhalt der Demokratie zu erzeugen.

Keine Ökologie ohne Ökonomie, keine Ökonomie ohne Ökologie

Deutschland mit seiner Expertise in Forschung und Entwicklung, mit seiner industriellen Basis und dem etablierten Anlagenbau kann vom globalen Trend zum Klimaschutz profitieren. Die Nachfrage nach klimafreundlicher Technik dürfte weltweit erheblich steigen, daraus ergeben sich Exportpotentiale: Die Nachfrage nach Klimaschutztechnologiegütern wie Erneuerbare Energien-Anlagen, Güter der Mess-, Steuer- und Regeltechnik sowie Produkte für die Luftreinhaltung und rationelle

Energieverwendung wird im Ausland wachsen, während die nach den konventionellen Technologien und Produkten sinkt. Deutschland nimmt bereits eine Vorreiterrolle bei Patentanmeldungen im Bereich des Klimaschutzes ein. Es wäre fatal, wenn man sich wieder das Ruder aus der Hand nehmen ließe wie bei der PV-Technologie.

Die Transformation der Industriebasis kostet Geld und manche »grüne« Produkte (wie »grüner Stahl«) sind zunächst teurer. Sobald die Technologien aber Märkte durchdringen und dem Wettbewerb standhalten, können sich Kostenvorteile ergeben. Dieser Prozess wird mit Instrumenten wie den Klimaschutzverträgen unterstützt. Aber Teil der Transformation ist auch mehr Effizienz, die zu erheblichen Kosteneinsparungen für Unternehmen führen kann, und mehr Ressourcenbewusstsein, was zu Fortschritten bei der Kreislaufwirtschaft führen wird.

Verlässt man die deutsche Ebene und betrachtet die globale Volkswirtschaft, liegen die Vorteile ebenfalls auf der Hand. Investitionen in Klimaschutzmaßnahmen sind derzeit immer noch günstiger als die Folgekosten – ihr Aufschieben würde also erhebliche Mehrkosten verursachen. Diese simplen ökonomischen Erwägungen führen auch vor dem Hintergrund der Generationengerechtigkeit zu einer Handlungspflicht: Es wäre nicht nur unwirtschaftlich, sondern gleichsam ungerecht, heute keine Investitionsmaßnahmen zu ergreifen und die Verantwortung auf unsere (Kindes-)Kinder zu übertragen.

Kluge Klimapolitik als geopolitische Strategie

Klimapolitik hat natürlich eine geo- und sicherheitspolitische Dimension.

Solange Deutschland und die EU in Bezug auf ihre Energieversorgung stark abhängig von externen Lieferanten sind, solange sind sie nicht nur angreifbar, sondern korrelieren in ihren Energiekosten mit globalen Krisen und Konflikten. Im Jahr 2023 z. B. wurden ca. 66 Prozent des deutschen Energieaufkommens durch Importe gedeckt (gegenüber Kohle, Gas und Öl ist dabei Strom nur ein verschwindend kleiner Posten). Der Energiepreisanstieg und die Inflation 2022 beruhte auf unserer Abhängigkeit von russischem Erdgas. Krisen im Mittleren Osten haben genauso Einfluss auf unsere Preise wie die handelspolitischen Kapriolen einer Trump-Regierung. Auf eigenen Beinen zu stehen und Erpressbarkeiten zu minimieren, schafft hingegen Resilienz und Stärke auf der internationalen Bühne.

Aufgrund von tragischen Ereignissen ist das Thema Migration (bzw. ihre Begrenzung) kurz vor der Bundestagswahl im Diskurs ganz nach oben gespült worden. Dass der Klimawandel droht, den globalen Süden unbewohnbarer zu machen, und damit eine zentrale Migrationsursache ist und immer weiter wird, bleibt weitgehend undiskutiert. Langfristig effizienter ist die Klimazusammenarbeit in internationalen Foren wie der UN, G7 und G20, den multilaterale Entwicklungsbanken oder der Internationalen Energieagentur.

Schließlich: Wir sollten uns nicht nur um unsere eigene Treibhausgasneutralität kümmern, sondern international agieren: auf dieser Ebene kann der Klimawandel deutlich effizienter bekämpft werden, etwa durch globale Klimaschutzinstrumente (Stichwort Emissionshandel). Ein glaubwürdiges und ernsthaftes Vorgehen würde zusätzlich auf die soft power der EU und Deutschlands einzahlen.

Sozial gerechte und akzeptierte Klimapolitik?

Klimaschutz hat auch immer eine soziale Dimension.

Die gute Nachricht ist: eine ambitionierte Klimapolitik birgt das Potential, soziale Ungleichheiten zu verringern. Reichere Bevölkerungsschichten können sich leichter an die Veränderungen anpassen als ärmere Teile. Der Allgemeinheit zugutekommende Investitionen, z. B. in Infrastruktur wie dem ÖPNV helfen hier. Und Maßnahmen, die konkret empfundene Verbesserungen in der eigenen Lebenswirklichkeit mit sich bringen, erhöhen die Akzeptanz für Veränderungen.

Die Risiken einer nicht akzeptanzorientierten Politik haben sich längst gezeigt. Die Angst vor der Transformation zu Lasten der Bevölkerung wird von rechten Kräften instrumentalisiert und geschürt – denken wir nur an das sogenannte »Verbrenner-Aus«, das »Heizungsgesetz« oder den Widerstand gegen Windenergieprojekte. Die Stimmung sei gekippt, so jedenfalls der in Boulevard-Presse und rechten Kreisen gern vermittelte Eindruck. Die Furcht vor Arbeitsplatzverlusten und vor negativen Veränderungen der Lebenswirklichkeit ist real, weshalb eine kluge Klimapolitik nicht über die Köpfe der betroffenen Menschen hinwegentscheiden darf.

Hier kommen, neben einer guten Kommunikation, z. B. die zuletzt oft diskutierten Bürgerräte und Beteiligungsformen ins Spiel. Die Wissenschaft zeigt, dass die Toleranz für Veränderung steigt, je mehr Personen – und sei es nur jemand im Bekanntenkreis – am Entscheidungsprozess mitgewirkt haben. Zudem können Erneuerbare Energie-Projekte so konzipiert werden, dass die Menschen vor Ort von ihnen profitieren, indem sie am Gewinn beteiligt und/oder mit dem dort produzierten Strom versorgt werden. Solche Modelle müssten noch breiter eingesetzt werden. Demokratie und Teilhabe können dann auch jenseits des Gangs zur Wahlurne hinaus erlebbar sein, was nicht nur den Stillstand der Energiewende verhindern, sondern auch der Demokratiemüdigkeit etwas entgegensetzen würde.

Fazit

Der Klimaschutz hat Auswirkungen auf alle anderen Dimensionen der Wohlstandssicherungen – er birgt in diesen Bereichen Risiken, aber auch Chancen. Wenn wir diese nutzen, kann er zu positiven Effekten in der Wirtschaft, der Geopolitik und der demokratischen Gesellschaft führen. Diese Verknüpfungen steigern wiederum seine Wirksamkeit und Akzeptanz. Klimaschutzmaßnahmen müssen daher nicht nur um ihrer selbst willen getroffen werden, sondern auch aufgrund ihrer Wechselwirkungen. Wir sollten diese Potentiale tunlichst nutzen.

Jörg-Andreas Krüger

Natur als Fundament für Wohlstand

1. Natur ist Teil des Ganzen

Über Jahrzehnte hinweg wurde der gesellschaftliche Wohlstand nahezu ausschließlich ökonomisch, über das Bruttoinlandsprodukt (BIP), definiert. Die Probleme einer solchen eindimensionalen Betrachtungsweise sind lange bekannt, wurden aber ignoriert. Bereits Anfang der 1930er Jahre betonte der US-Ökonom Simon Kuznets, der die erste Berechnung des Volkseinkommens der USA durchführte, dass ein solcher Indikator nur begrenzt für die Berechnung von Wohlstand genutzt werden kann. Wirtschaftliche Produktionsmengen, so Kuznets, sagen nichts über den Nutzen dieser Produktion für die Gesellschaft aus, und langfristige Folgeschäden werden nicht erfasst[116]. Dennoch setzte sich das BIP durch, da industrielle Marktwirtschaften nach der Weltwirtschaftskrise und dem Zweiten Weltkrieg die Einfachheit eines einzelnen Indikators für wirtschaftliche Entwicklung bevorzugten.[117] Auch später entwickelte Indikatoren zur Wohlstandsmessung, etwa der *Human Development Index* (HDI)[118] oder der *Genuine Progress Indicator* (GPI), blenden die ökologische Grundlage menschlicher Entwicklung aus, betrachten sie nur unzureichend oder haben sich schlicht nicht hinreichend durchgesetzt.[119]

Als der Club of Rome 1972 seinen einflussreichen Bericht »The Limits to Growth« veröffentlichte, waren diese Ansichten immer noch nicht mainstreamfähig. Ökonom*innen übten starke Kritik an der Idee endlicher natürlicher Ressourcen und bezichtigten die Autor*innen der Technologie- und Fortschrittsfeindlichkeit[120]. Seitdem wurde der Diskurs jedoch von der Realität einge- und überholt. Die Klimakrise und der dramatische Verlust an biologischer Vielfalt werden heute nicht mehr nur von Umweltschützer*innen als Bedrohung wahrgenommen:

Das Weltwirtschaftsforum stuft in seinem Risikobericht 2025 den Biodiversitätsverlust und Zusammenbruch von Ökosystemen als zweitgrößte globale Bedrohung für die Menschheit über die nächsten 10 Jahre ein, dicht gefolgt vom kritischen Wandel weltweiter Erdsysteme und Knappheiten bei natürlichen Rohstoffen.

Hinter dieser Einordnung steht die simple Einsicht, dass Naturschutz keine rein ökologische Frage ist und es auch nie war. Es geht um nichts weniger als unser Fundament für nachhaltigen, zukunftsfähigen Wohlstand. Intakte Ökosysteme sind die Grundlage für die Nahrungsmittelproduktion und die Nutzung nachwachsender Rohstoffe und stellen darüber hinaus zahlreiche weitere Ökosystemleistungen (z. B. Grundwasserbildung, Bodenfruchtbarkeit, Erosions- und Hochwasserschutz) bereit. Damit sind sie für zahlreiche Wirtschaftszweige essenziell. Volkswirtschaftlich betrachtet ist Natur als Kapital – Naturkapital – zu betrachten. Diese ganzheitliche Betrachtung muss damit nicht nur handlungsleitend bei allem wirtschaftlichen Handeln werden, sondern sollte sich auch in alle Politikfelder einbetten.

2. Die multidimensionalen Auswirkungen des Naturverlusts

Kosten des Nicht-Handelns

Der Verlust von Biodiversität, also der Verlust der Diversität natürlicher Ökosysteme, Artenvielfalt und genetischer Vielfalt, führt zu erheblichen volkswirtschaftlichen Kosten. Eine Studie von NABU und der Boston Consulting Group[121] zeigt, dass der Schwund von Ökosystemleistungen in der Landwirtschaft mit wirtschaftlichen Verlusten von über hundert Milliarden US-Dollar pro Jahr gleichzusetzen ist. Auch die zunehmenden Extremwetterereignisse, denen geschwächte Ökosysteme besonders ausgesetzt sind, kosten Volkswirtschaften immense Summen. Allein die Dürresommer von 2018 und 2019 sowie die schweren Überschwemmungen von 2021 haben in Deutschland Schäden von rund 80 Milliarden Euro verursacht[122]. Hierbei gilt: es ist deutlich kostengünstiger, Natur zu erhalten und wiederherzustellen, als die Folgekosten zu tragen[123].

Hervorzuheben ist in diesem Kontext die Diskrepanz zwischen dem unmittelbaren betriebswirtschaftlichen Nutzen und den volkswirtschaftlichen Schäden, der aus der fehlenden Betrachtung der Umweltauswirkungen durch wirtschaftliches Handeln resultiert. Während ein Unternehmen zum Beispiel durch die intensive (Über-)Nutzung natürlicher Ressourcen kurzfristig hohe Gewinne erzielt, wälzt es die langfristigen Kosten der damit verbundenen Umweltzerstörung und -folgen auf die Gesellschaft ab. Eine konsequente Internalisierung dieser externen Kosten (z. B. höhere Gesundheitskosten, Schäden durch Witterungsextreme, aufwändige Wasseraufbereitung oder der Verlust von Ökosystemleistungen) könnte sicherstellen, dass wirtschaftliche Entscheidungen langfristig nachhaltiger getroffen werden. Derzeit lohnt es sich für Unternehmen schlicht nicht, sich volkswirtschaftlich sinnvoll zu verhalten, und viel zu oft wird das auch noch staatlich subventioniert.

Gesellschaftliche und gesundheitliche Auswirkungen des Naturverlusts

Naturzerstörung und Klimawandel sind Motoren für Kriege und Konflikte, deren Auswirkungen auch wir zu spüren bekommen[124]. Gerade Industrieländer wie Deutschland spielen mit ihrer Nachfrage nach Rohstoffen eine wichtige Rolle in Konflikten um natürliche Ressourcen in naturreichen Regionen wie dem brasilianischen oder dem kongolesischen Regenwald. Neben der moralischen Frage, die wir uns stellen müssen, können diese Konflikte auch negative Auswirkungen zum Beispiel auf Lieferketten und Rohstoffpreise haben. Auch die steigende Zahl an Klimaflüchtlingen wird Druck auf das gesellschaftliche Zusammenleben ausüben und unsere Demokratie auf die Probe stellen.

Der globale Naturverlust zieht auch gesundheitliche Folgekosten mit sich. Durch die Zerstörung natürlicher Lebensräume erhöht sich der Kontakt zwischen Menschen, Wildtieren und Nutztieren, was die Übertragung zoonotischer Infektionen beschleunigt. Daraus resultierende Pandemien wie COVID-19 führen zu erheblichen volkswirtschaftlichen Schäden durch direkte Gesundheitskosten und weitreichende wirtschaftliche Einschränkungen. Nicht zuletzt sind intakte Ökosysteme auch verantwortlich für unsere Luft- und Wasserqualität und wirken sich nachweislich positiv auf die psychische Gesundheit aus.

3. Schutz und Wiederherstellung von Natur als gemeinsame Aufgabe von Politik und Wirtschaft

Umsetzung globaler Verpflichtungen in Deutschland

Das Wissen um die Notwendigkeit einer nachhaltigen Wirtschaftsweise ist nicht neu: Mit der UN-Klimarahmenkonvention (UNFCCC), der Biodiversitätskonvention (CBD) und den UN-Nachhaltigkeitszielen (SDGs) haben sich nahezu alle Staaten bereits auf weitreichende Ziele für Klimaschutz, Biodiversitätserhalt und soziale Gerechtigkeit geeinigt. Dennoch sind die Fortschritte oft zaghaft – nicht zuletzt, weil wirtschaftliche Anreize noch zu selten im Einklang mit diesen Zielen stehen. Unabhängig politischer Umstände und Machtverhältnisse muss jede Bundesregierung diese Verpflichtungen ernstnehmen, bevor weitere kritische ökologische Grenzen überschritten sind[125]. Das bedeutet nicht nur den Fluss finanzieller Mittel in den globalen Süden – entlang der globalen Lieferketten und zur Unterstützung im Kampf gegen Klimawandel und Naturverlust. Es gilt auch, in Deutschland endlich die politische Verantwortung für den wirksamen Schutz und die Wiederherstellung der Natur hierzulande zu übernehmen. Dazu gehören der Ausbau unserer Grünen Infrastruktur, insbesondere aus wirksamen Schutzgebieten und einem funktionierenden Biotopverbundsystem, die Reduzierung von Umweltfolgen aus Pestiziden und Düngemitteln und die ökologische Wiederherstellung z. B. geschädigter Wälder, Feuchtgebiete und Böden. Aufgabe ist es, für diese gesamtgesellschaftliche Aufgabe den richtigen, verlässlichen Rahmen für betriebliche Planungsprozesse, sozialen Ausgleich und wirtschaftliche tragfähige Zukunftsaussichten von Unternehmen zu schaffen. Es muss sich wirtschaftlich lohnen, richtig zu wirtschaften!

Zur Rolle von Staat und Unternehmen

Strittig diskutiert wird immer wieder, wie kleinteilig Gesellschaften ihre Anforderungen in Gesetze und Regeln gießen. Dass Regulierung notwendig ist, um das Zusammenleben in unserer komplexen Gesellschaft zu ermöglichen, ist dabei ebenso unbestritten wie die Erkenntnis, dass ein Übermaß an Bürokratie, langwierige Bearbeitungs- und Entscheidungsprozesse und ein immer komplizierteres System von Rechtsvorschriften Wirtschaft und Gesellschaft belasten.

Im Fall der vor uns liegenden Transformation muss durch Regulierung der Rahmen dafür geschaffen werden, dass sich das volkswirtschaftlich richtige Wirtschaften auch betriebswirtschaftlich lohnen kann. Das gesamte politische Instrumentarium weit über die klassischen Ge- und Verbote hinaus muss konzeptionell kohärent ausgerichtet werden.

Um einen neuen Impuls zu setzen, hat die EU zum Beispiel mit der Corporate Sustainability Reporting Directive[126] (CSRD) eine wichtige Richtlinie auf den Weg gebracht, die Unternehmen ein einheitliches Regelwerk geben und für Transparenz sorgen sollen. Aktuell werden leider Stimmen lauter, die diese Richtlinie aufgrund des Aufwands für die Berichterstattung abschaffen wollen, vorgeblich um die Wettbewerbsfähigkeit von Unternehmen zu stärken. Doch das ist ein Fehlschluss. Der mit dem European Green Deal angestoßene Prozess ist eine politische Investition in den Wirtschaftsstandort Europa. Unternehmen und gerade diejenigen, die sich bereits auf einen ambitionierten Transformationspfad begeben haben, brauchen Überblick, Transparenz und Planungssicherheit, auch was die Einbindung von Naturkapital in ihre Entscheidungsprozesse anbelangt. Der globale Wettbewerb der Wirtschaftsmodelle führt dazu, dass Umweltstandards oft auf Kosten kurzfristiger Wettbewerbsfähigkeit geopfert werden. Unternehmen, die heute in nachhaltige Produktionsweisen investieren, müssen sich gegen Konkurrenten behaupten, die durch Umweltzerstörung kurzfristig günstiger produzieren können. Das heißt vor allem: es braucht viel mehr klare internationale Leitplanken, ansonsten droht dieser Wettlauf nach unten viele Verlierer zu produzieren – sowohl wirtschaftlich als auch ökologisch.

Sicher kann und muss die Politik darauf achten, dass solche Berichterstattungspflichten wirkungsorientiert ausgestaltet und praktikabel umsetzbar sind. Eine klare Absage sollte aber den Stimmen erteilt werden, die die Identifizierung von Risiken innerhalb der Lieferkette zum Spielball politischen Opportunismus machen und als wirtschaftsfeindlich darstellen. Ein Lösungsansatz könnte sein, alle existierenden nachhaltigkeitsbezogenen Berichtspflichten in einem Nachhaltigkeitsbericht zusammenzufassen und entsprechend dem Once-Only-Prinzip doppelte oder gleichgelagerte Berichtspflichten zu eliminieren.

4. Sozialverträglichkeit und gesellschaftliche Akzeptanz

Kein Naturschutz ohne soziale Gerechtigkeit

Zerstörte Naturräume haben enorme soziale Auswirkungen. Dies gilt sowohl für Menschen, deren Lebensunterhalt unmittelbar von intakten Naturräumen abhängt als auch für viele direkte und indirekte Leistungen, die für die körperliche und mentale Gesundheit von Menschen von Bedeutung sind. Heute nicht zu handeln, trifft vor allem die sozial Schwächeren.

Gleichzeitig ist die Inwertsetzung des Naturkapitals und die Wiederherstellung geschädigter Natur mit Kosten verbunden, die gesamtgesellschaftlich fair verteilt werden müssen. Das Verursacherprinzip ist hierfür sicherlich ein guter Ansatz, reicht aber allein nicht aus. Es braucht mehr geeignete politische Instrumente, die nicht nur die besondere Verantwortung der öffentlichen Hand in die Pflicht nimmt, sondern auch der Verantwortung des Eigentums im Sinne von Artikel 14 des Grundgesetzes gerecht wird und zum Beispiel durch steuerrechtliche Anpassungen zu einer sozial gerechteren Lastenverteilung beiträgt.

Denkbar sind auch neue Modelle zur Finanzierung von sozialen oder ökologischen Maßnahmen. So könnten beispielsweise Kommunen an Einnahmen aus Klima- oder Biodiversitätszertifikaten oder anderen Geschäftsfeldern, die durch Naturschutz- oder Renaturierungsprojekte entstehen, beteiligt werden – ähnlich der finanziellen Beteiligung von Kommunen oder gar Bürger*innen an Einnahmen durch Wind- oder Solarparks. Letztlich braucht es einen ganzheitlichen Ansatz, der die sozialen Auswirkungen, die gerechte Verteilung der Kosten und die Schaffung von Anreizen zur Teilhabe, zum freiwilligen Engagement und zur Schaffung von ökologischen Mehrwerten stärker ins Auge fasst.

Fazit:
Naturschutz als Voraussetzung für gutes Leben und Wohlstand

Die Realität des Naturverlusts und der Klimakrise werden jede Diskussion über ein »ob« des Handelns obsolet machen. Noch haben wir die Chance, den Herausforderungen aktiv zu begegnen und dabei zu einer ganzheitlicheren Definition von Wohlstand zu gelangen, die den menschlichen Bedürfnissen gerecht wird. Seit der ersten Anwendung des BIP ist fast ein Jahrhundert vergangen, weitere 60 Jahre seit den Warnungen des Club of Rome. Wir wissen es schon lange besser und jetzt ist es an der Zeit, Natur als Garant für Wohlstand zu betrachten und den Naturschutz endgültig aus der grünen Nische zu holen und gesamtgesellschaftlich unsere Zukunft zu sichern.

Politik muss den Erhalt der natürlichen Lebensgrundlagen priorisieren und den Fokus auf die Schaffung eines wirtschaftlichen und gesellschaftlichen Rahmens dafür legen. Maßnahmen müssen sich an Wirksamkeit ausrichten. Unsere natürlichen Lebensgrundlagen sind kein abstraktes Gut, sondern bilden das Fundament, das uns Wohlstand nicht nur schenkt, sondern auch künftigen Generationen bewahrt.

Dr. Felix Chr. Matthes

Ökologische Nachhaltigkeit als Daseinsvoraussetzung und Testfall wirtschaftlich sowie sozial erfolgreicher Gesellschaften

Die Natur sichert die Grundlagen unseres Lebens, Wirtschaftens und unserer Gesellschaften. Ihre Kräfte können die Grundlagen unseres Lebens, Wirtschaftens und unserer Gesellschaften aber auch massiv beeinträchtigen oder gar zerstören. Diese grundlegende Einbettung unseres Daseins in die Natur darf angesichts der vielfältigen aktuellen Herausforderungen für Wohlstand und Sicherheit nicht aus den Augen verloren werden.

Auch wenn die Gefährdungen unserer natürlichen Lebensgrundlagen im Grundsatz äußerst vielfältig und zum Teil sehr lokaler Natur sind, haben sich neun globale Herausforderungen als besonders bedeutsam herauskristallisiert, die vor allem unter dem Begriff »Planetare Grenzen« bekannt geworden sind. Dies sind die globale Erderhitzung, die Gefährdung der Biodiversität, der Eintrag neuartiger Stoffe in die Natur (Mikroplastik and andere synthetische Chemikalien), die Übernutzung der Landressourcen (v. a. durch Entwaldung), die massive Veränderung biogeochemischer Kreisläufe (v. a. durch massive Phosphor- und Stickstoffeinträge), die Belastung der Süßwasserressourcen, die Versauerung der Meere, die massive Luftverschmutzung sowie die Zerstörung der Ozonschicht. Mit Ausnahme von drei dieser Grenzen (Ozonschicht, Luftverschmutzung, Versauerung der Meere) ist die Situation heute in sechs Bereichen bereits kritisch, teilweise sogar in hochkritischen Größenordnungen.

Die entsprechenden Veränderungen sind fast durchgängig durch sehr hohe Geschwindigkeiten gekennzeichnet. Während 2009 nur für drei der neun globalen Problemfelder (Klimaveränderungen, Biodiversität, Stickstoff- und Phosphoreinträge) kritische Belastungen bilanziert wurden, sind es 2015 bereits vier (nun einschließlich Landnutzungsänderungen) und 2023 sechs. Aber auch bei der Versauerung der Meere nähern sich die Belastungen in den letzten Jahren rasch kritischen Werten. Diese rasche Problemzunahme und die teilweise hohe Trägheit der Veränderungsprozesse wie auch der möglichen Gegenmaßnahmen sind besorgniserregend, die verbleibenden zeitlichen Ressourcen sehr begrenzt.

Sowohl die Ursachen als auch die Folgen der Zerstörung der natürlichen Lebensgrundlagen sind häufig und zumindest in den ersten Phasen eher regionaler Natur, global sind hier vor allem die Vermittlungsmechanismen zwischen Ursachen und Folgen. Eine der wenigen Ausnahmen im Bereich des Klimawandels ist China, das heute weltweit der größte Emittent von Treibhausgasen ist, aber auch zu den Staaten gehört, die von den Folgen der Erderwärmung am stärksten betroffen sind bzw. sein werden.

Gerade die Klimaveränderungen sind ein zentraler Kulminationspunkt der planetaren Grenzen. Er wird einerseits durch einige der oben genannten Bereiche vorangetrieben (Entwaldung und andere Landnutzungsänderungen, Stickstoffemissionen), andererseits ist er ein massiver Treiber für andere Prozesse (Versauerung der Meere, Belastung der Süßwasserressourcen, Zerstörung der Biodiversität) oder steht in anderer Weise mit ihnen in Verbindung (Mikroplastik, Abbau der Ozonschicht durch klimawirksame Gase). Eine ungebremste Erhitzung des Weltklimas hat unter anderem gravierende Auswirkungen auf Siedlungsräume, die menschliche Gesundheit, die Nahrungsmittelproduktion, die Süßwasserversorgung, extreme Wetterereignisse und damit direkt oder indirekt auch auf die wirtschaftliche Produktivität, Migrationsbewegungen, den sozialen Zusammenhalt sowie die innergesellschaftliche und internationale Sicherheit. Zur Veranschaulichung: Aktuelle Schätzungen der Wohlstandsverluste durch ungebremste Klimaveränderungen ergeben eine Bandbreite von 11 bis 29% bis zur Mitte dieses Jahrhunderts, also Werte, die die Kosten einer deutlichen Begrenzung der Erderhitzung um ein Mehrfaches übersteigen dürften. Nur extrem verantwortungslose

Ignoranten können annehmen, dass dies nicht zu gravierenden und teilweise nicht mehr beherrschbaren Dynamiken in unseren Gesellschaften, Wirtschaftssystemen oder im internationalen Kontext führen dürfte.

Die Rezeption der globalen Klimaveränderungen als eines der drängendsten Probleme der Menschheit ist inzwischen weltweit jenseits kleiner, wenn auch lautstarker Kreise von Klimaleugnern ein sehr breiter Konsens. Die Optionen zur Begrenzung des Klimawandels auf gerade noch akzeptable Bandbreiten sind bekannt, zu einem großen Teil bereits heute verfügbar, weitgehend unstrittig (effizientere Energie- und Ressourcennutzung, regenerative Energieerzeugung, Elektrifizierung, Nutzung von Wasserstoff und daraus gewonnenen Stoffen als Energieträger oder Industrierohstoff, unterirdische Speicherung von sonst nicht vermeidbarem Kohlendioxid) und nur in wenigen Bereichen wegen anderweitiger Risiken noch hoch umstritten (Kernenergie, Geoengineering etc.).

Die eigentlichen Herausforderungen ergeben sich jedoch aus den vielfältigen strukturellen Veränderungen, die mit den meisten Klimaschutzoptionen verbunden sind. Ein Bewusstsein für die unterschiedlichen Dimensionen des Strukturwandels ist daher eine zentrale Voraussetzung für wirksame Strategien zur Begrenzung der Klimaveränderungen:

- Die anstehenden Veränderungen sind ganz überwiegend durch den Übergang zu sehr kapitalintensiven Technologien geprägt (erneuerbare Energien, Energieeffizienz, elektrische Anwendungen etc.). Damit entsteht auch unter Maßgabe sehr überschaubarer (Zusatz-) Kosten des Klimaschutzes die Notwendigkeit hoher Vorfinanzierungsaufwendungen. Für weniger wirtschaftsstarke Staaten oder Regionen entstehen dadurch erhebliche Herausforderungen, zudem kann der Übergang zu kapitalintensiven Strukturen Herausforderungen im internationalen Wettbewerb entstehen lassen und ist wegen der begrenzten Finanzierungsfähigkeiten ärmerer Bevölkerungsschichten tendenziell sozial regressiv. Der im Übergang entstehende »Investitionsberg« muss bewältigt werden, entsprechende politische Flankierungen und Verteilungspolitiken sind unabdingbar. Dies ist insbesondere im Hinblick auf die Investitionsfenster von Bedeutung.

Eine kostengünstige Transformation ist nur möglich, wenn sie sich in die vorfindlichen Erneuerungszyklen einfügt. Dadurch können für langlebige Kapitalstöcke (Gebäude, Industrieanlagen, Verkehrsinfrastrukturen etc.) bereits in einer frühen Phase vergleichsweise teure Maßnahmen erforderlich werden. Um die mit dieser Entwicklung einhergehenden Herausforderungen zu meistern, ist ein vorausschauender Politikmix erforderlich, der sich nicht nur auf Finanzierungsaspekte beschränkt. Es bedarf vielmehr einer sorgfältigen Berücksichtigung von Verteilungseffekten, Wettbewerbsfähigkeit, den Möglichkeiten und Grenzen der Bepreisung von Emissionen sowie einer intensiven internationalen Zusammenarbeit.

- Die Standortbedingungen und damit die regionalen Strukturen der Energieerzeugung werden sich verändern. Dies hat Konsequenzen für die Attraktivität unterschiedlicher Wirtschaftsstandorte, sowohl im nationalen oder europäischen Rahmen als auch im globalen Kontext. Regionale und internationale Wertschöpfungsstrukturen und -ketten werden sich deutlich verändern. Hier entsteht die Notwendigkeit einer aktiven politischen Gestaltung, insbesondere im transnationalen Raum. Gerade hier müssen veränderte Wertschöpfungsstrukturen und -ketten mit Blick auf die wirtschaftliche und politische Resilienz sorgfältig reflektiert werden. Dies ist umso bedeutsamer, als die Gefahr einer weiteren Erosion regelbasierter Beziehungen zwischen Staaten und Wirtschaftsräumen unübersehbar geworden ist. In diesem Zusammenhang wird eine aufgeklärte Industriepolitik eine zentrale Rolle spielen müssen.
- Wichtige Klimaneutralitätsoptionen sind durch eine sehr starke Infrastrukturbindung gekennzeichnet. Entsprechende Entscheidungen müssen für das Energiesystem getroffen werden (Ausbau der Strom-, Wasserstoff-, Wärme- und CO2-Netze, Umnutzung und ggf. Stilllegung von Gasnetzen), betreffen Transportinfrastrukturen (Schienenverkehr, Häfen etc.) und nahezu alle Transformationsbereiche sind an die Verfügbarkeit leistungsfähiger digitaler Infrastrukturen gebunden. Zentrale Weichenstellungen bei Infrastrukturen müssen mit

langem Vorlauf getroffen werden, Technologieoffenheit findet somit ihre Grenzen auch mit Blick auf die benötigten Infrastrukturen.

- Der technologische Strukturwandel führt in vielen Bereichen zu einer deutlichen Zunahme an Vielfalt und Dezentralität, was zu einem signifikant erhöhten Koordinationsbedarf in Energie-, Industrie- und Transportsystemen führt. In diesem Zusammenhang werden Preissignale und Märkte eine entscheidende Rolle spielen müssen. Allerdings ist zu beachten, dass Märkte zwar effiziente Instrumente zur kurzfristigen Systemoptimierung sind, jedoch auch notorisch kurzsichtig sind und teilweise erhebliche Verteilungseffekte bewirken. Infolgedessen wird das sorgfältige Design von Märkten und die Konzipierung eines auch diesbezüglich umfassend gedachten und begründeten Politikmixes zunehmend zu einer politischen Gestaltungsaufgabe.
- Die Notwendigkeit, vielfältige und in kurzer Zeit notwendige Veränderungen zu bewerkstelligen, die die Bürger:innen bzw. Konsument:innen auf sehr unterschiedliche Weise in hohem Maße betreffen, führt zur Herausbildung einer neuen Akzeptanzsensitivität der Veränderungsprozesse, insbesondere, aber keineswegs nur in demokratisch verfassten Gesellschaften. Einerseits kann dies die notwendige Transformation verlangsamen (und in einigen Bereichen auch verteuern), andererseits eröffnet es die Möglichkeit, robustere und nachhaltigere Strukturen zu schaffen. Die Bewältigung der Energiewende bildet in diesem Zusammenhang auch einen Testfall für die Vorteilhaftigkeit und Attraktivität demokratischer Strukturen.

In Ergänzung zu diesen Dimensionen des Strukturwandels ergibt sich nicht zuletzt die übergreifende Frage der internationalen Einbettung. Deutschland verursacht unbestritten nur 1,3 % der globalen Treibhausgasemissionen bzw. 1,5 % der fossilen CO2-Emissionen. Es existieren jedoch 197 Staaten auf der Welt, die für (deutlich) geringere Beiträge zum globalen Ausstoß von Treibhausgasen stehen, wobei die meisten von ihnen geringere Anteile hinsichtlich der historischen Verantwortung an den bereits sichtbaren Klimaveränderungen aufweisen. Ohne deutliche Beiträge vieler dieser Staaten wird jedoch globaler Klimaschutz nicht gelingen können. Auch ist Deutschland der größte Mitgliedstaat der Europäischen Union, die an vierter Stelle der globalen Großemittenten steht und auch über erhebliche wirtschaftliche und innovationsseitige Kapazitäten verfügt. Neben dieser Verantwortungsdimension sind auch Eigeninteressen hoch relevant: Klimaschutz und Ressourcenschonung gehören zu den wichtigsten technologischen Wachstumsmärkten. Die entsprechende Positionierung Deutschlands und Europas wird nicht nur für die Sicherung unserer natürlichen Lebensgrundlagen mitentscheidend sein, sondern auch mit Blick auf die Perspektiven für Wohlstand und Sicherheit durch Innovation und wirtschaftliche Zukunftsorientierung, jedoch auch und keineswegs zuletzt für aufgeklärte Resilienz-Industrie- und Standortpolitik sowie gesellschaftlichen Ausgleich und soziale Stabilität.

Prof. Dr. Dirk Messner

Den European Green Deal als Fortschrittsmodell zukunftsfähiger Entwicklung stärken – Rückschläge vermeiden

Der EGD ist das derzeit anspruchsvollste Projekt nachhaltiger Entwicklung in der Weltwirtschaft. Es steht Anfang 2025 unter politischem Druck. Ambitionierte Umweltziele werden in Frage gestellt. Umsetzungen von EGD-Zielen könnten zeitlich gestreckt werden. Ein altes Gespenst geht um. Dessen Grundtenor lautet: um wirtschaftliche Entwicklung zu forcieren, müsste umweltpolitischer Ballast abgebaut werden. Zukunftsinteressen werden ausgeblendet, Gegenwartsinteressen auf ökonomische Viabilität reduziert, die ökologischen Grundlagen unserer Zivilisation ignoriert. Rückschritt droht.

Die Umwelt-, Klima- und Erdsystemforschung zeigt, dass eher mehr Ambition und beschleunigte Umsetzung nötig wären, um die Destabilisierung von Umweltsystemen zu vermeiden[127]. Die Zeitfenster zur Erreichung der EGD-Ziele sowie der Vermeidung irreversibler Umwelt- und Klimaschäden schließen sich[128] [129] [130]. Ohne gesunde Ökosysteme können weder der Wohlstand, noch menschliche Sicherheit erhalten werden – so das einhellige Ergebnis der großen, internationalen Umwelt-Assessments. Zugleich muss und kann Europa Umwelt- und Klimaschutz mit wirtschaftlicher Leistungs- und Innovationsfähigkeit, fairer Lastenteilung, mehr internationaler Kooperation sowie einem Zuwachs an menschlicher Gesundheit und Lebensqualität verbinden. Dafür sind Anstrengungen notwendig, um Zukunftsfähigkeit im 21. Jahrhundert zu erarbeiten.

Um unsere Gesellschaften und Ökonomien Richtung Zukunftsfähigkeit zu entwickeln, reicht es nicht, das während der vergangenen fünf

Jahre aufgestellte Programm des EGD nun einfach nur umzusetzen, von neuen Akzentsetzungen also abzusehen. Vielmehr muss das Potential des EGD weiterentwickelt und mobilisiert werden[131]. Die folgende Skizze benennt dafür Stellschrauben, zentrale Herausforderungen, Synergiepotentiale.

Der EGD – ein systemischer Blick

Die Graphik synthetisiert die wesentlichen Dimensionen des EGD-Konzeptes.

- Der EGD fokussiert vier Kernziele um die Resilienz der natürlichen Systeme sicherzustellen: Klimaneutralität, zirkuläres Wirtschaften, Ökosystemschutz, »Zero Pollution«.
- Die vier EGD-Ziele korrespondieren mit jeweiligen Umsetzungsprinzipien: Klimaneutralität basiert auf dem »phasing out« von Treibhausgasen; zirkuläres Wirtschaften verlangt zunehmende Ressourceneffizienz sowie ein »decoupling« wirtschaftlicher Entwicklung von Ressourcenverbräuchen durch den Übergang von linearen zu zirkulären Wirtschaftsprozessen; die Stabilisierung von Ökosystemen kann durch Schutzräume sowie das naturschonende »embedding« wirtschaftlicher in ökosystemare Prozesse vorangebracht werden; »Zero Pollution« erfordert die Vermeidung der Produktion und Verwendung toxischer, nicht abbaubarer Stoffe »by design«.
- Die vier Kernziele zur Vermeidung von Umwelt- und Klimakrisen basieren auf und interagieren mit fünf gesellschaftlichen Zielsystemen: wirtschaftlicher, technologischer und sozialer Innovationskraft; inklusiver Entwicklung; menschlicher Gesundheit und Lebensqualität; internationaler Kooperation sowie wirksamer und bürokratiearmer governance.

Abb. 1: Der EGD – eine systematische Perspektive

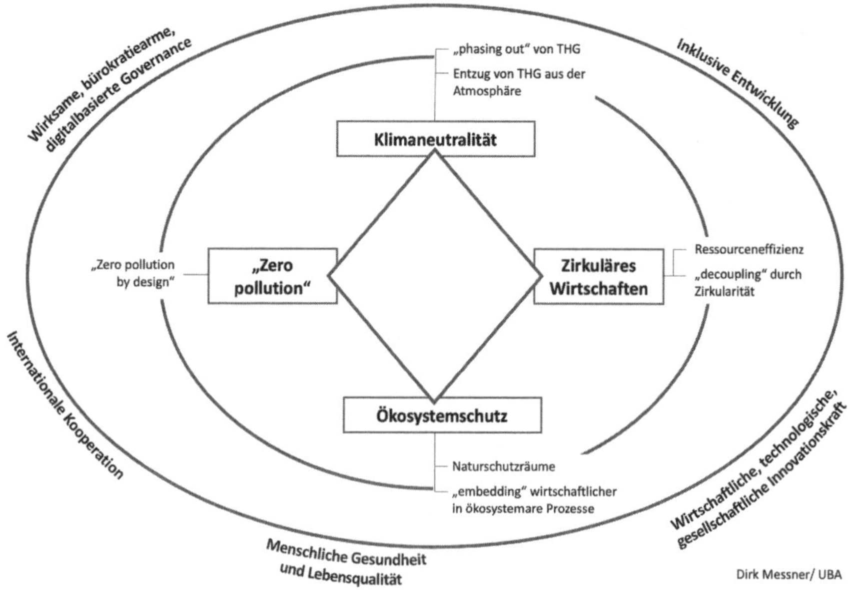

Quelle: Eigene Darstellung Dirk Messner / UBA

Ungleichzeitigkeiten bei Umsetzung zentraler EGD-Ziele

Deutschland und Europa haben in den vergangenen Jahren in Bezug auf die vier EGD-Ziele Fortschritte in unterschiedlicher Geschwindigkeit erreicht.

Die ***Klimaziele*** und die damit verbundenen Umsetzungsfahrpläne sind ambitioniert; das Europäische Emissionshandelssystem, das 2027 auf den Verkehr und den Gebäudesektor ausgeweitet werden sollten, ist wirksam. Die Richtung stimmt, auch wenn deutlich ist, dass es in der Industrie- sowie dem Gebäudesektor, im Verkehr und in der Landwirtschaft noch große Herausforderungen zu bewerkstelligen gilt.[132] [133]

Beim ***zirkulären Wirtschaften*** gibt es viel Luft nach oben. In Deutschland liegt die Sekundärrohstoffquote unter 15 %, Abfallmengen und Ressourcenverbräuche stagnieren auf hohem Niveau. Der Übergang von einer Abfallmanagementwirtschaft zur Zirkularität steht noch aus – in allen Mitgliedsstaaten der EU[134].

Um sich »***Zero Pollution***« anzunähern, muss die Herstellung toxischer und kaum oder gar nicht abbaubarer Stoffe weiter signifikant reduziert sowie, wo möglich, vermieden werden. Technologische Innovationen werden dazu, zum Beispiel in den PFAS-Anwendungsbereichen oder bei Pflanzenschutzmitteln, notwendig sein. Zudem muss, statt der Verbindung und Vermengung unterschiedlichster Stoffe und Materialien, z. B. im Baugewerbe, der Verpackungswirtschaft oder der Automobilindustrie, auf möglichst sortenreine Materialien umgestellt werden, um die Recyclingfähigkeit von Produkten zu verbessern. Chemisches Recycling von verdichteten Verbundstoffen ist um ein vielfaches energieaufwändiger als die Wiederverwertung sortenreiner Materialien[135] [136].

Um vernetzte ***Ökosysteme*** zu ***erhalten***, müssen einerseits Naturschutzräume ausgeweitet und degenerierte Umweltsysteme renaturiert werden. Andererseits geht es darum, Wirtschafts- und Produktionsprozesse so zu gestalten, dass sie Ökosysteme möglichst nicht belasten, sondern weitgehend in deren Regenerationskreisläufe eingebettet werden. Wie Symbiosen zwischen Produktion und Natur stattfinden können, dürfte zu einem neuen Innovationsfeld werden.

Integrierte Ansätze zur Erreichung der Ziele entwickeln

Entscheidend ist, neben der Erreichung der jeweiligen EGD-Ziele, deren Zusammenspiel. In jedem Sektor gilt es, die vier zentralen EGD-Ziele insgesamt anzusteuern. Die vier EGD-Ziele bilden ein vernetztes, interdependentes Zielsystem. Integrierte, die CO-Benefits und Trade-offs zwischen den Zielen berücksichtigende Strategien sind jedoch bisher die Ausnahme. Im Regelfall wird durch entsprechende Instrumente in Richtung eines der Ziele optimiert – in den vergangenen Jahren stand insbesondere die Klimaneutralität im Zentrum. Der nächste, qualitative Schritt zur Implementierung des EGD besteht also darin, das skizzierte, systemische Potential des EGD-Zielsystems auszuschöpfen.

Im Fahrzeug- und Mobilitätssektor könnte dies u.a. heißen: Neben der beschleunigten Elektrifizierung der Mobilität, müsste die Recyclingfähigkeit der Fahrzeuge radikal verbessert werden. Weniger Ressourcenverbrauch in der Produktion würde die Ressourcenextraktion reduzieren und damit Ökosysteme entlasten. Möglichst sortenreine Materialien in der Fahrzeugproduktion könnte zu einer Annäherung an »Zero Pollution« führen und hochwertige Wiederverwertung statt down-cycling ermöglichen. Der Ausbau von öffentlichen Verkehrssystemen und die Reduzierung von Individualverkehr eröffnete die Chance, Flächenversiegelungen zu vermeiden – und zugleich auch die weiteren EGD-Ziele zu adressieren. Während es seit Langem sektorale Roadmaps gibt, die zeigen, wie Klimaneutralität erreicht werden kann, mangelt es bisher an Transformationsfahrplänen, die einer solchen systemischen Perspektive Rechnung trügen.

Das erweiterte Zielsystem des EGD

Die Kerninnovation des EGD bestand darin, anzuerkennen, dass wirtschaftliche Entwicklung und Modernisierung nur dann zukunftsfest sein können, wenn dabei die Grundlagen des Erdsystems nicht irreversibel beschädigt werden. Zugleich ist klar, dass die ökologischen EGD-Ziele (s. Graphik, 1. Ring) mit weiteren zentralen gesellschaftlichem und wirtschaftlichen Zielen (s. Graphik 3. Ring) in Einklang gebracht werden müssen. Erst die Ergänzung, Verzahnung und Vernetzung der ökologischen, ökonomischen und gesellschaftlichen Ziele eröffnet Chancen für die Entwicklung resilienter Gesellschaften.

Neben den vier zentralen EGD-Umweltzielen sind fünf wirtschaftliche und gesellschaftliche Modernisierungs- und Zieldimensionen von besonderer Bedeutung:

- Inklusive, auf ***faire Lastenteilung und Gerechtigkeit*** orientierte Entwicklung wird von der Mehrheit der Menschen für normativ wichtig erachtet und schafft zugleich die Legitimation für die herausfordernden EGD-Transformationen. Diese scheitern, wenn sich dic Wahrnehmung durchsetzt, der EGD sei ein Elitenprojekt, dessen Finanzierung schwächere Teile der Gesellschaft oder gar die Mittelschichten überfordern könnte. Die soziale Ausgestaltung der EGD-Reformen ist daher fundamental. Soziale Schieflagen der Nachhaltigkeitstransformation verstärken Demokratiekrisen, zu deren Treibern autoritär-nationalistische sowie wissenschafts- und klimawandelskeptische Weltbilder gehören. Die soziale Ausbalancierung des Emissionshandelssystems ETS-2, das 2027 für den Gebäude- und Verkehrssektor eingeführt wird, könnte hier zum Lackmustest werden[137]. Ohne Klimageld und Unterstützungen für vulnerable Gruppen drohen steigende CO2-Preise die Zustimmungen zu ambitionierter Klimaschutzpolitik zu unterminieren und populistische Kräfte zu stärken.

- Der Umbau der Wirtschaft in Richtung Klimaneutralität, Zirkularität, Ökosystemschutz und Zero Pollution erfordert ***technologische, unternehmerische, gesellschaftliche, KI-unterstützte Innovationsfähigkeit***. So wie zukunftsfähige Wettbewerbsfähigkeit nicht ohne die Berücksichtigung der Belastungsgrenzen der Ökosysteme möglich ist, erfordert der ökologische Umbau der Produktion leistungsfähige Wirtschaftsstrukturen und hohe Investitionstätigkeiten privater und auch öffentlicher Akteure[138] [139]. Die schwächelnden EU-Ökonomien müssen daher Strategien entwickeln, die diesen Nexus berücksichtigen. Dazu bedarf es entsprechender Rahmenbedingungen und einer neuen Generation von Geschäftsmodellen im Privatsektor.
- Der Schutz der natürlichen Systeme und der umwelt- und erdsystemkompatible Umbau der Wirtschaft hat großes Potential, die Gesundheit der Menschen und deren Lebensqualität zu stärken. »***Gesundheit und Lebensqualität***« gehen über »faire Lastenverteilung« deutlich hinaus[140]. Ein so verstandener EGD nutzt »der Umwelt«, und der Lebensqualität der Menschen gleichermaßen.
- Die Umsetzung des EGD verlangt nicht nur neue unternehmerische Geschäftsmodelle und den Umbau von Infrastrukturen, sondern auch eine Transformation von institutionellen Rahmenbedingungen – von Sektor zu Sektor. Der Aufbau von den systemischen EGD-Zielen entsprechenden ***wirksamen und bürokratiearmen Rahmenbedingungen*** ist ein Aufgabenfeld, dessen Bedeutung große Aufmerksamkeit verlangt. Digitaler, KI-getriebener Wandel sowie EGD-basierte Transformationen müssen in dieser Perspektive zusammengedacht und -geführt werden.

- Der Erhalt der natürlichen Lebensgrundlagen ist eine planetare Herausforderung, die ohne eine substantielle ***Stärkung internationaler Kooperation*** und den Aufbau neuer weltweiter Allianzen, die der bedrohlichen Krise multilateraler Politik entgegenwirken, nicht gelingen kann. Der EGD braucht verlässliche Partner in allen Weltregionen – nationalistische Perspektiven sind daher mit dem EGD inkompatibel.

Der EGD hat also großes Potential, ein entscheidender Kompass für die Ausrichtung der EU in den volatilen 2020er Jahren zu bleiben. Dieses wird nur gelingen, wenn die demokratischen Kräfte dessen Grundzüge teilen und seine Rückabwicklung verhindern.

Prof. Dr. Barbara Praetorius

Transformation erfolgreich gestalten – Klare wirtschafts- und sozialpolitische Strategien für eine resiliente Wirtschaft und Gesellschaft

Einleitung

Die Zeit für die ökologische Transformation wird knapp. Die jüngsten Analysen des Stockholm Resilience Centre zu den planetaren Grenzen sind alarmierend: sechs von neun naturwissenschaftlichen Grenzen wurden mittlerweile überschritten.[141] Diese Probleme sind zeitkritisch, denn sie sind irreversibel und sie verstärken sich gegenseitig. Und sie sind kritisch für unsere demokratisch verfasste Gesellschaft: Das Abschmelzen der Polarkappen, das Artensterben, knapp werdende Süßwasser- und Bodenressourcen und gestörte globale Stoffkreisläufe haben bereits konkrete Auswirkungen auf wirtschaftliche Entwicklung und menschliche Lebensqualität. Die Folge sind gesellschaftliche Konflikte, verstärkte Ungleichheit und Migrationsdruck, mit dem heute schon beobachtbaren Ergebnis des Auftriebs populistischer, nationalistischer Bewegungen. Deren Ignoranz hält den Klimawandel nicht auf, die Konsequenzen für Wirtschaft und Gesellschaft werden aber schwerwiegender.

Das europäische und deutsche Ziel der Dekarbonisierung bis zur Mitte des Jahrhunderts ist daher ökonomisch rational. Das deutsche Klimaschutzgesetz legt fest, bis 2030 mindestens 80 Prozent des Bruttostromverbrauchs aus erneuerbaren Energien zu decken. Grüner Strom ist die günstigste Form der Dekarbonisierung, was zu einem steigenden Strombedarf von 600 auf 800 Terawattstunden bis 2030 führen wird. Bis dahin sollen (und müssen) entscheidende Schritte zur vollständigen Elektrifizierung des Verkehrs und der Gebäudewärme sowie zur Umstellung der energieintensiven Industrieprozesse auf Strom und Wasserstoff gegangen worden sein. Mit dem Umbau der Stromnetze und dem Wasserstoffkernnetz werden zurzeit die notwendigen infrastrukturellen Voraussetzungen dafür geplant und geschaffen. Der Pfad ist also beschrieben, die Herausforderung liegt in der notwendigen Beschleunigung der Umsetzung von Lösungen.[142] Der Expertenrat für Klimafragen hat zuletzt eindringlich auf die verschiedenen Schräglagen der deutschen und europäischen Klimapolitik hingewiesen, die dringend in Angriff genommen werden müssen.[143]

Aus ökonomischer Sicht geht es akut darum, knappe finanzielle Ressourcen in investive und produktive Verwendungen für eine zügige Transformation zu bringen. Das betont auch der Draghi-Report[144], der ein umfassendes Umdenken in der globalen Finanzarchitektur fordert, um die Herausforderungen der Nachhaltigkeit und Resilienz in einer zunehmend unsicheren Welt anzugehen. Der Bericht betont die Notwendigkeit, die Finanzierung für globale Gemeingüter, wie Gesundheitssysteme und Umweltinitiativen, zu erhöhen. Dies ist entscheidend, um auf zukünftige Krisen besser vorbereitet zu sein. Nachhaltige Entwicklung und der Übergang zu einer klimaneutralen Wirtschaft sind eng miteinander verbunden. Investitionen in grüne Technologien und nachhaltige Praktiken sind notwendig, um sowohl wirtschaftliche als auch ökologische Resilienz zu fördern.

Aus den beschriebenen Herausforderungen lässt sich ein zentrales Motiv einer transformativen Politikgestaltung ableiten: Gesellschaftliche Resilienz, also ein stabiles System, das so für Krisen gerüstet ist, dass keine grundsätzliche Gefährdung der Grundstrukturen des Systems besteht. In der industriepolitischen Debatte wird vielfach auf den Resilienzbegriff rekurriert, und es offenbaren sich dabei immer auch die jeweiligen Individualinteressen. Resilienz als Leitmotiv der Wirtschafts- und Energiepolitik erfordert also eine weitere Präzisierung, was genau unser Wirtschaftssystem krisenfest macht. Aus Sicht der Wirtschaft geht es um die Standortsicherung durch eine kostengünstige und verlässliche Energieversorgung sowie geringe Investitionsrisiken und Wettbewerbsschutz vor allem gegenüber Ländern, die ihre Industrie bereits gezielt unterstützen, ob in China, den USA oder anderen relevanten Ländern. Die privaten Haushalte wiederum wollen bezahlbare Elektrizität und ein warmes Zuhause, und insgesamt soll Mobilität zu wirtschafts- und sozialverträglichen Konditionen verfügbar sein. Insgesamt geht es um glaubwürdige, verlässliche Bedingungen.[145]

Investitionen in Innovation, Industrie und Infrastrukturen

Die Schaffung einer dekarbonisierten und bezahlbaren Energieversorgung ist die conditio sine qua non für eine resiliente Wirtschaft und Gesellschaft. Das setzt *einerseits* voraus, dass die Infrastrukturen der Stromversorgung umgebaut werden; der zugehörige Ausbau der erneuerbaren Energien und der Netze benötigt vorteilhafte Investitionsbedingungen. Dazu zählt u.a. die Absicherung gegen Risiken am Kapitalmarkt selbst sowie gegen unsichere Erträge in Zeiten schwankender Preissignale.

Andererseits sind in der Industrie selbst umfassende Investitionen notwendig, um zu dekarbonisieren. Besonders betroffen sind hiervon die energieintensiven Branchen, die zugleich schon seit langem wissen, was auf sie zukommt. Viele der erforderlichen Inventionen haben schon stattgefunden. Technologisch gesehen ist beispielsweise die Herstellung von CO_2-neutralem Stahl schon möglich. In der chemischen Industrie muss Prozesswärme in großem Umfang klimaneutral bereitgestellt werden, was elektrisch möglich ist. In der Aluminiumindustrie werden innovative Ansätze wie die flexible Aluminiumelektrolyse entwickelt, und die Zementindustrie bewegt sich über höhere Anteile von Recycling-Material und zuletzt mit der Kohlenstoffspeicherung (Carbon Capture and Storage) in Richtung Klimaneutralität. Und für die deutsche Anlagenindustrie bietet eine frühzeitige Entwicklung neuer, klimaneutraler Verfahren und Prozesse zugleich die Möglichkeit, sich als *early bird* im internationalen Wettbewerb zu positionieren und die absehbar stetig wachsenden Absatzmärkte für Klimaschutzprodukte zu bedienen.[146]

Doch bisher stehen diese Branchen einer (noch) zu geringen Nachfrage nach klimaneutralen Produkten gegenüber. Auch sind die laufenden Kosten höher, wenn z. B. Wasserstoff eingesetzt wird. Die CO_2-Vermeidungskosten liegen hier über den CO_2-Preisen im europäischen Emissionsrechtehandel. Eine Finanzierung derart risikobehafteter Investitionen am privaten Kapitalmarkt ist praktisch unmöglich. Es geht also industriepolitisch letztlich um die Frage, wie sich die Finanzierung und der Betrieb zukunftsfähiger Investitionen finanziell und gegenüber der globalen Konkurrenz absichern lassen, da der globale Gleichschritt unwahrscheinlich ist.

Spannungsverhältnisse in der Transformation zur Nachhaltigkeit

Mit dem ökonomischen Verweis auf die Wirkmacht freier Märkte lassen sich die beschriebenen Herausforderungen nicht oder nicht rechtzeitig lösen. Denn unbeachtete Interessenkonflikte führen zur Blockade der Transformation. In der Transformationsforschung steht daher die Frage nach einer geeigneten Flankierung des Übergangs im Mittelpunkt. Die Herausforderung der Dekarbonisierung liegt in der Gestaltung des Übergangs in der Praxis und in der Lösung des *wicked problems*, vor dem wir stehen: Es besteht ein hohes Maß an Unsicherheit und Komplexität der Problemdimensionen, verschiedenste Aspekte und Bereiche der Gesellschaft sind betroffen, die Wirkungen von Entscheidungen sind meist nicht vollständig klar und treffen auf Akteure mit divergierenden Interessen.

Ein Beispiel ist die Frage, wie man Kapitalflüsse so lenkt, dass sie sowohl ökologischen als auch wirtschaftlichen Anforderungen gerecht werden, ohne unbeabsichtigte negative Folgen für bestimmte Sektoren oder Länder zu verursachen. Eine solche *Sustainable Finance* soll durch mehr Transparenz, insbesondere die europäische Taxonomieverordnung und die Berichterstattungspflichten von der CSRD über die CSDDD bis hin zu den Regelungen für entwaldungsfreie Lieferketten erzeugt werden. Doch diese Regelungen stehen unter Kritik, da sie Aufwand verursachen. Auch können weder öffentliche noch private Kapitalgeber die Investitionserfordernisse allein bedienen. Es sind neue Modelle gefragt, die beide Finanzquellen zusammenbringen und die notwendigen Anreize für transformative Investitionen geben.

Resilienz erreichen durch klare Missionen sowie wirtschaftliche und soziale Abfederung

Die Krisenhaftigkeit unserer aktuellen wirtschaftlichen und gesellschaftlichen Lage lässt sich nur durch eine aktive wirtschafts- und sozialpolitische Steuerung bewältigen. Diese sollte sich an klaren Zielen orientieren; dazu zählen in erster Linie die systematische Dekarbonisierung und eine verbesserte Resilienz in Hinblick auf grundlegende Versorgungsstrukturen und Lieferketten, ohne die Vorteile der globalen Arbeitsteilung aufs Spiel zu setzen. Auf nationaler und regionaler Ebene ist dies nur dann Erfolg versprechend, wenn die Kapitalflüsse in nachhaltige und innovative Investitionen gelenkt und zugleich Beschäftigung und sozialer Ausgleich gewährleistet werden. Einer missionsorientierten, transformativen Wirtschaftspolitik wird dies eher gelingen als einer rein auf privatwirtschaftliche Risikotragung setzenden Politik.[147] Zugleich müssen andere Ziele wie Haushaltskonsolidierung oder geopolitische Rivalitäten im Blick behalten werden.

Die Erwartungen sind also vielschichtig und die Aufgaben komplex. Dies erfordert eine Vielfalt der Lösungsansätze, die zugleich Politiklernen zulässt. Technologien beispielsweise zählen selbstverständlich zum Lösungsraum für das Erreichen ökologischer Nachhaltigkeit. Ob die Politik eine technologieoffene Förderung versuchen sollte, ist umstritten. *Einerseits* könnten Anreize für den Wettbewerb verschiedener nachhaltiger Technologien dazu beitragen, dass Fehlallokationen verhindert und Innovation gefördert wird. *Andererseits* könnte eine gezielte Förderung eines bestimmten Technologiepfades dazu führen, dass teure Sackgassen ausgelassen werden. Entscheidend ist in jedem Fall langfristige, Legislaturperioden übergreifende Planungssicherheit, denn Unternehmen benötigen stabile regulatorische Rahmenbedingungen für Investitionen in klimaneutrale Technologien.

Eine nachhaltige Transformation erfordert zugleich gesellschaftliche Akzeptanz und die hängt stark an wirksamen Maßnahmen für soziale Gerechtigkeit und gegen soziale Härten. Nur wenn das glaubhaft gelingt, können Beteiligungsprozesse zu konstruktiven Formaten werden statt zu Blockadeveranstaltungen. Das Klimageld als finanzielle Entlastung für Haushalte mit niedrigen Einkommen ist notwendig, um die mit der CO_2-Bepreisung steigenden Energiekosten sozialverträglich abzufedern.

Insgesamt lassen sich daher die Maximen einer erfolgreichen transformatorischen Nachhaltigkeitspolitik wie folgt zusammenfassen:

- Schaffung dekarbonisierter Energieversorgungsinfrastrukturen,
- verlässliche, bezahlbare Versorgung mit Energie und Rohstoffen,
- förderliche Bedingungen für transformative Investitionen inklusive preislicher und regulatorischer Anreize, und
- Abfederung von Härten für Wirtschaft und Gesellschaft, auch vor dem Hintergrund des globalen industriepolitischen Wettbewerbs.

Die europäische wie die deutsche Wirtschaftspolitik versuchen sich zurzeit in einer Strategie vielfältiger Ansätze, die auf einzelne dieser Herausforderungen direkt eingehen. Mit den deutschen Klimaschutzdifferenzverträgen sollen die laufenden Kosten wasserstoffbasierter Anlagen abgesichert, mit dem Grenzausgleichsmechanismus CBAM der Standort vor »billigen« Importen geschützt werden. Die hohen Kosten der Infrastrukturinvestitionen in Strom- und Wasserstoffnetze sollen nur teilweise über die verbrauchenden Einheiten refinanziert, die Netzentgelte und damit die Strompreise also gesenkt werden. Das ist industriepolitisch der richtige Weg, der energisch vorangetrieben werden sollte. Bezüglich der sozialen Perspektive hingegen sind die Konzepte noch nicht überzeugend. Hier besteht großer Nachholbedarf, sei es beim Klimageld, bei der Mobilität oder bei bezahlbarem Wohnen und Heizen. Auch die nächste Regierung ist gut beraten, hier aktiv zu werden.

Dr. Simone Peter

Energiewende – Fünf Gründe für Erneuerbare Energien und eine sicherere Welt

Umwelt-, Arten- und Klimakrise wirken sich immer wahrnehmbarer auf den Wohlstand unserer Zivilisation aus und stellen perspektivisch sogar die Überlebensfähigkeit der Menschheit infrage – sofern es uns nicht gelingt, die Erderwärmung zu begrenzen und Ökosysteme mit hoher Biodiversität zu erhalten. Der Weltklimarat IPCC prognostiziert, dass negative Auswirkungen der einen Krise auf die andere bis zum Ende des Jahrhunderts dramatisch zunehmen wird.

Mit jedem Zehntelgrad Erderwärmung nimmt die Bedrohung von Arten und Ökosystemen in Ozeanen, Küstenregionen und an Land zu. Die Artenkrise wird durch Umweltzerstörung, Natur- und Ökosystem noch verschärft. Artensterben und Biodiversitätsverlust tragen andererseits zur Klimakrise bei. Die Agenda 2030 der Vereinten Nationen aus dem Jahr 2015 ist daher neben den Zielen des Pariser Klimaabkommens aus demselben Jahr der wichtigste internationale Fahrplan zur Erreichung einer nachhaltigen, sozial-ökologischen Entwicklung.

Auf Zielkurs sind wir noch nicht. Im Gegenteil. Im Pariser Klimaabkommen von 2015 wurde beschlossen, die Erderwärmung auf deutlich unter 2°C, möglichst unter 1,5°C im Vergleich zum vorindustriellen Zeitalter zu begrenzen. Alle am Abkommen teilnehmenden Staaten haben sich verpflichtet, nationale Klimapläne zur Reduktion von Treibhausemissionen zu verfolgen.

Die globale Durchschnittstemperatur lag im Jahr 2024 1,6°C über dem vorindustriellen Niveau (1850-1900). 2024 war das wärmste Jahr seit Beginn der Wetteraufzeichnung im Jahr 1850. Im Januar 2025 ist die Erderwärmung bereits bei 1,75 Grad angekommen. Wir steuern auf 2–3 Grad Erderwärmung zu, die Klimakipppunkte dann überschreitend, das

Ende offen. Übergänge zu einer nachhaltigen Entwicklung müssen daher schneller organisiert werden.

Um hierfür eine breite Akzeptanz sowie wirtschaftliche und soziale Ausgewogenheit zu erhalten, braucht es technische Lösungen und neue Geschäftsmodelle, die Wohlstand modern und nachhaltig definieren. Selbst die OECD misst Wohlstand heute entlang von elf Wohlstandsindikatoren, von denen viele nur sehr indirekt mit dem Bruttosozialprodukt zu tun haben.

Dass ökologische Nachhaltigkeit nicht im Gegensatz zu wirtschaftlicher Entwicklung, Teilhabe, globaler Sicherheit, Stabilität und Kooperation, sowie Qualität der Demokratie mit Teilhabe und sozialer Gerechtigkeit stehen muss, sondern sich aufeinander beziehend und nutzend sein kann, macht das Beispiel der Energiewende in Zeiten multipler Krisen besonders deutlich.

Die Umstellung auf Erneuerbare Energien im Strom-, Wärme, Mobilitäts- und Industriesektor trägt dazu bei, die Treibhausgasemissionen massiv zu reduzieren, dabei die Kosten zu senken, neuen Wohlstand und regionale Wertschöpfung global zu sichern und gleichzeitig eine resiliente Energieversorgung vorzuhalten.

Fünf Fakten sprechen konkret dafür:

1. Die Energiewende sichert Demokratie, indem sie Teilhabe fördert und bezahlbare Energieversorgung für alle ermöglicht. In Deutschland schuf das vor genau 25 Jahren in Kraft getretene Erneuerbare-Energien-Gesetz (EEG) eine Mitmachbewegung, die – zusammen mit der Strommarktliberalisierung – eine Demokratisierung und Dezentralisierung der einst auf vier Schultern großer Energieversorger basierenden Stromversorgung auslöste. Heute sind Privatpersonen die mit Abstand wichtigsten Investoren für Erneuerbare-Energien-Anlagen, von Solaranlagenbesitzer:innen über Landwirt:innen mit Flächen für Bioenergie, Windkraft und Photovoltaik bis hin zu Genossenschaften und Bürgerenergieprojekten. Gleichzeitig sanken die Kosten für die Anlagen rasant, so dass in Deutschland heute schon knapp 60 Prozent des Stroms aus Erneuerbaren Energien kommen (Stand 2024).

Mit mehr Bürgerbeteiligung durch die vollständige Umsetzung des EU-»Energy Sharing«, Mieterstrommodellen und weiteren Beteiligungsmöglichkeiten können künftig noch mehr Bürger:innen direkt von der Energieerzeugung, -verteilung, und dem -verbrauch profitieren. Digitalisierung und variable Tarife tragen zudem dazu bei, vor allem auch unter Nutzung von Sonnenstrom vom Dach, e-Autos und Wärmepumpen in Kombination mit Batterien und Smart Metern. Auch die Wärme- und Mobilitätswende und die damit verbundene Ablösung von importierten fossilen Rohstoffen demokratisiert die Versorgung weiter.

2. Der dezentrale Ausbau der Erneuerbaren Energien generiert neue Steuereinnahmen in den Kommunen, schafft Arbeitsplätze und verbessert somit die Kaufkraft in der Region. Die Wertschöpfung bleibt, anders als bei fossilen Energien, vor Ort und fließt in Form von Einkommen, Unternehmensgewinnen, vermiedenen Brennstoffkosten sowie Steuern und Abgaben wieder in den volkswirtschaftlichen Kreislauf zurück. Den Kommunen bringen diese Mittel neuen Spielraum: Schulen und Kindergärten werden saniert, Straßen ausgebessert, Vereine gefördert.
Aktuelle Erhebungen der Gesellschaft für Wirtschaftliche Strukturforschung mbH[148] zeigen, dass die Erneuerbaren-Branche brutto mehr als 406.000 Menschen beschäftigt und damit wichtiger Jobmotor in vielen Regionen ist. Im Zuge der europäischen Gesetze, aber auch nationaler Rahmenbedingungen für die Stärkung von Resilienz bei der Produktion von Anlagen, sind nun die Weichen politisch so zu stellen, dass regionale Wertschöpfung weiterhin in Europa stattfindet und ein »Level Playing Field« für heimische Klimatechnologien geschaffen wird. Hier spielen der »Net Zero Industry Act« oder der »Clean Industrial Deal« eine wichtige Rolle. Es braucht ein Marktumfeld, das unfairen Wettbewerb ausschließt bzw. diesem korrigierend gegensteuert. Es geht nicht um Abschottung, sondern darum, Risiken zu reduzieren und dabei Innovationspotentiale zu heben. Denn unsere Unternehmen sind führend in der Entwicklung und Anwendung

Erneuerbarer Technologien. Auch das Thema Cybersicherheit spielt hier eine wachsende Rolle.

3. Die Investitionen in die Errichtung von Erneuerbaren Anlagen erreichten im Jahr 2023 mit 37,3 Milliarden Euro und einem Plus von 68 Prozent gegenüber dem Vorjahr ein neues Rekordergebnis[149]. Da ein beträchtlicher Teil der Wertschöpfung bei der Herstellung und Installation dieser Anlagen hierzulande erbracht wird, profitiert der Wirtschaftsstandort Deutschland massiv davon. Durch Wartungs- und Betriebskosten der bestehenden Anlagen erzielten andere Branchen, wie beispielsweise Lieferanten biogener Brennstoffe oder Wartungsunternehmen, weitere 23,2 Milliarden Euro an Umsatz – im Vergleich zu 2 Milliarden Euro im Jahr 2000. Diese wirtschaftlichen Impulse fördern in Deutschland seit Jahren die Entstehung zahlreicher Unternehmen von oftmals großer regionaler Bedeutung.
4. Der Ausbau der Erneuerbaren hat die Strompreise gesenkt. Alleine im Jahr 2024 sank der Börsenstrompreis trotz gleichbleibender Stromnachfrage gegenüber 2023 um fast 20 Prozent. Übrigens fiel diese Strompreissenkung über das Jahr 2024 doppelt so stark ins Gewicht wie die Preisspitzen durch Dunkelflauten. Eine aktuelle Analyse des Forums Ökologisch-Soziale Marktwirtschaft[150] kommt zu dem Ergebnis, dass allein die Windenergie an Land den Börsenstrompreis im Jahr 2024 im Jahresdurchschnitt um 3,9 Cent je Kilowattstunde gegenüber dem Vorjahr gesenkt hat: statt ca. 11,8 Cent/kWh kostete eine Kilowattstunde ca. 7,9 ct/kWh. Photovoltaik trägt aufgrund seiner günstigen Stromgestehungskosten ebenfalls erheblich zur Senkung des Börsenstrompreises bei. Der Thinktank Ember[151] hat ermittelt, dass Deutschland ohne den Ausbau der Wind- und Solarenergie in den letzten fünf Jahren zusätzlich 12,5 Milliarden Euro für den Import fossiler Brennstoffe ausgegeben hätte.

   Die günstigen Gestehungskosten von Wind und Photovoltaik sollten jetzt genutzt werden, damit Haushalte und Industrie von der strompreissenkenden Wirkung der Erneuerbaren noch besser profitieren. Dafür muss neben dem weiteren, ungebremsten Ausbau der fluktuierenden Quellen PV und Windkraft auch flexibel steuerbare Leistung angereizt, systemdienliches Verhalten belohnt und Speicher und Sektorenkopplung von Hemmnissen befreit werden. Die Erneuerbare Branche kann erzeugerseitig bis zum Jahr 2030 rund 38 Gigawatt (GW) zusätzliche flexibel steuerbare, erneuerbare Leistung mit Bioenergie, Wasserkraft, Geothermie, grüner Kraft-Wärme-Kopplung und Batterien schaffen, bis 2045 sogar bis zu 100 GW[152]. Diese springen ein, wenn Wind und Sonne nicht zur Verfügung stehen. So kann bei der Kraftwerkssicherung nochmals annähernd die vierfache Leistung der bisher geplanten »Wasserstoff-ready«-Gaskraftwerke entfesselt werden, aber schneller, günstiger und sauberer – und heimisch.

Der Abbau von regulatorischen Hemmnissen für Eigenverbrauch bzw. Direktbelieferung von Erneuerbarem Strom an Unternehmen, Industrie und Gewerbe hilft der Wirtschaft zudem direkt, von günstiger Energie zu profitieren. Auch hier müssen weitere Weichen gestellt werden.

5. Durch den steigenden Anteil Erneuerbarer Energien und den Rückgang der Kohleverstromung ist die Stromerzeugung in Deutschland so CO2-arm wie nie zuvor. Seit 2014 haben sich die Emissionen aus der Stromerzeugung halbiert (von 312 auf ca. 152 Millionen Tonnen CO2 pro Jahr). Sie lagen damit 58 Prozent niedriger als zu Beginn der Datenerhebung 1990[153]. Im Bereich der Wärmeversorgung führt der Einsatz erneuerbarer Energien ebenfalls zu Einsparungen von CO2-intensivem Heizöl und Erdgas. Im Verkehrsbereich werden vor allem Diesel- und Ottokraftstoff ersetzt. Diese Entwicklungen werden vor dem Hintergrund eines steigenden CO2-Preises schnell weiter zunehmen.

Die sozial-ökologische Transformation hin zu einer klimaneutralen Wirtschaft kostet. Aber sie lohnt sich, weil sie die Preise nachhaltig senkt, Investitionen auslöst, Wertschöpfung steigert und Treibhausgasemissionen mindert. Ihr stehen nach Berechnungen der Munich Re[154] global Schäden durch die Klimakrise in Höhe von 320 Milliarden Dollar im Jahr 2024 durch Unwetter und Naturkatastrophen auf der ganzen Welt gegenüber. Es lohnt sich nachhaltig, zu handeln.

Kerstin Rippel

Stahlindustrie als verlässliche Säule einer starken und klimaneutralen Gesellschaft – Herausforderungen und Lösungsansätze

Die Stahlindustrie steht vor dem größten Umbruch ihrer Geschichte. In den kommenden Jahren muss sie sich fundamental wandeln, um weiterhin ihre Rolle als Basis unserer Volkswirtschaft zu erfüllen, indem sie ihre Produktion auf klimaneutrale Verfahren umstellt. Dazu braucht es mutiges Handeln der Unternehmen und verlässliche politische Rahmenbedingungen, möglichst über Legislaturperioden hinaus.

Klar ist, dass dieses Jahrhundertprojekt anstrengend und teuer wird, zugleich aber unerlässlich ist. Denn die Stahlindustrie in unserem Land verursacht ein Drittel aller Industrieemissionen. Ihre Dekarbonisierung ist damit zentrale Voraussetzung für die Klimaneutralität unserer Wirtschaft und Gesellschaft. Entscheidend ist dabei, dass Stahl weiterhin in Deutschland und Europa produziert wird. Denn nur dann können Wertschöpfung, Wohlstand und Resilienz unseres Wirtschaftsstandorts erhalten bleiben. In Zeiten zunehmender geoökonomischer Instabilität gilt dies umso mehr.

Mit anderen Worten: Die Erreichung der Klimaneutralität muss einhergehen mit dem Erhalt unserer industriellen Wettbewerbsfähigkeit. Und dafür muss sich die Politik einsetzen!

Unsere Stahlindustrie ist dabei ein entscheidender Schlüssel: Sie steht am Anfang nahezu aller industrieller Wertschöpfungsketten – von der Automobilindustrie, über die Bauindustrie bis zum Maschinenbau. Für das Projekt Energiewende ist Stahl unverzichtbar: Windkraftanlagen, Solarmodule, Strommasten, Wasserstoff-Pipelines und Elektrolyseure benötigen enorme Mengen an Stahl. Ein Megawatt Photovoltaik-Zubau braucht 35 bis 45 Tonnen Stahl, für ein Megawatt Windkraft werden etwa 120 bis 180 Tonnen Stahl benötigt. Mit über 2.500 Sorten Stahl stellt unsere Branche zudem die Ausgangsmaterialien für fast alle modernen Industrien her. Und so ist es nicht verwunderlich, dass zwei Drittel der deutschen Exporte stahlintensiv sind.

Ein Alleinstellungsmerkmal der deutschen Industrie sind ihre eng vernetzten Wertschöpfungsketten, in denen sich Zulieferindustrie, Grundstoff-Produktion, Weiterverarbeitung und Abnehmerbranche auch räumlich aufeinander verlassen. Die Stahlindustrie ist unerlässlicher Bestandteil dieser industriellen Wertschöpfungsnetzwerke, was eindrucksvoll durch eine aktuelle Studie[155] belegt wird: Gemeinsam mit Zulieferern und Abnehmern steht die Stahlbranche für fast ein Viertel des gesamten Produktionswerts in Deutschland – das entspricht 1,7 Billionen Euro. Wenig bekannt ist, dass insbesondere der industrielle Mittelstand in Deutschland stark auf Stahl angewiesen ist. Etwa die Hälfte seines Produktionswerts hängt direkt vom Wertschöpfungsnetzwerk Stahl ab.[156] Die Stahlindustrie stellt mithin nicht nur 80.000 direkte Arbeitsplätze in der reinen Produktion, sondern sorgt auch für über vier Millionen Jobs in stahlintensiven Branchen.

Kreislaufwirtschaft und Ressourceneffizienz: Stahl ist der weltweit am häufigsten recycelte industrielle Werkstoff überhaupt

Zu wenig bekannt ist auch die Vorreiterrolle der Stahlindustrie in der Kreislaufwirtschaft. In der Produktion wird zirkuläres Wirtschaften seit Jahrzehnten großgeschrieben: Integrierte Hüttenwerke nutzen anfallende Gase zur Strom- und Wärmeerzeugung. Schlacken werden als Nebenprodukte in der Bau- und Zementindustrie verwertet, Metalloxide für Pigmente und chemische Rohstoffe genutzt. Große Teile des benötigten Wassers werden mehrfach wiederverwendet.

Vor allem aber ist Stahl der weltweit am häufigsten recycelte industrielle Werkstoff überhaupt. Rund 85 Prozent des seit der Industrialisierung erzeugten Stahls befinden sich noch immer in Nutzung. Die Recyclingquote ist enorm hoch und etablierte Sammel- und Aufbereitungsstrukturen ermöglichen eine nahezu unendliche Rückführung und Wiederverwertung.

Stahlschrott als Sekundärrohstoff ist also eine Schlüsselressource. Aber er ist auch knapp, und sein Bedarf wird in Zukunft weiter steigen – und das weltweit. Ein ausreichendes Schrottaufkommen in der benötigten Qualität ist deshalb eine zentrale Voraussetzung für einen erfolgreichen Umbau zur Klimaneutralität in Deutschland und Europa. Die erforderlichen Schrottmengen abzusichern, ist strategische Aufgabe der Politik.

Herausforderungen einer nachhaltigen Stahlproduktion

Um die Stahlproduktion zu dekarbonisieren, muss auf neue, klimaschonende Verfahren umgestellt werden. Zum einen werden statt CO_2-intensiver Hochöfen derzeit Direktreduktionsanlagen (DR-Anlagen) errichtet, die aus Eisenerz zunächst mithilfe von Erdgas und perspektivisch mit Wasserstoff Eisenschwamm herstellen – und statt CO_2 dann H_2O emittieren. Zweiter Baustein der Dekarbonisierung sind die oft mittelständisch geprägten Elektrostahlwerke, die Schrott mit Strom zu neuem Stahl erschmelzen und in Deutschland für 30 Prozent der Stahlproduktion stehen. Sie können dann klimaneutral produzieren, wenn sie auf grünen Strom in der Produktion und auf Wasserstoff in der Weiterbearbeitung umstellen.

Bei diesem Umbau auf emissionsarme Produktionstechniken und erneuerbare Energien stehen die Unternehmen vor immensen Herausforderungen: Es fallen Baukosten in Milliardenhöhe an, und der Technologiewechsel ist mit dauerhaft höheren Betriebskosten verbunden. Enorme Nachteile für eine Branche, die im globalen Wettbewerb steht und das in einem massiv verschärften Umfeld:

- Geoökonomische Spannungen wachsen, internationale Wettbewerber wie China oder die USA betreiben aktive Industriepolitik und erhöhen den globalen Konkurrenzdruck.
- Es herrscht eine anhaltende Konjunkturschwäche mit dramatischen Nachfrageeinbrüchen bei den Kundenbranchen.

- Unfaire, oft CO_2-intensive Billigimporte aus Asien führen zu massiven Wettbewerbsverzerrungen und setzen den Markt unter Druck.
- Die Energiekosten sind in Deutschland im internationalen Vergleich nicht wettbewerbsfähig und stellen eine existenzielle Belastung dar.

In dieser Lage ist eine konsequente politische Flankierung der Industrie schlichtweg unerlässlich. Doch hier bestehen noch deutliche Lücken.

Schutz vor Carbon Leakage und außenhandelspolitische Absicherung jetzt!

In Zeiten geopolitischer und geoökonomischer Verwerfungen und einem Krieg mitten in Europa muss die EU Handlungsfähigkeit beweisen und Deutschland wieder mit einer geeinten Stimme in Brüssel auftreten. Wichtigster Punkt ist hier der Schutz vor den Auswirkungen der global weiter ungebremst wachsenden Stahl-Überkapazitäten. Nach Berechnungen der OECD sind diese Überkapazitäten 2023 auf über 550 Millionen Tonnen angewachsen – vor allem im Bereich der kohlebasierten Erzeugungsrouten und vor allem in Asien. Knapp die Hälfte der globalen Rohstahlkapazitäten fokussieren sich auf China, das weiterhin zum Großteil auf traditionelle kohlebasierte Erzeugungstechnologien setzt und sich damit für Jahrzehnte auf CO_2-intensive Produktionsmethoden festlegt.

Als Konsequenz dieser Überkapazitäten wird Europa mit massiven, oft unfairen Billigimporten insbesondere aus China überschwemmt. Durch diese seit Jahren immer stärker werdenden Importe haben sich die Wettbewerbsbedingungen für die europäische Stahlindustrie immer weiter verschlechtert.

Um die Unternehmen zu schützen und den Umbau der deutschen und europäischen Stahlindustrie abzusichern, braucht es ein Umdenken und konsequentes Handeln der Europäischen Kommission. Dazu gehört der konsequente Einsatz bestehender EU-Handelsschutzinstrumente unter Ausschöpfung aller Möglichkeiten, die das WTO-Recht bietet. Und dazu gehört die effiziente Entwicklung des EU-Grenzausgleichs (CBAM) zu einem wirksamen Instrument, damit endlich ein Level Playing Field mit internationalen Wettbewerbern hergestellt wird, die keinen Emissionshandel kennen und keine CO_2-Kosten zu schultern haben.

Energiekosten senken heißt Wettbewerbsfähigkeit erhöhen

Ein weiterer systemischer Standortnachteil sind die im europäischen und internationalen Vergleich nicht wettbewerbsfähigen Energiekosten in Deutschland. Dabei ist klar: Ausreichende Mengen an erneuerbarem Strom zu bezahlbaren Preisen sind die Voraussetzung für den Umbau zur Klimaneutralität. Denn dieser Umbau beruht auf Elektrifizierung – ob direkt durch den Einsatz von Strom oder indirekt durch den Einsatz elektrolytisch erzeugtem Wasserstoff. International wettbewerbsfähige Stromkosten sind daher ein entscheidender Schlüsselfaktor.

Doch genau hier liegt das Problem: Die Großhandelspreise für Strom liegen weit höher als in den USA und in China – und auch französische, spanische oder schwedische Unternehmen können mit niedrigeren Strompreisen kalkulieren. Dazu kommen in Deutschland die seit 2024 explosionsartig gestiegenen Übertragungsnetzentgelte, die allein in der Stahlindustrie 300 Millionen Euro jährliche Zusatzkosten verursachen. Geld, das nicht wie vorgesehen in Deutschland investiert werden kann, sondern buchstäblich »verbrannt« wird.

Gerade für die Elektrostahlroute sind diese hohen Stromkosten eine existenzielle Belastung. Und auch die Hochofenroute wird in Zukunft auf wettbewerbsfähige Stromkosten angewiesen sein, denn ihr Strombedarf erhöht sich durch den Umstieg vom Hochofen zur Direktreduktionsanlage um den Faktor vier bis fünf. Und dieser muss – im Gegensatz zur heutigen Situation, in der die integrierten Hüttenwerke ihren Strom aus im Produktionsprozess anfallenden Kuppelgasen zum größten Teil selbst produzieren – vom Markt bezogen und über das öffentliche Netz transportiert werden. Der gesamte Strombedarf der Branche wird sich bis 2030 um 12 Terawattstunden erhöhen.

Deshalb brauchen wir von der Politik strukturelle und langfristig wirkende Lösungen! Ein planbarer und wettbewerbsfähiger Industriestrompreis, der Netzentgelte und Umlagen umfasst, wäre die beste Lösung zur Nivellierung dieses Standortnachteils – für die Stahlbranche wie für die gesamte energieintensive Industrie. In jedem Fall braucht es langfristig ein effizientes und funktionierendes Strommarktdesign, das auch eine staatliche Finanzierung der transformationsbedingten Netzkosten umfasst. Und als politische Sofortmaßnahme müssen die Übertragungsnetzentgelte so schnell wie möglich wieder auf das Niveau von 2023 gesenkt werden.

Wasserstoff und Erdgas – beides hilft dem Klima!

Für eine klimaneutrale Stahlproduktion wird klimaneutraler Wasserstoff gebraucht – für die Umstellung der Hochofenroute auf Direktreduktionsanlagen (DR-Anlagen), und perspektivisch auch in den Elektrostahlwerken als Ersatz für Erdgas zur Prozesswärmeerzeugung.

Doch für die im internationalen Wettbewerb stehende Stahlindustrie ist wesentlich, dass der Wasserstoff nicht nur vorhanden, sondern auch bezahlbar ist. Und in Deutschland und Europa sind wir davon weit entfernt. Als pragmatischer Zwischenschritt können die Unternehmen zunächst Erdgas einsetzen. Durch diese Flexibilität unserer Industrie können mögliche Verzögerungen beim Wasserstoffhochlauf abgefedert – und zugleich bereits über 60 Prozent CO2-Einsparungen erreicht werden. Schon aus diesem Grund muss das politische Augenmerk in den kommenden Jahren auch auf bezahlbaren Gaspreisen liegen.

Parallel sollte der ins Stocken geratene Wasserstoffhochlauf beschleunigt werden: Durch den raschen Aufbau des Wasserstoffnetzes, durch Offenheit für alle Wasserstofffarben und durch eine pragmatischere Regulierung.

Pilotmärkte als marktwirtschaftlicher Weg in die Zukunft

Der heutige Markt gibt einem klimafreundlich hergestellten Produkt noch keinen eigenen Wert, im Gegenteil: Die Produktion dieser Produkte ist teurer. Deshalb sollte die Nachfrage nach emissionsarmen Grundstoffen mithilfe marktwirtschaftlicher Anreize gesteigert werden. Das sieht auch der wissenschaftliche Beirat des BMWK [157] als unerlässlich an. Um die Mehrkosten der klimaschonenden Stahlproduktion aufzufangen und die Wirtschaftlichkeit zu ermöglichen, muss eine Nachfrage und

Zahlungsbereitschaft für den emissionsarmen, aber teureren Stahl angereizt werden. Dazu sollten Leit- oder Pilotmärkte für klimafreundliche Grundstoffe geschaffen werden – begonnen bei der öffentlichen Hand. Denn ein Staat, der seiner Gesellschaft und der Wirtschaft das Ziel der Klimaneutralität politisch vorgibt, sollte dann auch mit gutem Bespiel voran gehen und die klimaneutralen Produkte kaufen. Auf nationaler Ebene muss deshalb das Vergaberecht novelliert werden, auf europäischer Ebene sollten die öffentlichen Beschaffungsrichtlinien konsequent auf den Einkauf nachhaltiger und CO2-armer Materialien ausgerichtet werden.

Fazit: Eine nachhaltige Stahlindustrie als Fundament für die Zukunft

Was notwendig ist, um unsere Industrie in diesen schweren Zeiten wettbewerbs- und zukunftsfähig zu machen, wurde bereits vielfach beschrieben – etwa im Handlungskonzept Stahl der Bundesregierung 2020[158] und im Nationalen Stahl-Aktionsplan 2024[159]. Was jetzt nottut, ist beherztes Handeln: Wir brauchen eine aktive Industriepolitik, die sich mit European-Content-Regeln klar zum Standort Deutschland und Europa bekennt.

Die kommenden Jahre werden entscheidend dafür sein, ob Deutschland und Europa ihren Platz als führende Standorte für nachhaltige Industrieproduktion behaupten können. Die Unternehmen stehen bereit, haben investiert, bauen um. Jetzt gilt es, die politischen Weichen zu stellen – für eine wettbewerbsfähige, klimaneutrale und resiliente Stahlindustrie, die Wohlstand und Stabilität für kommende Generationen sichert.

Stefan Dohler

Klimaschutz und digitale Teilhabe

Die Transformationsaufgabe unserer Generation

Eine intakte Umwelt ist der Schlüssel zu einer nachhaltigen und prosperierenden Zukunft. Sie bildet die Grundlage für ökologische Stabilität, wirtschaftliche Stärke, soziale Teilhabe und politische Resilienz. Der Weg zu einem klimaneutralen und stärker digitalisierten Energiesystem ist daher auch keine rein technische Herausforderung. Vielmehr erfordert er eine ganzheitliche Transformation, die ökologische, soziale, wirtschaftliche und geopolitische Aspekte miteinander verbindet. Dabei liegt ein Schlüssel in der konsequenten Nutzung regionaler Stärken in Deutschland, um volkswirtschaftliche Effizienz zu gewährleisten und die Kosten für Bürgerinnen und Bürger so gering wie möglich zu halten. Ein anderer ist die seriöse Kommunikation der Notwendigkeiten und Chancen. Das gezielte Schlechtreden unbestreitbarer Erfolge aus politischem Kalkül muss daher dringend enden. Klimaschutz und intakte Umwelt sind längst drängende Themen jedweder Regierungskoalition – und »grün« in diesem Fall keine politische Farbe.

Die Umstellung auf erneuerbare Energien und digitale Technologien ist nicht nur eine ökologische Notwendigkeit, sondern auch eine wirtschaftliche Chance. Investitionen in grüne Energien und intelligente Netzwerke schaffen Arbeitsplätze, reduzieren Kosten und machen die Wirtschaft widerstandsfähiger gegen externe Schocks. Insbesondere in der Energiewirtschaft und durch den Einsatz digitaler Technologien können nachhaltige Lösungen zur Sicherung des wirtschaftlichen Erfolgs beitragen. Eine intakte Umwelt ist vor diesem Hintergrund die Basis für stabile Wertschöpfungsketten, innovative Geschäftsmodelle und langfristige

Prosperität. Die optimale Nutzung regenerativer Energiequellen kann außerdem dazu beitragen, geopolitische Abhängigkeiten zu reduzieren, Konflikte zu vermeiden und internationale Kooperationen zu stärken. Deutschland kann durch eine umweltorientierte Politik seine Position als globaler Akteur festigen und gleichzeitig zur Stabilität und Sicherheit in der Welt beitragen.

Die Herausforderung, ein klimaneutrales Energiesystem bis 2045 zu schaffen, ist enorm. Es geht darum, Energie sicher, nachhaltig und bezahlbar zur Verfügung zu stellen, während wir gleichzeitig die fossilen Grundlagen früherer Jahrzehnte hinter uns lassen. Die Balance zwischen Bezahlbarkeit, Nachhaltigkeit und Versorgungssicherheit stellt dabei eine kontinuierliche Herausforderung dar. Wie viele andere Akteure auch arbeitet EWE daran, diese fragile Balance zu halten und so die Akzeptanz bei der Bevölkerung für den Transformationsprozess zu stärken.

Die Energiewende ist dabei weit mehr als ein rein technisches Projekt: Sie ist ein gesellschaftlicher Umbau, der eine gerechtere, sicherere und nachhaltigere Zukunft schaffen kann. Daher darf der Fokus nicht nur auf technologische Innovationen gerichtet sein, sondern muss ebenso die sozialen und kulturellen Rahmenbedingungen berücksichtigen. Diese umfassende Perspektive macht die Energiewende zu einem Leuchtturmprojekt für eine resiliente und integrative Gesellschaft, in der regionale Stärken genutzt und übergreifende europäische und globale Ziele erreicht werden. Gemeinsam mit Partnern und der Gesellschaft können wir diese Aufgabe meistern und eine Zukunft schaffen, die für alle lebenswert ist.

Als mehrheitlich kommunal getragenes Unternehmen hat EWE allein im Jahr 2023 über 1,15 Milliarden Euro in die Transformation hin zu klimaneutralen Technologien investiert. Dieser Trend setzt sich fort: In den kommenden Jahren sind Investitionen von bis zu 16 Milliarden Euro geplant, um den Aufbau eines zunehmend klimaneutralen und digitalisierten Energiesystems voranzutreiben. Für unsere Heimatregion, den Nordwesten Deutschlands, ist das wie ein Konjunkturprogramm: Studien belegen, dass jeder bei uns investierte Euro rund 70 Cent regionale Wertschöpfung nach sich zieht.

Die deutschlandweiten Investitionen in eine klimaneutrale und digitalisierte Energieinfrastruktur schaffen also enorme wirtschaftliche Potenziale: Allein im Bereich der erneuerbaren Energien können bis 2030 Hunderttausende neuer Arbeitsplätze entstehen. Die Transformation eröffnet nicht nur Chancen für große Unternehmen, sondern auch für Start-ups, die innovative Technologien entwickeln. Dies umfasst sowohl die Produktion von Photovoltaikmodulen und Windkraftanlagen als auch die Entwicklung smarter Steuerungssysteme, die in der Lage sind, Energieflüsse autonom und effizient zu managen. Gleichzeitig entstehen neue Dienstleistungssektoren rund um Energieberatung und -management, die Verbraucher und Unternehmen bei der Umstellung auf eine nachhaltige Energienutzung unterstützen. Die Verknüpfungen mit anderen Sektoren wie Mobilität oder Industrie bieten weitere Chancen: Sektorenkopplungstechnologien, die beispielsweise den Überschussstrom aus erneuerbaren Energien in Wasserstoff für die Stahlproduktion umwandeln, können eine treibende Kraft der deutschen Wirtschaft werden. Mit unserem Großprojekt »Clean Hydrogen Coastline« setzen wir beispielsweise auf den Aufbau einer umfassenden Wasserstoffinfrastruktur, einschließlich Produktionsanlagen, Pipelines und Speichermöglichkeiten. Mit über 800 Millionen Euro Investitionsvolumen stellt dieses Projekt einen zentralen Baustein der Transformation dar.

Die rasant wachsenden Möglichkeiten der Digitalisierung sind hierbei ein unverzichtbarer Beschleuniger. Durch intelligente Steuerungssysteme können Produktionsprozesse effizienter gestaltet und Energieflüsse in Echtzeit optimiert werden. Unternehmen profitieren von sinkenden Betriebskosten und einer verbesserten Wettbewerbsfähigkeit, während gleichzeitig neue Arbeitsplätze geschaffen werden – insbesondere in zukunftsorientierten Sektoren wie der KI-gestützten Energieanalyse und der Entwicklung smarter Netze. Zusätzlich fördert die Transformation die Entstehung neuer Geschäftsmodelle. Peer-to-Peer-Energiehandel über Blockchain-Technologien ermöglicht es Haushalten, überschüssige Energie direkt zu handeln. Dies stärkt nicht nur die lokale Wirtschaft, sondern fördert auch die Akzeptanz erneuerbarer Energien, indem Bürgerinnen und Bürger direkt von der Energiewende profitieren können.

Ein herausragendes Beispiel für die regionale Bündelung von Stärken ist die Initiative »Powerhouse Nord«. Diese Energiewende-Allianz hat innerhalb eines Jahres mehr als 150 Akteure aus Politik, Wirtschaft, Wissenschaft und Zivilgesellschaft zusammengebracht, um die Transformation im Norden Deutschlands aktiv voranzutreiben. Denn der Norden bietet ideale Voraussetzungen für die Erzeugung erneuerbarer Energien, insbesondere durch Windkraft und Solarenergie, und wird nach meiner Überzeugung ein Kraftzentrum des neuen Energiesystems werden. Die Allianz gibt der Region ein einheitliches Gesicht nach außen, setzt sich aber auch dafür ein, die gesellschaftliche Akzeptanz der Energiewende vor Ort zu stärken. Über verschiedenste Formate werden die Vorteile erneuerbarer Energien und die Bedeutung der Digitalisierung für die breite Bevölkerung verständlich. Powerhouse Nord lädt mit seinem gesamtgesellschaftlichen Ansatz zur Debatte ein, stärkt die regionale Zusammenarbeit und leistet einen Beitrag zur Förderung demokratischer Prozesse. Die enge Einbindung der Bevölkerung und das Aufzeigen der regionalen Positiveffekte erhöht zudem die Akzeptanz und das Vertrauen in die sichtbaren Veränderungen vor der eigenen Haustür.

Die Dezentralisierung der Energieversorgung durch erneuerbare Energien ermöglicht eine größere Partizipation der Bevölkerung an energiewirtschaftlichen Prozessen. Bürgerenergieprojekte geben den Menschen eine direkte Rolle in der Energiewirtschaft und auch Balkonkraftwerke sind für Viele ein guter, niedrigschwelliger erster Schritt, um sich selbst als aktiver Teil der Energiewende auszuprobieren. Digitale Plattformen eröffnen zudem neue Möglichkeiten der Beteiligung. Von Online-Bürgerforen bis hin zu Abstimmungen über lokale Energieprojekte – die Digitalisierung erleichtert es Menschen, sich in politische Entscheidungsprozesse einzubringen. Gleichzeitig ermöglicht die transparente Bereitstellung von Umweltdaten eine informierte Meinungsbildung und erhöht die Akzeptanz für notwendige Veränderungen.

Ein zentraler Aspekt der Transformation ist es, die Belastungen für Bürgerinnen und Bürger so gering wie möglich zu halten. Regionale Stärken spielen hierbei eine entscheidende Rolle. Deutschland verfügt über vielfältige Ressourcen: Windenergie im Norden, Solarenergie im Süden und Biogasanlagen in ländlichen Gebieten. Durch eine gezielte Nutzung dieser regionalen Potenziale können volkswirtschaftliche Effizienzen gehoben und die Kosten minimiert werden.

Eine Option zur Kostenminimierung besteht darin, flexible Verbraucher systemdienlich in das Energiesystem zu integrieren. Flexible Verbraucher sind z. B. Elektrolyseure, die aus Wasser und erneuerbarem Strom grünen Wasserstoff erzeugen. Werden diese Anlagen an den richtigen Stellen im Netz platziert, können sie Netzengpässe und kostspielige Ausgleichsmaßnahmen vermeiden helfen – zugunsten aller Verbraucherinnen und Verbraucher.

Dies kann am Beispiel des 320 MW-Elektrolyseurs veranschaulicht werden, den EWE derzeit im ostfriesischen Emden errichtet. Zuvor hatte die Fördergenehmigung durch die Europäische Kommission mehrere Jahre gedauert. Wäre die Anlage bereits 2023 in Betrieb gewesen, hätte sie rund 90 Prozent der Strommenge, die an dem nahe gelegenen Umspannwerk engpassbedingt abgeregelt werden musste, aufnehmen und volkswirtschaftlich sinnvoll für die Wasserstoffproduktion einsetzen können. Daneben wären die Kosten für die Beseitigung der Netzengpässe für die Allgemeinheit um über 42 Mio. Euro gesunken.

Um diese positiven Effekte zu nutzen, sollten die politischen Rahmenbedingungen gezielt Anreize zur netzentlastenden und damit systemdienlichen Ansiedlung von Elektrolyseuren setzen. Dies kann z. B. über die dauerhafte Netzentgeltbefreiung über 2029 hinaus für Elektrolyseure erfolgen, die durch ihre ausgewählte Lage zur Netzstabilität beitragen.

Zeit für mutige Entscheidungen

Die Transformation zu einem klimaneutralen und digitalisierten Energiesystem ist eine der größten Herausforderungen unserer Zeit. Sie bietet jedoch auch die Chance, eine gerechtere, sicherere und nachhaltigere Zukunft zu gestalten. Durch den gezielten Einsatz regionaler Stärken kann Deutschland nicht nur seine Klimaziele erreichen, sondern auch wirtschaftliche und gesellschaftliche Vorteile sichern. Es ist daher Zeit für mutige Entscheidungen. Klimaschutz und Digitalisierung sind keine Belastungen, sondern Investitionen in eine lebenswerte Zukunft in einer

intakten Umwelt. Lassen wir uns von der Vision einer nachhaltigen Gesellschaft inspirieren, in der Umwelt, Wirtschaft und Gesellschaft im Einklang stehen. Gemeinsam können wir die Herausforderungen von heute als Sprungbrett für eine bessere Welt nutzen.

Dr. Markus Steilemann

Die Kreislaufwirtschaft als Leitprinzip – Klammer für intakte Umwelt und nachhaltiges Wirtschaften

Deutschland Mitte der 2020er Jahre: in Teilen ein Bild des Jammers. Eine Volkswirtschaft, die mit anhaltendem Mini-Wachstum ihren Rang als Nummer Drei in der Welt gefährdet. Deren stolze Industrien den Boden unter den Füßen verlieren. Und eine Nation, die in Hoffnungslosigkeit, Missmut und Polarisierung abzugleiten droht.

Im aktuellen Edelman Trust Barometer rechnet nur noch jeder siebte damit, dass es der nächsten Generation einmal besser geht. Und ebenso ausgeprägt wie die Depression ist der Frust: Ganze 69 Prozent – auch hier eine deutliche Abweichung vom globalen Durchschnitt – empfinden in Deutschland Groll. Gegen politisch Verantwortliche, gegen Unternehmen, gegen die »oberen Zehntausend«. Eine Unzufriedenheit, die bedenklich ins Extreme tendiert – fast vier von zehn Befragten befürworten einen feindseligen Aktivismus.

Es ist offensichtlich: Unser Land befindet sich nicht nur in einer teils kläglichen wirtschaftlichen Verfassung, sondern auch in einer eklatanten Vertrauenskrise. Immer dringlicher wird der Handlungsbedarf, es wieder nach vorn zu bringen. Der Wirtschaft die richtigen Stimuli sowie den Bürgerinnen und Bürgern überzeugende Perspektiven und Zuversicht zu geben. Zu den drängenden Fragen zählt dabei, ob unser Wohlstands- und Wachstumsmodell in seiner vorherrschenden Form noch tauglich ist. Denn die vielzitierten »Grenzen des Wachstums« sind ja längst überschritten.

Deutschland Mitte der 2020er Jahre – das ist nämlich auch eine Nation, die eigentlich drei Planeten bräuchte, um sich ihr bisheriges Konsumverhalten und ihre Produktionsweisen zu erlauben. Über ein halbes Jahrhundert leben wir schon über unsere Verhältnisse. Borgen uns immer mehr Öl, Kohle, Wasser, Holz, Erze von der Erde, unserem geduldigen Gläubiger. Seit 1970 hat sich der globale Ressourcenverbrauch mehr als verdreifacht. Der Preis wird immer erdrückender: Die Menschheit zahlt für ihren Lebensstil mit Gesundheitsschäden, Klimaveränderungen, Abfallbergen, Artensterben.

Öko-Risiken nicht vergessen

In der Momentaufnahme von heute sind es zwar vor allem die akuten Krisen und Probleme, die weltweit und hierzulande im Blickpunkt stehen: Krieg in Europa und Nahost, geopolitische Verschiebungen, anhaltender Inflationsdruck und schwächelnde Konjunktur insbesondere in Europa. Doch wenn wir auf das Morgen und Übermorgen schauen, über Deutschland und seine Rolle in der Welt nachdenken, dann dürfen wir auch die unterschwelligen langfristigen Risiken nicht aus dem Blick verlieren.

Wir dürfen nicht die Augen davor verschließen, dass zum Beispiel seit 1990 rund drei Viertel aller Insekten in Deutschland verschwunden sind. Dass es hierzulande schleichend immer wärmer wird: Binnen 140 Jahren ist die Lufttemperatur im Mittel um 1,6 Grad gestiegen, deutlich stärker als der weltweite Durchschnitt. Und wir müssen Antworten darauf finden, wie wir unseren anscheinenden unersättlichen Appetit auf Rohstoffe zügeln.

Dazu gilt es zum einen, die Ressourceneffizienz insgesamt weiter zu erhöhen (wofür der Spielraum freilich immer kleiner wird, denn die tiefhängenden Früchte sind fast abgeerntet). Vor allem aber müssen wir weniger von den falschen Ressourcen verbrauchen. Und das heißt ganz klar: Weg von den fossilen Quellen, deren Nutzung dem Klima schadet, und hin zu alternativen Rohstoffen.

Komplexe Transformation bewältigen

Eine riesige, überaus komplexe Transformation. Sie betrifft nicht nur die Chemie- und Kunststoffindustrie und das produzierende Gewerbe insgesamt, sondern auch die anderen klimarelevanten Sektoren: Energie, Verkehr, Landwirtschaft sowie Bauen und Wohnen. Immerhin haben sie den technologischen Fortschritt auf ihrer Seite. Denn überall da, wo bislang noch fossiler Kohlenstoff die Hauptrolle spielt, gibt es vielversprechende Alternativen. Sie müssen nur skaliert und wettbewerbsfähig gemacht werden.

So sind Abfälle beziehungsweise ausgediente Produkte ein schier unerschöpfliches Kohlenstofflager, das es konsequent auszubeuten gilt. Ferner ist CO_2 nicht mehr nur der Klimakiller, sondern entwickelt sich zunehmend zum nützlichen Rohstoff, unter anderem in der Kunststoffproduktion. Wir sollten uns daher weder der Nutzung noch der Abscheidung und Speicherung von CO_2 (CCU und CCS) verschließen. Komplettiert wird das Trio der alternativen Ressourcen durch Biomasse, die besonders umweltverträglich ist, wenn sie aus Pflanzenbestandteilen der nächsten Generation wie Rinde, Stroh oder Zellulose besteht.

In vielen Fällen existieren bereits handfeste Technologien für alternative Rohstoffe oder stehen an der Schwelle zur Marktreife. In der Kunststoffbranche zum Beispiel ein völlig neues Verfahren, um die wichtige Chemikalie Anilin – unter anderem Bestandteil von Dämmplatten für Gebäude und Kühlgeräte – komplett aus pflanzlicher Biomasse herzustellen.

Einigende Vision bieten

Eine Umwälzung der Ressourcenbasis ist also nicht nur möglich, sondern bereits im Gange. Damit sie ein durchschlagender Erfolg wird, brauchen wir aber nicht allein gute Technologien, ambitionierte Ziele und großes Engagement. Wir brauchen auch ein ideelles Koordinatensystem. Eine einigende Vision, die uns mitreißt und motiviert – die Wirtschaft, die Politik, die Gesellschaft, jeden Einzelnen. Das ist für mich das Konzept der Kreislaufwirtschaft. Sie sollte zum globalen Leitprinzip werden mit Deutschland als treibender Kraft.

Der Übergang zu einer stärker kreislauforientierten Wirtschaft könnte Innovationen anregen, das Wachstum ankurbeln und Arbeitsplätze schaffen. So könnten Studien zufolge auf EU-Ebene bis 2030 rund 700.000 neue Jobs entstehen.

Zirkularität heißt: Güter öfter und länger nutzen und damit Konsumismus, Obsoleszenz und Übersättigung etwas entgegensetzen. Zirkularität bedeutet: Produkte so zu gestalten und herstellen, dass sie einfach repariert, mehrfach verwendet und gut wiederverwertet werden können. Des einen Müll muss den anderen Rohstoff werden. Kunststoffabfall etwa wird derzeit weltweit nur zu neun Prozent recycelt, und auch in Deutschland ist die Quote mit 35 Prozent noch ausbaufähig.

Noch etwas weiter und breiter gedacht, müssten wir unser gesamtes Wirtschaftssystem deutlich nachhaltiger machen. Wenn ich mir das Deutschland der Zukunft vorstelle, dann sehe ich ein Land vor mir, das konsequent auf nachhaltige Wertschöpfung ausgerichtet ist. Das die Ziele für nachhaltige Entwicklung klar adressiert, die auf der globalen Agenda stehen, und die Chance nutzt, zu einem Zentrum für entsprechende Zukunftstechnologien zu werden.

Ich sehe ein Land, das mit einem nachhaltigeren Wirtschaftsmodell auf zirkulärer Basis auch das Wohlbefinden und die Lebensqualität der Menschen befördert. Und sich so eine zukunftsfähige gesellschaftliche Basis schafft – solidarisch, robust und insgesamt zufriedener.

Masterplan für Deutschland entwickeln

Doch zurück in die Gegenwart. Die ist leider ernüchternd. Kirchturmpolitik und Partikularinteressen dominieren. Wir verheddern uns in Diskussionen über Tempolimits, Heizungsverbote, überbieten uns mit hastigen Vorschlägen etwa in der Migrationspolitik, während wir doch endlich einen kohärenten, langfristigen Masterplan für Deutschland brauchen. Das geht aber nur, wenn auch ein neuer Kooperationsstil Einzug hält, mit einem Höchstmaß an Agilität, Flexibilität und Pragmatismus.

Die Chemie- und Kunststoffbranche jedenfalls steht bereit, um mit ihrem eigenen Masterplan die grüne Transformation zu unterstützen. Indem sie klimaneutrale Produkte aus alternativen Rohstoffen für viele Schlüsselsektoren bereitstellt – vom Elektroauto bis zum Windrad. Und indem sie ihre eigene Ressourcenbasis umbaut. Ein Riesenprojekt. Mutige Entscheidungen sind zu treffen, Expertentum auf höchstem Niveau ist gefragt. Wir brauchen einen langen Atem, werden neue Wege gehen, müssen vieles ausprobieren. Es gilt, Investitionsströme umzuleiten, funktionierende Märkte zu schaffen, nachhaltige, zirkuläre Produktionsweisen zu gewährleisten. Und, vermutlich die größte Herausforderung: Den Kunden müssen überzeugende Lösungen angeboten werden.

Daher brauchen wir für diesen Totalumbau richtig gute Rahmenbedingungen. Wir müssen wissen, woran wir sind, worauf wir zählen können. Ganz besonders ist das die Aussicht auf sehr viel klimaneutrale Energie zu wettbewerbsfähigen Preisen. Nötig ist zudem eine flächendeckende Infrastruktur, um die Versorgung vor allem mit Wasserstoff und Kohlendioxid sicherzustellen. Ein weiteres großes Thema: die durchgängige Digitalisierung des Landes; für die Kreislaufwirtschaft unter anderem zur Einführung von digitalen Produktpässen. Und selbstredend braucht es weniger bürokratische Auflagen und mehr Tempo in den Planungs- und Genehmigungsverfahren.

Zu echter Marktwirtschaft zurückkehren

Was wir absolut nicht brauchen, sind zum Beispiel gedankliche Scheuklappen. Vorgaben, welche Technologien wie zu nutzen sind und welche nicht, helfen nicht weiter. Wir brauchen keinen Dirigismus, sondern echte Marktwirtschaft und eine Rückkehr zu einer rahmensetzenden Politik. Nur auf diese Weise können wir bei Innovationen und Kosteneffizienz das volle Potenzial heben, um Deutschland nicht nur nachhaltiger, sondern auch wettbewerbsfähiger zu machen. So sollte etwa das noch neue chemische Recycling nicht zerredet, sondern unterstützt werden. Denn es ist bei bestimmten Kunststoffen, die nicht wie üblich geschreddert werden können, die einzig sinnvolle Methode der Wiederverwertung.

Das Potenzial, das hier steckt, lässt sich an einem Alltagsgegenstand verdeutlichen: Matratzen. 40 Millionen Stück werden davon jedes Jahr in Europa ausrangiert. Üblicherweise landen sie in Deponien oder in Müllverbrennungsanlagen. Doch es geht auch anders: Eine smarte neue Technologie für chemisches Recycling erlaubt es endlich, das Innenleben, also den bequemen Schaumstoff unter dem Überzug, wiederzuverwerten.

Recycling ausbauen, alternative Rohstoffe nutzen, die Kreislaufwirtschaft als Leitprinzip verwirklichen: Das sind für mich die Stellhebel für das Deutschland der Zukunft. Ich hoffe auf eine Nation, die in der zweiten Hälfte der 2020er Jahre das Steuer herumreißt. Die zu einem beispielgebenden Land erwächst, das die Ressourcennutzung in Einklang mit den ökologischen Grenzen bringt und Wertschöpfung in nachhaltige Bahnen lenkt.

Jochen Hauff*

Der doppelte Nexus: Schutz von Land, Leuten und Lebensgrundlagen als neues Narrativ für Umweltschutz und gesellschaftliche Stabilität

Deutschland steht vor der Herausforderung, die Ziele des Umwelt- und Klimaschutzes mit anderen zentralen Dimensionen der Zukunftspolitik zu vereinen: Wirtschaftliche Entwicklung und Wettbewerbsfähigkeit, soziale Teilhabe, Sicherheit und internationale Kooperation und die Qualität der Demokratie sind allesamt zentral für die Stabilität unserer Gesellschaft in ihrer freiheitlich demokratischen Ordnung. Wirtschaftliche Prosperität (bzw. zumindest die realistische Aussicht darauf) sowie (geo-) politische Stabilität ermöglichen auch den Erhalt des fragil gewordenen Friedens. Dabei ist der Schutz von Klima, Biodiversität und Ressourcen nicht ein separater »Umweltaspekt«, sondern die Voraussetzung für das Funktionieren unserer Gesellschaft. Abbildung 1 stellt diesen **»doppelten Nexus«** als vereinfachtes Modell der Polykrisen dar, die z. B. in der »Globalen-Risiko-Landschaft« des Weltwirtschaftsforums umfassender beschrieben sind.[160] Den Modellen gemein sind die ausgeprägten Interdependenzen der Kernthemen des Umwelt- und Klimaschutzes mit den wirtschaftlichen, politischen und gesellschaftlichen Zielen.

* Der Autor dankt Dr. Mara Kuhl und Prof. Dr. Achim Kemmerling für die Durchsicht und wertvolle Hinweise zum Manuskript dieses Beitrags

Abb. 1: Doppelter Nexus – Lebensgrundlagen und gesellschaftliche Stabilität

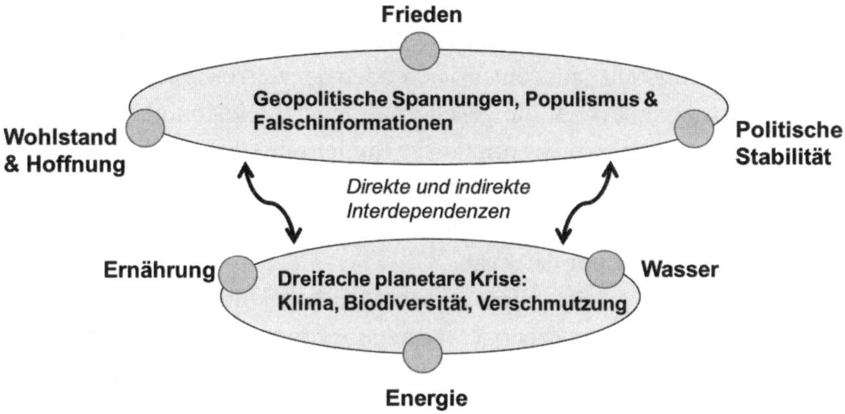

Quelle: Eigene Darstellung, Jochen Hauff.

Das aus der Entwicklungszusammenarbeit stammende Konzept des »Wasser- Energie-Ernährungssicherheits-Nexus«[161] betont die Interdependenz der fundamentalen Lebensgrundlagen. Analog ist deren Gefährdung durch die dreifache Krise – Klimawandel, Biodiversitätsverlust und Umweltverschmutzung incl. Ressourcenverschwendung, miteinander verbunden. Dennoch werden sie in der internationalen oder nationalen (Umwelt-) Politik oft separat behandelt. Entscheidungsprozesse laufen parallel auf hochkomplexen UN Veranstaltungen, unterschiedliche Ministerien arbeiten in Zuständigkeits-Silos, Unternehmen und Investoren wirtschaften auf oftmals engen Fokusmärkten und Informationsaustausch geschieht in »Bubbles.« Es scheint eine Tendenz zum Partikularismus zu geben, wohl auch als menschliche Reaktion auf zunehmende Komplexität und Unsicherheit.

Dieses Vorgehen ist weder effizient noch effektiv. Wir können es uns angesichts des rasant fortschreitenden Klimawandels und der bereits stattfindenden Destabilisierung unserer geophysischen und gesellschaftlichen Systeme nicht länger leisten, Interdependenzen zu ignorieren und die Korrektur dysfunktionaler ökonomischer Anreizsysteme zu verschleppen.[162]

Eine **strategische Neuausrichtung** ist dringend notwendig. Zielkonflikte müssen minimiert und Synergien in der Umsetzung von Lösungen müssen genützt werden, um Geschwindigkeit aufzunehmen. Wir schützen keine »Um-welt« aus romantisierenden oder altruistischen Motiven, sondern wir versuchen, die gesellschaftliche Implosion abzuwenden. Und nein, wir tun es nicht primär für Kinder oder Enkel, wir tun es für uns selbst: Es geht um Veränderung in 2025 – 2030, nicht um Szenarien für 2050 -2100. Die Zeit für Veränderung ist jetzt. Jedes Langfrist-Szenario für 2050+ lenkt nur davon ab.

Zwei zentrale Ansätze sind entscheidend: (1) die **Integration von Lösungsansätzen** für wichtige **Wertschöpfungsnetzwerke** unter der Nebenbedingung von Klimaanpassung und Resilienz und (2) die **prominente Verankerung** des Themas und die **Stärkung von Kollaboration** auf politischer und unternehmerischer Ebene zur beschleunigten Umsetzung dieser Lösungsansätze.

1. Integrierte Lösungsansätze unter der Nebenbedingung der Klimaanpassung

Die Auswirkungen des Klimawandels sind längst spürbar: Extremwetterereignisse gefährden nicht nur die Leben der unmittelbar Betroffenen, sondern auch zahlreiche Wertschöpfungsketten und die physische Infrastruktur. Die verbundenen Krisen des Biodiversitätsverlusts und der Verschmutzung bzw. der Verschwendung wichtiger natürlicher Ressourcen tragen ebenfalls zu massiven volkswirtschaftlichen Kosten bei. Eine resiliente Volkswirtschaft ist nicht nur eine Frage von Gesundheit oder Naturschutz, sondern wesentlich eine von wirtschaftlicher Planbarkeit und der Profitabilität von Investitionen in Zeiten wachsender Dynamik, in denen das planetare System an seine Grenzen gerät.[163]

Die verbesserte Resilienz von Liefer- und Wertschöpfungsketten mittels integrierter Lösungsansätze drückt sich auch in der Begriffserweiterung zum **Wertschöpfungsnetzwerk**[164] aus: Ein Netzwerk verfügt über Reserven, die eine Kette nicht hat.

Abb. 2: Exemplarische Lösungen für ausgewählte Wertschöpfungsnetzwerke

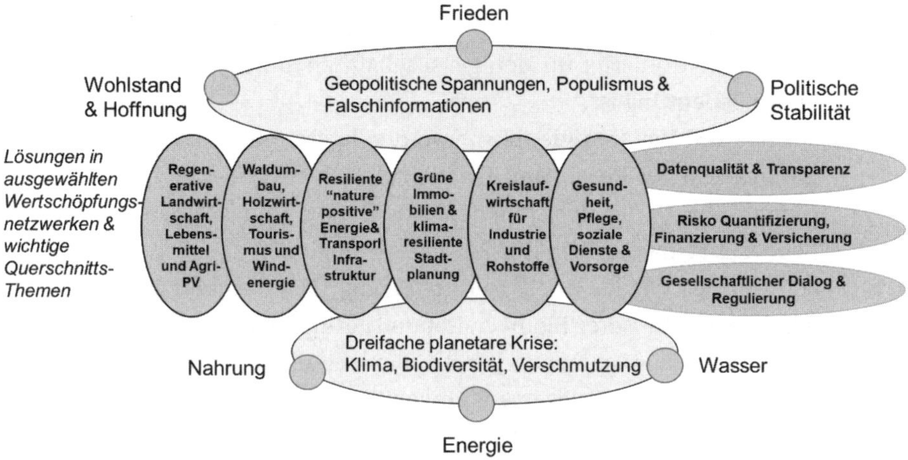

Quelle: Eigene Darstellung, Jochen Hauff.

Folgende Beispiele für integrierte Lösungsansätze in solchen Netzwerken und für wichtige Querschnittsthemen zeigen, dass ökonomische Rationalität Resilienz ermöglicht. Hier werden drei der in Abbildung 2 dargestellten Wertschöpfungsnetzwerke, sowie zwei Querschnittsthemen aus dem Kompetenzbereich des Autors exemplarisch andiskutiert.

- **Landwirtschaftliche Nahrungsmittelproduktion** steht unter massivem Druck durch Dürren und Überflutungen, Biodiversitätsverlust und nitratverseuchtem Wasser. Hinzu kommen teilweise prekäre Arbeitsbedingungen und eine tatsächliche oder gefühlte Perspektivlosigkeit im ländlichen Raum. Große **Nahrungsmittelproduzenten** sowie Supermarktketten haben dies teilweise erkannt und versuchen aktiv, Partnerschaften mit lokalen Produzenten aufzubauen. [165] Sie fördern teilweise die Umstellung der Produktionsmethoden z. B. auf regenerative Landwirtschaft, welche eine höhere Klimaresilienz und verbesserte Profitabilität versprechen.[166] Partnerschaften zur Risikoreduktion in der Lieferkette erlauben es so, die Produzenten bei der Umstellung zu unterstützen. Kombiniert ein Landwirt die Umstellung auf **regenerative Landwirtschaft** mit dem Einsatz von **Agri-Photovoltaik**, sind deutliche Verbesserungen der Wirtschaftlichkeit des Hofes machbar.[167] Davon profitieren auch ländliche Gemeinden, deren Funktionieren für den gesellschaftlichen Zusammenhalt von hoher Bedeutung ist.

- Dürren und Waldbrände führten in den letzten Jahren zu massiven Einbußen in der **Forst- und Holzwirtschaft** und zu einer negativen Klimabilanz.[168] Zugleich stellen sie eine Gefahr für das Leben und den Lebensunterhalt, z. B. in touristischen Gemeinden dar, die vom Freizeitwert des Waldes leben. Der notwendige **Waldumbau zu Mischwäldern** mit besserer Biodiversität und geringerem Waldbrandrisiko kommt aber nur schleppend voran, wenn er allein aus den erst langfristig anfallenden Erlösen aus Holzverkauf finanziert werden muss. Ein integrierter Ansatz, z. B. über den Bau eines **Windparks im Wald** kann hier signifikante Erlöse beisteuern. Der Waldumbau hat zudem positive Auswirkungen auf die **Wasserhaltung** bei Starkregenereignissen, was Siedlungen vor Überflutungen schützt, und erhöht die Wirksamkeit des Waldes als »grüne Lunge« für die **Luftreinhaltung** sowie als **Kohlenstoffsenke** im Aufwuchs und im Waldboden. Eine integrierte Sichtweise und Vergütung für einige oder alle Vorteile des Waldumbaus könnte also finanzielle Mittel für Investitionen in die Beschleunigung des Waldumbaus freisetzen.
- Die periodisch notwendige Modernisierung bzw. die gezielte Verstärkung zum besseren Schutz vor Extremwetterereignissen von **Energie-, und Verkehrsinfrastruktur** kann integriert mit Biodiversitäts- und Klimaschutzmaßnahmen geplant und durchgeführt werden. Die »Powerplant«-Studien des europäischen Branchenverbandes Eurelectric zeigen Wirkweise und zahlreiche Fallbeispiele auf. Diese reichen von Pflanzung und extensiver Bewirtschaftung von Wildblumenwiesen unter Umspannwerken bis zur Nutzung rückgebauter Trafostationen als Habitat für bedrohte Tierarten.[169] Regulierungsinnovationen wie beispielsweise die »net-positive« Regulierung für Biodiversität in Großbritannien, können als sinnvolle Weiterentwicklung des »Individuen-Schutzes« einzelner Tier- und Pflanzenarten

zur dringend notwendigen Beschleunigung von Genehmigungsverfahren bei zugleich verbesserten Biodiversitäts-Ergebnissen und erhöhter lokaler Akzeptanz führen.

Die Kreislaufwirtschaft in der industriellen Produktion[170], die klimaresiliente Umgestaltung urbaner Räume,[171] deren Bausubstanz und Wasser Ver- und Entsorgung, sowie das Gesundheitswesen inkl. der institutionellen und heimischen Pflege, sind weitere Wertschöpfungen, die massiv von Umweltveränderungen betroffen sind. Auch hier können systemische Ansätze erhebliche Lösungsbeiträge leisten, die direkt positiv auf Wirtschaftlichkeit und den gesellschaftlichen Zusammenhalt wirken.

Wertschöpfungs-übergreifende **Querschnittsthemen** schaffen wichtige Grundlagen für die erfolgreiche Umsetzung der Lösungsansätze. Zwei Beispiele zur Illustration:

- **Datenqualität & Transparenz:** Ein hohes Maß an Transparenz erlaubt es Unternehmen und der öffentlichen Hand, die Wirksamkeit von Maßnahmen einzuschätzen sowie die Prognosequalität hinsichtlich Risiken und Chancen zu verbessern. Damit ist Datenverfügbarkeit kein Selbstzweck, sondern eine elementare Voraussetzung für effizienten Mitteleinsatz. Der Kritik an überbordendenden Berichtspflichten muss durch Beispiele für die zielgerichtete Verwendung und durch effiziente Methoden der Erhebung begegnet werden. Daten müssen voll verstanden und aktiv verwendet werden, um zu Verbesserungen im Kerngeschäft beizutragen. Nachhaltigkeits-Berichte mit hunderten Seiten Datenanhang trotz fraglicher Datenqualität aufgrund mangelnder Verzahnung mit den produktiven Systemen der erhebenden Unternehmen sind eine Fehlentwicklung, die von den Unternehmen und Prüfern angegangen werden muss.
- **Risikoquantifikation, Finanzierung & Versicherung:** Mit Zuspitzung der Krisen und der wirtschaftlichen Unsicherheit, wird die Bedeutung des Risikomanagements als wichtige Grundlage für die Steuerung des Unternehmens und der Finanzierung und Versicherbarkeit von Investitionen weiter steigen. Gerade bei der Einschätzung von Umweltauswirkungen auf den Geschäftserfolg sind die heutigen Methoden, z. B. der für die Erfüllung von Berichtspflichten notwendigen

»doppelten Materialitäts-Analyse« zwar als erster Schritt sinnvoll, werden aber in der unternehmerischen Praxis nur ungenügend beachtet. Versicherer wissen dies und vertrauen meist nicht auf Risiko-Mitigation durch Unternehmen, sondern erhöhen massiv die Prämien bzw. verweigern den weiteren Versicherungsschutz zur Absicherung der eigenen Risikopositionen. Für viele Unternehmen sind die Auswirkungen der Klimakrise zuerst durch die Kostensteigerung bei der Versicherung bzw. Problemen bei der Versicherbarkeit spürbar. Und auch Privathaushalte sind betroffen: Hochwasser- oder Waldbrand -Versicherungen wird es in vielen Regionen nicht mehr geben. Wenn der Steuerzahler im Katastrophenfall dann einspringt, werden die Kosten des Klimawandels sozialisiert, während die Verursacher, z. B. in der Mineralölindustrie, Rekordgewinne einfahren und deren Besteuerung erfolgreich verhindern.[172]

2. Prominente Verankerung und Kollaboration als Antwort auf die Komplexität der Herausforderungen

Kein Unternehmen, kein Sektor und keine Ebene der Regierung kann die Herausforderungen der dreifachen Umweltkrise allein bewältigen. Notwendig ist als erstes eine der Dringlichkeit entsprechende **prominente Verankerung der Führungsverantwortung** und ein umfassender **kollaborativer Ansatz**, der betroffene Akteure, Geschäftsfelder oder Ressorts einbindet.

Auf **politischer Ebene** wurden in der im Dezember 2024 verabschiedeten Deutschen Klimaanpassungsstrategie (DAS) folgerichtig Ziele für die Anpassung an den Klimawandel ressortübergreifend definiert und so die Grundlage für ein kollaboratives Vorgehen gelegt.[173] Ein breit angelegter Katalog von Zielen und Maßnahmen verdeutlicht die Interdependenz und Breite des Themas. Zugleich zeigen die in der DAS formulierten Ziele und Maßnahmen aber auch, dass wir in vielen Bereichen – und insbesondere im »Cluster Wirtschaft« – ganz am Anfang stehen. Prüfaufträge und Normensetzung stehen im Vordergrund, wichtige Sektoren wie der Energiesektor wurden aufgrund von Ressourcenmangel im Ministerium nicht inkludiert.[174] Die Verabschiedung und Veröffentlichung der Strategie ging im politischen Tumult um den Jahreswechsel 2024/2025 schlicht unter. So bleibt sehr viel zu tun, um den guten Ansätzen in der DAS in der nächsten Legislatur zur Wirksamkeit zu verhelfen.

Ein neues politisches Narrativ vom **Schutz von Land, Leuten und Lebensgrundlagen** unterstreicht die volle politische und wirtschaftliche Dimension der dreifachen Umweltkrise für Menschen und die Wertschöpfung in Deutschland. Es kann zum **Leitmotiv** einer integrierten und kraftvollen Herangehensweise werden. Zudem muss **»Resilienz« Chefsache werden**. Eine Ressortabstimmung unter Federführung des Umweltministeriums wie bei der DAS ist ein Startpunkt – ist aber letztlich zu schwach, um dem Thema gerecht zu werden.

Ähnlich verhält es sich auf **Ebene der Unternehmen**: Die Themen Klima, Biodiversität und Umweltverschmutzung/ Ressourcenverbrauch sind – trotz teilweise jahrzehntelanger Befassung – häufig noch nicht in ausreichendem Maße integraler Bestandteil unternehmerischer Prozesse und Entscheidungen. Die Datenqualität nicht-finanzieller Indikatoren ist oft noch unzureichend. Silodenken zwischen Geschäftsfeldern und Fachabteilungen sowie die kurzfristige Ausrichtung an finanziellen Kennzahlen bestimmen den unternehmerischen Alltag. Und das, obwohl mit dem rechtzeitigen Erkennen der Auswirkungen der Umweltkrisen auf die Lieferketten und die Wertschöpfung des eigenen Unternehmens sowohl Risiken gebannt als auch Chancen wahrgenommen werden können. Man denke an ein Agrarhandelsunternehmen, welches die Ernteausfälle durch Dürre oder Starkregen in Lieferländern frühzeitig hochrechnet, und rechtzeitig alternative Verträge schließt. Oder das Transportunternehmen, welches seinen Kunden Alternativen für die mangelnde Schiffbarkeit bestimmter Flüsse anbieten kann.

Statt unmittelbar an der Wertschöpfung mitzuarbeiten, haben sich viele Nachhaltigkeitsabteilungen zu »Reporting-Maschinen« entwickelt, die nur ungenügende Kapazitäten für die tatsächliche Verzahnung und Umsetzung von Erkenntnissen und Maßnahmen der Nachhaltigkeit mit dem Kerngeschäft der Unternehmen haben. Das derzeit modisch gewordene »Bashing« von Environmental, Social, Governance (ESG) Indikatoren und Berichtswesen, sowie der Verbesserung der Lieferketten-Transparenz demotiviert engagierte Mitarbeiter-/innen und lenkt von der notwendigen Verbesserung und Integration dieser Ansätze im Kerngeschäft ab.

Entscheidend für die unternehmerische Integration ist auch hier die **prominente Verankerung sowie die Überwindung des Silodenkens.** Unternehmen in besonders exponierten Wertschöpfungsketten wie der Nahrungsmittelindustrie, der der Energie- und Wasserversorgung, der Immobilienwirtschaft sowie dem produzierenden Gewerbe mit globalen Lieferketten sollten über die Verankerung der Position eines »**Chief Resilience / Chief Adaptation Officers**« nachdenken. In deren oder dessen Verantwortung wäre dann die Abteilungs- / Geschäftsfeld-übergreifende Zusammenarbeit zur Stabilisierung & Steigerung der unternehmerischen Wertschöpfung durch resiliente Produktion. Die Schaffung solider Datengrundlagen bis hin zur expliziten Berücksichtigung des Faktors Natur in der Erfolgsrechnung[175] und eine jederzeit aktuelle Risiko-/Chancenanalyse minimieren dann die Kosten bzw. realisieren die bislang übersehenen Gewinnchancen durch Resilienz und Integration in die unternehmerischen Entscheidungen.

Fazit: Eine Resilienzstrategie für die Zukunft

Die Integration von Umwelt- und Klimaschutz zur Zukunftssicherung Deutschlands erfordert ein neues Narrativ: Den **Schutz von Land, Leuten und Lebensgrundlagen**. Dieses Narrativ bietet die Chance, in einer zunehmend polarisierten Gesellschaft einen für demokratischen Zusammenhalt notwendigen gemeinsamen Nenner für die Bewältigung der drei Umweltkrisen zu finden und zugleich die Dringlichkeit des Handelns zu vermitteln.

Angesichts der Herausforderungen eines hybriden Krieges und der Bedrohung durch Fake News geht es nicht nur um Strategien zur »Anpassung« an den Klimawandel, sondern um die **Erhöhung der Resilienz der Wertschöpfungsnetzwerke**, für die es dringend eine starke **Verankerung als Priorität** sowie eine **neue Qualität in der Zusammenarbeit** von politischen, unternehmerischen und gesellschaftlichen Akteuren braucht.

Nur mit einem **strategischen und systemischen Verständnis von Resilienz** kann Deutschland als Wirtschaftsstandort und Kernland sich selbst und Europa stabilisieren und im internationalen Handelsgefüge führend bleiben. Die Stabilisierung der Qualität unserer Demokratie und der Rechtsstaatlichkeit bei wieder erstarkender sozialer Teilhabe sichert den gesellschaftlichen Zusammenhalt, auf dessen Basis Deutschland auch seinen Beitrag zur Friedenssicherung in der Welt leisten kann.

Hierfür haben wir keine Zeit zu verlieren. Es besteht **akuter Handlungsbedarf**. Die Zeit zu handeln ist jetzt.

4.
Globale Sicherheit, Stabilität und Kooperation

Prof. Dr. Daniela Schwarzer

Außen- und Geopolitik Deutschlands und Europas in einer multipolaren Weltordnung

Im internationalen Umfeld vollzieht sich derzeit eine Systemumwälzung, die wir in ihrer vollen Dimension noch nicht abschätzen können und in ihren potenziellen Auswirkungen unterschätzen. Getrieben werden die Veränderungen von technologischen Entwicklungen, dem Rückzug der USA als globaler Ordnungsmacht und einer zunehmenden Gewichtsverschiebung in demographischer, wirtschaftlicher, technologischer und verteidigungspolitischer Hinsicht Richtung Asien, mit besonderem Fokus auf China.

In einem Kontext zerfallender Ordnungsstrukturen und wachsenden geopolitischen, geoökonomischen und systemischen Wettbewerbs müssen Deutschland und Europa ihre außenpolitischen und außenwirtschaftlichen Interessen neu definieren. Sie müssen ebenso die Instrumente zu ihrer Verfolgung den neuen Gegebenheiten anpassen. Der erste Schritt dazu ist, die heute bereits manifesten Entwicklungen realistisch zu bewerten und die eigenen Stärken und Schwächen nüchtern zu analysieren.

Die Lage der europäischen und deutschen Volkswirtschaft

Die deutsche Wirtschaft verharrt in der Krise. 2025 wird sie voraussichtlich im dritten Jahr in Folge schrumpfen. Besonders alarmierend: In der ersten Jahreshälfte 2024 sank die deutsche Industrieproduktion im Vergleich zum Vorjahreszeitraum um mehr als 5 Prozent[176]. Immer mehr Unternehmen verlagern Zukunftsinvestitionen ins Ausland oder stellen sie ganz zurück.

Diese Entwicklungen sind teils krisengetrieben und eine Konsequenz der Pandemie, des russischen Angriffskriegs und einer gesunkenen globalen Nachfrage. Ihnen liegen aber ebenso strukturelle Faktoren zugrunde, die bearbeitet werden müssen: Hohe Energiekosten belasten viele Unternehmen, ebenso wie ein zunehmender Fachkräftemangel, Rückstände in der Digitalisierung, schlechte Finanzierungsbedingungen und eine marode Infrastruktur sowie bürokratische Hürden und Berichtspflichten.

Der im vergangenen Jahr veröffentlichte Draghi-Bericht belegt, dass die europäische Industrie insgesamt an Wettbewerbsfähigkeit verliert, vor allem gegenüber China und den USA. Nicht alle Staaten sind gleichermaßen betroffen. Die polnische Wirtschaft könnte laut IWF-Prognosen[177] in diesem Jahr um 3,5 Prozent zulegen. Auch in Spanien, Kroatien und Griechenland entwickelt sich die Volkswirtschaft dynamisch, sodass für die EU insgesamt ein Wachstum von 1,5 Prozent erwartet wird.

Die internationalen Treiber weiterer Veränderungen

Chinas Aufstieg fordert Europa wirtschaftlich wie politisch heraus. Mit dem Ziel, bis 2049 die USA als Supermacht abzulösen, strebt Peking globale Technologieführerschaft an. Das Programm »Made in China 2025« definiert zehn Schlüsselbereiche, darunter Luft- und Raumfahrttechnik, Biotechnologie und Halbleiter. Dank massiver staatlicher Förderung führt China bereits in der Elektromobilität, mit einem Rekordabsatz von fast einer Million verkaufter chinesischer Elektrofahrzeuge allein im Dezember 2024. Im Bereich der Künstlichen Intelligenz fordert das Large Language Model »DeepSeek« seit Januar 2025 führende US-Unternehmen wie OpenAI und Meta heraus.

Chinas Aufstieg zeigt sich auch in zunehmender diplomatischer Präsenz, sei es als Vermittler zwischen Iran und Saudi-Arabien oder durch wachsendes finanzielles und personelles Engagement in internationalen Organisationen, in denen es oft in das Vakuum tritt, das die USA hinterlassen. So wurden zwischen 2015 und 2021 drei – zeitweise sogar vier – der 15 VN-Sonderorganisationen von Chines:innen geleitet. Diese Präsenz folgt einem klaren Ziel: der Umgestaltung der internationalen Ordnung nach eigenen Interessen.

Noch disruptiver als China dürften die **USA** in den kommenden Jahren für die internationale Ordnung und die Entwicklungen in Europa werden, wie Trumps Annäherung an Russland, der US-Rückzug aus internationalen Organisationen sowie Drohungen des Präsidenten, Kanada und Grönland in die USA »einzugemeinden« zeigen. Hinzu kommt der Versuch der USA, europäische Demokratien zu untergraben. Trump-nahe Akteure mischten sich aktiv in den Bundestagswahlkampf ein, um rechtsextreme und pro-russische Kräfte zu stärken. So warb Elon Musk für die AfD und erhöhte künstlich deren Reichweite auf X, während Vizepräsident J. D. Vance bei der Münchner Sicherheitskonferenz zur Zusammenarbeit mit der AfD aufrief und die Meinungsfreiheit in Europa infrage stellte.

Gleichzeitig wächst der wirtschaftliche Druck: Die Drohung, Importzölle von 10 bis 20 Prozent auf europäische Einfuhren zu erheben, sorgt besonders die deutsche Automobilindustrie: 2024 gingen 27 Prozent der Porsche-Neuwagen nach Nordamerika, bei Audi, Mercedes, VW und BMW waren es 12 bis 16 Prozent. Der Druck auf europäische Unternehmen wächst, Investitionen und Produktion in die USA zu verlagern, um Marktzugang zu sichern.

Sicherheitspolitisch verschärft Trump wie erwartet den Ton und stellt den US-Beitrag zur europäischen Verteidigung infrage. Während Deutschland 2024 erstmals seit Jahrzehnten wieder zwei Prozent des BIP in die Verteidigung investierte, verlangt Trump inzwischen fünf Prozent. Für Deutschland wären dies Verteidigungsausgaben von mehr als 210 Milliarden Euro – etwa die Hälfte des letzten Bundeshaushalts. Zusätzlich soll Europa künftig die Hauptlast der Ukraine-Hilfen tragen sowie im Falle einer Friedenslösung Sicherheitsgarantien übernehmen. Deutschland als zweitgrößter Unterstützer wäre gefragt, noch mehr für die Ukraine zu tun.

Noch gravierender ist, dass Trump zunehmend Positionen einnimmt, die den Interessen Russlands dienen und die Souveränität der Ukraine infrage stellen. So bedient sich der US-Präsident russischer Propagandarhetorik, indem er Präsident Selenskyj als »Diktator ohne Wahlen« bezeichnet und ihm fälschlicherweise die Verantwortung für den Beginn des Krieges zuschreibt. Diese Rhetorik findet ihre Entsprechung auch in den Handlungen der neuen US-Administration: So stimmten die USA im Februar 2025 in einer beispiellosen Kehrtwende gegen eine von Europa und der Ukraine eingebrachte UN-Resolution, die Russland unmissverständlich als Aggressor benannte und den sofortigen Abzug seiner Streitkräfte aus der Ukraine forderte.

In einem so veränderten Umfeld könnte Russlands Aggressivität zunehmen. Noch ist Russland zu einem direkten Angriff auf die NATO nicht in der Lage, doch Experten und Geheimdienste erwarten, dass dies spätestens 2030 möglich sein wird. Besonders gefährdet sind dann neben der Ukraine, Georgien und der Republik Moldau auch die ehemaligen Sowjetrepubliken und heutigen Nato- und EU-Mitgliedstaaten Estland, Lettland und Litauen.

Dass Russland, ebenso wie China, bereits jetzt gezielt auch NATO-Staaten hybrid angreift, zeigt sich unter anderem an wiederholten Beschädigungen von Unterseekabeln in der Ostsee. Diese Entwicklungen verdeutlichen die Notwendigkeit eines erweiterten Sicherheitsverständnisses. Zeitgemäße Sicherheits- und Verteidigungspolitik muss neben klassischen militärischen Aspekten verstärkt den Schutz kritischer Infrastruktur, die Abwehr von Cyberangriffen und die Stärkung demokratischer und wirtschaftlicher Resilienz in den Fokus nehmen.

Wirtschaft, Sicherheit, Zusammenhalt im Zusammenhang denken

Diese neue Realität erfordert eine Neubewertung sicherheitspolitischer Prioritäten für Deutschland und Europa. Der Schutz gegen konventionelle und hybride Bedrohungen muss dabei an erster Stelle stehen, denn physische und digitale Sicherheit bilden das Fundament, auf dem unsere Demokratie und unser Wirtschaftssystem basieren. Ohne Schutz vor diesen Bedrohungen sind weder wirtschaftlicher Erfolg noch gesellschaftlicher Frieden dauerhaft gewährleistet.

Sicherheit als Voraussetzung für Wirtschaftskraft

Ohne eine mit stärkerem europäischem Engagement neu aufgestellte europäische Sicherheitsordnung wird langfristig kein stabiler Rahmen für einen prosperierenden Wirtschaftsraum gegeben sein. Daher ist es auch so wichtig, wie Russlands Krieg in der Ukraine beendet wird. Ein anhaltender oder eskalierender Konflikt würde Investitionssicherheit untergraben, Märkte destabilisieren, Lieferketten weiter stören und Staaten zwingen, dauerhaft noch mehr Staatsausgaben für Sicherheit und Verteidigung zu tätigen. Besonders Europa, das stark von einer stabilen und berechenbaren geopolitischen Ordnung abhängt, wäre betroffen.

Eine stabile Ukraine, die sich wirtschaftlich erholen kann und eng an die EU angebunden ist, würde hingegen positive Impulse für die europäische Wirtschaft und Sicherheit setzen. Der Wiederaufbau des Landes könnte neue Märkte erschließen und langfristig zu einer Stärkung der europäischen Wirtschaft beitragen. Zudem könnte eine geopolitische Stabilisierung das Vertrauen in den Investitionsstandort Europa erhöhen.

Langfristig wird die Frage, wie Russlands Krieg in der Ukraine endet, Europas Sicherheitsordnung und strategische Autonomie beeinflussen. Eine erfolgreiche europäische Antwort auf die Krise könnte den Kontinent widerstandsfähiger gegen künftige geopolitische und geoökonomische Schocks machen. Es ist daher im breiten europäischen Interesse, sich nicht nur für eine starke und souveräne EU einzusetzen, sondern auch für eine Friedenslösung für die Ukraine, die die Souveränität, Stabilität, Rechtsstaatlichkeit und wirtschaftliche Entwicklung der Ukraine und in der Region ermöglicht.

Wirtschaftliche Stärke als Voraussetzung für Sicherheit

Um sich sicherheitspolitisch zu behaupten, muss Europa wettbewerbsfähig und resilient werden: Ein vertiefter Binnenmarkt verringert Abhängigkeiten von Technologie und kritischen Rohstoffen aus unsicheren oder geopolitisch riskanten Regionen und stärkt die europäische Verhandlungsposition in einer zunehmend transaktionalen Weltordnung. Eine diversifizierte europäische Wirtschaft kann Handelskriege, Pandemien oder Sanktionen besser überstehen und Schlüsselindustrien wie Rüstung, Halbleiter oder Medizintechnik auf europäischer Ebene entwickeln. Ohne wirtschaftliche Stärke kann Europa keine glaubwürdige Verteidigung aufbauen. Steuereinnahmen aus einem starken Binnenmarkt sind essenziell für Investitionen in die Gesamtverteidigung. Die EU kann durch wirtschaftliche Kraft eigene Innovationen im Verteidigungsbereich vorantreiben und sich gegenüber hybriden Bedrohungen absichern.

Nur ein wirtschaftlich starker Binnenmarkt gibt der EU zudem die Möglichkeit, effektive Sanktionen gegen Staaten zu verhängen, ohne sich selbst massiv zu schaden. In der Handelspolitik kann die EU aus einer Position der Stärke verhandeln was umso wichtiger wird, als die WTO an Bedeutung verliert und sich die globale Handelsordnung zunehmend auf interregionale und bilaterale Abkommen verlagert. In diesem Umfeld gewinnt der Binnenmarkt als einer der größten Wirtschaftsräume der Welt mit über 450 Millionen Verbraucher:innen an strategischer Bedeutung und muss durch vorausschauende Entscheidungen gestärkt werde. Staaten wie China oder Russland haben gezeigt, dass sie Handelsbeziehungen als Waffe einsetzen. Ein robuster Binnenmarkt kann Europa vor solchen Abhängigkeiten schützen.

Wirtschaftlicher Wohlstand ist auch angesichts hybrider Angriffe und wachsender hausgemachter Polarisierung ein Sicherheitsfaktor: Ein starker, innovationsfähiger Binnenmarkt sichert Arbeitsplätze und Wohlstand, was soziale Spannungen und politische Instabilität verringert.

Sozialer Zusammenhalt als Voraussetzung für Prosperität und Sicherheit

Mithilfe hybrider Kriegsführung versuchen China und Russland, aber auch Akteure wie der Iran, in westlichen Staaten gesellschaftlichen Zusammenhalt und politische Stabilität zu untergraben. Der wichtigste Faktor für eine widerstandsfähige Gesellschaft ist der innere Zusammenhalt – und genau dieser wird gezielt attackiert. Soziale Spaltung erhöht die Anfälligkeit für diese Strategien. Externe Einflussnahme, aber auch Polarisierung und Radikalisierung bis hin zur Gewaltbereitschaft treffen dort auf fruchtbaren Boden, wo der Zusammenhalt bereits geschwächt ist. Wer sich als Teil der Gesellschaft fühlt, ist weniger empfänglich für Spaltung und Manipulation – und trägt aktiv zur gesellschaftlichen Resilienz bei. Deshalb ist gesellschaftliche Teilhabe nicht nur eine soziale, sondern auch eine sicherheitspolitische Notwendigkeit und deshalb wäre es kurzsichtig, Verteidigungsausgaben auf Kosten von wirksamen Politiken, die den gesellschaftlichen Zusammenhalt fördern, zu steigern.

Refokussierung auf europapolitische Prioritäten

Ein Teil dieser Aufgabe muss Deutschland wie auch seine Nachbarn für sich selbst erfüllen. Im wirtschafts-, technologie- und verteidigungspolitischen Bereich aber werden sich wirksame Antworten nur in Kooperation mit europäischen Partnern finden lassen. Berlin sollte innerhalb der EU seine eigene, derzeit deutlich geschwächte, Rolle neu definieren und mit größerem politischen Gestaltungswillen und innovativen Ansätzen gemeinsam mit Partnern eine Agenda für ein souveränes, wettbewerbsfähiges und demokratisch gefestigtes Europa voranbringen. Angesichts der vielfältigen internen und externen Herausforderungen – von geopolitischen Spannungen, externer Intervention und divergierenden Interessen innerhalb der Union – ist es essenziell, die strategische Handlungsfähigkeit und Widerstandskraft der EU zu stärken. Bei manchen Themen mag es notwendig sein, in kleineren Gruppen voranzugehen, wenn einzelne Regierungen die EU-27 blockieren. Bei anderen sollte über die Grenzen der EU hinaus kooperiert werden: Das neue geopolitische Umfeld ist auch eine Chance, das Verhältnis zu Großbritannien auf eine neue Grundlage zu stellen.

Dr. Rolf Mützenich

Europa im Zeitalter der Geopolitik: Zwischen Kooperation und Konfrontation

Am 8. Mai dieses Jahres jährt sich das Ende des Zweiten Weltkriegs in Europa zum 80. Mal. Die Niederlage der Achsenmächte markierte nicht nur das Ende einer der verheerendsten Konflikte in der Menschheitsgeschichte und einen Wendepunkt in der europäischen Geschichte, sondern legte auch den Grundstein für eine neue Weltordnung. Mit dem endgültigen Niedergang der einst dominierenden europäischen Imperien entstanden in den Jahrzehnten nach 1945 zahlreiche neue Staaten in jenem Teil der Erde, den wir heute als »Globalen Süden« bezeichnen. Gleichzeitig leitete die Teilung Europas den Beginn des Kalten Kriegs ein, der die globalen Machtverhältnisse und geopolitische Ordnung bis zum Untergang der Sowjetunion gegen Ende des 20. Jahrhunderts prägen sollte.

Heute erleben wir erneut eine weltpolitische Zeitenwende. Die Weltordnung, wie sie nach dem Zweiten Weltkrieg und dem Fall der Mauer entstanden ist, ist mit dem russischen Überfall auf die Ukraine am 24. Februar 2022 endgültig zu Ende gegangen. Europa und die Welt stehen am Beginn eines neuen geopolitischen Zeitalters mit dramatischen Veränderungen. Zum ersten Mal seit Jahrhunderten wird die Welt nicht mehr allein von westlichen Mächten dominiert. Längst konkurrieren alte und neue Großmächte – darunter die USA, EU, China, Russland und Indien – um geopolitischen Einfluss, Rohstoffe, technologische Vorherrschaft und die Kontrolle globaler Handelswege. Zudem gewinnen Mittelmächte wie Südafrika, Indonesien, die Türkei und Saudi-Arabien sowie regionale Bündnisse wie ASEAN zunehmend an Bedeutung. Gleichzeitig erleben wir überall – auch in Europa – die Rückkehr eines aggressiven Nationalismus und eines Denkens in Macht- und Einflusssphären.

Statt wirtschaftlicher und sicherheitspolitischer Verflechtungen, die diese Verwerfungen dämpfen könnten, drohen zunehmend neue Handelskriege und Rüstungswettläufe. Erschwerend kommt hinzu, dass die Funktionsfähigkeit und Akzeptanz internationaler Institutionen wie den Vereinten Nationen, der OSZE, Weltklimakonferenzen oder der Welthandelsorganisation zunehmend in Frage gestellt werden.

Die bewährte liberale und regelbasierte Ordnung wird inzwischen nicht nur von autokratischen Mächten wie China und Russland untergraben, sondern auch Länder des Westens legen selbst die Axt mit an. Besonders die Rückkehr Donald Trumps ins Weiße Haus ist ein schwerer Schlag gegen die regelbasierte Ordnung. Seit seinem Amtsantritt hat der 45. und nun 47. Präsident der Vereinigten Staaten die USA erneut aus dem Pariser Klimaabkommen und der Weltgesundheitsorganisation (WHO) geführt, den Austritt der USA aus dem globalen Mindeststeuerabkommen erklärt, die US-Entwicklungshilfe vorerst ausgesetzt und Strafzölle gegen Kanada, Mexiko und China verhängt. Mehr noch: In seiner Antrittsrede verkündete er ein »goldenes Zeitalter« für die USA und kündigte an, dass die Vereinigten Staaten ihr Territorium erweitern würden. So will er den Panamakanal, eine der wichtigsten Wasserstraßen der Welt, und Grönland annektieren sowie Kanada als 51. Bundesstaat in die USA eingliedern. Noch bleibt unklar, wie ernst Trumps Drohungen tatsächlich zu nehmen sind. Möglicherweise ist seine brachiale Rhetorik nichts weiter als ein kalkuliertes Manöver, um einen in seinen Augen vermeintlich besseren Deal auszuhandeln. Fakt ist jedoch: Innerhalb nur weniger Tage hat Trump wieder jenes Vertrauen und jene Glaubwürdigkeit zerstört, die sein Vorgänger Präsident Biden mühsam wiederherzustellen versuchte. Bereits jetzt ist deutlich, dass die USA unter Trumps Führung drohen, sich von einer Ordnungsmacht, von einem »wohlwollenden Hegemonen«, in eine unberechenbare, nationalistische und möglicherweise sogar imperialistische Macht zu verwandeln.

Ob wir es wahrhaben wollen oder nicht: Die internationale Politik hat sich in den vergangenen Jahren grundlegend verändert. Europa steht in einer solchen neuen Welt ein schwieriger Balanceakt bevor. Einerseits muss die EU wieder lernen, sich in der Machtpolitik der Großmächte zu behaupten. Andererseits sollte sie vermeiden, sich der Logik des Nullsummenspiels zu unterwerfen. Klar ist: Wir können im Wettbewerb der Großmächte nur bestehen, wenn wir unsere Souveränität stärken und klar und deutlich europäische Interessen und Werte gegenüber anderen Großmächten gemeinsam vertreten. Dafür ist es notwendig, dass wir in einzelnen Bereichen und Ebenen die europäische Integration vertiefen und mehr Synergiemöglichkeiten und Gemeinsamkeiten schaffen – falls nötig auch durch die Bildung eines Kerneuropas. Das gilt insbesondere im Bereich der Außen-, Verteidigungs- und Wirtschaftspolitik. Der russische Angriff auf die Ukraine und die Wiederwahl Trumps haben uns eindrücklich vor Augen geführt, dass wir unsere Verteidigungsfähigkeit ausbauen müssen. Dabei sollten wir uns aber nicht vom amerikanischen Präsidenten irgendwelche willkürlichen und abstrusen Prozentzahlen oktroyieren lassen. Vielmehr muss die europäische Verteidigung effizienter gestaltet werden: Derzeit nutzt Europa 172 unterschiedliche Waffensysteme – im Vergleich zu nur 32 in den USA. Diese Kleinstaaterei im europäischen Verteidigungsbereich muss endlich überwunden werden.

Gleichzeitig müssen wir auch eine gemeinsame Wirtschaftsaußenpolitik definieren. Europa steht in einem intensiven globalen wirtschaftlichen Wettbewerb mit anderen Großmächten. Die EU ist mit 440 Millionen Bürgerinnen und Bürgern und 15% des globalen Bruttoinlandsprodukts nach wie vor eine der größten Wirtschaftsmächte der Welt. Doch um wettbewerbsfähig zu bleiben, müssen wir den Binnenmarkt ausbauen und vollenden und unsere Abhängigkeiten in Schlüsseltechnologien wie Halbleiter, KI und digitalen Plattformen reduzieren. Dafür ist es notwendig, dass wir massiv in Zukunftstechnologien, den Umbau zu einer nachhaltigen Industrie sowie in unsere Sicherheit investieren. Der Draghi-Bericht hat deutlich gemacht: Es sind zusätzlich jährliche Mindestinvestitionen von 750 bis 800 Milliarden Euro notwendig, wenn Europa den Anschluss nicht verpassen will. Ebenso klar ist, dass wir dem sich weltweit ausbreitenden Protektionismus entgegentreten müssen. Der freie Welthandel bleibt die Grundlage unseres Wohlstandes in Europa. Die EU sollte daher mit anderen Partnern ein breites Bündnis schmieden, um den internationalen Handel zu verteidigen. Zölle sind Gift für die globale Wirtschaft, die sich noch immer von der Corona-Pandemie und dem russischen Überfall auf die Ukraine erholt und geoökonomische Veränderungen versucht zu verkraften. Vor dem Hintergrund war es ein richtiges und wichtiges Signal, dass sich die EU-Kommission im Dezember 2024 nach mehr als 25 Jahren Verhandlungen mit den Mercosur-Staaten auf die größte Freihandelszone der Welt mit mehr als 700 Millionen Menschen geeinigt hat.

Die Europäische Union, einst als Friedensmacht gegründet, sollte sich weiterhin dafür einsetzen, die fundamentalen Prinzipien der regelbasierten und kooperativen Weltordnung zu verteidigen und den globalen Frieden wiederherzustellen. Ein geeintes Europa, freier Handel und eine friedliche und auf Regeln basierende Weltordnung sind der beste Garant für Stabilität und Wohlstand. Unsere engsten Partner bleiben dabei die westlichen Demokratien, einschließlich Kanada, Australien, Japan und Südkorea. Gleichzeitig muss Europa jedoch neue Partnerschaften und Allianzen jenseits des Westens gründen, insbesondere mit den Ländern des Globalen Südens. Es sind genau jene Länder, die sich in den Jahren nach dem Zweiten Weltkrieg vor 80 Jahren herausbildeten, die über die vergangenen Jahrzehnte an Macht und Einfluss gewannen und zu einer Neuordnung der internationalen Kräfteverhältnisse geführt haben – allen voran China und Indien. Dieser langfristige – und absehbare – Prozess hat freilich auch zu einem relativen Machtverlust des Westens geführt. Der Westen sollte diese Entwicklungen jedoch nicht bedauern. Es ist gut, dass diese Staaten ihre Unabhängigkeit erlangten und ihre eigenen Interessen verfolgen können. Die Frage, die wir uns stellen müssen, lautet vielmehr: Wie gehen wir mit diesen Veränderungen um? Versuchen wir diese Länder einzubinden und eine multipolare Ordnung aktiv mitzugestalten oder halten wir an den überholten Strukturen der Nachkriegsordnung fest? Die Wahrheit ist: Die Weltordnung verändert sich, ganz gleich, ob wir das wollen oder nicht. Der Westen sollte daher den Wunsch dieser Länder nach mehr Mitspracherecht in internationalen Institutionen und einer Partnerschaft auf Augenhöhe unterstützen. Dabei müssen wir auch anerkennen, dass die Zeitenwende in anderen Erdteilen eine andere Bedrängnis und Bedeutung hat als bei uns. Gerade in einer zunehmend fragmentierten und konfrontativeren Welt dürfen wir nicht in ein veraltetes Schwarz-Weiß-Denken zurückfallen. Kluge Außenpolitik bewährt sich gerade im Umgang mit Andersdenkenden. Die Vielfalt dieser neuen Welt mag anstrengend sein, aber sie ist auch eine Chance für eine gerechtere Weltordnung.

Letztendlich muss es unser Ziel sein, eine multipolare Ordnung zu schaffen, die auf dem Völkerrecht und dem Prinzip der Friedfertigkeit beruht. Das beginnt mit der Verteidigung bestehender Institutionen und Verträge, wie dem Pariser Klimaabkommen und der WHO und setzt sich fort in der Reform multilateraler Strukturen im System der Vereinten Nationen. Wir brauchen multilaterale Regeln und Normen, wirksame Mechanismen der Konfliktregelung und der Schieds- und Strafgerichtsbarkeit sowie vertragsbasierte Abrüstung und Rüstungskontrolle. Ebenso sind gemeinsame internationale Antworten auf neue Herausforderungen wie die Folgen des Klimawandels und neuer Technologien notwendig. Die entscheidende Frage ist nicht, ob die Weltordnung sich verändert, sondern ob es uns gelingt, eine multilaterale und auf Regeln basierende multipolare Ordnung zu schaffen oder ob wir in ein dunkles Zeitalter der geopolitischen Konfrontation zurückfallen. Letzteres kann in niemandes Interesse liegen.

Prof. Dr. Volker Perthes

Gestaltungsaufgaben in der multipolaren Welt

Mit der Verpflichtung auf ein vereintes Europa und auf das Völkerrecht definiert bereits das Grundgesetz die Leitprinzipien deutscher Außenpolitik. In einer zunehmend multipolaren Welt wird umso deutlicher, wie sehr diese Orientierungen den Kerninteressen des Landes dienen. Für Deutschland sind ein starkes, souveränes Europa und eine regelgebundene multilaterale internationale Ordnung auch die stärkste Garantie für Frieden, Sicherheit, Wohlstand und den Erhalt des eigenen freiheitlich-demokratischen Systems.

Wenn wir hier von Multipolarität sprechen, dann ist das ein analytisches Konzept, das uns hilft, internationale Systementwicklungen auf den Punkt zu bringen, keine Wunsch- oder Zielvorstellung. Multipolarität beschreibt die Diffusion von Macht und Einfluss in einer Welt, die nicht mehr bipolar aufgestellt ist wie im Kalten Krieg und schon gar nicht unipolar, wie dies vorübergehend nach dessen Ende schien. Ein multipolares internationales System wird aus vier, fünf globalen Polen – den USA, China, der Europäischen Union (EU), perspektivisch Indien und wahrscheinlich auch weiterhin Russland – sowie einer Anzahl regionaler Pole mit je unterschiedlichem Gewicht und unterschiedlicher Anziehungskraft bestehen. Dies wird faktisch eher multiple geopolitische Polarisierungen befördern als ein harmonisches Konzert von Welt- und Regionalmächten.

Tatsächlich begünstigt eine multipolare Konstellation eher transaktionale, auf direkte Leistung und Gegenleistung orientierte, als regelgebundene zwischenstaatliche Beziehungen sowie ein Denken in Einflusszonen. So versucht Russland mit seinem Krieg in der Ukraine den Herrschaftsraum des Russischen Reichs und der UdSSR zumindest partiell wieder herzustellen. Wie weit die Ambitionen von US-Präsident Trump, Amerika auch territorial »größer« zu machen, wirklich reichen, wird man sehen. Allein seine Forderungen an Panama, Grönland oder Kanada verändern die internationalen Spielregeln: Denn wenn der Präsident der USA Gebietsabtretungen von anderen Staaten fordert, dann relativiert das nicht nur den russischen Eroberungskrieg in der Ukraine, sondern leistet auch imperialen Ambitionen anderer Mächte Vorschub.

Für Deutschland und die EU stellt die multipolare Entwicklung der Welt eine systemische Veränderung dar, mit der es realistisch und selbstbewusst umzugehen gilt. Deutschland und die EU werden weiterhin eine multilaterale Ordnung anstreben, die auf der Charta der Vereinen Nationen und einer regelgebundenen Zusammenarbeit beruht. Damit stehen sie nicht allein. Bei aller Kritik an der Machtverteilung in internationalen Institutionen hat eine überwältigende Mehrheit der Staatengemeinschaft sich zuletzt 2024 mit dem von der Generalversammlung der Vereinten Nationen beschlossenen »Pakt für die Zukunft« zur multilateralen Ordnung bekannt. Dieses Abkommen stellt gleichzeitig darauf ab, diese Ordnung und die sie tragenden Institutionen effektiver, inklusiver und fairer zu machen. Das ist auch notwendig: Eine haltbare Ordnung braucht Legitimität, und sie muss die immer veränderlichen Kräfteverhältnisse zwischen den beteiligten Akteuren reflektieren.

Europa in der multipolaren Realität

Die EU wird dabei einen globalen Pol bilden – oder selbst polarisiert werden. Ihre einzelnen Mitgliedstaaten, auch Deutschland, sind je allein zu klein für eine multipolare Welt. Die EU dagegen ist ein kollektiver Machtverstärker und in allen Politikbereichen mehr als die Summe ihrer Einzelteile. Europa hat sich als Wirtschafts- und Regulierungsmacht etabliert, deren Einfluss in erster Linie auf ihrer Wirtschaftskraft und auf dem Binnenmarkt beruht. Nur dadurch gewinnen europäische Regeln globale Wirkung.

Gleichwohl ist die EU als außenpolitischer Akteur weiterhin unterentwickelt. Eine wirksame europäische Außenpolitik ohne oder gar gegen Deutschland wird es nicht geben. Das heißt aber auch, dass Berlin seine Präferenzen gelegentlich hinter die der Mehrheit zurückstellen muss, wenn es eine Stärkung der EU auf der Weltbühne will.

Angesichts zunehmender Ungewissheiten über die Auswirkungen globaler Entwicklungen und schärferer geopolitischer und geoökonomischer Konkurrenzen liegt es auch im deutschen Interesse, die strategische Souveränität der EU auszubauen. Das verlangt eine Stärkung europäischer Wettbewerbs- und Handlungsfähigkeit nicht nur als wirtschaftlicher und politischer, sondern auch als sicherheitspolitischer Akteur. Die Legitimität der EU wird zu einem großen Teil davon abhängen, ob sie von ihren Bürgern und Bürgerinnen als ein Gemeinwesen wahrgenommen wird, das nicht nur regelt, sondern auch schützt: die territoriale Integrität ihrer Mitgliedstaaten, die Freiheit und Sicherheit ihrer Bevölkerung, und natürlich auch eine nachhaltige Wirtschaft und soziale Teilhabe.

Dazu gehört eine fortschreitende Europäisierung der Verteidigungspolitik mit gemeinsamer Rüstungsplanung, -beschaffung und -produktion. Anstelle der alten Forderung nach Lastenteilung (*burden sharing*) zwischen den USA und anderen NATO-Staaten verlangen die USA heute, die Lasten, die zur Verteidigung Europas aufzubringen sind, auf die Europäer zu übertragen (*burden shifting*). Das ist legitim und zunächst einmal eine Kostenfrage. Die Ausgaben der EU-Staaten für Sicherheit und Verteidigung dürften relativ zu ihrer Wirtschaftskraft wieder die Höhe erreichen, die sie noch zu Zeiten Brandt/Schmidt'scher Entspannungspolitik hatten, bevor diese dann tatsächlich zu Entspannung und größerer Sicherheit in Europa führte. Vor allem aber geht es darum, den europäischen Pfeiler der NATO auszubauen. Mehr Symmetrie, sprich: die Fähigkeit Europas, sich zumindest konventionell selbst zu verteidigen, dürfte nicht nur das amerikanische Interesse am Erhalt des transatlantischen Bündnisses wieder stärken. Es würde Europa auch helfen, seine Abhängigkeit von einem transaktionalen Partner zu reduzieren und diesem, wo nötig, Grenzen zu zeigen.

Transatlantische Differenzen über Zölle und Handelsbilanzen sind verhandelbar. Ein grundsätzlicher Dissens zwischen der EU und den USA, perspektivisch auch der EU und China, hingegen dürfte sich über Regeln im digitalen Raum entwickeln. Die EU und ihre Mitgliedsstaaten werden nach innen und außen deutlich machen müssen, dass Gesetze wie der Digital Services Act dem Schutz der EU und ihrer Bürgerinnen und Bürger vor Falschinformationen, Terror- und Gewaltpropaganda dienen. Wenn Europa zeigt, dass es seine Werte, den gesellschaftlichen Zusammenhalt und sein politisches System schützen kann, gleichzeitig offen bleibt für Innovation und Austausch mit der Welt, dann wird es auch seine Anziehungskraft erhalten und anderen Ländern als Orientierungspunkt dienen.

Im Verhältnis zu China gilt es, Risiken zu erkennen, ohne Kooperationschancen aufzugeben, die den gemeinsamen und globalen Interessen nutzen. China ist ein wirtschaftlicher, politischer und in verschiedenen Bereichen auch geopolitischer Konkurrent Europas, bleibt aber als Partner unverzichtbar, wenn es um globale öffentliche Güter, nicht zuletzt in der Klima-, Gesundheits- oder Entwicklungspolitik geht. Statt einer Abkoppelung von China, die eine weitere Fragmentierung des internationalen Systems befördern würde, sollte deutsche Politik weiter auf politisch-gesellschaftlichen Austausch, gerade auch über strittige Fragen der internationalen Ordnung, setzen. Dies nicht nur, weil China ein zunehmend wichtiger Akteur im System der Vereinten Nationen geworden ist, sondern auch, weil es schon aufgrund seines eigenen Wirtschaftsmodells auf stabile internationale Strukturen Wert legt.

Das unterscheidet China von Russland. Russland überzieht ein unabhängiges Nachbarland mit Krieg, versucht aktiv, demokratische Staaten zu destabilisieren, und behindert auch immer wieder die Arbeit der Vereinten Nationen. Russland ist, wie es gegenwärtig agiert, eine unmittelbare Bedrohung Europas, der es sich entgegenzustellen gilt. Aber es ist kein Paria, den man isolieren könnte. Nicht nur ist es dazu zu groß. Deutsches und europäisches Interesse verlangt auch, am Ziel einer europäischen Sicherheitsordnung festzuhalten, die Russland wieder einbezieht – auch wenn dies seit 2022 weit entfernt scheint.

Aktive Partnerschaft mit dem globalen Süden

Die Staaten des globalen Südens sind keine einheitliche Gruppe. Während die ärmeren Staaten sich am *receiving end* globaler Finanzkrisen, des Klimawandels, der Covid-Pandemie und weltweiter Fluchtbewegungen fanden, sehen aufstrebende Mittelmächte des Südens in den gegenwärtigen weltwirtschaftlichen und geopolitischen Entwicklungen vor allem Chancen und Handlungsoptionen. Deutsche Außenpolitik wird sich aktiv um Partnerschaft mit diesen Staaten bemühen und dabei auch Interessensdifferenzen anerkennen müssen. Führende Staaten in der arabischen Welt beispielsweise sind Partner bei erneuerbarer Energie, wünschen sich eine aktive Politik der EU in ihrer Region und sind zu sicherheitspolitischer Zusammenarbeit bereit, wollen sich aber weder bei ihren internationalen Partnerschaften noch bei ihrer politischen Systementwicklung hineinreden lassen. Diese und andere mittlere Mächte des Südens können sich in einem multipolaren und durch transaktionale Beziehungen geprägten System gut positionieren. Für die weit über 100 kleineren Staaten der Welt ist das schwieriger: Sie brauchen feste und verlässliche Regeln und sehen gerade hier die europäischen Staaten als primäre Partner.

Partnerschaft verlangt gegenseitigen Respekt, auch für unterschiedliche politische Vorstellungen. Das ist oft, auch bei deutschen und europäischen Politikern, eine Frage der Attitüde. Die EU und ihre Mitgliedstaaten demonstrieren durch ihr eigenes Beispiel, dass Staaten, die demokratisch und rechtsstaatlich verfasst sind und die Menschenrechte wahren, auch politisch vergleichsweise stabil sind und untereinander besser zusammenarbeiten. Die Anziehungskraft Europas liegt neben der Wirtschaftskraft auch – und im Unterschied zu China – in seiner politischen Verfasstheit. Auch deshalb müssen Deutschland und die EU ihre eigenen demokratischen Systeme schützen und entwickeln. Versuche, das eigene Modell zu exportieren oder internationalen Partnern lehrmeisterhaft zu erklären, welche politischen Prioritäten sie verfolgen sollen, helfen dagegen nicht.

Viele Staaten, die sich wie Deutschland und die EU für eine regelgebundene internationale Ordnung einsetzen und dies auch immer wieder in Abstimmungen der VN-Generalversammlung zeigen, betrachten westliche Politik im internationalen Raum oft genauso kritisch, manchmal auch kritischer, als chinesische oder russische, wollen europäische oder amerikanische Sanktionen nicht mittragen und sich schon gar nicht sagen lassen, wie sie ihre Beziehungen zu anderen globalen Mächten gestalten sollen. In Afrika muss deutsche und europäische Politik mehr tun, um den Eindruck zu vermeiden, dass europäisches Engagement, auch europäische Infrastrukturprojekte, in erster Linie dazu dienen, Staaten in eine binäre Entscheidung zwischen China und dem Westen zu zwingen, die sie sich nicht leisten können – schon gar nicht, wenn chinesische Technologie erschwinglich und unverzichtbar ist, europäische oder amerikanische Alternativen nicht vorhanden sind oder nur mit politischen oder geopolitischen Konditionen kommen.

Deutschland und die EU müssen anerkennen, dass eine multipolare Realität vielen Staaten mehr Auswahl bei ihren wirtschaftlichen und politischen Beziehungen gibt. Die europäischen Staaten tun gut daran, attraktive Angebote zur Zusammenarbeit zu machen, nicht zuletzt bei Infrastrukturentwicklung, erneuerbaren Energien oder Gesundheitsvorsorge.

Deutschlands und Europas Eigeninteresse an einer trotz aller Polaritäten weiterhin regelgebundenen Ordnung verlangt zudem eine glaubwürdige Menschenrechts- und Völkerrechtspolitik. Europa kann Menschenrechte nicht überall durchsetzen, kann sie aber im eigenen Rechtsraum wahren, auch und gerade Migranten und Migrantinnen gegenüber. Europa muss sich überall, ohne geopolitische Vorzeichen, für das humanitäre Völkerrecht und den Schutz von Zivilpersonen einsetzen und Menschen- oder Völkerrechtsverstöße benennen. Deutsche Politik hat eine starke Rolle bei der Etablierung des Internationalen Strafgerichtshofes gespielt und ein Interesse daran, dass dessen Autorität gewahrt bleibt.

Der bereits erwähnte »Pakt für die Zukunft« ist unter gemeinsamer deutscher und namibischer Führung verhandelt worden. Das ist beispielhaft dafür, wie Berlin sich aufstellen kann, um mit Partnern aus allen Teilen der Welt an einer Reform internationaler Ordnungsstrukturen zu arbeiten. Internationale Institutionen müssen effektiver und repräsentativer werden. Das verlangt unter anderem eine Reform der internationalen Finanzarchitektur, die das gewachsene Gewicht des globalen Südens reflektiert, eine bessere Pandemievorsorge einschließlich anerkannter Regeln für eine gerechte Versorgung mit Impfstoffen, und natürlich eine faire Klima- und Klimafolgenpolitik. Europa muss dazu die eigenen Verpflichtungen aus dem Pariser Abkommen energisch umsetzen und gleichzeitig die Länder des Südens mit Kapital und Technologie ermächtigen, sich an veränderte Umweltbedingungen anzupassen, die sie nicht verursacht haben. Nur so werden Erhalt und Fortentwicklung einer globalisierten, offenen Weltwirtschaft möglich sein, die auch Wohlstand, Nachhaltigkeit und politischen Zusammenhalt in Europa sichert.

Alle Politik, auch Außenpolitik ist letztlich lokal. Ohne die Unterstützung der eigenen Bevölkerung kann Deutschland nicht die internationale Mit-Führungsrolle übernehmen, die seine europäischen und internationalen Partner erwarten. Verantwortliche deutsche Politik muss deshalb populistischen Versuchungen widerstehen und demonstrieren, wie sehr Deutschlands nationales Interesse in einem handlungsfähigen und einigen Europa und einer regelbasierten Weltordnung liegt. Beides erhält sich nicht von selbst.

Dr. Stormy-Annika Mildner und Dr. Claudia Schmucker

Wachstum, Nachhaltigkeit und Sicherheit: Deutschland und die regelbasierte Handelsordnung – ein Blick auf die WTO, G7 und G20

Setting the Stage[178]

2024 war ein »Superwahljahr«, mit über 70 Wahlen weltweit, nicht zuletzt in der Europäischen Union (EU), in den USA und Indien. Auch 2025 finden wieder zahlreiche wichtige Wahlen statt, darunter auch in Deutschland. Der Ausgang der bisherigen Wahlen hat gezeigt, dass sich wachsende Teile der Wählerschaft nicht mehr repräsentiert fühlen, wobei populistische und extremistische Parteien von einer zunehmenden Spaltung der Gesellschaft profitieren.

Zahlreiche Länder, so auch Deutschland, haben mit einer Vielzahl von Krisen zu kämpfen: Die sozioökonomischen Auswirkungen der Covid-19-Pandemie sind noch lange nicht überwunden. Die Haushalte werden weiterhin durch hohe Preise belastet, und die Ungleichheit nimmt zu. Dazu bringen die digitale und die grüne Revolution einen Strukturwandel mit spürbaren Einkommensumverteilungseffekten mit sich. Die Auswirkungen des Klimawandels bekommen vor allem diejenigen Teile der Gesellschaft zu spüren, die ohnehin schon marginalisiert sind. Hinzu kommt, dass Kriege, wie der Einmarsch Russlands in die Ukraine, die Sicherheitslage deutlich verändert haben. In vielen Gesellschaften wächst ein Gefühl der Hilflosigkeit; das Misstrauen gegenüber Institutionen und Regierungen nimmt zu.

Die Parteien der politischen Mitte kämpfen somit mit einer Krise, die man als Polykrise bezeichnen kann, und ringen nicht nur mit der Umsetzung angemessener politischer Maßnahmen, sondern auch mit der Suche nach den richtigen Kommunikationsstrategien. Eine einfache

Antwort für Politiker besteht darin, externe Faktoren wie Einwanderung und Handel zum Sündenbock zu machen. Das ist nichts Neues – macht es aber nicht weniger gefährlich. Im Handelsbereich sind bereits Tendenzen zu mehr Protektionismus erkennbar: Der Trade Monitoring Report 2024 der Welthandelsorganisation (WTO) stellte fest, dass von Mitte Oktober 2023 bis Mitte Oktober 2024 der von protektionistischen Maßnahmen betroffene Handel im Vergleich zum letzten Trade Monitoring Report im November 2023 deutlich gewachsen ist. Auch Exportbeschränkungen haben weiter zugenommen.[179] Dies markiert eine Abkehr vom Liberalisierungstrend, der den größten Teil des 20. Jahrhunderts nach dem Zweiten Weltkrieg prägte. Die Ankündigung des neuen US-Präsidenten Donald Trump, einen Basiszoll von 10 bis 20 Prozent auf alle US-Importe einzuführen, ist ein Paradebeispiel dafür. Die internationale, auf Regeln basierende Handelsordnung, in deren Mittelpunkt die WTO steht, verliert in einem zunehmend konfliktreichen geopolitischen und geoökonomischen Umfeld ihren Halt.

Diese Tendenz ist auch besorgniserregend, weil Handel eine wichtige Triebkraft für Wirtschaftswachstum und wirtschaftlichen Wohlstand ist. Dies zeigen empirische Belege, auch wenn die Zusammenhänge zwischen Handel und Inklusivität komplex sind, wie die WTO in ihrem letzten Welthandelsbericht (2024) feststellte. Die Kosten des Protektionismus hingegen könnten schwerwiegend sein, wie verschiedene Studien berechnen. Gleichzeitig zeigt die Empirie auch, dass der Handel nicht automatisch allen zugutekommt. Handel hat immer Umverteilungseffekte – und wenn er schlecht reguliert wird, kann er die sozioökonomische Kluft vergrößern. Hinzu kommt, dass Handel nicht immer mit Demokratisierung und Frieden einhergeht. Während die Geschichte der Europäischen Union (EU) ein gutes Beispiel für »Wandel durch Handel« ist, zeigen sowohl Russlands Invasion der Ukraine als auch Chinas geopolitische Machtbestrebungen, dass Handel und wirtschaftliche Interdependenzen nicht immer Frieden und Stabilität garantieren.

Umso wichtiger ist, (außen-)wirtschaftliche, ökologische und gesellschaftspolitische Ziele stärker zusammenzudenken. Sie stehen nicht im Widerspruch zueinander, sind kein Oxymoron. Die Politik muss wirtschaftliche Entwicklung und soziale Teilhabe fördern, während sie die ökologische Nachhaltigkeit verbessert. Zu diesem klassischen Dreieck der Nachhaltigkeit kommen zwei weitere wichtige Ziele: die Politik muss national gesellschaftliche Spaltungstendenzen überwinden und die Werte einer offenen Demokratie fördern. Und schließlich muss sie international Frieden und Sicherheit garantieren. Diese Ziele lassen sich in einer globalisierten Welt nicht im nationalen Alleingang umsetzen. Daher geht es immer auch um Deutschlands Rolle in der Welt. Das Wirtschaftsforum der SPD bezeichnet dies als Magisches Fünfeck – fünf Säulen für Wohlstand in einer unsicheren Welt.

Der erste Blick für Deutschland muss dabei immer in die EU gerichtet sein. Denn nur mit einer starken EU kann sich Deutschland in dem sich wandelnden geoökonomischen Umfeld behaupten. Da Deutschland zudem auf eine regelbasierte, multilaterale globale Wirtschaftsgovernance angewiesen ist, muss die Analyse zudem den zuständigen internationalen Foren und Organisationen gewidmet werden. Im Folgenden wird der Schwerpunkt auf die globalen Institutionen gelegt, die sich speziell mit Fragen des Welthandels befassen, und in denen sich Deutschland besonders engagiert. Dazu gehören insbesondere die WTO sowie die beiden Foren G7 und G20. Am Beispiel dieser drei Institutionen sollen zwei Fragen beantwortet werden: (1) Welche wesentlichen Ziele des Magischen Fünfecks werden von den drei globalen Institutionen bisher erfolgreich verfolgt? (2) Was kann Deutschland aktiv tun, um auf globaler Ebene alle Themen des Fünfecks für nachhaltiges Wachstum und Wohlstand zu fördern? Dabei wird auch immer der europäische Aspekt mit berücksichtigt.

Die Weltwirtschaftsordnung auf dem Prüfstand: Ein Blick auf die WTO, G7 und G20

WTO

Die WTO wurde 1995 als Nachfolgerin des Allgemeinen Zoll- und Handelsabkommens (General Agreement on Tariffs and Trade, GATT) gegründet, um Regeln für den internationalen Handel festzulegen und durchzusetzen, ein Forum für Handelsliberalisierungen zu bieten, Handelsstreitigkeiten beizulegen und die Transparenz der Entscheidungsprozesse zu erhöhen. Die WTO steht somit vor allem für wirtschaftliche Entwicklung im Magischen Fünfeck. Wie jedoch in der Präambel des Marrakesch Abkommens von 1994 deutlich wird, setzt sie sich auch für nachhaltige Entwicklung und die Teilhabe von Entwicklungsländern ein.[180] Erste Fortschritte im Bereich der Nachhaltigkeit wurden bereits im November 2020 mit der Gründung von drei Initiativen zu Handel und Nachhaltigkeit erzielt, die von verschiedenen WTO-Mitgliedern unterstützt werden. Dazu zählen die Strukturierten Diskussionen zu Handel und ökologischer Nachhaltigkeit (TESSD), der informelle Dialog zu Plastikverschmutzung und nachhaltigem Handel mit Plastik (IDP) sowie der informelle Dialog zu Reformen der Subventionen für fossile Brennstoffe (FFSR). Diese Gespräche sind ein erster Schritt, um Fragen des Umweltschutzes und der Nachhaltigkeit in der WTO zu verankern. Sie finden jedoch nur auf plurilateraler Ebene statt und haben rund vier Jahre später noch zu keinem formalen Verhandlungsmandat geführt. Auch wird ihnen von einigen Mitgliedern die Legitimität abgesprochen. Noch weniger Aufmerksamkeit erhält der Bereich der sozialen Teilhabe in der WTO. Es gibt eine informelle Arbeitsgruppe zu Handel und Gender (Frauen und Handel), die einen Bereich der Teilhabe abdeckt. Die Diskussionen finden jedoch nur auf sehr informeller Ebene statt.

Als globale Institution stehen zwei weitere Ziele des Magischen Fünfecks – Sicherheit und Frieden sowie die Qualität der Demokratie – nicht auf der Agenda, auch wenn sicherheitspolitische Erwägungen und Geoökonomie längst Einzug in die globale Handelsorganisation gehalten haben. Dies zeigt sich nicht zuletzt bei den Konflikten um das Prinzip der »nationalen Sicherheit« als Grundlage für handelspolitische Schutz- und Strafmaßnahmen (Artikel 21 des GATT).

Die WTO versucht zwar, durch ihre handelspolitischen Überprüfungen die Handelspolitik transparent zu gestalten und durch ihre Streitbeilegung Protektionismus und globale Spannungen im Handelsbereich zu entschärfen. Trotzdem sind ihr im Hinblick auf die meisten Ziele des Magischen Fünfecks Grenzen gesetzt: So bleibt das Berufungsgremium auf absehbare Zeit weiter blockiert, und bei vielen Konfliktthemen (wie beispielsweise Subventionen und Industriepolitik) ist die WTO in ihrer Handhabe durch schwache Regeln eingeschränkt.

Aufgrund der engen Verflechtung der deutschen Wirtschaft im internationalen Handel liegt die Förderung eines offenen und regelbasierten Welthandels im strategischen Interesse Deutschlands. Deutschland hat daher – im Rahmen der EU – ein hohes Interesse daran, die krisengeschüttelte Welthandelsorganisation zu bewahren und zu reformieren. Was kann Deutschland im Rahmen der EU tun, um die fünf Dimensionen des Wohlstands im Rahmen der WTO stärker zu berücksichtigen? Zunächst einmal haben Deutschland und die EU die Reform der WTO und die Einhaltung ihrer globalen Regeln als wichtigstes Ziel der europäischen Handelspolitik identifiziert. Sicherheit und Frieden stehen nicht auf der Agenda der WTO – die Organisation sollte mit diesem Ziel auch nicht überfrachtet werden. Gleichwohl trägt eine funktionierende WTO als regelbasierte und globale Organisation dazu bei, die Fragmentierung der Weltwirtschaft in Schach zu halten, und wirkt somit stabilisierend. Die Gründung eines alternativen Streitschlichtungsmechanismus durch die EU (MPIA), um die Lücke des Berufungsgremiums zu füllen, ist daher ein Schritt in die richtige Richtung für die Stärkung des regelbasierten Handels und die Entschärfung von globalen Handelskonflikten.

Gleichzeitig sind Deutschland und die EU aktive Teilnehmer aller drei WTO-Initiativen zu Handel und Nachhaltigkeit. Die Gespräche sind wichtig, müssen jedoch auch zu konkreten Ergebnissen führen. Hier muss sich Deutschland im Rahmen der EU stärker für ein formales Verhandlungsmandat einsetzen. Auch der Bereich der sozialen Teilhabe muss ausgeweitet werden. Deutschland muss sich dafür stark machen, die Bedeutung von Teilhabe für die Akzeptanz von Handel und Handelsabkommen zu vermitteln und durch Outreach eine Gruppe von »first-Movern« in diesem Bereich zu gründen.

Die WTO ist in der Krise. Deutschland und die EU müssen ihre Bemühungen intensivieren, Reformen voranzubringen. Der beste Weg, um moderne Handelsregeln in der WTO zu verankern, sind plurilaterale (Club)Initiativen. Dafür brauchen Deutschland und die EU jedoch Partner. Ein ganzheitlicheres Denken, das das Thema soziale Teilhabe stärker berücksichtigt, könnte helfen, Entwicklungs- und Schwellenländer für die Initiativen zu gewinnen.

G7

Die Gruppe der G7 wurde 1975 – also genau vor 50 Jahren – ins Leben gerufen, um zwischen den damals wichtigen Industriestaaten – USA, Kanada (1976), Deutschland, Frankreich, Italien, Großbritannien, Japan – wichtige Wirtschaftsthemen zu diskutieren. Die G7 wurde als informeller Club gleichgesinnter Staaten konzipiert, die sich an gemeinsamen Werten und Prinzipien wie Demokratie, liberaler Marktwirtschaft und Rechtsstaatlichkeit orientiert. Im Laufe der Zeit befassten sich die G7-Staaten neben weltwirtschaftlichen Themen auch mit der Klima- und Energiekrise sowie der Handels-, Außen-, Sicherheits- und Entwicklungspolitik. Die großen sicherheitspolitischen Krisen und Herausforderungen (zu Russland, Iran, Nordkorea, Syrien etc.) stehen heute weit oben auf der Agenda der G7. Hier handelt die G7 zunehmend als geoökonomischer Akteur, um durch Sanktionen und Exportkontrollen die Verletzung internationalen Rechts zu bekämpfen. Sicherheit und Frieden sind neben wirtschaftlicher Entwicklung heute somit wichtige Ziele der G7.

Die G7 setzt sich als wertebasierte Gruppe auch für Demokratieförderung ein. Unter Deutschlands Präsidentschaft 2022 wurde beispielsweise in Elmau die »Erklärung von 2022 über resiliente Demokratien« verabschiedet, die neben den G7-Staaten auch von Demokratien des Globalen Südens unterzeichnet wurde (Indien, Indonesien, Brasilien, Senegal, Südafrika etc.).[181] Der Bereich der sozialen Nachhaltigkeit steht ebenso auf der Agenda, hat jedoch nicht den gleichen Stellenwert und behandelt nur ausgewählte Themen. Italien hatte 2024 die Präsidentschaft inne und widmete sich beispielsweise dem Thema inklusive Arbeitsmärkte in den alternden Gesellschaften der G7-Länder.[182]

Die G7 behandelt thematisch somit alle fünf Ziele des Magischen Fünfecks, hat jedoch als informelle Gruppe keine Legitimität, diese Themen außerhalb ihrer Mitgliedschaft auf die globale Agenda zu setzen. Sie kann dies nur durch Vorbildverhalten und attraktive Initiativen beziehungsweise finanzielle Unterstützung leisten.

Die G7 galten durch die wachsende Bedeutung der Schwellenländer und der Gründung der G20 zeitweise als überholt. Vor dem Hintergrund des krisengeschüttelten geoökonomischen Umfelds, dem russischen Angriffskrieg und der wachsenden Rivalität mit China, stieg jedoch die Bedeutung der wertebasierten Gruppe von Demokratien. Deutschland muss sich daher in der wichtigen Gruppe der G7 dafür einsetzen, Initiativen ins Leben zu rufen, die die Ziele des Magischen Fünfecks befördern. Diese Initiativen müssen attraktiv genug sein, um auch demokratische Schwellen- und Entwicklungsländer zu überzeugen.

Gute Initiativen bestehen bereits im Umweltbereich: So gründete Bundeskanzler Olaf Scholz während der deutschen G7-Präsidentschaft 2022 den G7-Klimaclub als Ergänzung zu laufenden nationalen und internationalen Klimainitiativen. Neben den G7-Staaten gehören bislang unter anderem auch Australien, die Niederlande, Schwellenländer wie Argentinien und Thailand sowie Entwicklungsländer wie Kenia dem Club an. 2024 traten sechs weiter Länder dem Klimaclub bei, so dass die Zahl mittlerweile bei 43 Mitgliedern liegt. Auch wenn die USA sicherlich unter Trump ihr Engagement zurückziehen werden, muss der Club unter der Leitung Deutschlands – auch durch Klimafinanzierung – so attraktiv gestaltet werden, dass weitere Länder teilnehmen. Eine weitere Initiative, die von Deutschland 2022 ins Leben gerufen wurde und im Sinne des Fünfecks ausgeweitet werden sollte, ist die Partnerschaft mit Afrika, die auch die Bereiche Teilhabe, Entwicklung und Demokratieförderung umfasst. Insgesamt sollte Deutschland darüber nachdenken, wie in Zeiten wachsenden Populismus und rechtsextremer Strömungen das Thema soziale Teilhabe langfristig auf die Agenda gesetzt werden kann, auch wenn die endgültige Entscheidung über die Agenda bei der jeweiligen G7-Präsidentschaft liegt. Alle G7-Staaten müssen Antworten auf die wachsende Fragmentierung ihrer Gesellschaften finden. Gleichzeitig ist die Zukunft der Allianz ungewiss, denn die Spannungen werden mit einer Trump-Administration deutlich steigen. Bereits während Donald Trumps erster Präsidentschaft kam es zu deutlichen Rissen in der G7-Gemeinschaft. Umso wichtiger ist es, dass sich Allianzen der Gleichgesinnten bilden – in der G7 und darüber hinaus. Entsprechend sollte sich Deutschland dafür einsetzen, den bestehende Outreach zu den demokratischen Schwellenländern zu erweitern, um deren Teilhabe zu erhöhen.

G20

Die informelle Gruppe der G20 wurde 2018 – auf dem Höhepunkt der globalen Finanzkrise – auf die Ebene der Staat- und Regierungschefs gehoben. Anders als die G7 definiert sich die G20 als wichtigstes Forum für internationale wirtschaftliche Zusammenarbeit der 20 großen Industrie- und Schwellenländer. Gemeinsame Werte wie Demokratie und Rechtsstaatlichkeit spielen keine Rolle. Die Mitgliedschaft ist entsprechend divers und umfasst neben G7-Staaten wie den USA und der EU auch demokratische Schwellenländer (Brasilien, Mexiko) sowie autokratische Staaten (Russland und China).

Während die G20 mit Finanz- und Wirtschaftsthemen begannen, weiteten sie ihre Agenda bald auf alle drei Säulen der Nachhaltigkeit aus – Wirtschaft, Umwelt und Soziales. Ein Beispiel für den Bereich soziale Teilhabe ist die G20-Initiative Brasiliens 2024 über die »Global Governance-Reform mit Integration, sozialer Gerechtigkeit und Nachhaltigkeit«.[183]

Demokratieförderung ist – entsprechend dem Selbstverständnis der Gruppe und somit anders als bei der G7 – nicht Teil der G20-Agenda. Das gleiche gilt für Sicherheit und Frieden. Bei den globalen Krisen und Kriegen finden sich die G20-Mitgliedstaaten häufig auf entgegengesetzten Seiten der Konflikte wieder (G7 versus China und Russland), so dass das Thema nicht im Rahmen der G20 verfolgt werden kann.

Der Fokus kann somit nur auf der wirtschaftlichen Entwicklung sowie auf der ökologischen Nachhaltigkeit und der sozialen Teilhabe liegen. Allerdings steht die G20 vor einem gravierenden Problem: Aufgrund der Spaltung der Mitgliedschaft im jetzigen geoökonomischen Umfeld beruhen ihre Initiativen immer häufiger auf dem kleinsten gemeinsamen Nenner und werden nicht nachhaltig verfolgt.

Umso wichtiger sind attraktive, inklusive Angebote gerade an die Entwicklungs- und Schwellenländer. Ein Beispiel hierfür sind die »Just Energy Transition Partnerships« (JETP), die Deutschland während seiner G7-Präsidentschaft 2022 auf den Weg gebracht hatte, um die Energiewende zu fördern. Im Vorfeld des G20-Gipfels 2022 in Bali waren die Vereinigten Staaten federführend bei den Bemühungen, Indonesien über den Finanzierungsmechanismus JETP 20 Milliarden US-Dollar zur Verfügung zu stellen. Deutschland und die EU müssen sich für eine effektive Umsetzung der JETP einsetzen.

Ein weiteres Beispiel ist der Wirtschaftskorridor Indien-Mittlerer Osten-Europa (IMEC), den die USA und die EU gemeinsam mit Indien, Israel, Saudi-Arabien, den Vereinigten Arabischen Emiraten, Frankreich, Deutschland und Italien auf dem G20-Gipfel in Indien ins Leben riefen. Das ehrgeizige Projekt zielt darauf ab, die wirtschaftliche Integration in der gesamten Region zu verbessern, unter Berücksichtigung von Nachhaltigkeitsstandards.

Die Gruppe der G20 kann aufgrund bestehender Spannungen nur einen relativen schwachen Input zum Magischen Fünfeck liefern. Einzelne Initiativen im Bereich der wirtschaftlichen Entwicklung sowie der ökologischen Nachhaltigkeit sind jedoch möglich und sollten von Deutschland und der EU aktiv vorangetrieben werden. Gleichzeitig muss – wie auch bei der WTO und der G7 – der Aspekt der sozialen Teilhabe, der für alle Länder unabhängig von ihrem Entwicklungsstatus relevant ist, von Deutschland stärker gefördert werden. Dies ist ein möglicher Weg, um trotz der internationalen Spannungen Fortschritte zu erzielen.

Ausblick und Empfehlungen

Deutschland und die EU stehen vor einer Vielzahl von Herausforderungen. So weisen die meisten Trends international in die gegenteilige Richtung des Magischen Fünfecks: Protektionismus und Fragmentierung der Weltwirtschaft statt regelbasiertem, globalem Handel; Machtkonzentration statt sozialer Teilhabe; Abkehr von der Klimapolitik statt ökologischer Verantwortung; Autokratisierung statt Demokratisierung; und nicht zuletzt Krisen und Kriege statt Sicherheit und Frieden. Die steigende Rivalität zwischen China und den USA führt zudem zu einer

Stärkung der machtbasierten Geopolitik, die zu einer Krise des multilateralen Regelwerks und der globalen Institutionen führt.

Es muss daher das oberste Ziel Deutschlands (und der EU) sein, die bestehenden internationalen Institutionen wieder aufzuwerten und zu reformieren. Nur so können deutliche Wohlstandsverluste vermieden und globale Herausforderungen erfolgreich bekämpft werden. Auch wenn der Weg lang sein wird, besteht ein Teil der Lösung darin, die fünf Ziele stärker zusammenzudenken, und in die Institutionen einzubringen, wenngleich mit unterschiedlicher Schwerpunktsetzung. Besonderer Fokus muss dabei auf sozialer Teilhabe liegen, der in allen Initiativen zu kurz kommt. Das stärkt im ersten Schritt die globalen Institutionen und im zweiten Schritt auch den Wohlstand Deutschlands.

Dafür sind jedoch Partnerschaften wichtig. Deutschland und die EU können nicht allein handeln. Wenn China und (möglicherweise) die USA als Partner ausfallen, müssen Deutschland und die EU eine breite Gruppe von Mittelmächten aus Industriestaaten, Entwicklungs- und Schwellenländern finden, die bereit sind, auf globaler Ebene Verantwortung zu übernehmen.

Svenja Schulze

Kuchen für alle? Wie Entwicklungspolitik zu einem breit geteilten Wohlstand beiträgt

Warum nütze ich dem Bruttoinlandsprodukt (BIP), wenn ich mir ein Bein breche? Mit dieser Frage beginnt ein Podcast, der Schüler*innen wirtschaftliche Themen näherbringt. So absurd die Frage klingt, so berechtigt ist sie. Denn kaum eine Zahl erfährt so viel Aufmerksamkeit wie das BIP, wenn es darum geht, die Dynamik einer Volkswirtschaft einzuschätzen oder das Wohlstandsniveau von Ländern zu vergleichen. Die Entwicklungspolitik fußt in ihrem Kern zwar auf einem breiten Wohlstandsverständnis, das Ziele wie etwa gute Bildung und Gesundheit oder einen lebenswerten Planeten für alle Menschen verfolgt. Dennoch spielt auch hier das BIP eine maßgebliche Rolle dabei, zu bestimmen, ob ein Land Zugang zu Entwicklungsgeldern von Institutionen wie der Weltbank erhält.

Dabei sind die Schwächen des BIP allseits bekannt, sie lassen sich am Beispiel des Beinbruchs illustrieren: Bricht sich eine Person ein Bein und lässt sich ärztlich behandeln, kostet das Geld. Mehrere Tausend Euro kommen hierbei zusammen: für die Untersuchung, die Schmerzmittel, eine mögliche Operation und den Aufenthalt im Krankenhaus.

All das sind wirtschaftliche Transaktionen, die in die Berechnung des BIP einfließen und damit Wachstum verursachen. Doch möchte man einen Beinbruch nicht eher vermeiden? Mindert er nicht die Lebensqualität der Betroffenen? Klar, das Geld fließt in die Gehälter von Ärztinnen und Pflegern und beschert Medizinunternehmen Umsatz. Aber wie gut kann der Krankenpfleger von seinem Gehalt leben, und wie ist die Qualität der Behandlung? Belastet das Medizinunternehmen mit seiner Produktion die Umwelt? Und warum zählt es nichts, wenn die Verletzte zuhause von ihrem Partner gesund gepflegt wird?

Das BIP: Sozial und ökologisch blind

Zu all diesen Fragen schweigt das BIP. Es ist sozial und ökologisch blind, wie Kritiker*innen sagen. Auch schweigt es darüber, dass in reichen Ländern wie Deutschland trotzdem so viele Menschen von Armut bedroht sind. Ob Wachstum ihr Einkommen steigert oder vor allem das Vermögen der Reichen mehrt, ist für den Wohlstand vieler Menschen entscheidend, nicht aber für das BIP. Dem BIP ist es einerlei, wie Wachstum und Wohlstand in der Gesellschaft verteilt sind, und das ist für mich eine zentrale Schwachstelle. Denn hohe Ungleichheit mindert den Wohlstand einer Gesellschaft – wirtschaftlich genauso wie sozial, politisch und ökologisch.

Lange galt in der Wirtschaftswissenschaft das Credo, dass Ungleichheit in Einkommen und Vermögen die Wirtschaft ankurbelt – weil sie Anreize dafür schafft, in die eigene Bildung und Karriere zu investieren oder unternehmerisch tätig zu werden. Bis zu einem gewissen Grad stimmt das, doch in vielen Ländern ist die Ungleichheit so hoch, dass sie zum Problem wird. Denn hohe Ungleichheit bremst fairen Wettbewerb und hindert Menschen daran, ihre Talente zu nutzen. Das Elternhaus, ererbtes Vermögen und soziale Netzwerke sind maßgeblich für den eigenen Wohlstand, nicht die eigene Leistung. So lässt Ungleichheit die Möglichkeiten auf politische und soziale Teilhabe schwinden und erhöht Armut. Sie spaltet Gesellschaften und entfacht Verteilungskonflikte. Und sie schadet dem Klima, denn Reichtum geht mit einem Lebensstil einher, der Emissionen exponentiell in die Höhe schießen lässt.

Auch zwischen Ländern ist die Ungleichheit aufgrund der Krisen der letzten Jahre angestiegen. Laut Weltbank leben weltweit heute noch genauso viele Menschen in Armut wie noch 1990 – trotz des enormen Wirtschaftswachstums, gerade in bevölkerungsreichen Ländern wie China und Indien. In den wirtschaftlich schwächsten Ländern – den sogenannten Niedrigeinkommensländern – ist die Armutsrate heute höher als noch vor der COVID-19 Pandemie.[184] Geografisch konzentriert sich die Armut in afrikanischen Ländern südlich der Sahara sowie in von Konflikt geplagten Ländern. Währenddessen mehren die reichsten Menschen dieser Welt ihr Vermögen immer schneller: Im letzten Jahr ist das Vermögen der zehn reichsten Milliardäre dieser Welt – allesamt Männer – im Schnitt um fast 100 Millionen US$ täglich gewachsen.[185] Das reichste Prozent der Weltbevölkerung verfügt über 38 Prozent des gesamten Vermögens, während die ärmere Hälfte nur über zwei Prozent verfügt.[186] Und mehr als zwei Drittel des weltweiten Vermögens liegt in Ländern des sogenannten Globalen Nordens, die aber nur 21 Prozent der Weltbevölkerung ausmachen.[187] Die globalen Ungleichheiten sind heute in etwa so groß wie sie es zu den Hochzeiten des westlichen Kolonialismus waren.[188]

Mehr Verteilungsgerechtigkeit als Ziel der Entwicklungspolitik

Dass diese Ungleichgewichte strukturell bedingt sind, liegt auf der Hand. Deshalb habe ich als Entwicklungsministerin in der vergangenen Legislaturperiode einen Schwerpunkt auf den Abbau von Armut, Hunger und Ungleichheit weltweit gelegt. Denn die Entwicklungspolitik ist ein wichtiges Instrument, um mehr Verteilungsgerechtigkeit herzustellen und Krisen vorzubeugen. Wie aber genau sieht eine Entwicklungspolitik aus, die diese Ziele verfolgt? Und wie bettet sie sich in eine aktive Geo- und Außenpolitik ein, deren Aufgabe es ebenso sein muss, Grundlagen für breit geteilten Wohlstand zu schaffen?

In der entwicklungspolitischen Zusammenarbeit mit unseren Partnerländern geht es vor allem darum, Ungleichheiten *innerhalb* von Gesellschaften zu mindern. Deutschland unterstützt seine Partnerländer etwa dabei, allen Menschen Zugang zu Bildung und Gesundheit zu ermöglichen. Wir setzen uns für eine gleichberechtigte Teilhabe von Frauen in der Gesellschaft ein und dafür, dass die Transformation der Wirtschaft hin zu Klimaneutralität sozial gerecht gestaltet wird. Als Sozialdemokratin geht es mir vor allem aber auch darum, über die klassische Erwartung an die Entwicklungspolitik – nämlich, dass sie Armut und Hunger weltweit bekämpfen soll – hinauszugehen und auf beide Enden der Verteilung zu blicken. Es geht mir um breit geteilten Wohlstand und eine gerechte Finanzierung des Gemeinwohls. Letztlich kann auch Armut nur erfolgreich bekämpft werden, wenn Verteilungsfragen adressiert werden.

Steuergerechtigkeit als wichtiger Baustein für weniger Ungleichheit

Deshalb muss sich die Entwicklungspolitik auch weiterhin für progressive Steuersysteme engagieren – solche also, die hohe Einkommen und Vermögen relativ stärker belasten als niedrige. Denn sie sind eines der effektivsten Instrumente, um Ungleichheit zu mindern. Sie sorgen dafür, dass die Lasten für die Finanzierung des Gemeinwohls innerhalb einer Gesellschaft möglichst gerecht verteilt werden. In vielen unserer Partnerländer verteilen Steuersysteme aber kaum um, oder belasten gar Menschen mit geringem Einkommen stärker als Reiche. Das entzieht dem Staat wichtige Einnahmen, um damit öffentliche Güter wie etwa Bildung und Infrastruktur zu finanzieren. Und es untergräbt den Gesellschaftsvertrag und stiftet sozialen Unfrieden. Das haben beispielsweise die Proteste in Kenia im vergangenen Sommer nur allzu deutlich gezeigt: nach tagelangen Demonstrationen nahm die Regierung dort geplante Mehrwertsteuererhöhungen auf Güter des täglichen Grundbedarfs – Brot und Milch oder Binden etwa – zurück. Denn die hätten gerade die ärmeren Teile der Bevölkerung hart getroffen, was bei der ohnehin schon hohen Ungleichheit im Land von den Demonstrierenden als zutiefst ungerecht empfunden wurde.

Und um genau diese Frage – wie solidarisch geht die Gesellschaft miteinander um – geht es bei der Steuerpolitik. Je ungleicher Ressourcen verteilt sind, desto gespaltener ist die Gesellschaft und desto mehr Zündstoff gibt es für neue Verteilungskonflikte. Eine progressive Fiskalpolitik – zu der selbstverständlich auch weitere Instrumente wie etwa die soziale Sicherung gehören – setzt dem etwas entgegen, indem sie Ungleichheiten abbaut und Gesellschaften widerstandsfähiger gegen Krisen macht.

Die soziale Schere spaltet Gesellschaften weltweit

Um gleichzeitig auch der *globalen* Ungleichheit etwas entgegenzusetzen, muss sich die Entwicklungspolitik aber über die bilaterale Zusammenarbeit mit unseren Partnerländern hinaus engagieren – sie muss auf der multilateralen Ebene etwas bewegen. Denn um die großen Herausforderungen unserer Zeit anzugehen, muss die Weltgemeinschaft solidarisch sein und international zusammenarbeiten. Die ungleiche Verteilung von Ressourcen, Chancen und letztendlich Macht in der Weltbevölkerung ist eine dieser großen Herausforderungen. Ihr kann nur mit einer globalen Strukturpolitik begegnet werden. Mit einer Politik, die von globaler Solidarität geprägt wird und den Blick darauf richtet, dass eine weit auseinanderklaffende soziale Schere Krisen verstärkt und den Wohlstand weltweit gefährdet.

Und deshalb müssen auch Fragen der Steuergerechtigkeit auf die globale Ebene gehoben werden. Mit ihrem Vorstoß für eine globale Mindeststeuer für Ultrareiche hat Brasiliens G20-Präsidentschaft im letzten Jahr einen wichtigen Schritt getan, den die deutsche Entwicklungspolitik auch in Zukunft unterstützen sollte. Denn Milliardär*innen weltweit zahlen oft niedrigere Steuersätze auf ihr Einkommen und Vermögen als die durchschnittliche Kassiererin im Supermarkt. Viele Superreiche selbst fordern höhere Steuern für sich – der Gerechtigkeit und gesellschaftlichen Stabilität wegen.[189] Und da Steuerflucht und -optimierung nicht an nationalen Grenzen halt machen, ist ein globaler Standard für eine gerechte Besteuerung von Einkommen und Vermögen das einzig sinnvolle. Der Vorschlag sieht vor, dass die etwa 3.000 Milliardär*innen dieser Welt mindestens 2 Prozent ihres Vermögens jährlich an Steuern zahlen – und das nur, sofern sie ihren angemessenen Beitrag nicht bereits über die Einkommensteuer leisten. Das erscheint mir mehr als gerecht. Der vielbeschworene Zielkonflikt zwischen Umverteilung und Effizienz hingegen – die Sorge also, dass solch eine Steuer die Anreize für Investitionen und damit Wachstum mindern würde – ist mehr als fraglich. Denn zum einen können Milliardär*innen sich 2 Prozent leisten, das geht nicht an die Substanz. Und zum anderen würde solch eine Steuer erhebliche Mittel freisetzen für den Klimaschutz und andere Zukunftsinvestitionen, die unseren Wohlstand steigern.

Entwicklungspolitik schafft globale Allianzen

Und damit bin ich wieder bei meinem Ausgangspunkt: Was macht Wohlstand in einer von Krisen geplagten Welt denn eigentlich aus? Dass eine rein monetäre Fokussierung auf Wachstum überholt ist, versteht sich von selbst. Der Blick muss mindestens um ökologische und soziale Aspekte geweitet werden und darf Verteilungsfragen nicht außer Acht lassen. Denn hohe Ungleichheit schadet Gesellschaften in vielerlei Hinsicht. Eine gerechtere Verteilung von Ressourcen birgt großes Potenzial, um den Wohlstand weltweit zu fördern – den Kuchen also gerechter und effizienter aufzuteilen, sodass am Ende mehr für alle da ist. Steuergerechtigkeit ist ein wichtiger Baustein hierfür und die deutsche Entwicklungspolitik sollte sich auch in Zukunft für sie stark machen.

Entwicklungspolitik festigt stabile Partnerschaften weltweit und schafft Vertrauen. Das braucht es für ein starkes multilaterales System. Sie ist dabei eingebettet in eine kluge Außen- und Geopolitik, die anerkennt, dass unser Wohlstand in Europa mit dem Wohlstand in anderen Teilen der Welt eng verknüpft ist. Dass wir globale Herausforderungen – wie etwa Ungleichheit – nur gemeinsam lösen können. Denn wo weniger Ungleichheit herrscht, sind Gesellschaften stabiler und widerstandsfähiger gegen Krisen. Menschen haben mehr Möglichkeiten für Teilhabe, der Wohlstand kann letztendlich erhöht werden. Und für dieses Ziel – einen breit geteilten Wohlstand – sollte sich sicherlich niemand ein Bein brechen müssen.

Jennifer Morgan

Crunchtime für die Klimaaußenpolitik

2025 markiert das zehnjährige Jubiläum des Übereinkommens von Paris. Was hat die Weltgemeinschaft seit dem historischen Durchbruch in Paris geschafft? Vor welchen Aufgaben steht die Klimaaußenpolitik angesichts des erneuten Rückzugs der USA aus dem internationalen Klimaregime? Was kommt auf Deutschland, was auf Europa zu? Wie kann ein sozial-ökologischer gerechter Wandel – eine *Just Transition* – gelingen, der Wohlstand und Resilienz auch in den Staaten stärkt, die besonders von den Folgen der Klimakrise betroffen sind?

Die Klimakrise ist hier und jetzt

2024 war ein Klimajahr der Negativ-Rekorde, mal wieder. Nach Daten des europäischen Wetterdienstes Copernicus war das Jahr gegenüber vorindustriellen Werten global um 1,6 Grad Celsius wärmer. Die 1,5 Grad Celsius-Schwelle des Pariser Klimaabkommens, der ein Temperaturmittel über mehrere Jahrzehnte zugrunde liegt, haben wir damit noch nicht gerissen. Aber die Weltgemeinschaft geht mit zu schnellen Schritten auf 1,5 Grad Celsius zu. Die Auswirkungen der Klimakrise spüren wir schon heute allerorten: Wie die Menschen in Valencia, wo am 29.10.2024 in acht Stunden mehr Regen gefallen ist als in den 20 Monaten davor. Mehr als 200 Menschen sind der Flutkatastrophe zum Opfer gefallen. Neben dem menschlichen Leid infolge von Stürmen, Überflutungen und Dürren werden die Folgen der Klimakrise immer mehr zu einem bestimmenden ökonomischen Faktor. Naturkatastrophen, mehrheitlich bedingt durch Extremwetterereignisse, haben 2024 laut Angaben der Munich Re zu globalen Schäden in Höhe von 320 Mrd. USD geführt. Das entspricht der jährlichen wirtschaftlichen Leistung einer Volkswirtschaft in der Größenordnung von Belgien. Allein die Hurrikans Helene und Milton, die die USA im September und Oktober 2024 getroffen haben, haben unmittelbare Schäden in Höhe von 56 Mrd. USD und 38 Mrd. USD verursacht. Und dies ist nur ein Vorgeschmack auf die künftig zu erwartenden Verluste: Eine Studie des Potsdam-Instituts für Klimafolgenforschung (PIK) kommt zu dem Ergebnis, dass die Weltwirtschaft bis 2050 infolge der Klimakrise einen Einkommensverlust von rund 19% erleiden könnte – mit dann jährlich zu erwartenden Schäden in Höhe von kaum vorstellbaren 38 Billionen USD.

Die Klimakrise als Sicherheitskrise

Die Klimakrise ist auch eine Sicherheitskrise. Sie verschärft Konflikte, destabilisiert ganze Gesellschaften und beeinträchtigt Frieden und Stabilität auf der ganzen Welt. Und sie erhöht den Druck auf unsere Ernährungssysteme – mit exponentieller Dynamik: Ein Anstieg der globalen Temperatur auf 2 Grad Celsius würde die Ernährungssicherheit von zusätzlichen 189 Mio. Menschen gefährden.

Wie keine Bundesregierung je zuvor hat die Ampelkoalition Klimaaußenpolitik zur Priorität gemacht und dem Auswärtigen Amt die Zuständigkeit für die Klimaaußenpolitik einschließlich der internationalen Klimapolitik übertragen. Dem lag die Überlegung zugrunde, dass Antworten auf die Klimakrise immer stärker im Kontext von geo- und sicherheitspolitischen Herausforderungen gesucht und gefunden werden müssen und eine Vernetzung mit allen Instrumenten der Außenpolitik verlangen. Gleichzeitig kann Klimazusammenarbeit ein Türöffner und Hebel sein, der sich mit weiteren außenpolitischen Ziele verbindet. Bereits in den Jahren 2019 und 2020 stand der Konnex Klima, Frieden und Sicherheit im Zentrum der Mitgliedschaft Deutschlands im Sicherheitsrat der Vereinten Nationen. Klimaaußenpolitik war daher für das Auswärtige Amt kein Neuland. Wirklich neu hingegen war das Zusammenspiel von Fach- und Regionalexpertise in einem Haus, verbunden mit der Gestaltungskraft der Auslandsvertretungen und einer konsequenten Einbettung der Klimakrise in die gesamte Breite unserer auswärtigen Beziehungen. Aufbauend auf der Nationalen Sicherheitsstrategie haben wir dem Zusammenspiel der Ressorts mit der Klimaaußenpolitikstrategie ein gemeinsames Fundament gegeben.

Was haben wir in der Klimaaußenpolitik in den letzten Jahren erreicht? Deutschland und Europa konnten sowohl im Rahmen der internationalen Klimaverhandlungen als auch mit neuen Klimapartnerschaften wichtige Erfolge mitgestalten. Dazu zählt der historische Beschluss der COP28 in Dubai 2023 zur Abkehr von fossilen Energien sowie – schon bis 2030 – der Verdreifachung erneuerbarer Energien und der Verdoppelung des Tempos bei der Energieeffizienz. Ebenso die Entscheidung zur Einrichtung eines Fonds zu Schäden und Verlusten auf der COP27 in Sharm El Sheikh und der Beschluss zum neuen Klimafinanzierungsziel ab 2025 auf der COP29. Diese Beschlüsse wurden maßgeblich von Deutschland mit initiiert bzw. vorangetrieben und beim jährlich von der Bundesregierung ausgerichteten Petersberger Klimadialog mit wichtigen Partnern vorgezeichnet. Ohne die vertrauensvolle Zusammenarbeit mit kleinen Inselstaaten, Partnern in Afrika, Lateinamerika und weltweit wären diese Erfolge nicht möglich gewesen. Dazu haben auch unsere über 40 Klima- und Energiepartnerschaften und -dialoge beigetragen, die wir in den letzten Jahren weiter vertieft und ausgebaut haben und mit denen wir die Umsetzung der Beschlüsse vorantreiben. Wie unsere Zusammenarbeit im Rahmen der »Just Energy Transition Partnership« (JETP) mit Südafrika: Die Partnerschaft ist ein gutes Beispiel für den erfolgreichen Umbau der Energiewirtschaft, die den eingeleiteten Kohleausstieg mit dem Ausbau erneuerbarer Energien und der Schaffung neuer grüner Arbeitsplätze kombiniert.

Klimapolitik ist Wirtschaftspolitik

10 Jahre nach Paris sind wir noch nicht auf Kurs. Aber ohne Paris und den multilateralen Kraftakt der jährlichen Klimakonferenzen wären wir nicht da, wo wir heute sind. Wir laufen auf den Wendepunkt beim Verbrauch fossiler Energien zu. Aber wir wissen auch, dass die Kurve nach dem Peak stark nach unten gehen muss. Kaum ein anderer Prozess im Rahmen der Vereinten Nationen steht so im Zentrum des politischen und öffentlichen Interesses. Auch die COP30 im November im brasiliani-

schen Belém wird wieder im Scheinwerferlicht des weltweiten Medieninteresses stehen und eine große Anzahl an Staats- und Regierungschefs versammeln. Ein Kernstück des Pariser Abkommens sind die nationalen Klimaziele der Mitgliedsstaaten, die NDCs. Alle Staaten sind aufgerufen, ihre Klimaambition zu erhöhen und Ziele für das Jahr 2035 vorzulegen. Bis Belém muss es gelingen, hier das nötige Momentum zu erzeugen für ambitionierte Ziele, die 1,5 Grad Celsius in Reichweite halten. Der Dialog mit Partnern, wie Wohlstand und ein ambitionierter Klimaschutz zusammenpassen, ist Kernaufgabe der Außenpolitik.

Es ist eine Binsenweisheit: Klima und Wirtschaft müssen Hand in Hand gehen. Der weltweite Markt für grüne Schlüsseltechnologien wie Windräder, Solarzellen, Batterien, E-Autos, Elektrolyseure und Wärmepumpen wächst rasant. In den nächsten 10 Jahren soll er die Marke von 2 Billionen USD überschreiten, was acht Prozent des aktuellen Gesamtwelthandels entspricht. Nationale Klimaziele sollten so formuliert werden, dass sie Investitionsperspektiven für nachhaltige Technologien aufzeigen. Der Umbau unserer Volkswirtschaften Richtung Klimaneutralität wird nur dann gelingen, wenn er Wohlstand und gute Arbeit bewahrt und im besten Falle ausbaut. Die gute Nachricht ist, dass wir bereits heute über erschwingliche Technologien verfügen, die es uns ermöglichen, die globalen Emissionen bis 2030 mindestens zu halbieren. Hierbei spielen Windkraft, Photovoltaik und der Stopp von Entwaldung eine herausragende Rolle.

Deutschland hat seinen Instrumentenkasten im Bereich Klima und Wirtschaft in den letzten Jahren ausgebaut. Der unter der deutschen G7-Präsidentschaft gegründete Klimaclub mit Chile als Co-Vorsitzendem bringt Vorreiterländer zusammen, die gemeinsam an der Entwicklung von Standards für grüne Industrieprodukte und Grundstoffen und den Aufbau von Leitmärkten für grünen Stahl und Zement arbeiten. Mit der von Deutschland initiierten Green Guarantee Group verfolgen wir das Ziel, private Investitionen künftig auch in Entwicklungs- und Schwellenländer deutlich zu stärken und die Kapitalkosten zu reduzieren. Schließlich haben wir im Rahmen der Außenwirtschaftsförderung eine Klimastrategie beschlossen, mit der wir grüne Investitionen in Partnerländern noch gezielter flankieren.

Was (klima-)außenpolitisch auf uns zukommt

Auch für die neue Bundesregierung gilt: Die Erwartungen an die deutsche Klimaaußenpolitik sind riesig. Die Rolle der EU und Deutschlands in der internationalen Klimapolitik wird im Lichte des Rückzugs der USA aus dem Pariser Abkommen weiterwachsen. Im Schulterschluss mit Partnern wird es darauf ankommen, die Resilienz des Klimaregimes zu sichern und gleichzeitig Klimaschutz als Teil einer erweiterten Sicherheits- und Wirtschaftsstrategie voranzubringen. Klima- und Industriepolitik werden noch stärker Hand in Hand gehen müssen.

Spätestens seit dem Draghi-Bericht wissen wir, dass die EU hier ihre Hausaufgaben zu machen hat. Ein Schlüssel sind mehr Investitionen in Forschung und Entwicklung, um die Innovationslücke in Europa zu schließen. Mit dem Clean Industrial Deal hat die neue EU-Kommission Europas Strategie für mehr Wettbewerb und Klimaschutz vorgelegt. Zentral wird sein, die Strategie durch eine außenpolitische Komponente zu flankieren und den Weg zu mehr Wettbewerb und Klimaschutz gemeinsam mit Partnern zu gehen. Deutschland kann hier die mit dem Klimaclub gemachten Erfahrungen einbringen. Auch die Umsetzung des neuen Klimafinanzierungsziels für den Zeitraum 2026 bis 2035 wird ein entscheidender Faktor sein. Dabei steht hier klar im Fokus, dass neben traditionellen Gebern zukünftig auch weitere reiche Staaten einen Beitrag leisten, aber vor allem es gemeinsam gelingen muss, mehr private Investitionen in Entwicklungsländer zu ermöglichen. Deutschland wird auch weiterhin ein verlässlicher Partner in der internationalen Klimafinanzierung sein und seinen fairen Anteil leisten.

Klimaaußenpolitik muss darauf ausgerichtet bleiben, 1,5 Grad Celsius in Reichweite zu halten – in dem vollen Bewusstsein, dass dies zunehmend schwieriger wird, je mehr Zeit ohne tiefgreifende Emissionsminderungen verstreicht. Wir haben es in der Hand, die Folgen der Klimakrise auf ein Maß zu begrenzen, das politisch und gesellschaftlich handhabbar bleibt. Dazu wird es weiterhin erforderlich sein, die Klimapolitik auf ein breites gesellschaftliches Fundament zu stellen und den Wandel sozial gerecht für alle Bevölkerungsschichten zu gestalten. Desinformation müssen wir noch gezielter begegnen. Wir brauchen auch künftig eine Klimaaußenpolitik der vielen – eine Klimaaußenpolitik, die wissenschaftsbasiert, partizipativ und feministisch ist und die von der aktiven Mitwirkung und dem Wissen aller lebt. Gemeinsam müssen wir Chancen der Dekarbonisierung gestalten – für die Menschen in Deutschland, Europa und weltweit.

Dr. Liana Fix

Eine Außenpolitik, die Deutschlands wirtschaftliche Interessen langfristig wahren will, darf nicht auf China setzen

Seit mehreren Jahren – beginnend mit der COVID-19-Pandemie – scheinen nur noch geopolitische Hiobsbotschaften auf die deutsche Wirtschaft einzuprasseln.

Die supply-chain Abhängigkeit von China, die durch die Pandemie deutlich geworden ist, die Energieabhängigkeit von Russland, die durch den russischen Krieg gegen die Ukraine deutlich geworden ist – und nun auch noch die Rückkehr von Donald Trump, der nicht nur (wie bereits Joe Biden) eine protektionistische US-amerikanische Wirtschaftspolitik auf die Spitze treibt – er scheint zudem auch noch völlig unberechenbar zu sein.

Die deutsche Wirtschaft stagniert seit fünf Jahren und schrumpft seit zwei Jahren. Trotz niedriger Arbeitslosigkeit und niedriger Verschuldungsquote im Vergleich zu anderen Industrie-Nationen kommt die deutsche Wirtschaft nicht in Gang. Deutschland als einstiger Exportweltmeister ist besonders betroffen davon, dass global die Zeichen nicht mehr auf Freihandel und Multilateralismus stehen, sondern sich die USA von der Welthandelsorganisation abwenden, Russland eine Kriegswirtschaft aufgebaut hat, und China bereits seit langem das Versprechen einer wirtschaftlichen Öffnung nach seiner Aufnahme in die Welthandelsorganisation gebrochen hat.

Chinesische Exporte heutzutage sind massiv staatlich subventioniert, in einem Umfang, wie es die USA und Europa nicht kennen. Die Schere zwischen chinesischem Export und Import geht immer weiter auseinander, der chinesische Markt produziert zunehmend genug für die eigene Nachfrage und braucht immer weniger Import aus Deutschland und Europa. Gleichzeitig werden andere Märkte, die noch offen sind, geflutet mit billigen chinesischen Hoch-Technologieprodukten.

Das Erfolgsrezept, auf das Deutschland in der Vergangenheit gesetzt hat – die enge Verbindung mit den Autokratien Russland und China sowohl außen- als auch wirtschaftspolitisch – hat sich als eine Falle herausgestellt. Diese Länder sind nicht dem Ruf nach Veränderung und Öffnung gefolgt, sondern sind autoritär abgeglitten, mit weitreichenden Konsequenzen für die deutsche Wirtschaft. Exportorientiertes Wachstum mit Russland und China ist nicht mehr das Erfolgsmodell für wirtschaftliche Prosperität.

Nun steht Deutschland auch noch vor dem Dilemma, dass die USA unter Trump als Wirtschaftspartner in Frage gestellt werden. Während es früher hieß, Deutschland habe seinen Energiebedarf nach Russland ausgelagert, seinen Sicherheitsbedarf an die USA, und seinen wirtschaftlichen Bedarf an China[190], hat in allen Bereichen nun die USA China und Russland ersetzt – als wichtigster Handelspartner und für die wirtschaftliche Nachfrage, als Energielieferant, und als Sicherheitsgarant innerhalb der NATO.[191]

Vor diesem Hintergrund ist die Versuchung groß, das alte wirtschafts- und außenpolitische Modell entweder wiederzubeleben oder zumindest so lange am Leben zu halten, wie es noch wenigstens einige Profite abwirft. So berichtet die Financial Times[192], dass sich deutsche Beamte – gemeinsam mit ungarischen Beamten – dafür einsetzen, dass, sollte es einen Waffenstillstand in der Ukraine geben, die Gaspipelines mit Russland wieder in Betrieb zu nehmen und Abnehmer zu werden – sollte Russland wieder Gas liefern wollen. Kurzsichtiger kann eine deutsche Außen- und Wirtschaftspolitik nun wirklich nicht sein, und erschreckend bereitwillig, die Fehler der Vergangenheit zu wiederholen. Ein Waffenstillstand in der Ukraine ändert nichts daran, dass wir es mit einem aggressiven Russland und seinem Führer zu tun haben, der einen Krieg gegen den Westen erklärt hat –und den deutschen Chef von Rheinmetall ermorden lassen wollte von seinen Geheimdiensten. Man kann davon ausgehen, dass auch noch weitere deutsche führende Persönlichkeiten auf solch russischen Geheimdienst-Listen stehen – kurzum, Russland ist keine Option für die Zukunft, weder außen- noch wirtschaftspolitisch, und das für eine lange Zeit, unabhängig vom Ausgang des Krieges.

Die größere Versuchung ist jedoch, die Probleme mit China kleinzureden, und sich mit der »China-Karte« gegenüber einem unberechenbaren Trump absichern zu wollen. Das Argument geht so (zum Beispiel, als Deutschland Zölle auf chinesische E-Autos mit einem Veto belegt hat – schon wieder gemeinsam mit Ungarn): »Wir können uns keinen Handelskrieg mit China und den USA leisten, und die USA werden weniger aggressiv gegen uns vorgehen, wenn sie Sorge haben, dass wir uns dann ihrem Gegner China zuwenden. Der Handel mit China mag zurückgegangen und weniger profitabel sein, aber für die großen deutschen Industriefirmen sei es immer noch essentiell.«

Dieses Argument ist sowohl außen- als auch wirtschaftspolitisch extrem kurzsichtig. Es übersieht, dass China das größte strukturelle Problem der deutschen Wirtschaft überhaupt ist. Es übersieht auch, dass China durch seine massive militärische Unterstützung für Russland ein Haupttreiber nicht nur für Russlands Krieg gegen die Ukraine ist, sondern auch für Russlands Aufrüstung gegen die NATO. China und Russland sind in einer Allianz verbunden, die immer enger wird – und sehen ihre Zeit gekommen mit Donald Trump.

Die deutsche Wirtschaft und auch die deutsche Außenpolitik haben ein China-Problem, das, wenn es auf die kurze Sicht ignoriert wird, langfristig nur noch schwieriger zu handeln sein wird. In der deutschen öffentlichen Debatte kommt nur langsam an, dass Deutschland einen China-Schock 2.0[193] erlebt – der seit Jahren der Hauptgrund für die wirtschaftliche Stagnation ist, weil die Industriesektoren, die über den chinesischen Markt Wachstum produziert haben, immer weiter schrumpfen. China ist nicht mehr der Motor für das deutsche Wachstum, sondern zunehmend eine Bedrohung für die deutsche Industrie. Die USA haben in den 90er Jahren den China-Shock 1.0 erlebt und eine massive Dezimierung von Sektoren in der Produktion und Fertigung erlebt. Dies steht nun auch Deutschland und Europa bevor.

China ist kein billiges Abnahme- und Produktionsland mehr, sondern in der Wertschöpfungskette aufgestiegen – soweit, dass chinesische Elektroautos, insbesondere was die Software angeht, deutsche und europäische Produkte abgehängt haben, und zudem günstiger sind. Gleichzeitig hat es eine massive Überkapazität an Elektroautos, die – weil extrem staatlich subventioniert – auch sehr günstig sind und die Hälfte des globalen Bedarfs abdecken können. Auch in Drittländern konkurriert es mit deutschen und europäischen Produkten. Das gleiche Schicksal, das die deutsche Solarindustrie ereilt hat – die komplette Übernahme durch China – steht ohne geeignete Schutz- und Innovationsmaßnahmen nun auch dem deutschen und europäischen Autosektor bevor, mit einem massiven Verlust an Arbeitsplätzen. Es geht hier nicht mehr nur um Abhängigkeit von in China produzierten Arzneimitteln oder seltenen Erden. Die Herausforderung ist eine industriepolitische, und die bisherige Antwort – moderate Zölle auf chinesische EVs – ist strukturell nicht ausreichend.

Nun besteht bei jeglichen weitreichenden Maßnahmen die Sorge vor chinesischer Retaliation – im außen- oder wirtschaftspolitischen Bereich. Das blockiert gemeinsames Handeln auf der Ebene der Europäischen Union. Denn geeint kann die EU es durchaus mit Chinas unfairen Praktiken aufnehmen, statt dass die Mitgliedstaaten ihre eigenen Länder noch enger in die Arme Chinas treiben.

Kurz: Eine Außen- und Geopolitik, die Deutschlands außen- und wirtschaftspolitische Interessen mittel- und langfristig wahren will, darf nicht auf China setzen. Wirtschaftliche Entwicklung, Teilhabe, intakte Umwelt, aktive Außen- und Geopolitik, sowie die Qualität der Demokratie sind alles Kriterien, die durch eine naive und blauäugige Zusammenarbeit mit China geschwächt statt gestärkt werden. Aber was ist stattdessen die Antwort?

Die Antwort liegt, wie so oft, in Europa.

Die Sozialdemokratie muss eine Antwort darauf finden, dass Deutschland sich vom Exportweltmeister verändert zu einem Land, dass ähnlich wie die USA und Frankreich, langfristig die Perspektive eines Defizit-

Landes hat – und damit einen viel stärkeren Fokus auf Nachfrage in Deutschland und in Europa legen muss.

In einer Welt von Zöllen, wo soll da die Nachfrage herkommen, die die deutsche Wirtschaft braucht? Richtig, aus Europa. Und Europa braucht eine Industriepolitik, die die eigene Industrie schützt und gleichzeitig Nachfrage anregt. Das benötigt Geld und fiskalischen Spielraum in der Europäischen Union. Mario Draghi hat dies in seinem Bericht richtig erkannt, nur an der Umsetzung mangelt es.

Das bedeutet konkret eine Außen- und Wirtschaftspolitik, die nicht nur Exportinteressen im Blick hat – und damit, wie in der Vergangenheit, in massive Fallen und Abhängigkeiten gelaufen ist –, sondern die darauf abzielt, ähnlich wie die USA es unter Präsident Biden versucht haben, innenpolitische (das heißt: im europäischen Binnenmarkt) Nachfrage und Produktion zu stärken, statt Industriezweige an China zu verlieren.

Das bedeutet für Deutschland: Die Stärkung der europäischen Industriepolitik, auch wenn sie protektionistischer ausgerichtet sein sollte als jetzt, und fiskalische Stimuli für die Nachfrage schaffen. Mehr Frankreich, weniger China. Hierfür muss die deutsche Schuldenbremse endlich gelockert werden, und auch auf europäischer Ebene wird es Instrumente für gemeinsame Schulden geben müssen.

Wenn Deutschland noch Hoffnung haben möchte, dass Europa ein »Pol« werden kann in einer multipolaren Weltordnung – die de facto nicht multipolar ist, sondern bestimmt war von einer Rivalität zwischen den USA und Russland / China auf der anderen Seite, und nun zu einer transaktionalen Großmächte Ordnung wird – dann kann es nicht nur auf Prinzipien der Vergangenheit setzen.

Markus Schmidt

Neue Prioritäten für eine Außenpolitik von Deutschland und Europa unter starken geopolitischen Veränderungen

Geopolitische und geoökonomische Veränderungen in den ersten 25 Jahren des neuen Jahrhunderts

Die ersten 25 Jahre des neuen Jahrhunderts sind mit ausgeprägten geopolitischen und geoökonomischen Veränderungen verbunden. Der Glaube an einen dauerhaften Frieden in Europa nach dem Fall der Mauer und des Eisernen Vorhangs 1989 hat sich spätestens mit dem Angriffskrieg Russlands gegen die Ukraine 2022 als Illusion herausgestellt. Nach dem Ende des kalten Krieges haben wir, wahrscheinlich etwas blauäugig, den Fokus auf unsere Verteidigungsfähigkeit in Europa verloren. Die Friedensdividende wurde schnell und gerne eingefahren und das Geld für andere Themen ausgegeben. Unsere äußere Sicherheit und Verteidigung haben wir größtenteils durch »Outsourcing« an die USA garantiert.

Spätestens seit der Finanzkrise 2007/2008 schwächt sich die davor beschleunigende Globalisierung deutlich ab. Der Welthandel stagniert und protektionistische Maßnahmen werden verstärkt genutzt, um die nationalen Wirtschaften zu schützen und zu subventionieren. Der Abschluss von Freihandelsabkommen wird immer schwieriger. Die Überzeugung eines Win/Win durch die Globalisierung hat überall abgenommen und hat dem Glauben an ein Nullsummenspiel den Platz gegeben.

Unter anderem mit dem Beitritt zur WTO in 2001 hat China einen sehr dynamischen und erfolgreichen wirtschaftlichen und geopolitischen Aufstieg umgesetzt. Trotz seiner aktuellen Schwierigkeiten ist der Einfluss und die Macht von China in globalen Themen erheblich und spielt in jeder neuen Außenpolitik von Europa eine dominante Rolle. Der chinesische Präsident Xi Jingping hat seine Machtposition seit 2013 erheblich gestärkt, sowohl innen- als auch außenpolitisch. Eine Ausweitung der ökonomischen Krise in China könnte die Führung in Peking dazu veranlassen, das Ventil der Taiwanfrage zu verschärfen. Ein militärischer Konflikt zwischen China und Taiwan hätte viel dramatischere geoökonomische Auswirkungen als der Krieg in der Ukraine.

Unabhängig vom jeweiligen Präsidenten hat sich die Rolle der USA in der Welt ebenfalls grundsätzlich verändert. Es gibt deutliche Tendenzen zum Isolationismus wie *America First*, eine Fokussierung auf Asien/China und weg von Europa, weniger Bereitschaft, die größte militärische Last in der NATO weiterhin alleine zu tragen und den Wille, sich aus vielen internationalen Konflikten zurückzuziehen. Viele dachten, dass die Wahl von D. Trump 2016 nur ein Betriebsunfall war und sich seit 2020 in den USA alles wieder stabilisiert. Diese haben sich getäuscht, wahrscheinlich war die Wahl von Biden der Betriebsunfall. Sicher ist auf alle Fälle, dass mit Trump die Unsicherheiten in weltpolitischen Themen zunehmen werden. Außerdem haben sich die USA von ihren marktwirtschaftlichen Überzeugungen der 80er und 90er Jahre verabschiedet. Im Bereich von High Tech sind Monopole willkommen, »competiton is for losers« ist eines der Mottos. *Deficit spending* und hohe Schulden gehören schon lange zum amerikanischen Haushalt. Protektionistische Maßnahmen wie hohe Zölle, Handelsbeschränkungen und Subventionen sind auf der Tagesordnung.

Der Zusammenschluss von Ländern außerhalb der westlichen Welt hat deutlich zugenommen, teilweise in losen »Allianzen von Willigen« oder in expandierenden Bündnissen wie BRICS. Deren Einfluss auf die Weltpolitik wird immer stärker und muss von Europa sehr ernst genommen werden.

Die Entwicklung und Einführung von neuen Technologien hat sich in den letzten Dekaden erheblich beschleunigt. Zum Beispiel Internet, Big Data und KI sind heute in allen Lebensbereichen omnipräsent und die Chancen und Abhängigkeiten davon steigen täglich. Die Staaten mit einer sehr hohen Technologischen Souveränität sind die Gewinner in einem sehr intensiven globalen Wettbewerb. Ohne starke Position bei neuen Technologien gibt es zukünftig für Staaten keinen oder wenig Impact auf die relevanten globalen Entscheidungen und Themenfelder.

Durch die neuen Kommunikationstechnologien werden Informationen ultraschnell und flächendeckend über die Sozialen Medien verteilt. Oft sind diese Informationen sehr vereinfacht, und oft auch falsch. Dies führt in der Meinungsbildung bezüglich Außenpolitik zur erheblichen Bildung von Blasen und zur Polarisierung. Dies ist zum Beispiel im Nahostkonflikt sehr ausgeprägt.

Nach 1945 und bis zum Jahrhundertwechsel hat die Anzahl der Demokratien deutlich zugenommen, insbesondere in Osteuropa, Asien und Südamerika. In den letzten 25 Jahren gab und gibt es einen starken »Backlash«, es entstehen neue/erneute autoritäre und diktatorische Regime. Die arabische Revolution 2010/2011 ist kläglich gescheitert, teilweise sind dort die Regime heute noch autokratischer als vor 2010. Für Europa besonders bedenklich ist, dass in immer mehr europäischen Staaten die Demokratie aus dem Inneren ausgehöhlt und bedroht wird. Die steigende Bedeutung von extremen, antidemokratischen Parteien, teilweise mit Regierungsbeteiligung, ist sehr gefährlich. Die außenpolitischen Prioritäten und Programme dieser populistischen Parteien gefährden ein starkes Europa.

Deutsche Außenpolitik hat nur europäisch einen wirklichen Impact

In den sozialen Medien und in Diskussionsrunden wird häufiger diskutiert, dass eine deutsche Außenpolitik ohne die EU und nur mit bilateralen Beziehungen zu USA und China deutlich besser wäre. Dies wird dann noch ergänzt mit unbegründeter Kritik an der EU. Diese Forderungen und Wünsche sind höchst gefährlich für die Zukunft von Deutschland und Europa. Nur ein starkes Europa wird seine Interessen und die der nationalen Staaten auf globaler Ebene überzeugend vertreten können. Alles andere sind Illusionen und spielt in dic Hände von Staaten, welche sich vom Multilateralismus verabschiedet haben und sich von der Spaltung Europas Vorteile erhoffen.

Nur mit einer gemeinsamen europäischen Außen- und Sicherheitspolitik werden wir von den USA und China respektiert. Dies muss in jeder deutschen Außenpolitik höchste Priorität haben und verlangt sehr viel Energie, Durchhaltevermögen und Überzeugungskraft der handelnden Politiker in den Mitgliedsstaaten und auf Ebene der EU.

Stärkung der europäischen Sicherheitspolitik und Verteidigungsfähigkeit

Der Krieg in der Ukraine seit Februar 2022 hat uns in Europa vor Augen geführt, dass die Verteidigungsfähigkeit von Deutschland und Europa viel zu gering ist. Nur durch die konsequente Unterstützung durch die USA konnte sich die Ukraine in ihrer Verteidigung gegen den russischen Angriffskrieg bislang einigermaßen behaupten. Die direkt durch diesen Krieg betroffenen Europäer können sich in ihrer derzeitigen Aufstellung gegen einen Aggressor wie Russland nicht alleine ausreichend schützen. In den nächsten Jahren muss sich diese Situation fundamental verbessern.

Die schon seit Jahrzehnten immer wieder vergeblich diskutierte europäische Verteidigungsunion, als zweiter Pfeiler der Nato, muss schnell Realität werden.

Auf die bedingungslose Unterstützung durch die USA ist kein Verlass mehr. Dies ist aus US-Sicht sehr verständlich, kommt mit Ansage und ist keine Überraschung.

Eine gemeinsame europäische Sicherheits- und Verteidigungspolitik sollte durch die deutsch-französische Achse initiiert werden, mit ausgewählten osteuropäischen und skandinavischen Ländern beschleunigt, mit den weiteren EU-Ländern beschlossen und mit Großbritannien ergänzt werden. Die Einbindung der französischen und britischen Atomstreitkräfte sollte in Erwägung gezogen werden.

Für eine schlagkräftige Verteidigung muss das entsprechende Haushaltsbudget bereitgestellt werden, voraussichtlich werden zwei Prozent vom BIP dafür nicht ausreichen.

Der Aufbau einer gemeinsamen europäischen Rüstungsindustrie ist einer der wichtigsten Erfolgsfaktoren. Hier ist das Benchmark Airbus, ein herausragendes Beispiel der europäischen industriellen Zusammenarbeit während der letzten Jahrzehnte, heute Nummer eins weltweit in der zivilen Luftfahrindustrie.

Verknüpfung Außenpolitik mit Klimaschutz und Migration

Außen- und Sicherheitspolitik müssen zukünftig viel breiter und umfassender gedacht und umgesetzt werden. Zwei relevante Beispiele sind Migration und Klimaschutz. Diese müssen auch ihren Platz in der Außenpolitik finden.

Die Ursachen von Migration sind sehr häufig gravierende Ereignisse in unterschiedlichen Regionen dieser Welt, wie Kriege, Armut, Unterdrückung, Diktatur und Umweltkatastrophen. Die wirksamen Maßnahmen, um die Migration nach Deutschland besser zu steuern und die irreguläre Migration zu reduzieren, müssen auf europäischer Ebene festgelegt und umgesetzt werden. Viele diskutierte Einzelmaßnahmen auf nationaler Ebene, oft getrieben durch puren Aktivismus, werden die Situation nicht wirklich verbessern. Außerdem sind jegliche Maßnahmen der Rückführung von abgelehnten Migranten nur umsetzbar, wenn es entsprechende Abkommen mit den betroffenen Ländern gibt. Umfassende Abkommen mit Herkunftsländern müssen Schwerpunkt der Europäischen Außenpolitik werden. Diese Abkommen sind auch im Interesse dieser Drittstaaten.

Beim Klimaschutz ist der globale Kontext selbstsprechend. Unsere gemeinsame Ausrichtung muss weiterhin die Erreichung der Ziele aus dem Pariser Abkommen und dem Europäischen *Green Deal* bleiben. Innerhalb der jährlichen internationalen COP-Treffen ist der Fokus auf Mitigation, Adaptation und *loss and damages* gelegt. Alle drei Kategorien werden von Europa hohe finanzielle Anstrengungen verlangen. Der beste Weg bleiben hohe Investitionen in die erste Kategorie, um somit die Klimaneutralität und die Wettbewerbsfähigkeit in den nächsten zwei bis drei Dekaden zu erreichen. Nur wenn Europa dabei die Führungsrolle übernimmt, wird es bei innovativen Geschäftsfeldern mit grünen Technologien global führend sein. Klimaschutz muss ein Schwerpunkt der EU-Außenpolitik werden.

Technologische Souveränität Europas

Nur Staaten und Gesellschaften, welche aktiv an der Forschung, Entwicklung, Produktion, Anwendung und den innovativen Geschäftsmodellen zur Vermarktung neuer Technologien beteiligt sind, werden zukünftig global noch eine herausgehobene Rolle spielen.

Das Erreichen eines hohen Niveaus an Technologischer Souveränität wird somit integraler Bestandteil von jeder neuen Strategie im Bereich von Außen- und Sicherheitspolitik.

Lange Zeit wurde dieses Thema von der Politik ausschließlich der Wissenschaft und den Ingenieuren überlassen. Neue Technologien betreffen zukünftig alle.

Bei der Skalierung von neuen Technologien ist sehr entscheidend, dass diese neuen Geschäftsfelder besonders in den Heimatmärkten erfolgreich aufgebaut werden. Ansonsten wird keine globale Wettbewerbsfähigkeit erreicht. Es dürfen sich für Europa Abhängigkeiten wie bei Internet, Big Data, KI, Solar, Batteriezellen, Elektrofahrzeuge und Halbleiter zukünftig nicht wiederholen.

Dies müssen wir zum Beispiel bei Anwendungen von KI, grünen Technologien, Wasserstoff, Luft- und Raumfahrt, Robotics, Biotechnologien, *Quantum Computing* und Kernfusion viel besser machen.

Bedeutung von Geopolitik für Unternehmen

Digitalisierung, Nachhaltigkeit und Globalisierung sind die wichtigen externen Treiber für die Transformation von Unternehmen. Lange Zeit war die Globalisierung für viele Unternehmen eine eher lineare Veränderung mit dem Auf- und Ausbau von internationalem Geschäft in der gesamten Wertschöpfungskette. Spätestens seit fünf Jahren – mit der globalen Pandemie und Energiekrise – ist Geopolitik für Unternehmen auf der Tagesordnung. Nach langem ausschließlichem Fokus auf Effizienz und Produktivität sind plötzlich Fähigkeiten bei Resilienz und Anpassungsfähigkeit vergleichbar wichtig. Nur mit einem ausgeprägten Verständnis für die Konsequenzen aus den geopolitischen und geoökonomischen Veränderungen für Märkte, Lieferketten, neue Technologien, politische Instabilitäten und Mobilität von Fachkräften werden Unternehmen zukünftig erfolgreich sein.

Europa »united and reloaded«

Die geopolitischen und geoökonomischen Veränderungen sind signifikant und haben erhebliche Auswirkungen auf die Gesellschaft, Wirtschaft und Politik in Europa. Dies wird häufig von der Bevölkerung und den Entscheidungsträgern unterschätzt.

Die Außen- und Sicherheitspolitik benötigt eine neue Ausrichtung mit geänderten Prioritäten. Sie muss viel umfassender gedacht werden.

Der gerne genutzte Begriff der Planungssicherheit ist eine Illusion. In einer immer stärkeren VUCA-Welt (*Volatility, Uncertainty, Complexity, Ambiguity*) gibt es keine Planungssicherheit für Politik, Wirtschaft und Unternehmen. Selbstverständlich muss die Politik in Europa stabile wirtschaftliche Rahmenbedingungen schaffen, welche nur bei gravierenden geopolitischen oder geoökonomischen Veränderungen schnell angepasst werden.

Gewinner sind diejenigen, welche eine hohe Fähigkeit zur Resilienz und Agilität besitzen. Sie sind in der Lage, bei überraschenden/disruptiven Ereignissen schnelle Anpassungen und Maßnahmen durchzuführen.

In der Diskussion bezüglich der Reduzierung von globalen Abhängigkeiten wird viel über »Decoupling« und »Derisking« gesprochen. Dieser Weg ist sehr schwierig und teuer. Der Anspruch für Europa sollte »Reverse dependency« sein – unsere eigene Position signifikant zu stärken. Wir müssen zu einer Balance von gegenseitigen Abhängigkeiten gelangen.

Die europäische Außen- und Sicherheitspolitik ist dann überzeugend, wenn eine Balance zwischen Werte- und Interessensorientierung gelingt.

Der Weg dorthin wird sehr viel Anstrengungen, Energie und Durchhaltevermögen von uns verlangen. Dies ist der Preis, um nicht durchschnittlich zu bleiben, sondern wieder Spitze zu werden.

Die Antwort auf »Amercia First« und »China First« ist »Europe United and Reloaded«.

Diesen Preis zu »bezahlen« wünsche ich mir für Deutschland und Europa, um damit den nächsten Generationen ein sicheres, wohlhabendes, innovatives, grünes, demokratisches und freiheitliches Europa zu vererben.

5.
Demokratische Qualität

Prof. Dr. Gesine Schwan

Wie kann die deutsche Demokratie zum Wohlstand in Deutschland beitragen?

Das Buch mit dem Titel »Visionomics« macht sich an ein ganzheitliches Wohlstandsverständnis. Der traditionelle materiell-ökonomisch definierte Wohlstand soll begrifflich erweitert und in einem theoretischen und empirischen Feld realisiert und gemessen werden, das wirtschaftliche Entwicklung, soziale Teilhabe, ökologische Verantwortung, globale Sicherheit, Stabilität und Kooperation sowie die Qualität der Demokratie umfasst. Diese Orientierungen stärken und ergänzen einander, können sich aber auch gegenseitig im Wege stehen. Demokratie gehört ausdrücklich zu ihnen, ebenso wie Teilhabe, die sich in verschiedenen Dimensionen gesellschaftlichen Lebens abspielen kann.

Warum machen Demokratie und Teilhabe wichtige Elemente von Wohlstand aus? Demokratie als politische Verfassung und Lebensform zielt darauf, dass alle Bürgerinnen und Bürger nicht nur formal, sondern real die gleiche Chance haben, ihr Leben mit ihren Mitmenschen frei zu gestalten. **Eine Verfassung der ungleichen Chancen** – sei es de facto wegen krasser materieller Ungleichheit, sei es, weil die politische Herrschaft Regeln der ideellen, sozialen oder politischen Exklusion folgt (wie etwa im Nationalsozialismus, wo aus der »Volksgemeinschaft« Juden, Sinti und Roma oder politische Gegner ausgeschossen wurden), **konterkariert** den **Wohlstand** für **alle, statt dessen produziert sie Privilegierte**; und darüber hinaus unterminiert sie die **individuelle Freiheit aller, auf deren Dynamik die Schaffung von wirtschaftlichem Wohlstand angewiesen ist.**

Die aktuelle Renaissance der Idee von Elitenherrschaft, die z. B. Wirtschaftsführern jenseits von demokratischer Legitimation willkürliche Einflussmöglichkeiten auf das Gemeinwesen einräumt, führt zu Unsicherheit, Resignation oder Rebellion in der Gesellschaft und unterminiert das Vertrauen in die rechtliche Verlässlichkeit, auf das eine florierende Wirtschaft angewiesen ist.

In Deutschland und in den westlichen Demokratien ist das Vertrauen in die demokratischen Institutionen allerdings sowohl praktisch als auch theoretisch bereits deutlich und stetig zurückgegangen. Viele Meschen haben den Eindruck, dass das demokratische Gleichheitsversprechen für sie nicht mehr gilt. Sie setzen mehr auf eine Regierung durch Experten oder auf die Einführung von Verfahren der direkten Demokratie (z. B. auf Volksabstimmungen auf Bundesebene auch in Sachfragen), um ihre Interessen durchsetzen zu können. Das Kernprinzip unserer Demokratie dagegen, die Repräsentation, begünstigt in ihrer Sicht mächtige Lobbyisten und Ungerechtigkeit in den politischen Entscheidungen. Entgegen seinem ursprünglichen Anspruch befördert es gerade nicht, so die Kritik, politische Lösungen zustande zu bringen, die dem Gemeinwohl in der pluralistischen Gesellschaft dienen.

Unsere Gesellschaft braucht gemäß der Theorie der pluralistischen Demokratie, wie sie etwa Ernst Fraenkel nach dem Zweiten Weltkrieg in Deutschland maßgeblich formuliert hat, einen Grundkonsens aller Bürger und aller Interessengruppen über Regeln der politischen und kommunikativen Fairness und die unverzichtbaren Grenzen von Ungleichheit und Ungerechtigkeit (Deutschland und die westlichen Demokratien, 1964).

Dieser Grundkonsens fehlt nicht nur in den westlichen Gesellschaften, also auch der deutschen. Die Mehrheit der Bürgerinnen und Bürger, aber auch der politischen, kulturellen und wirtschaftlichen Entscheidungseliten ist sich vielmehr der Notwendigkeit und des Mangels eines solchen gesellschaftlichen Grundkonsenses gar nicht bewusst. Die im Licht stehen, sehen diejenigen, die im Dunkeln leben, nicht mehr.

Das hat zu einer verhängnisvollen Entfremdung vieler Bürgerinnen und Bürger von der Demokratie geführt, die Demokratie inzwischen einfach als uneingeschränkte »Herrschaft des Volkes« – als eines einheitlichen Akteurs im Singular – begreifen. Damit verlieren sie den Umstand aus dem Blick, dass Politik in einer pluralistischen Gesellschaft mit gegensätzlichen Interessen und sehr unterschiedlichen Machtpotenzialen dahinter, insbesondere in Verteilungskonflikten gerechte Lösungen finden muss. Das schafft sie aber oft nicht mehr, insbesondere wenn und weil die Mitglieder der Gesellschaft selbst nur ihre eigenen Interessen im Blick haben.

Deshalb müssen wir die Möglichkeiten für Bürgerinnen und Bürger deutlich erweitern, in denen sie an der Lösung solcher Konflikte direkt teilhaben können und dabei sowohl Politik besser kennen und verstehen lernen als auch die Vorteile einer transparenten und fairen politischen Aushandlung von Interessen erfahren können. Bürgerinnen und Bürger müssen sowohl die Herausforderungen von demokratischer Politik als auch die Chancen der Verständigung am eigenen Leibe erfahren können.

Das gelingt am besten auf kommunaler Ebene, wo sie die Probleme und die Lösungsmöglichkeiten meist gut durchschauen. Das Modell der »Kommunalen Entwicklungsbeiräte«, in dem nach dem Multi-Stakeholder Prinzip Vertreter aus Politik (einschließlich Verwaltung), organisierter Zivilgesellschaft und der Wirtschaft im geschützten Raum einen Grundkonsens für langfristige kommunale Entwicklungen erarbeiten, ist dafür inzwischen erfolgreich in zehn Gemeinden erprobt worden. Ein solcher Entwicklungsbeirat organisiert vor den jeweils anstehenden Entscheidungen einen sozialen Klärungsprozess und ist dabei integriert in den konkreten legalen Zusammenhang der politischen Auseinandersetzungen und Lösungsverfahren in der Kommune. Alle Akteure – der Stadtrat und die Verwaltung unter der Führung des Oberbürgermeisters – sind von Anfang an daran beteiligt. Damit wächst die Chance, die Komplexität politischer Entscheidungen und die Interessen dahinter transparenter zu machen, besser zu verstehen und sie mit dem Input neuer Ideen und Perspektiven nachhaltiger zu treffen. Das ist ein Gewinn für die gegenwärtig vor allem mangelnde Output-Legitimation unserer Demokratien.

Schon auf kommunaler Ebene erfahren die teilhabenden Bürgerinnen und Bürger, dass nachhaltige Lösungen, die dem Wohlstand dienen und den Bedürfnissen der Menschen gerecht werden sollen, viele Aspekte, auch außerhalb der Kommune einbeziehen müssen: den Aspekt der wirtschaftlichen Entwicklung der Gemeinde und darüber hinaus, des Schutzes der Umwelt und der Natur oder der Einbettung jedes Einzelfalles in größere politische – auch geopolitische – internationale Zusammenhänge, z. B. was den Energiebedarf angeht. Schnellschüsse oder die kurzsichtige Durchsetzung von Partikularinteressen rächen sich, langfristige gemeinwohlorientierte Lösungen lohnen sich. Denn sie schaffen Zufriedenheit und sozialen Frieden und erweitern auf längere Sicht durch Vertrauensbildung den Spielraum politischer Entscheidungen. Investitionen in erneuerbare Energie senken langfristig die Preise und schonen die Natur, auch wenn sie zu Beginn kostspielig sind und gerechte Lösungen erfordern, um allgemein akzeptiert zu werden. Gerade die Notwendigkeit, Klimaschutz und Gerechtigkeit miteinander zu verbinden, erfährt man in der Kommune hautnah.

Natürlich gibt es zwischen gleichberechtigten politischen Zielen auch Spannungsverhältnisse. Wenn sie transparent gemacht werden und über sie mit begründeten Argumenten – deliberierend – diskutiert werden kann, erleichtert dies realitätsnahe und zugleich auf die Zukunft gerichtete Kompromisse, weil alles auf den Tisch kommt und Vertrauen unter den Bürgerinnen und Bürgern und den verschiedenen Stakeholdern entsteht.

Solche kommunalen Entwicklungsbeiräte erhöhen die Qualität der Demokratie: Bürgerinnen und Bürger nehmen direkt teil an den begründeten Abwägungen über die beste Lösung (Deliberation), haben anders als in der gedrängten Tagesordnung des Stadtrates die Zeit dafür, und können viel mehr Perspektiven in sie einbeziehen, so dass sich mit den besseren, gerechteren Lösungen auch die Output-Legitimation der Demokratien steigert, deren Defizite gegenwärtig ihren Hauptmangel ausmachen.

Prinzipiell können solche Entwicklungsbeiräte auch auf der nationalen Ebene die Qualität der Demokratien verbessern, insbesondere bei schwierigen politischen Vorhaben wie der Migrationspolitik oder einer gerechteren Steuerpolitik, um öffentliche Güter – Bildung, Mobilität, Rechtssystem – besser finanzieren zu können. Beide Themen sind leicht skandalisierbar und werden deshalb von den Parteien gemieden oder zur

Mobilisierung ihrer Wähler instrumentalisiert. Hier ist eine sorgfältige Auswahl der teilnehmenden Stakeholder erforderlich – etwa die Steuerspezialisten von Parteien und Verbänden, aber auch aus Kirchen und Wohlfahrtsverbänden.

Eine in der Erfahrung der Gesellschaft positiv verankerte Demokratie, in der Bürgerinnen und Bürger gelernt haben, mit gegensätzlichen Interessen konstruktiv und gemeinwohlorientiert umzugehen, würde den sozialen Zusammenhalt u.a. durch einen immer erneuerten Grundkonsens stärken. Sie würde überdies die politische und die ökonomische Freiheit, die im Kapitalismus oft in Spannung zueinander geraten, zugunsten von einem umfassend verstandenen Wohlstand für alle und mehr Chancengleichheit unter den Bürgerinnen und Bürgern kreativ ausbalancieren.

Nachdem in den Februarwahlen 2025 die rechtsextreme AfD einen erschreckenden Stimmenzuwachs erhalten hat, sollten die demokratischen Parteien gemeinsam den Kommunen zur Finanzierung einer erweiterten Partizipation gegen den Rechtsextremismus verhelfen.

Prof. Dr. Wolfgang Schroeder

Wie ist es um die Demokratie bestellt? Was tun?

Als Francis Fukuyama in den 1990er Jahre schrieb, dass die westliche liberale Demokratie das Ende der Geschichte sei, war er kein Utopist, sondern hat die damalige Realität wiedergegeben. Zu diesem Zeitpunkt schritt die Demokratisierung der Länder der Welt immer weiter voran. Inzwischen dominiert die Vermutung, dass die Entwicklung hin zur Demokratie weder ein Selbstläufer ist, sondern eher einer unberechenbaren Wellenbewegung gleicht, und es nach Phasen des Fortschritts auch wieder zur Stagnation oder sogar des Rückschrittes kommen kann. So stieg die Zahl der Demokratien in der zweiten Hälfte des 20. Jahrhunderts stetig an, insbesondere mit dem Zusammenbruch der Sowjetunion und der Demokratisierung des Ostblocks wuchs die Zahl der Demokratien schlagartig, was Fukuyama zur obigen These veranlasste. Seit dem Ende der 1990er Jahre jedoch sinkt die Anzahl der Demokratien fast stetig.

So zeigen aktuelle Beobachtungen, dass die Demokratie weltweit in der Defensive ist. Der *Economist Intelligence Index 2023*[194] ist zu dem Ergebnis gekommen, dass mit 45.4 Prozent weniger als die Hälfte der Weltbevölkerung in einer Demokratie leben. Immer mehr Länder befinden sich wieder auf dem Weg in ein autokratisches Herrschaftsregime. Besorgniserregend ist, dass sowohl der Anteil wie auch die Qualität der Demokratie zurückgeht. Nur 7,8 Prozent der Weltbevölkerung leben in einer sogenannten »vollständigen Demokratie«; dagegen rund 40 Prozent unter autoritärer Herrschaft. Diese weltweite Regression der Demokratie wird von gewaltsamen Konflikten und autoritären Übergriffen begleitet. Zugleich verfestigen sich autoritäre Regime und Staaten; aber auch jene, die bisher als hybride Regime eingestuft wurden, tendieren immer häufiger in Richtung Autokratie.

Die Frage, ob dieser Rückgang der Demokratien nur kurzzeitig ist und es eine nächste Welle der Demokratisierung gibt, wird gegenwärtig eher negativ beantwortet. Alle Staaten sind mit globalen Herausforderungen wie dem Klimawandel, Pandemien, Kriegen und den damit einhergehenden Migrationsbewegungen und Wirtschaftsentwicklungen konfrontiert. Für die Demokratien stellt sich die Frage, ob sie diese Herausforderungen in ihren demokratischen Strukturen bewältigen können. Um sich den Herausforderungen zu stellen, braucht es Strategien, um die Qualität der Demokratie zu stabilisieren und weiterzuentwickeln.

Wie steht es in Deutschland um die Demokratie?

Die Demokratie in Deutschland befindet sich laut der vergleichenden Demokratieindexe in einem sehr guten Zustand, Deutschland gehört in diesen Indizes zu den stabilsten und besten Demokratien weltweit. Im *Economist Intelligence Index*[195] lag Deutschland auf Platz 12 der 23 »vollständigen Demokratien« und mit einem sehr guten Wert von 8,8 von 10 schnitt es von den G7 Staaten am besten ab. Gerade weil Deutschland eine der stabilsten und vor allem größten Demokratien weltweit ist, hängt viel davon ab, ob sich unser Land gegenüber den auch hier vorhandenen und stärker gewordenen Polarisierungsunternehmern und Entdemokratisierungskräften behaupten kann. Es braucht deshalb klare »rote Linien« gegenüber den Gegnern der liberalen und sozialen Demokratie. Zur Demokratie gehört die Anerkennung des Pluralismus, der Wille, Freiheit und soziale Gerechtigkeit so auszutarieren, dass Interessenunterschiede fair und angemessen im politischen Prozess verhandelt und berücksichtigt werden können.

Ein Qualitätsverlust der Demokratie in Deutschland zeigt sich in den empirischen Daten bislang fast nicht, dennoch ist die Demokratie mit Herausforderungen konfrontiert, die sehr anspruchsvoll sind. So breitet sich etwa bei größer werdenden Teilen der Bevölkerung das Gefühl aus, dass die Demokratie zurückgeht, was sich etwa im abnehmenden Vertrauen in Parteien und Staat niederschlägt. Zudem nehmen antidemokratische Positionen wie Verschwörungsglaube, populistische und völkisch-autoritär-rebellische Einstellungen in der Mitte der Gesellschaft zu[196]. Zugleich entwickelt sich ein problematisches Gewaltniveau, das durch die Verrohung der Sprache und Konflikte in den sozialen Medien ein eigener Brandbeschleuniger ist. In einer Umfrage der Friedrich-Ebert-Stiftung zu *Demokratievertrauen in Krisenzeiten*[197] kam heraus, dass 50,5 Prozent der Bürger:innen Deutschlands der Meinung sind, dass sich der Zustand der Demokratie in den letzten Jahren verschlechtert hat. Die Institutionen der Demokratie sind also mit einem Vertrauensverlust konfrontiert. Sowohl Bundestag als auch Bundesregierung werden von einer Mehrheit der Bürger:innen wenig oder gar kein Vertrauen entgegengebracht (57,7 und 57,6 Prozent). Nur dem Bundesverfassungsgericht und der Wissenschaft werden von einer Mehrheit der Bürger:innen (sehr) großes Vertrauen geschenkt (70,9 und 80,6 Prozent).

Auch die Medien haben mit Vertrauensproblemen zu kämpfen. Die öffentlich-rechtlichen Medien schneiden hier sogar noch am besten ab, 41,8 Prozent haben (sehr) großes Vertrauen, während die anderen Medien nur auf 31,7 Prozent kommen. Mit dem Vertrauensverlust in die Institutionen geht ein Anstieg an demokratiegefährdenden Einstellungen wie Verschwörungsglaube und populistischen Einstellungen in der Gesellschaft einher.

Verschwörungsdenken ist besonders am rechten Rand des politischen Spektrums verbreitet, findet in einzelnen Bereichen jedoch auch den Weg in die Mitte der Gesellschaft. Kritik am liberalen Wahrheitsregime gehört zwar zur liberalen Demokratie, doch ein sich zementierender Wahrheitsrelativismus ist schädlich. Immer mehr Menschen sind zudem der Auffassung, dass die Meinungsfreiheit nicht mehr vollständig gegeben ist. So äußerte in einer Allensbach Umfrage erstmals eine relative Mehrheit von 44 Prozent, dass man vorsichtig sein müsse, was man sagt, während nur 40 Prozent meinten, sie könnten sich frei äußern[198].

In manchen Entscheidungsfeldern – Corona-Pandemie und Ukraine-Krieg sind Beispiele dafür – ist für die Bürgerinnen schwer nachvollziehbar, wer aus welchen Gründen welche Entscheidungen fällt und wer deshalb auch Verantwortung trägt. Stattdessen entwickelt sich eine Kultur der Entscheidungen durch die Exekutive und Judikative. Die Grenzen der Zuständigkeiten im politischen Prozess verschwimmen zunehmend, dadurch entsteht eine Unübersichtlichkeit für die Bürger:innen und demokratische Prozesse verlieren an Unterstützung.

Die Krise der Demokratie hat multiple Ursachen. Dabei sind diese Ursachen nicht Deutschlandspezifisch, sondern finden sich in fast allen Ländern wieder. Eine erste Ursache ist das zurückgehende wirtschaftlichen Wachstum. Dies befeuert die Angst vor Wohlstandsverlust, wodurch die Skepsis in demokratische Institutionen und Prozesse begünstigt wird. So wissen wir etwa aus empirischen Studien, dass die Angst vor Wohlstandsverlust und das Gefühl, nicht in gerechter Weise am gesellschaftlichen Wohlstand zu partizipieren, entscheidende Gründe für die Wahlentscheidung zugunsten der AfD sind. Die wachsende Einkommensungleichheit in Deutschland hat negative Auswirkungen auf das Demokratievertrauen. Die Qualität der Demokratie und die Wirtschaftsentwicklung sind interdependente Beziehungen. Eine wirtschaftlich sichere Situation der Bürger:innen begünstigt eine stabile Demokratie. Die empirischen Daten zeigen etwa, dass das Demokratievertrauen mit steigendem Einkommen und Bildungsniveau zunimmt. Im Umkehrschluss kann daraus geschlossen werden, dass die unteren Schichten sich nicht angemessen repräsentiert fühlen und nicht den Eindruck haben, dass »die Politik« etwas in ihrem Sinne verbessert.

Zweitens sind die Gesellschaften durch Zuwanderung diverser geworden. Das kann zwar eine Chance sein, setzt aber die Demokratie unter Stress. Vor allem dann, wenn die aufnehmenden Gesellschaften die wachsende Diversität nicht positiv gestalten wollen oder können. Die sozio-kulturellen Fragen dürfen von der Politik nicht ignoriert, sondern müssen sensibel aufgenommen und fair debattiert werden. Dabei müssen die sozio-ökonomischen Fragen zusammen mit den sozio-kulturellen betrachtet werden. Die Selbstwirksamkeit und Teilhabe der Bürger:innen an politischen Prozessen ist nicht unabhängig von den ökonomischen und kulturellen Fortentwicklungen. Verteilungsfragen müssen in den Vordergrund gerückt werde; ohne dass die Herausforderungen, die mit der soziokulturellen Dimension einhergehen, vernachlässigt werden.

Drittens spielen auch der Wandel des Mediensystems und des medialen Konsums eine Rolle. Worüber wir sprechen und diskutieren und wie wir das tun, wird ganz wesentlich auch durch die Medien geprägt. Reißerische Berichterstattung und die ständige Suche nach dem nächsten Skandal, können dabei zu einer Instabilisierung demokratischer Prozesse beitragen. Durch die Art und Weise der Berichterstattung können Medien zudem Einfluss auf die Meinungs- und Willensbildung der Bevölkerung nehmen. Zudem hat sich mit dem Aufkommen des Internets und sozialer Netzwerke das Verhältnis zwischen Medien und Bürger:innen drastisch geändert. Neben den etablierten Qualitätsmedien entstanden sogenannte »alternative« Medien, durch die sich heute etwa Verschwörungserzählungen und Falschmeldungen viel schneller verbreiten können. Außerdem sind die Bürger:innen heute nicht mehr nur Empfänger, sondern auch Sender. Jede und jeder kann seine Meinung ins Internet schreiben und findet selbst für die radikalste Ansicht noch Mitstreiter. Die Infragestellung des liberalen Wahrheitsregimes durch die empörungsverstärkenden sozialen Medien hat eine alltägliche Verstetigung gefunden.

Stabilisierungsmaßnahmen

Auch wenn die Qualität der Demokratie in Deutschland zum Teil als abnehmend betrachtet wird, liegt Deutschland – unter den großen Staaten – weiterhin ganz vorne. Trotzdem ist es nicht selbstverständlich, dass die Interessenunterschiede und Konflikte weiterhin friedlich und kompromissorientiert, also demokratisch, ausgetragen werden. Dafür braucht es jetzt Stabilisierungsmaßnahmen, welche sich in Zukunft positiv auf die Demokratiequalität auswirken.

Für eine stabile Demokratie braucht es die Stärkung von Mitbestimmung. Die Parteien dürfen direktdemokratische Beteiligungsverfahren nicht verhindern, sondern müssen sie fördern. Auch die Mitbestimmung im Betrieb hat einen demokratiefördernden Einfluss, da die Menschen so ganz konkret erleben, dass sie etwas verändern können und somit Selbstwirksamkeit erfahren. Angriffe auf die Unternehmensmitbestimmung müssen somit zurückgewiesen werden und Betriebsräte im Gegenzug gestärkt werden. Zur Stärkung der Selbstwirksamkeit könnten zudem vor allem auf der kommunalen Ebene Beteiligungsformate wie etwa Bürgerräte etabliert werden. Auch der Zivilgesellschaft kommt eine wichtige Rolle zu, sie muss als »Verfassungsschutz von unten« darauf achten, dass der demokratische Geist der Verfassung die Wirklichkeit prägt, das beginnt in der organisierten Zivilgesellschaft, die sich zunehmend mit den Angriffen von Rechtsaußen konfrontiert sieht.

Zweitens braucht es eine Stärkung der ökonomischen Verhältnisse. Die Bekämpfung sozialer Ungleichheit ist eine der wichtigsten Maßnahmen zur Stärkung des Institutionen- und Demokratievertrauens. Dazu bedarf es vor allem einer Steigerung des Lohnniveaus, was etwa durch einen höheren Mindestlohn und eine Stärkung der Tarifbindung zu erreichen ist. Die Leistungen des Staates müssen sichergestellt werden und funktionieren. Dies trifft insbesondere die Infrastruktur, deren Weiterentwicklung in den letzten Jahren vernachlässigt wurde. Wenn der Bus nicht mehr fährt, kein Arzt in der Nähe erreichbar ist und es in der Schule der Kinder durch die Decke tropft, erschüttert das das Vertrauen in den Staat. Auch der Sozialstaat muss wirksamer aufgestellt werden, nicht nur um die Menschen in Notlagen aufzufangen und Ungerechtigkeiten auszugleichen, sondern auch um präventiver zu wirken. All diese Maßnahmen werden sich ohne eine Reform der Schuldenbremse nicht umsetzen lassen.

Drittens ist die Aufrechterhaltung der sogenannten Brandmauer wichtig. Die demokratischen Parteien müssen in der Lage sein, sich ohne Beteiligung der AfD zu einigen. Vor allem aber muss die Politik die Probleme der Menschen, mit denen sie tagtäglich konfrontiert sind, lösen. Wenn die Parteien der demokratischen Mitte dies nicht mehr schaffen und die Menschen das Gefühl haben, dass ihre Sorgen nicht gehört werden, dann stärkt das die politischen Ränder, vor allem den rechten Rand.

Fazit

Deutschland zählt unter den großen Ländern der Erde zu den demokratischsten und sozialsten. Wenn die Situation in Deutschland kippt – und sie kann schnell kippen, wenn nicht Acht gegeben wird – hat nicht nur Deutschland, sondern auch die Welt viel zu verlieren. Timothy Snyder[199] fasst die Situation wie folgt zusammen: »Als wichtigste Demokratie in

Europa und vielleicht – nach dem Amtsantritt von Donald Trump am 20. Januar – in der Welt ist Deutschland der zentrale Ort des Widerstandes. Wenn die Deutschen die Bedrohung nicht verstehen, haben wir anderen kaum eine Chance«. Deutschland muss also seine eigene Demokratie resilienter machen; für Europa und die Welt.

Prof. Dr. Klaus Dörre

Versagt die Demokratie? Zur Kritik des »autoritären Liberalismus«

Verfolgt man aktuelle Debatten, so scheint es um die Zukunft der Demokratie schlecht bestellt. Einerseits drängen ökonomische Verwerfungen, soziale Spaltungen und ökologische Großgefahren wie der Klimawandel nach tiefgreifenden Veränderungen, andererseits gilt die liberale Demokratie selbst kritischen Soziologen inzwischen als Hindernis für dringend benötigte Strukturreformen. »Gerade in der Demokratie werden längerfristige Transformationsprojekte politisch immer schwerer umsetzbar, denn demokratische Mehrheiten für derartige Projekte sind nicht leicht zu mobilisieren und noch schwerer zu stabilisieren« schreibt der Soziologe Ingolfur Blühdorn in einem Essay, der aufrütteln soll.[200] Tatsächlich, so scheint es, feiert ein autoritärer Liberalismus Wiederauferstehung, den der Staatstheoretiker Hermann Heller während der Endphase der Weimarer Republik mit folgenden Sätzen beschrieben hat: »Die Bezeichnung dieser politischen Willensrichtung als Liberalismus rechtfertigt sich in erster Linie durch ihre Stellungnahme zum Kardinalproblem der Gegenwart, zur Frage der Wirtschaftsordnung. Sobald nämlich von Wirtschaft die Rede ist, verzichtet der ›autoritäre‹ Staat restlos auf seine Autorität und seine angeblich ›konservativen‹ Wortführer kennen nur noch die eine Parole: Freiheit der Wirtschaft vom Staate!«[201]

In der Gegenwart erleben wir die Wiederkehr eines autoritären Liberalismus in neuem Gewand, der auf die konfliktreiche sozial-ökologische und digitale Transformation reagiert, indem er die Wirtschaft von bürokratischen Fesseln befreien und den Klimaschutz, so er überhaupt noch als relevantes Ziel angestrebt wird, in erster Linie den Marktkräften und dem technischen Fortschritt überlassen will. Das Zweckbündnis von Donald Trump und Elon Musk steht symbolisch für eine Entwicklung, die der Chefredakteur des Handelsblatts in einem Rückblick auf das jüngste Weltwirtschaftsforum in diese Worte kleidet: »Davos war immer das Gipfeltreffen der Globalisierungsapologeten. Wer hierher fuhr, hatte den größten Teil seiner Karriere in einer Welt verbracht, die immer enger zusammenwuchs, in der weltumspannende Konzerne immer grenzenlosen Handel treiben konnten. Doch diese Welt gibt es nicht mehr. Vieles, was die Kosmopoliten in den vergangenen Jahren in den Schweizer Alpen beschworen, wickelt Donald Trump gerade ab – mit einer Willenskraft, einer Entschlossenheit und einer Geschwindigkeit, die selbst seine Anhänger überraschen dürfte: Deals statt multilateraler Diplomatie, Recht des Stärkeren, statt Stärke des Rechts, ›Drill Baby, drill‹ statt grüne Energie.«[202]

Offensichtlich ist, dass sich die im Entstehen begriffene oligarchische Herrschaftsform innerhalb demokratischer Formen etabliert und insbesondere in der Arbeiterschaft eine Massenbasis findet. Kann sich in Deutschland und Europa wiederholen, was in den Vereinigten Staaten bereits geschehen ist? Die ZEIT-Autorin Kerstin Kohlenberg, die den Aufstieg Donald Trumps in den USA miterlebt hat, beantwortet diese Frage nach Recherchen im Arbeitermilieu der Bundesrepublik mit »Ja«. Ich stimme ihr zu. Die Wahlergebnisse sprechen für sich. Bei den Landtagswahlen in Brandenburg, Sachsen und Thüringen hat die AfD zwischen 45 und 49 Prozent der Arbeiterstimmen erhalten, bei den Wahlen zum Europaparlament waren es 33 Prozent. Ein ums andere Mal war die rechtsradikale Formation die mit Abstand stärkste Arbeiterpartei. Bei der jüngsten Bundestagswahl hat sich dieser Trend fortgesetzt. In der Statusgruppe der Arbeiter erzielte die AfD 38 Prozent der Stimmen; das entsprach einem Plus von überdurchschnittlichen 17 Prozent gegenüber der Bundestagswahl von 2021. Die radikal rechte Partei lag bei den Arbeitern weit vor Union (22 Prozent, + 2) und SPD (12 Prozent, – 14).

Wie ist das zu erklären? Warum wird eine Partei zur Hoffnungsträgerin von Lohnabhängigen, die unter den Folgen der autoritär-libertären Wirtschaftspolitik am stärksten zu leiden haben? Ein wesentlicher Grund ergibt sich aus den Strategien der Mitte-rechts-Parteien und der mit ihnen verbündeten Wirtschaftseliten. Ihre Diagnose lautet, staatliche

Bürokratie und allzu strenge Regulierungen erstickten unternehmerische Initiative und blockierten Wachstumsimpulse. Folgerichtig soll das Sicherheitsnetz zerstört werden, das Staat und Gewerkschaften ausgebreitet haben, weil es die Unternehmen angeblich »unregierbar« macht. Für die Zeitenwende in den organisierten Arbeitsbeziehungen hat der VW-Konflikt in gewisser Weise Anschauungsunterricht geliefert. Im Volkswagenkonzern gab es einen Haustarifvertrag mit einer langfristigen Beschäftigungsgarantie bis 2029. Als wir 2023/24 im Komponentenwerk Kassel-Baunatal forschten, konnte sich dort niemand vorstellen, dass an dieser Vereinbarung gerüttelt würde. Vom Topmanagement bis zu den Produktionsarbeitenden waren sich alle einig, auf der sicheren Seite zu sein – und dies in einem Werk mit 15.500 Beschäftigten, das im Zuge der Antriebswende bis zur Hälfte der Arbeitsplätze verlieren könnte. Die Tatsache, dass der VW-Vorstand, offenbar von Eigentümern und potenziellen Investoren getrieben, quasi über Nacht gültige Tarifverträge für nichtig erklärt, mit betriebsbedingten Kündigungen und Werksschließungen gedroht und pauschale Lohnkürzungen von zehn Prozent verlangt hat, steht symbolisch für eine Zäsur in den Arbeitsbeziehungen. VW ist dabei nur die Spitze des Eisbergs. ThyssenKrupp, ZF, Continental, BASF und mit ihnen viele andere Unternehmen sind auf einen Kurs eingeschwenkt, der die Risiken des sozial-ökologischen Umbaus und digitalen Wandels vor allem den Belegschaften aufbürden will.

Zur Legitimation solcher Taktiken wird eine Krisendiagnose bemüht, die fast schon grotesk wirkt. In der Regel reagiert die Kapital- und Unternehmensseite auf ökonomische Verwerfungen mit dem Hinweis, man dürfe die Situation nicht schlechtreden, denn 50 Prozent der Anti-Krisen-Therapie seien Psychologie. Die Reaktion auf die deutsche Konjunkturflaute Mitte der 2020er ist eine andere. Nun sind es vor allem Wirtschaftsverbände und Unternehmensvorstände, die ein besonders dramatisches Bild der Lage zeichnen. Das kommt überraschend, weil Anhänger eines *longtermism* wie Ray Dalio, Gründer des weltgrößten Hedgefonds, Deutschland in ihren Zukunftsszenarien große Stabilität bescheinigen.[203] Noch im April 2024 hatten die Ökonomen des Internationalen Währungsfonds zwar auf strukturelle Probleme des deutschen

Wirtschaftsmodells verwiesen, die Wachstumskrise insgesamt aber deutlich relativiert. Im politischen Handgemenge der Bundesrepublik klingt das deutlich anders. Knapp zusammengefasst verläuft der Krisendiskurs getreu dem Motto: Je größer die Skepsis gegenüber dem sozial-ökologischen Umbau und seinen Herausforderungen, desto schriller tönen die Krisensirenen. Während wirtschaftspolitische Akteure, die den Klimaschutz auch wirtschaftspolitisch noch immer als eine zentrale Aufgabe betrachten, Insolvenzen und Beschäftigungsverluste zu schwer vermeidbaren Folgen eines radikalen Strukturwandels erklären, verleiht die Gegenposition Deindustrialisierungs-Szenarien eine besonders dramatische Note. Lautstarke Attacken gegen eine »ökologische Planwirtschaft« folgen trotz unbestreitbarer struktureller Hemmnisse offenbar einer interessengeleiteten Inszenierung. Sie zielen darauf, das Tempo des sozial-ökologischen Umbaus zu drosseln und strenge Regulierungen zu lockern. Markt- und Managementversagen bei den Geschäftsmodellen industrieller Schlüsselbranchen wird bevorzugt einem »kranken Staat« und einer schwerfälligen Demokratie zugeschrieben.

Die radikale Rechte begreift entsprechende Positionierungen als Steilvorlage für die eigene Politik. Sie deutet Transformationskonflikte als Verschwörung globalistischer Eliten, denen angeblich daran gelegen ist, der deutschen Industrie und ihrer Arbeiterschaft die Geschäftsgrundlage zu entziehen. Dabei macht sie sich ein Grundgefühl zunutze, das französische Soziologen treffend als »Ehrverlust« beschrieben haben: »[...] die Arbeiter spüren, dass ihre Würde massiv bedroht ist: durch die Arbeitslosigkeit, die das Familienverhältnis bedroht, durch den sozialen Abstieg ihres Wohnviertels [...], aber auch durch die diffuse Delegitimierung ihres Wertesystems, durch die Auflösung der lokalen Strukturen oder durch die Entwertung der ›Alteingesessenheit‹ als Legitimationsprinzip, das im Namen des Kosmopolitismus und der ›Multikulturalität‹ geopfert wird, oder auch durch die Diskreditierung der traditionellen Arbeitsteilung zwischen den Geschlechtern«.[204]

Mit politischen Strategien, die beim sozial-ökologischen Umbau eine Rolle rückwärts anpeilen und als Allheilmittel für wirtschaftliche Genesung Entstaatlichung und Entsyndikalisierung empfehlen, lässt sich der empfundene »Ehrverlust« aber nicht bekämpfen. In Zeiten eines beschleunigten Umbruchs wird auch in marktwirtschaftlichen Ökonomien ein Staat benötigt, der planvoll und weitsichtig agiert, um gestörte Marktkoordination nicht nur zu reparieren, sondern um Zukunftsmärkte aktiv zu schaffen. Ein solcher Staat muss, wie Herrmann Heller betont – durchaus als Autorität auftreten, dies allerdings mit dem Ziel, der kapitalistischen Utopie einer möglichst regelungsfreien Wirtschaft regulative Grenzen zu setzen. Anders gesagt, die liberale Demokratie lässt sich längerfristig nur verteidigen, wenn sie auf Entscheidungen ausgeweitet wird, die über Geschäftsmodelle und Investitionen befinden. Die Institutionen liberaler Demokratie wären in einen ökologischen Sozialstaat einzubetten, der Einnahmen nach dem Prinzip generiert, Menschen gemäß ihres ökologischen und Klimafußabdrucks an den Kosten der Transformation zu beteiligen. Das hieße beispielsweise, dass die superreichen 0,08 Prozent, die in den 30 Jahren ab 1990 bei den klimaschädlichen Emissionen um sage und schreibe 80 Prozent zugelegt haben[205], im gleichen Ausmaß an den Folgekosten zu beteiligen wären, die der sozial-ökologische Umbau verursacht. Im nächsten Schritt würde es darum gehen, jene Spaltung von Produktion und Gewissen zu überwinden, den schon der Philosoph Günter Anders für Apokalypse-Blindheit verantwortlich gemacht hat.[206] Der Ausschluss von Entscheidungen über das, was wir herstellen, muss überwunden werden. Das geht nicht ohne eine radikale Demokratisierung von Entscheidungen über Investitionen und Geschäftsmodelle. Von einem Arbeitsbewusstsein, das eine Verantwortungsübernahme für das, was wir herstellen, offensiv einklagt, sind wir gegenwärtig allerdings weit entfernt. Doch es gibt Anknüpfungspunkte. Besonders relevant sind Investitionen in die öffentliche Infrastruktur. Hier gilt es anzusetzen. Wir benötigen eine Aufwertung des Öffentlichen, allen voran der Bildungs-, Erziehungs-, Sorge- und Gesundheitsbereiche. Und wir benötigen eine vorausschauende, gut ausgestattete Industriepolitik, die Regionen wie dem Mansfelder Land, dem saarländischen Völklingen oder Gelsenkirchen im Herzen des Ruhrgebietes wieder eine Perspektive gibt. In von radikalem Strukturwandel gebeutelten Regionen hat die AfD besonderes gepunktet. Ohne staatliche Autorität, die Fachwissen auch bottom up einbezieht, wird sich das kaum ändern lassen. Entsprechende Maßnahmen verlangen nach einer Beseitigung der Schuldenbremse, deren dogmatische Verteidigung selbst bei den Experten des Internationalen Währungsfonds (IMF) nur noch Kopfschütteln auslöst. Die Stärkung des Öffentlichen wäre ein wichtiger Ansatz, um der Arbeiterschaft zurückzugeben, was sie am meisten vermisst – ihre Ehre und Würde nicht nur im Arbeitsprozess, sondern vor allem in Gesellschaft und Politik.

Prof. Dr. Michael Zürn

Große Gefahren und machbare Visionen

I.

Die größte Gefahr für die liberale Demokratie geht heute von den autoritären Populisten aus. Autoritäre Populisten sind soziale Bewegungen und Parteien, die auf bestimmten ideologischen Überzeugungen beruhen, die die Gemeinsamkeit dieser Gruppierungen ausmachen. Sie gibt es in West- und in Osteuropa, im Globalen Norden und im Globalen Süden, dort v. a. in Lateinamerika, aber auch in Indien. Sie als opportunistische Kräfte zu betrachten, die auf einer dünnen und anpassungsfähigen Ideologie aufbauen, führt zu einer Unterschätzung der Gefahr für die Demokratie. Autoritäre Populisten sind zwar auch Populisten, aber weit mehr als das.

Der klassisch populistische Gegensatz zwischen privilegierten Eliten und der hart arbeitenden einfachen Bevölkerung wird erstens aufgeladen, indem die autoritären Populisten von *bösen* Eliten sprechen, die in einem Komplott das Volk ausnutzen. Die bei den autoritären Populisten weitverbreiteten Verschwörungstheorien bringen das immer wieder zum Ausdruck. Den bösen Eliten wird dabei das Volk – und weniger die einfache Bevölkerung – gegenübergestellt. Das verweist zweitens auf ein zutiefst anti-pluralistisches und meist ethnisch definiertes Verständnis von der guten Bevölkerung. Das zeigt uns der Begriff der ›Remigration‹. Das Volk ist in der Mehrheit und die Mehrheit muss sich bedingungslos durchsetzen. Dieses dritte Merkmal zeigt sich in der Geringachtung von Grund- und Minderheitenrechten und generell der rechtlichen Beschränkungen der Politik. Das ist der illiberale Markenkern der autoritären Populisten. Viertens sind autoritäre Populisten fast immer Dezisionisten. Das ›Brimborium‹ demokratischer Verfahren und parlamentarischer Debatten wird als verzichtbar angesehen. Exekutivverordnungen braucht man und keine Debatten darüber, was richtig ist. Auf einem Wahlplakat von Heinz-Christian Strache stand einst: ›Er weiß, was wir wollen‹. Das fünfte Merkmal der autoritär-populistischen Ideologie ist die Verabschiedung von den Regeln einer wahrheitsorientierten Debatte. Die gezielte Streuung von unsinnigen Behauptungen und Falschmeldungen gehört dazu.[207]

Die autoritär-populistische Ideologie kennt auch inzwischen ein Drehbuch, wie vorzugehen ist, um die liberale Demokratie in eine illiberale Scheindemokratie zu verwandeln. Im ersten Schritt gilt es, die rationale Öffentlichkeit zu beschädigen und Wahlen zu gewinnen, dann im zweiten Schritt, die Gewaltenteilung und Unabhängigkeit der Gerichte anzugreifen, drittens, die Medienlandschaft zu kontrollieren und zumeist zuletzt die Opposition zu unterdrücken und keine auch nur halbwegs freien Wahlen mehr zuzulassen. Russland und Ungarn haben dieses Drehbuch des Regimewandels bereits weitgehend umgesetzt. Die autoritären Populisten vollziehen dabei auf dem Weg zur Macht einen mehrfachen Formwandel. Sie starten häufig als soziale Bewegung (Pegida), die dann zur Partei wird (AfD). Im nächsten Schritt geht es um die Regierungsbeteiligung und die Besetzung des Amtes des Regierungschefs (Kickl). Schließlich wandelt sich die autoritär-populistische Regierung in ein populistisch-autoritäres Regime (Ungarn). Notwendigerweise spielt dann am Ende der Populismus eine geringere Rolle als am Anfang und der Autoritarismus tritt deutlicher hervor.

II.

Die weltweiten Erfolge des autoritären Populismus sind bemerkenswert und auch erschreckend. Nach dem scheinbaren Triumph der liberalen Demokratie gelten heute nach Zählung des Göteburger V-Dem Instituts nur noch 32 Länder als lupenreine liberale Demokratien. Angewachsen sind v. a. die sogenannten elektoralen Demokratien und die elektoral-autokratischen Systeme. Hinter beiden Entwicklungen steckt der Aufstieg der autoritären Populisten. Ihre Erfolge feiern sie v. a. in großen Ländern: aktuelle Beispiele sind Indien, USA, Russland, Thailand und die Türkei. Brasilien und Polen sind Fälle, wo die Transformation zum populistischen Autoritarismus vorerst scheiterte. Dennoch lebten 2024 71% der Weltbevölkerung in Autokratien und nur noch 29% in einer liberalen Demokratie.[208]

Der regressive Weg nach unten von der liberalen Demokratie bis zur Autokratie wird v. a. durch die Erfolge der autoritären Populisten getrieben. Technokratisch-autoritäre Systeme wie in China oder auch Singapur werden seit langem als autokratisch eingestuft und können die Veränderung der Zahlenwerte nicht erklären.

III.

In den konsolidierten liberalen Demokratien lassen sich zwei Pfade der Schwächung unterscheiden. Reine Mehrheitswahlsysteme neigen dazu, Zweiparteiensysteme hervorzubringen. Wenn in jedem Wahldistrikt die Person in das Parlament einzieht oder den Präsidenten wählt, die am meisten Stimmen erhält, haben es neue und kleine Parteien sehr schwer. In diesem Fall *müssen* autoritäre Populisten versuchen, die konservative Partei zu kapern. Das ist in den USA erfolgt und war bisher in Großbritannien begrenzt erfolgreich. Die Umwandlung einer konservativen Partei ist nicht einfach. Wenn es aber gelingt, dann ist es zum Wahlgewinn nicht mehr weit und die liberale Demokratie wird angegriffen.

Das Verhältniswahlrecht gibt kleineren Parteien und damit auch radikalen Parteien bessere Zugangsmöglichkeiten zur Legislative. Deswegen galten die Demokratien mit Verhältniswahlrecht lange Zeit zwar als demokratischer, aber auch weniger stabil als Systeme mit Mehrheitswahlrecht. Mit dem Aufkommen der autoritären Populisten hat sich das gewandelt. Es besteht hier nämlich die Möglichkeit, die autoritären Populisten nach dem Eintritt ins Parlament in eine Ecke zu setzen, sie zu ignorieren und von der Exekutive fernzuhalten – also Brandmauern zu errichten. Eine Partei mit 20 Prozent der Stimmen kann prinzipiell aus den Prozessen ausgeschlossen werden. Der Pfad der Schwächung der liberalen Demokratie sieht hier aber anders aus. Es zwingt die demokratischen Parteien dazu, Koalitionen zu bilden, die eigentlich keine Koalitionen sind. Das Ergebnis sind koalitionsinterner Dauerstreit, Blockaden und eine begrenzte staatliche Handlungsfähigkeit. Das ist aber erneut Wasser auf die Mühlen der autoritären Populisten, die dadurch noch stärker werden und eine Art Teufelskreis in Bewegung setzen können. Irgendwann ist der Weg zur Koalition der demokratischen Parteien dann so verquer und vermint, dass die Verhandlungen dazu scheitern. Österreich ist dafür das prägnanteste Beispiel, Macrons Bemühungen, nach der Parlamentswahl eine funktionstüchtige Regierung zu installieren, ein weiteres, und das Ende der Ampelkoalition kann gleichfalls in diesem Licht gesehen werden.

IV.

Es stellt sich somit für ein Land wie Deutschland die Frage, wie der Teufelskreis unterbrochen werden kann und die autoritären Populisten wieder auf einstellige Wahlergebnisse gebracht werden können. Die beiden wichtigsten Erklärungen für den Aufstieg der autoritären Populisten bieten da jeweils einen Anhaltspunkt. Die politische Erklärung fokussiert auf die *Entscheidungsverfahren* und die wachsende Unzufriedenheit mit einer liberalen Demokratie, in der die Bedeutung der Stimme an der Wahlurne immer mehr von Expertengremien, regulatorischen Behörden und europäischen Vorgaben eingedämmt wird. Diese ›Epistemisierung des Politischen‹ (Alexander Bogner) führt immer mehr zu einer Entfremdung der Demokratie. Vor diesem Hintergrund ist die Demokratisierung der Demokratie von zentraler Bedeutung. Deliberative Foren von zufällig ausgewählten Bürgerinnen und Bürger können da helfen, aber auch die Demokratisierung der nicht-majoritären Institutionen.[209] Beides ist denkbar, aber nicht einfach.

Die andere Erklärung setzt an *Politikergebnissen* an. Dabei wurden die wachsende Ungleichheit im Zeitalter der Globalisierung und die kulturelle Liberalisierung westlicher Gesellschaften lange Zeit als die wichtigsten Ursachen für den Aufstieg der autoritären Populisten betrachtet. Inzwischen gibt es eine ausufernde empirische Forschung dazu. Die bestätigt grundsätzlich einen gewissen Zusammenhang zwischen wachsender Ungleichheit und kultureller Liberalisierung (inklusive Migration) einerseits und der Stärke autoritär populistischer Parteien andererseits.

Die Effekte sind aber klein und oft nicht signifikant. Neuere Forschungen zeigen, dass ein anderer Zusammenhang viel wichtiger ist.[210] Es geht weniger um die Verteilung von privaten Einkommen in der Gesellschaft und um offene Grenzen, sondern um den gleichen Zugang aller Menschen zu Grundgütern wie Erziehung und Gesundheit und eine funktionierende öffentliche Infrastruktur. Wo die Daseinsfürsorge nicht funktioniert und Grundbedürfnisse eines ordentlichen Lebens nicht mehr für alle bereitgestellt werden, dort stößt das Narrativ der autoritären Populisten auf fruchtbaren Boden: Die politische Klasse sei nur an ihren eigenen Interessen orientiert, versage bei der Arbeit und hänge ganze Regionen von der Entwicklung ab. Es ist also nicht Ungerechtigkeit im Sinne der Ungleichverteilung aller Güter (autoritäre Populisten haben bekanntlich wenig Probleme mit den Superreichen), sondern Ungerechtigkeit im Sinne einer mangelnden Suffizienz, also eines nicht funktionstüchtigen Staates und dem Ausschluss vieler Menschen von den Grundgütern, die die Wahl von autoritären Populisten befeuert. Das Gegengift kann in diesem Fall relativ einfach bereitgestellt werden: Ein großes öffentliches Investitionsprogramm könnte den Erfolg der AfD bei der nächsten Wahl begrenzen und die Zeit und den politischen Spielraum verschaffen, der für eine Demokratisierung der Demokratie notwendig ist.

Notwendig ist also an erster Stelle eine handlungsfähige Koalition demokratischer Parteien. Das Wahlergebnis erlaubt wenigstens ein Zweierbündnis. Eine Wiederauflage muss allerdings die Geschäftsgrundlage der alten großen Koalition(en) – »schwarze Null« plus sozialpolitische Ergänzungen der Agenda 2010 – überwinden, um den finanziellen Raum für das Notwendige zu schaffen. Die Investitionsdefizite der letzten Jahrzehnte müssen behoben werden und zwar schnell, nämlich bevor die AfD nach Wahlen in den neuen Bundesländern Einfluss auf den Bundesrat gewinnt. Es steht also zu hoffen, dass das Projekt »funktionierende Daseinsfürsorge im 21. Jahrhundert« – und dazu gehört auch die Verteidigung des Landes – mit Kraft angegangen wird und andersgelagerte Interessen in der CDU und der SPD für ein kraftvolles Regierungsprogramm hintangestellt wird.

Prof. Dr. Frank Decker

Demokratie verteidigen und verbessern – Wege aus der Vertrauenskrise

Das Wesen der freiheitlichen oder pluralistischen Demokratie ist »gestatteter, ausgetragener, geregelter Konflikt«, so hat es der Soziologe Ralf Dahrendorf einmal ausgedrückt. Die Qualität von Demokratien bemisst sich entsprechend daran, auf welche Weise und in welcher Form sie Konflikte austragen.

Erstens muss es friedlich-schiedlich zugehen. Das bedeutet, dass die Konfliktteilnehmer sich in der Auseinandersetzung an bestimmte Regeln halten und das Ergebnis der Auseinandersetzung, wenn sie in einen Beschluss mündet, akzeptieren. Eine zentrale Rolle spielt die Mehrheitsregel; sie stellt für die Angehörenden der unterliegenden Minderheit eine Zumutung dar, die sie ertragen müssen.

Zweitens muss der Konfliktaustrag lösungsorientiert sein. Dies setzt sowohl eine Orientierung an der Sache selbst voraus, die nicht mit sachfremden Motiven vermischt werden sollte, als auch die Bereitschaft zur Mäßigung und Kompromissbildung, damit eine Entscheidung überhaupt zustande kommt und die Teilnehmer sich nicht wechselseitig blockieren.

Drittens schließlich sollten die Konflikte so ausgetragen werden, dass sie ein Maximum an allgemeiner Wohlfahrt herbeiführen. Von wesentlicher Bedeutung ist hier der Diskussions- und Beratungsprozess, der der Entscheidung vorausgeht. Theoretiker der deliberativen Demokratie wie Jürgen Habermas betrachten diese als diskursiven und öffentlich gemachten Austausch von Argumenten gleichberechtigter Teilnehmer, bei dem das bessere Argument im Idealfall die Oberhand behält.

Während eine Einbuße an Leistungs- und Regierungsfähigkeit, die eine Folge minderer Entscheidungsqualität darstellt, von demokratisch regierten Gesellschaften in gewissen Grenzen durchaus verkraftet werden kann, gewinnen die beiden zuerst genannten Prinzipien, der friedliche Austrag der Konflikte und die Kompromissbereitschaft, für die Demokratie existenzielle Bedeutung. Gerade sie gelten heute vielerorts als nicht mehr selbstverständlich. Die Zahl der als konsolidiert geltenden Demokratien hat weltweit seit Mitte der 2000er-Jahre abgenommen. Auch in manchen altehrwürdigen Demokratien wird deren Stabilität durch illiberale und autoritäre Tendenzen im Inneren bedroht, man denke nur an die USA.

Wie lässt sich diese besorgniserregende Entwicklung, die ihren Hauptausdruck im Aufstieg eines aggressiv auftretenden, demokratiefeindlichen Populismus findet, erklären? Und warum findet dieser Populismus in unseren Gesellschaften wachsende Unterstützung? Um Antworten darauf zu finden, müssen wir sowohl auf die Nachfrageseite der Bürger als auch auf die Angebotsseite der politischen Wettbewerber blicken.[211]

Auf der Nachfrageseite lassen sich die Ursachen der Unzufriedenheit, die einen zunehmenden Teil der Bürger von den Entscheidungsträgern in Staat und Parteien entfremdet und in die Arme der Populisten treibt, vielleicht am besten mit dem Begriff der »Verunsicherung« auf einen Nenner bringen. Langfristige Veränderungen in Wirtschaft und Gesellschaft und die immer kürzere Abfolge sich verdichtender Krisenereignisse in den letzten beiden Jahrzehnten greifen dabei ineinander. Zu den langfristigen Veränderungen gehören die seit den Neunzigerjahren beschleunigte Globalisierung, die damit verbundene Unterwerfung der Politik unter die Imperative des Marktes, die verstärkten Tendenzen der Individualisierung und »Singularisierung« in einer diverser werdenden Gesellschaft und die Notwendigkeit einer umfassenden ökologischen Transformation der Wirtschaft, die der Klimawandel bedingt.

Die verdichteten Krisenereignisse setzten mit der am 11. September 2001 in den USA begonnenen Serie islamistischer Terroranschläge ein. Ihr folgte ab 2007 die weltweite Finanzkrise. Sie mündete in Europa in eine Krise der Währungsunion, die vor allem die südeuropäischen Länder hart traf, und bei der Griechenland 2015 nur knapp seinem Ausschluss entging. Im selben Jahr spitzte sich die Flüchtlingssituation durch die Kriege im Nahen Osten und den Zustrom aus Teilen Afrikas dramatisch zu, was in der Bundesrepublik zu heftigen innenpolitischen Verwerfungen führte und dem Rechtspopulismus in Gestalt der 2013 im Gefolge der Eurokrise entstandenen AfD zum Durchbruch verhalf. Auch andernorts verstärkten sich die Fliehkräfte. 2016 stimmte eine knappe Mehrheit der Briten für den Austritt ihres Landes aus der EU. Und in den USA beendete die Wahl des Anti-Politikers und erklärten EU-Gegners Donald Trump zum US-Präsidenten im selben Jahr die Ära des Multilateralismus und der verlässlichen transatlantischen Partnerschaft.

Als ob das noch nicht genug wäre, traf die demokratische Staatengemeinschaft ein anderes, unerwartetes Krisenereignis 2020 ohne Vorwarnung: die Coronapandemie. Mit ihr gerieten die Demokratien – auch die deutsche – eineinhalb Jahre lang in einen Ausnahmezustand, mussten doch im Kampf gegen das Virus zum ersten Mal Freiheitsrechte drastisch eingeschränkt werden. Und kaum war die Coronadebatte abgeflacht, sahen sich die Regierungen in Europa und den USA durch den russischen Angriffskrieg gegen die Ukraine seit 2022 einer weiteren, zuvor für nicht denkbar gehaltenen Bedrohung gegenüber, die mit der steigenden Inflation und Energieverknappung zugleich massive ökonomische Folgen nach sich zog.

Dass all diese Entwicklungen und Ereignisse zur Verunsicherung erheblicher Teile der Bevölkerung geführt haben, kann nicht überraschen. Ablesbar ist sie an wachsender Zukunftsangst und dem Vertrauensverlust in die demokratischen Institutionen. Laut einer Studie, die wir im Auftrag der Friedrich-Ebert-Stiftung durchgeführt haben[212], erwarteten im Juli/August 2022 nicht einmal ein Fünftel der Befragten von der Zukunft etwas Besseres. Man muss nicht bis in die Siebzigerjahre zurückblicken, als dieser Wert noch bei 90 Prozent lag, um die Tragweite des Befundes zu begreifen. Am meisten Sorgen machen den Menschen der Klimawandel, die wachsende Kriegsgefahr, die zunehmende Feindlichkeit in der Gesellschaft und hier speziell der Rechtsextremismus sowie die drohenden Wohlstandsverluste. Die Ostdeutschen sorgen sich vor Kriegsgefahr und Wohlstandsverlusten stärker als die Westdeutschen. Noch größer ist der Abstand bei der Zuwanderung, die im Westen 2022 mehrheitlich nicht als sorgenbereitendes Problem betrachtet wurde, im Osten aber von mehr als zwei Dritteln.

Ein Erfolgsfaktor des Rechtspopulismus, der lange Zeit ausgeblendet wurde, weil er in der Etablierungsphase der meisten dieser Parteien in den Achtziger- und Neunzigerjahren noch keine Bedeutung hatte, betrifft das Aufkommen der sozialen Netzwerke und den durch sie verursachten Wandel der Öffentlichkeit. Das Neuartige der neuen Medien liegt in ihrem Plattformcharakter. Sie heben den im traditionellen System bestehenden Gegensatz von Erzeugern und Rezipienten der Medieninhalte auf, indem sie jedem oder jeder Einzelnen gestatten, sich im Meinungskampf zu Wort zu melden und damit quasi journalistisch tätig zu werden.

So wie die Rechtspopulisten in anderen Ländern, hat die AfD in der Bundesrepublik bei Facebook, TikTok und Co. deutlich die Nase vorn. Um dort Aufmerksamkeit zu erzeugen, setzt sie auf bewusste politische Provokationen. Gleichzeitig ermöglicht ihr das Nicht-Angewiesensein auf die traditionellen Medien, diese als Teil des politischen Establishments zu brandmarken, das mit den Regierenden unter einer Decke stecke. Dies gelte vor allem für den angeblich von den Parteien beherrschten öffentlich-rechtlichen Rundfunk.

Über das Ausmaß der Polarisierung und ihre Tragweite unter Demokratiegesichtspunkten bestehen unter den politischen und wissenschaftlichen Beobachtern unterschiedliche Meinungen. Während die einen von einer »Spaltung« der Gesellschaft sprechen und einen regelrechten »Kulturkampf« heraufziehen sehen, zeichnen andere das Bild einer fragmentierteren, aber nicht notwendigerweise polarisierteren Gesellschaft. Was stimmt? Lässt man die Geschichte der Bundesrepublik Revue passieren, wird man die These kaum aufrecht erhalten können, früher sei alles gemäßigter oder gesitteter zugegangen. Im Gegenteil: Gerade die drei Nachkriegsjahrzehnte, die uns heute als Goldene Ära des Wohlfahrtsstaates und der politischen Stabilität erscheinen, waren zugleich Hochzeiten der politischen Konfrontation – in der parlamentarischen Sphäre ebenso wie in der außerparlamentarischen.

Ähnliche Fallstricke birgt der Begriff der Spaltung. Alltagssprachlich suggeriert er eine Teilung der Gesellschaft in etwa zwei gleich große, sich womöglich unversöhnlich gegenüberstehende Lager, die nichts Gutes verheißt. Tatsächlich dürften die Spaltungs- oder Trennungslinien in den meisten Demokratien aber häufiger zwischen 70 und 30, 80 und 20 oder 90 und 10 Prozent der Bevölkerung verlaufen als zwischen der einen und anderen Hälfte. Statt von einer Spaltung sollte man besser von einer Radikalisierung der Ränder sprechen.[213]

Ab welcher Größenordnung der Unterstützung die systemfeindlichen Kräfte für die Demokratie tatsächlich bedrohlich werden können, mag von Land zu Land unterschiedlich sein. Für Deutschland könnte man sie bei etwa 30 Prozent ansetzen – eine Marke, die bei der vorgezogenen Bundestagswahl 2025 in allen ostdeutschen Bundesländern (außer Berlin) von der AfD zum Teil deutlich übertroffen wurde. Die Debatte um die inzwischen längst bröckelnde Brandmauer zur AfD zeigt, dass es ab dieser Schwelle kaum noch möglich sein dürfte, die Populisten politisch zu umgehen oder sie mit repressiven Mitteln einzuhegen.

Die Politikwissenschaft betrachtet das Thema leider ebenso wie die Politik meistens als ein rein strategisches und reduziert es auf die Frage, ob elektoraler eher die Anpassung an den Populismus oder eine Abgrenzung geboten sei. Das Problem dieser Entgegensetzung liegt darin, dass sie zwischen der diskursiven und substanziellen Ebene nicht genügend unterscheidet. Während es in der Forschung viele Belege gibt, dass eine Übernahme des populistischen Diskurses kontraproduktiv wirkt, weil sie diesen legitimatorisch aufwertet[214], kann ein Einschwenken auf die Forderungen der Populisten durchaus lohnen, wenn es diskret erfolgt und mit handfesten Problemlösungen verbunden ist.

Verringern lässt sich das populistische Wählerpotenzial am Ende nur, wenn es der Politik gelingt, den Bürgern eine überzeugende Erzählung von der künftigen Entwicklung der Gesellschaft zu vermitteln, die vorhandene Ängste abbaut und den beschriebenen Fragmentierungstendenzen entgegentritt. So abgenutzt die Formel von der Stärkung des gesellschaftlichen Zusammenhalts klingen mag, beschreibt sie doch treffend, worauf es ankommt, nämlich einerseits die Herstellung von mehr Verteilungsgerechtigkeit, die den abgestiegenen oder sich vor Abstieg fürchtenden Teilen der Gesellschaft auch in materieller Hinsicht Respekt zollt, und andererseits »die Sicherung allgemeiner kultureller Güter und Normen« (Andreas Reckwitz), um wieder mehr Gemeinschaftlichkeit zu ermöglichen und im besten Falle ein Wir-Gefühl in der Gesellschaft zu erzeugen.

Für die Zurückerlangung von Vertrauen ist in erster Linie eine verbesserte Regierungsfähigkeit, mithin eine Erhöhung der demokratischen Output-Legitimation gefragt. Dies erfordert einen im Verhältnis zur Gesellschaft aktivierenden, regulatorisch eingreifenden und den Wandel steuernden Staat, der dafür mit den notwendigen finanziellen und personellen Ressourcen auszustatten ist, und der durch Reformen instandgesetzt werden muss, diese Ressourcen möglichst effektiv und effizient einzusetzen.[215]

Dessen ungeachtet behält die Inputseite des demokratischen Prozesses eine eigenständige Bedeutung. Denn indem sie die Interessenrepräsentation institutionell und prozedural strukturiert, nimmt sie auf den Output Einfluss und prägt diesen mit. Wenn die Responsivität nachlässt bzw. von der Wählerschaft schlecht bewertet wird und bestimmte Teile derselben ihre Meinungen und Interessen in den politischen Entscheidungen nicht mehr wiederfinden, muss überlegt werden, wie sich deren Repräsentation und Teilhabe auf der Inputseite steigern lassen.

Die nachlassende Responsivität wird in unserer Vertrauensstudie an verschiedenen Stellen festgemacht: der Nichtumsetzung von Wahlversprechen, dem zu großen Einfluss bestimmter Lobbys, die ihre Interessen auf Kosten des Gemeinwohls durchsetzten, der sozialdemografischen Nichtspiegelbildlichkeit des Parlaments und der sozial ungleichen Wahlbeteiligung.[216] Auch die starke Präferenz für direktdemokratische und expertokratische Entscheidungsverfahren muss als Kritik am vorherrschenden repräsentativen System gelesen werden. Die Befürworter der direkten Demokratie machen dessen Schwächen vor allem an der fehlenden Berücksichtigung des vermuteten mehrheitlichen Volkswillens fest, die Anhänger des expertokratischen Modells an vermeintlich unvernünftigen Ergebnissen.

Will man dem entgegentreten, gilt es zum einen, die beiden zentralen Pfeiler der »kritischen Infrastruktur« der Demokratie in ihrer Funktionsfähigkeit zu stärken bzw. zu verteidigen: die politischen Parteien und die Medien.[217] Zum anderen wäre darüber nachzudenken, wie man spezifische Repräsentationsschwächen durch ergänzende Formen der Bürgerbeteiligung (wie z. B. Bürgerräte) ausgleichen kann, ohne dabei am Primat der gewählten Vertretungskörperschaften zu rütteln. So verstandene Demokratiepolitik sollte sich zum Ziel setzen, die Selbstwirksamkeit der Bürgerinnen und Bürger auf allen Ebenen des politischen Systems zu erhöhen, damit diese das Gefühl behalten, dem Regierungsgeschehen nicht schicksalhaft ausgeliefert zu sein.

Prof. Dr. Henning Meyer

Verwaltung in der Krise: Warum der Staat die Demokratie retten muss

Der Staat bildet den strukturellen Eckpfeiler unserer Demokratie. Er schafft den Rahmen, in dem Freiheit und Gerechtigkeit gedeihen können, und organisiert die Kernelemente unseres gesellschaftlichen Zusammenlebens. Wenn der Staat jedoch nicht mehr so funktioniert, wie er sollte, gerät unser demokratisches System in ernsthafte Schwierigkeiten. Insbesondere die Sozialdemokratie verlässt sich oft auf den Staat als zentrales Instrument der Politik. Dies setzt jedoch implizit voraus, dass der Staat leistungsfähig ist. Doch was passiert, wenn die Politik ihre Zusagen gegenüber den Bürgerinnen und Bürgern nicht mehr einhalten kann? Was, wenn staatliche Unzulänglichkeiten nicht nur den Alltag erschweren, sondern auch das Vertrauen in unsere demokratischen Institutionen untergraben? Diese Fragen drängen sich auf, wenn wir die gegenwärtige Leistungsfähigkeit des deutschen Staates und seiner Verwaltungen betrachten.

Die Verwaltungen sind das Herzstück des modernen Staates. Sie fungieren nicht nur als Schnittstelle zwischen Bürgerinnen und Bürgern und dem Staat, sondern sind durch ihre Exekutivfunktionen auch das zentrale Werkzeug, mit dem Regierungen ihre Politik umsetzen. Doch genau an diesen Scharnierfunktionen hakt es oft. Statt Fortschritte voranzutreiben, stellen Verwaltungen heute häufig ein Hindernis dar. Verfahren ziehen sich in die Länge, Entscheidungen dauern unverhältnismäßig lange. Trotz erheblicher Investitionen bleibt die viel zitierte »digitale Verwaltung« für die Bürgerinnen und Bürger im Alltag weitgehend unsichtbar. »A« wie analog kommt nicht nur im Alphabet vor »D« wie digital.

Diese Unzulänglichkeiten sind weit mehr als bloß ein Ärgernis. Sie gefährden das Fundament unserer Demokratie. Denn wenn Bürgerinnen und Bürger zunehmend die Erfahrung machen, dass der Staat seine Aufgaben nicht erfüllt, wächst die Frustration – und mit ihr die Versuchung, sich radikalen Alternativen zuzuwenden.

Wie Prozessorientierung den Staat lähmt

Ein Grundproblem des Staates ist die tief verwurzelte Prozessorientierung der deutschen Verwaltung. Diese basiert auf Prinzipien, die Max Weber Anfang des 20. Jahrhunderts in seinem Bürokratiemodell formulierte: klare Regeln, Transparenz und Rationalität. Doch was einst Fortschritt und Legitimation bedeutete, hat sich längst in eine Sackgasse verwandelt. Prozessorientierung führt heute oft dazu, dass Ergebnisse zu kurz kommen. Statt von den angestrebten Zielen her zu denken, wird in erster Linie darauf geachtet, dass Verfahren und Abläufe eingehalten werden. Probleme, die dadurch an anderer Stelle entstehen, werden hingenommen. Ein aktuelles Beispiel ist der Aktionsplan gegen Desinformation, der seit 2022 zwischen Bund und Ländern erarbeitet wird und laut Berichten der *Süddeutschen Zeitung* frühestens im Sommer 2025 beschlossen werden kann. Zum Zeitpunkt der vorgezogenen Bundestagswahl war also kein abgestimmter Plan vorhanden.

Der Staat wirkt hilflos und gelähmt. Bauprojekte, politische Initiativen und Reformen werden durch endlose Abstimmungen, Prüfungen und Genehmigungen verzögert. Die Vielzahl an Akteuren – von Bundes- über Landesbehörden bis hin zu Kommunen – führt zu unklaren Verantwortlichkeiten und langwierigen Entscheidungsprozessen. Ein weiteres Beispiel ist das Onlinezugangsgesetz (OZG) von 2017, das bis 2023 digitale Verwaltungsdienste flächendeckend verfügbar machen sollte. Bis heute ist davon nichts zu sehen. Solche Versäumnisse sind keine technischen, sondern strukturelle Probleme.

Der Baubereich ist ebenfalls betroffen. Die Ampelkoalition hatte sich das Ziel gesetzt, jährlich 400.000 neue Wohnungen zu bauen, davon 100.000 im sozialen Wohnungsbau. Tatsächlich wurden in keinem Jahr seit 2021 auch nur 300.000 Wohnungen gebaut, und der soziale Wohnungsbau blieb mit unter 50.000 Einheiten pro Jahr weit hinter den Erwartungen zurück. Dies ist ein drastisches Versagen, besonders vor dem

Hintergrund, dass der historische Durchschnitt seit den 1950er Jahren bei rund 405.000 Wohnungen pro Jahr liegt. Wieso klappt heute nicht mehr, was vor Jahrzehnten gelang?

Die Konsequenzen dieses Versagens gehen weit über Frustration hinaus. Wenn politische Versprechen unglaubwürdig werden, weil der Staat sie nicht umsetzen kann, verliert die Demokratie insgesamt an Glaubwürdigkeit. Populisten profitieren von solchen Unzulänglichkeiten. Ihre einfachen Botschaften – »der Staat ist unfähig«, »die Eliten kümmern sich nicht um euch« – finden Gehör, wenn Menschen regelmäßig ineffiziente Verwaltung erleben und politische Versprechen unerfüllt bleiben. Besonders in Ostdeutschland, wo die AfD vielerorts bereits stärkste Kraft ist, zeigt sich, wie gefährlich diese Dynamik für die Demokratie werden kann. Doch das Problem betrifft das gesamte Land.

Reformfelder für eine zukunftsfähige Verwaltung

Um die Situation zu verbessern, bedarf es tiefgreifender Reformen und eines überparteilichen Konsenses der staatstragenden Parteien. Eine Modernisierung der Verwaltung ist kein Selbstzweck, sondern eine zentrale Voraussetzung, um die Handlungsfähigkeit des Staates und das Vertrauen in die Demokratie wiederherzustellen. Die traditionellen, hierarchischen Strukturen der Verwaltung sind ineffizient und behindern eine moderne, dynamische Arbeitsweise. Entscheidungsprozesse verlaufen durch die strikte Trennung von Zuständigkeiten schleppend, und Verantwortung wird oft vermieden.

Eine klare Ausrichtung auf politische Prioritäten, gebündelt in »Missionen«, könnte als erster Ansatzpunkt Abhilfe schaffen. Die Herangehensweise des britischen Premierministers Keir Starmer mit seinen »Mission Delivery Boards« zeigt, wie solche Reformen schnell umgesetzt werden können. Zentralisierte Zuständigkeiten, klare Verantwortlichkeiten und systematische Überprüfungen der Umsetzung wären auch in Deutschland ein gangbarer Weg.

Auch das lebenslange Laufbahnmodell des Beamtentums spiegelt nicht die Anforderungen der modernen Arbeitswelt wider. Es braucht eine Kultur, die Diversität fördert – sowohl in fachlichen Hintergründen als auch in Denkansätzen. Der öffentliche Dienst sollte gezielt Talente aus Wissenschaft und Privatwirtschaft einbinden. Flexible Arbeitsbedingungen, leistungsorientierte Vergütung und projektbezogene Aufgaben könnten die Attraktivität des öffentlichen Dienstes steigern und eine neue Generation motivierter Mitarbeiterinnen und Mitarbeiter anziehen.

Auch der strategische Einsatz von Technologien wie Künstlicher Intelligenz (KI), automatisierten Prozessen und datenbasierter Entscheidungsfindung kann die Effizienz und Transparenz staatlicher Prozesse erheblich verbessern und Beteiligung fördern. Taiwan könnte hier als Vorbild dienen. Digitale Plattformen fördern dort schon lange die Beteiligung der Bürgerinnen und Bürger und stärken so das Vertrauen in staatliche Institutionen.

Verwaltungsmodernisierung und -digitalisierung sind untrennbar miteinander verbunden und müssen ganzheitlich durchdacht sowie umgesetzt werden. Dafür ist ein grundlegender Wandel erforderlich: weg von einer prozessorientierten hin zu einer ergebnisorientierten Arbeitsweise, in der technologiegestützte Prozesse eine zentrale Rolle spielen. Dazu zählen auch gezielte Investitionen in die Infrastruktur sowie in die digitalen Kompetenzen der Mitarbeiterinnen und Mitarbeiter. Nur so lassen sich Innovation und Effizienz miteinander vereinen. Im Kern bedeutet Verwaltungsmodernisierung, die Menschen in der Verwaltung zu befähigen, ihr volles Potenzial zu entfalten – hier liegt der Schlüssel für nachhaltige Fortschritte.

Die Demokratie braucht einen handlungsfähigen Staat

Deutschland ist nicht das einzige Land, in dem Staatsreformen diskutiert werden. Ähnliche Debatten gibt es beispielsweise auch in den USA. Doch Initiativen wie das »Department of Government Efficiency« (DOGE) von Elon Musk und Vivek Ramaswamy sind keine tragfähigen Vorbilder für eine nachhaltige Verwaltungsreform in Deutschland. Radikale Pauschalkürzungen und zielloser institutioneller Abbau nach dem »Rasenmäher-Prinzip« sind der falsche Weg.

Effizienz in der Verwaltung entsteht nicht durch plakative Schnellschüsse, sondern durch gezielte Verbesserungen von Strukturen und

Prozessen, eine vorausschauende Personalpolitik und den strategischen Einsatz moderner Technologien. Ein unüberlegter Abbau von Ressourcen und Institutionen hingegen schwächt die Funktionsfähigkeit des Staates – genau das Gegenteil dessen, was erreicht werden soll.

Eine stabile Demokratie erfordert einen leistungsfähigen Staat. Die Modernisierung der Verwaltung ist dafür von zentraler Bedeutung. Nur durch eine solche Erneuerung kann verlorenes Vertrauen zurückgewonnen und die Handlungsfähigkeit der Demokratie unter Beweis gestellt werden. Die Zeit drängt. Doch mit klugen Reformen kann die Verwaltung wieder zu dem werden, was sie sein sollte: das Rückgrat einer funktionierenden Demokratie und der Garant für eine bessere Zukunft. Um den Aufstieg populistischer Kräfte zu stoppen, müssen jetzt die richtigen Weichen gestellt werden.

Verzeichnis der Autorinnen und Autoren
(Stand März 2025)

Verena Bentele
Präsidentin des Sozialverbands VdK Deutschland e. V.

Dr. Maximilian Blaeser
Stellvertretender Bundesvorsitzender der Tafel Deutschland e. V.

Prof. Dr. Gerhard Bosch
Senior Professor und Senior Fellow der Hans-Böckler-Stiftung, Institut Arbeit und Qualifikation, Universität Duisburg-Essen

Bertram Brossardt
Hauptgeschäftsführer, vbw – Vereinigung der Bayerischen Wirtschaft e. V.

Prof. Dr. Frank Decker
Professor am Institut für Politische Wissenschaft und Soziologie der Universität Bonn

Stefan Dohler
Vorstandsvorsitzender der EWE AG und Präsident des BDEW – Bundesverbands der Energie- und Wasserwirtschaft e.V.

Prof. Dr. Klaus Dörre
Professor für Arbeits-, Industrie- und Wirtschaftssoziologie an der Friedrich-Schiller-Universität Jena

Nicole Dreyer-Langlet
Mitglied der Geschäftsführung Airbus Operations GmbH

Prof. Dr. Michael Eilfort
Vorstand der Stiftung Marktwirtschaft

Michaela Engelmeier
Vorstandsvorsitzende Sozialverband Deutschland e. V. (SoVD)

Antonia Fischer-Dieskau
Abteilungsleiterin Sozialpolitik, Arbeitgeberverband Gesamtmetall

Dr. Liana Fix
Fellow for Europe, Council on Foreign Relations, Washington DC

Prof. Dr. h.c. Nicola Fuchs-Schündeln, Ph.D.
Präsidentin des Wissenschaftszentrums Berlin für Sozialforschung und Professorin für Makroökonomie und Entwicklung an der Goethe-Universität Frankfurt

Dr. Peter Güllmann
Vorstandssprecher der Bank im Bistum Essen e.G., Vizepräsident des Wirtschaftsforums der SPD e.V.

Jochen Hauff
Senior Brandt Fellow der Willy Brandt School for Public Policy an der Universität Erfurt, Advisory Board Member & Coordinator der Adapt Your World 2025 Konferenz, langjähriger Vizepräsident von SolarPower Europe, Stratege im Bereich Erneuerbare Energie und Resilienz

Sirkka Jendis
Geschäftsführerin der Tafel Deutschland e. V.

Kristian Kirpal
Präsident der Industrie- und Handelskammer (IHK) zu Leipzig

Prof. Dr. rer. pol. Hagen Krämer
Professor für Volkswirtschaftslehre (Economics) an der Fakultät für Wirtschaftswissenschaften der Hochschule Karlsruhe

Jörg-Andreas Krüger
Präsident des Naturschutzbundes Deutschlands (NABU)

Dr. Jörg Kukies
Bundesminister der Finanzen

Lukas Lehner, PhD
Assistant Professor, University of Edinburgh

Claudia Mandrysch
Vorständin AWO Bundesverband e. V.

Jennifer Morgan
Staatssekretärin und Sonderbeauftragte für internationale Klimapolitik im Auswärtigen Amt

Dr. Felix Christian Matthes
Forschungskoordinator Energie- und Klimapolitik / Senior Researcher, Öko-Institut e. V.

Prof. Dr. Dirk Messner
Präsident des Umweltbundesamtes

Prof. Dr. Henning Meyer
CEO | Social Europe Publishing & Consulting GmbH, Honorary Professor of Public Policy and Business | Eberhard Karls University of Tübingen, Research Associate | University of Cambridge

Dr. Stormy-Annika Mildner
Direktorin, Aspen Institute Deutschland

Dr. Rolf Mützenich, MdB
Vorsitzender der SPD-Bundestagsfraktion von 2019 bis 2025. Er gehört seit 2002 dem Deutschen Bundestag an.

Sabine Nallinger
Vorständin der Stiftung KlimaWirtschaft

Prof. Dr. Volker Perthes
Senior Distinguished Fellow, Stiftung Wissenschaft und Politik (SWP)

Dr. Simone Peter
Präsidentin, Bundesverband Erneuerbare Energie e. V.

Prof. Dr. Barbara Praetorius
Professorin für Nachhaltigkeit, Energie- und Klimaschutzökonomie und -politik an der HTW Berlin

Dr. Guido K. Raddatz
Leiter Arbeitsmarkt, Soziale Sicherung und Bildung bei der Stiftung Marktwirtschaft

Anke Rehlinger, MdL
Ministerpräsidentin des Saarlandes, Präsidentin des Bundesrates, Vorsitzende der SPD Saarland, stellvertretende SPD-Bundesvorsitzende

Prof. Dr. Dr. h.c. Wolfram F. Richter
Professor i.R. für Öffentliche Finanzen an der TU Dortmund

Kerstin Maria Rippel
Hauptgeschäftsführerin der Wirtschaftsvereinigung Stahl

Prof. Jörg Rocholl, PhD
Präsident und Deutsche Bank Professor in Sustainable Finance, ESMT Berlin

Markus Schmidt
Unternehmer, Multi-Aufsichtsrat, Vorsitzender des Regionalforums Baden-Württemberg der DGAP

Dr. Claudia Schmucker
Leiterin des Zentrums für Geopolitik, Geoökonomie und Technologie der Deutschen Gesellschaft für Auswärtige Politik e. V.

Dr. Ulrich Schneider
von 1999-2024 Hauptgeschäftsführer des Paritätischen Gesamtverbandes, heute freier Autor und Senior Expert bei GKS Consult

Prof. Dr. Wolfgang Schroeder
Professur für Politisches System der BRD – Staatlichkeit im Wandel, Universität Kassel

Jana Schultheiß
Referentin für wohlstandsorientierte Wirtschafts- und Budgetpolitik, Feministische Ökonomie, Arbeiterkammer Wien

Svenja Schulze, MdB
Bundesministerin für wirtschaftliche Zusammenarbeit und Entwicklung der Bundesrepublik Deutschland

Prof. Dr. Gesine Schwan
Mitgründerin, Gesellschafterin und Präsidentin der Humboldt-Viadrina Governance Platform, Vorsitzende der SPD-Grundwertekommission

Prof. Dr. Daniela Schwarzer
Mitglied des Vorstands der Bertelsmann Stiftung

Dr. Markus Steilemann
Vorstandsvorsitzender der Covestro AG

Andreas Steppuhn
Vorsitzender der Tafel Deutschland e. V.

Florian Süssenguth
Leiter der Geschäftsstelle, Zukunftsrat des Bundeskanzlers, acatech – Deutsche Akademie der Technikwissenschaften

Jens Teutrine, MdB
Mitglied im Bundesvorstand der FDP und Vorsitzender der Jungen Gruppe der FDP-Bundestagsfraktion

Dr. Volker Treier
Außenwirtschaftschef und Mitglied der Hauptgeschäftsführung, DIHK | Deutsche Industrie- und Handelskammer

Prof. Dr. Achim Truger
Professor für Sozioökonomie mit Schwerpunkt Staatstätigkeit und Staatsfinanzen an der Universität Duisburg-Essen und Mitglied des Sachverständigenrates zur Begutachtung der gesamtwirtschaftlichen Entwicklung

Prof. Dr.-Ing. Thomas Weber
Präsident, acatech – Deutsche Akademie der Technikwissenschaften

Prof. Dr. Dr. h.c. Friederike Welter
Präsidentin des Instituts für Mittelstandsforschung (IfM) Bonn, Mitglied der Expertenkommission Forschung und Innovation, Member of Academia Europaea (MAE), Professur für Management von kleinen und mittleren Unternehmen und Entrepreneurship an der Universität Siegen

Frank Werneke
Vorsitzender der Vereinten Dienstleistungsgewerkschaft (ver.di)

Bernd Westphal, MdB
Wirtschaftspolitischer Sprecher der SPD-Bundestagsfraktion in der 20. Legislaturperiode. Von 2015 bis 2021 wirtschafts- und energiepolitischer Sprecher.

Oliver Zander
Hauptgeschäftsführer, Arbeitgeberverband Gesamtmetall

Prof. Dr. Ines Zenke
Präsidentin des Wirtschaftsforums der SPD e. V., Rechtsanwältin, Fachanwältin für Verwaltungsrecht | Partnerin Becker Büttner Held, Honorarprofessorin an der HNEE, Hochschule für nachhaltige Entwicklung Eberswalde

Dr. Gert Ziener
Geschäftsführer Grundsatzfragen, Industrie- und Handelskammer (IHK) zu Leipzig

Prof. Dr. Michael Zürn
Direktor der Abteilung Global Governance am Wissenschaftszentrum Berlin für Sozialforschung (WZB) und Professor für Internationale Beziehungen an der Freien Universität Berlin

Literatur und Anmerkungen

1 Premrov, Tamara/ Schöggl, Astrid / Schultheiß, Jana / Soukup, Nikolai (2023): AK-Wohlstandsbericht 2023, https://emedien.arbeiterkammer.at/viewer/image/AC16958585/ (10.2.25).

2 Meadows et al. (1972): Die Grenzen des Wachstums. Bericht des Club of Rome zur Lage der Menschheit, Stuttgart.

3 Stiglitz, Joseph E./Sen, Amartya/Fitoussi, Jean-Paul (2009): Report by the Commission on the Measurement of Economic Performance and Social Progress, https://ec.europa.eu/eurostat/documents/8131721/8131772/Stiglitz-Sen-Fitoussi-Commission-report.pdf (9.2.25).

4 Feigl, Georg (2022): Nachhaltige Lebensqualität: Die Agenda für das 21. Jahrhundert? In: Staat, Martin (Hrsg.): Lebensqualität. Ein Metathema, Beltz Juventa, Weinheim.

5 Einen guten Überblick bieten: Griesser, Markus/Brand, Ulrich (2018): Wachstum? Wohlstand und Lebensqualität! In: Momentum Quarterly 2/2018, 53–111, https://doi.org/10.15203/momentumquarterly.vol7.no2.p53-72 (9.2.25).

6 OECD (o. J.): Centre on Well-Being, Inclusion, Sustainability and Equal Opportunity (WISE), https://www.oecd.org/en/about/directorates/centre-on-well-being-inclusion-sustainability-and-equal-opportunity.html (9.2.25).

7 Zuletzt: Eurostat (2024): Sustainable development in the European Union, https://ec.europa.eu/eurostat/web/products-flagship-publications/w/sustainable-development-in-the-european-union-monitoring-report-on-progress-towards-the-sdgs-in-an-eu-context-2024-edition (9.2.25).

8 Vgl. etwa UN (2024): Gobal Sustainable Development Report 2024, https://unstats.un.org/sdgs/report/2024/ (10.2.25).

9 Dullien, Sebastian/van Treeck, Till (2012): Ziele und Zielkonflikte der Wirtschaftspolitik und Ansätze für einen neuen sozial-ökologischen Regulierungsrahmen. Expertise im Auftrag der Abteilung Wirtschafts- und Sozialpolitik der Friedrich-Ebert-Stiftung, https://library.fes.de/pdf-files/wiso/09442.pdf (10.2.25).

10 Sachverständigenrat zur Begutachtung der gesamtwirtschaftlichen Entwicklung (2019): Ganzheitliche Wohlfahrtsberichterstattung: Die Entwicklung Deutschlands seit dem Mauerfall,
https://www.sachverstaendigenrat-wirtschaft.de/indikatorensystem.html (10.2.25).

11 Zuletzt: Held, Benjamin; Rodenhäuser, Dorothee (2024): NWI 2024 – Anstieg bei unterschiedlicher Entwicklung von Umweltschäden, Konsum und Ungleichheit, IMK Study Nr. 96, Düsseldorf.

12 BMWK (2023): BMWK startet Konsultation zur Wohlfahrtsmessung im Jahreswirtschaftsbericht, Pressemitteilung vom 25.7.2023, https://www.bmwk.de/Redaktion/DE/Pressemitteilungen/2023/07/20230725-bmwk-startet-konsultation-zur-wohlfahrtsmessung-im-jahreswirtschaftsbericht.html (10.2.25).

13 Vgl.: Schultheiß, Jana (2024): Messen alleine reicht nicht. Für eine stärkere Steuerung der Wohlstandsorientierung. In: Wohlstand. forschung.praxis.dialog. Das Magazin der ksœ für Wissenschaftskommunikation und Interdisziplinarität, Nummer 1, 2024.

14 siehe ausführlich: Schultheiß, Jana / Feigl, Georg / Pirklbauer, Sybille / Wukovitsch, Florian (2021): AK-Wohlstandsbericht 2021,
https://www.arbeiterkammer.at/interessenvertretung/wirtschaft/verteilungsgerechtigkeit/AK-Wohlstandsbericht_2021.pdf (9.2.25), 94-95.

15 Hüther, M. & Edenhofer, O. (2025): Klimaschutz hilft dem Standort. In: zeit.de, 28.01.2025.

16 Statistisches Bundesamt (2025): Konjunkturindikatoren, Produktionsindex, verarbeitendes Gewerbe. Abrufbar unter: https://www.destatis.de/DE/Themen/Wirtschaft/Konjunkturindikatoren/Produktion/kpi112.html.

17 BCG, IW & BDI (2024): Transformationspfade für das Industrieland Deutschland, Eckpunkte für eine neue industriepolitische Agenda. Abrufbar unter: https://bdi.eu/themenfelder/energie-und-klima/transformationspfade.

18 McKinsey & Company (2021): Net-Zero Deutschland, Chancen und Herausforderungen auf dem Weg zur Klimaneutralität bis 2045. Abrufbar unter: https://www.mckinsey.de/news/presse/studie-net-zero-deutschland-klimaneutralitaet-chancen-herausforderungen.

19 Myllyvirta, L. & Qin, Q. (2024): Clean energy was top driver of China's economic growth in 2023. Abrufbar unter: https://www.carbonbrief.org/analysis-clean-energy-was-top-driver-of-chinas-economic-growth-in-2023/.

20 EDGAR (2024): GHG emissions of all world countries, 2024 Report. Abrufbar unter: https://edgar.jrc.ec.europa.eu/report_2024.

21 Buckley, T., Dong, X. & Jonson, A. (2024): Green capital tsunami, China's >$100 billion outbound cleantech investmentsince 2023 turbocharges global energy transition. Abrufbar unter: https://climateenergyfinance.org/wp-content/uploads/2024/10/final-_-CEF-Report-China-Outbound-FDI-2-October-2024-2.pdf.

22 Brüggemann, A. et al. (2024): KfW-Klimabarometer 2024, Schwache Konjunktur dämpft Klimaschutzinvestitionen des Mittelstands – Großunternehmen sorgen dennoch für realen Zuwachs. Abrufbar unter: https://www.kfw.de/PDF/Download-Center/Konzernthemen/Research/PDF-Dokumente-KfW-Klimabarometer/KfW-Klimabarometer-2024.pdf.

23 Ebd.

24 BCG, IW & BDI (2024)

25 Witsch, K. & Müller, A. (2024): Warum Heizungsbauer sich in Kurzarbeit flüchten. In: Handelsblatt, 11.07.2024.

26 Kraftfahrtbundesamt (2025): Neuzulassungen von Personenkraftwagen (Pkw) im Jahresverlauf 2024 nach Marken und alternativen Antrieben, Pressemitteilung Nr. 03/2025. In: www.kba.de, 16.01.2025.

27 Tagesschau (2024): Krise bei Autokonzern, VW will laut Betriebsrat mindestens drei Werke schließen. In: tagesschau.de, 28.10.2024.

28 Monatslöhne sind ungleicher verteilt als Stundenlöhne, da die Arbeitnehmer*innen unterschiedlich lange arbeiten.

29 Jahreswirtschaftsbericht 2025, Bundesministerium für Wirtschaft und Klimaschutz.

30 Satya Nadella, CEO, Microsoft.

31 Made in China 2025.

32 https://www.handelsblatt.com/unternehmen/industrie/fachkraeftemangel-continental-vermittelt-mitarbeiter-an-rheinmetall/100041664.html.

33 https://www.de.digital/DIGITAL/Redaktion/DE/Digitalisierungsindex/Publikationen/publikation-schwerpunkt-digitale-souveraenitaet.pdf?__blob=publicationFile&v=5

34 The Future of European Competitiveness – A Competitiveness Strategy for Europe (Draghi-Report), September 2024.

35 Mirowski, Philip (2020): Neoliberalism. In: Vernengo, Matias, Perez Caldentey, Esteban und Rosser Jr., J. Barkeley (Hrsg.), *The New Palgrave Dictionary of Economics*. Palgrave Macmillan: London. https://doi.org/10.1057/978-1-349-95121-5_3085-1.

36 Bruff, Ian und Tansel, Cemal B. (Hrsg.) (2020): *Authoritarian neoliberalism. Philosophies, practices, contestations*. Routledge: Abingdon und New York.

37 von Weizsäcker, Carl Christian (2007): Soziale Marktwirtschaft als Utopie, in: Beat Sitter-Liver (Hrsg.): *Utopie heute I – Zur aktuellen Bedeutung, Funktion und Kritik des utopischen Denkens und Vorstellens*. Academic Press: Fribourg und W. Kohlhammer Verlag: Stuttgart, S.153-181.

38 Krämer, Hagen M., Proaño, Christian R. und Setterfield, Mark (2023): *Capitalism, Inclusive Growth, and Social Protection. Inherent Contradiction or Achievable Vision?* Edward Elgar: Cheltenham, UK und Northampton, MA, USA.

39 Flaschel, Peter und Luchtenberg, Sigrid (2012): *Roads to Social Capitalism: Theory, Evidence, and Policy*. Edward Elgar: Cheltenham, UK und Northampton, MA, USA.

40 Landmann, Oliver (2018): Ordo, Makro und die Eurokrise. In: Hagemann, Harald, Kromphardt, Jürgen und Marterbauer, Markus (Hrsg.), *Keynes, Geld und Finanzen*. Schriften der Keynes-Gesellschaft, Bd. 11. Metropolis-Verlag: Marburg, S. 87-107.

41 Setterfield, Mark (2024): Managing the Discontent of the Losers Redux: A Future of Authoritarian Neoliberalism or Social Capitalism? Social Research: *An International Quarterly*, Bd. 91 (3), S. 999-1027. DOI: https://doi.org/10.1353/sor.2024.a938585.

42 Krämer, Hagen M., Proaño, Christian R. und Setterfield, Mark (2023): a.a.O.

43 Setterfield, Mark (2024): a.a.O., S. 1008.

44 Krämer, Hagen M., Proaño, Christian R. und Setterfield, Mark (2023): a.a.O., Kapitel 8.

45 Kurz, Heinz und Sturn, Richard (2020): *Die größten Ökonomen: Adam Smith*. 2. Auflage, UVK Verlag: München.

46 Setterfield, Mark (2024): a.a.O., S. 1012.

47 Europäischer Rat (1985): Beschluss des Rates vom 19. Dezember 1984 über gezielte Maßnahmen zur Bekämpfung der Armut auf Gemeinschaftsebene. Amtsblatt der Europäischen Gemeinschaften Nr. L2/24 vom 3.1.1985.

48 Alle Angaben zur Vermögensverteilung stammen aus dem Sozialbericht 2024, S.218ff.

49 Alle Angaben zur Einkommensverteilung zwischen Männern und Frauen stammen aus dem Sozialbericht 2024, S.205 und 299.

50 Sozialbericht 2024, S.217.

51 Sozialbericht 2024, S.199.

52 Rechtsstand (31.12.24).

53 DIW Econ (2024). Wer profitiert vom Steuerfreibetrag für Bildung, Erziehung und Ausbildung? Eine Kurzexpertise zur Verteilungswirkung und alternativen Gestaltungsmöglichkeiten. Abrufbar unter: Milliarden gegen Kinderarmut: Studie belegt soziale Ungerechtigkeit staatlicher Familientransfers – AWO .

54 Vdek (2024): Finanzielle Belastung von Pflegebedürftigen im Pflegeheim 2024 (Bundesgebiet und Bundesländer), https://www.vdek.com/presse/pressemitteilungen/2024/finanzielle-eigenbeteiligung-in-pflegeheimen-steigt-weiter/_jcr_content/par/download_370286551/file.res/20240701_Grafiken_Eigenanteile-2.pdf (abgerufen am 28.11.2024).

55 Statistisches Bundesamt (Destatis) 2023: Statistik der Ausgaben und Einnahmen der Sozialhilfe, S. 12.

56 Rothgang, Domhoff (2025): Beitragssatzeffekte einer Pflegebürgervollversicherung. Abgerufen am 03.02.2025 unter: Microsoft Word – Pflegevollversicherung_Gutachten_Finanzierung_.

57 Vgl. Richter, Werner (2023): Wenn Wohnen zum Armutsfaktor wird. In: TUP – Theorie und Praxis der Sozialen Arbeit (ISSN 0342-2275), Ausgabe 4, Jahr 2023, Seite 283 – 292.

58 BMAS (2021) Lebenslagen in Deutschland. Der Sechste Armuts- und Reichtumsbericht der Bundesregierung, Berlin (https://www.armuts-und-eichtumsbericht.de/SharedDocs/Downloads/Berichte/sechster-armuts-reichtumsbericht.pdf?__blob=publicationFile&v=2).

59 Bosch, Gerhard, 2024: Arbeit und Ungleichheit In Deutschland – Ursachen, Folgen und Handlungsmöglichkeiten. In: Hirdeis, Heimwart (Hrsg.): Die Rolle der Arbeit. Assanger Verlag Kröning, S. 65- 86.

60 BMAS (2021): S: 426.

61 Rödl, Florian; Syrovatka, Felix; Wolff, Johanna 2024: Zukunft der Tarifautonomie Aktionsplan für eine Rückkehr zu flächendeckender Tarifbindung, ZRP 1/2024, S. 5-9.

62 Kalinowski, Michael (2024): Junge Erwachsene ohne abgeschlossene Berufsausbildung. Ergänzende Auswertungen zum Kapitel A11 des Datenreports 2024. Bundesinstitut für berufliche Bildung. Bonn.

63 Kalinowski (2024): S. 5

64 Vgl. Ulrich Schneider: Kinderarmut sinkt markant, Altersarmut auf dem Vormarsch – Expertise zu den Erstergebnissen des Mikrozensus zur Armutsentwicklung 2023 Stand: Mai 2024; https://ulrich-schneider.rocks/download/583/, letzter Abruf 01/2025.

65 S. Statistische Bundesamt: destatis.de Verbraucherpreisindex: Gesamtindex und 12 Abteilungen – Statistisches Bundesamt Internet letzter Abruf 01/25.

66 S. Statistischers Bundesamt: destatis.de Mieten, Mietbelastung und Gemeindetyp – Statistisches Bundesamt Internet letzter Abruf 01/25.

67 S. Statistisches Bundesamt: destatis.de Wohnkostenanteil und Wohnkostenüberbelastung – Statistisches Bundesamt Internet letzter Abruf 01/25.

68 S. Statistisches Bundesamt: destatis.de Kernerwerbstätige in unterschiedlichen Erwerbsformen – Atypische Beschäftigung – Statistisches Bundesamt Internet letzter Abruf 01/25.

69 Im April 2023 waren dies 13,04 Euro.

70 S. ausführlich Ulrich Schneider: Krise – Das Versagen einer Republik. Neu-Isenburg 2024 S. 135 ff.

71 Thorsten Schulten: Die (fehlende) Umsetzung der europäischen Mindestlohnrichtlinie in Deutschland. In: Hans-Böckler-Stiftung (Hg.): WSI-Kommentar Nr.4 Oktober 2024.

72 Statista: Entwicklung des Wohnungsmietindex für Deutschland in den Jahren von 1995 bis 2023. Mietenindex für Deutschland bis 2023 | Statista Internet Letzter Abruf 01/25.

73 S. dazu ausführlich Ulrich Schneider: Krise – Das Versagen einer Republik. Neu-Isenburg 2024 S. 147 ff.

74 S. zuletzt Carsten Schröder u.a. 2020: MillionärInnen unter dem Mikroskop: Datenlücke bei sehr hohen Vermögen geschlossen – Konzentration höher als bisher ausgewiesen. DIW Wochenbericht Nr. 29.

75 Vgl. hierzu bspw. die Konzepte aus dem DIW für eine Vermögensteuer und eine Reform des Erbschaftssteuerrechts. Stefan Bach: Grunderbe und Vermögensteuern können die Vermögensungleichheit verringern. In: DIW-Wochenbericht 50/2021 S. 807–815; Marcel Fratzscher: Wir brauchen eine andere Erbschaftsteuer. In: zeit.de 16.12.2022.

76 Bartelheimer, P.; Behrisch, B.; Daßler, H.; Dobslaw, G.; Henke, J.; Schäfers, M. (2022): Teilhabe – Versuch einer Begriffsbestimmung. In: Wansing, G.; Schäfers, M.; Köbsell, S. (2022): Teilhabeforschung – Konturen eines neuen Forschungsfeldes. Wiesbaden.

77 Bundesregierung (2021): Lebenslagen in Deutschland Der Sechste Armuts- und Reichtumsbericht der Bundesregierung. Bundesministerium für Arbeit und Soziales. Auf: https://www.armuts-und-reichtumsbericht.de/DE/Bericht/Bisherige-Berichte/Der-sechste-Bericht/sechster-bericht.html. Abgerufen am 03.01.2025.

78 Das Sozialstaatsprinzip ist in Art. 20 Abs. 1 GG (demokratischer und sozialer Bundesstaat) und in Art. 28 Abs. 1 S. 1 GG (sozialer Rechtsstaat) verankert.

79 Schubert, K; Klein, M. (2020): Das Politiklexikon. 7., aktual. u. erw. Aufl. Bonn: Dietz 2020. Lizenzausgabe Bonn: Bundeszentrale für politische Bildung.

80 Bundesregierung (2016). Bericht der Bundesregierung zur Lebensqualität in Deutschland. Presse- und Informationsamt der Bundesregierung. Auf: https://www.gut-leben-in-deutschland.de/bericht/bildung/ Abgerufen am 27.01.2025

81 Poutvaara, P., & Rainer, H. (2025). Fachkräftemangel in Deutschland: Potenziale von Frauen, Älteren und Migranten nutzen. ifo Schnelldienst, 78(01), 19-22.

82 Mindestlohnkommission (2023). Auf: https://www.mindestlohn-kommission.de/DE/Bericht/pdf/Beschluss2023.pdf?__blob=publicationFile&v=1. Abgerufen am 27.01.2025;
Ob der Mindestlohn wirklich eine existenzsicherndes Gehalt ist, wird in Frage gestellt, z. B. Herzog-Stein, A., Lübker, M., Pusch, T., Schulten, T., Watt, A., & Zwiener, R. (2020). Fünf Jahre Mindestlohn – Erfahrungen und Perspektiven: Gemeinsame Stellungnahme von IMK und WSI anlässlich der schriftlichen Anhörung der Mindestlohnkommission 2020 (No. 42). WSI Policy Brief.

83 Bundesregierung (2024). So schaffen wir mehr bezahlbaren Wohnraum. Auf https://www.bundesregierung.de/breg-de/aktuelles/bezahlbaren-wohnraum-schaffen-2194566. Abgerufen am 27.01.2025

84 Exemplarisch: DIM (2024): Bericht des Europarats: Soziale Menschenrechte in Deutschland nur unzureichend verwirklicht. Deutsches Institut für Menschenrechte. Auf: https://www.institut-fuer-menschenrechte.de/aktuelles/detail/bericht-des-europarats-soziale-menschenrechte-in-deutschland-nur-unzureichend-verwirklicht Abgerufen am 03.01.2025.

85 Rowley, J., Richards, N., Carduff, E., & Gott, M. (2021). The impact of poverty and deprivation at the end of life: a critical review. Palliative Care and social practice, 15, 26323524211033873.

86 Stögner, D., & Kowall, N. (2023). Wahlrecht und soziale Schicht: Wie die Position auf dem Arbeitsmarkt über das Wahlrecht entscheidet. Wirtschaft und Gesellschaft, 49(4), 49-64.

87 Guio, A. C., Marlier, É., & Nolan, B. (Eds.). (2021). Improving the understanding of poverty and social exclusion in Europe. Luxembourg: Publications Office of the European Union.

88 Schütte, J. D. (2024). From rags to riches–Intra-und intergenerative soziale Mobilität in Deutschland. In Handbuch Armut und soziale Ausgrenzung (pp. 1-11). Wiesbaden: Springer Fachmedien Wiesbaden.

89 Vgl.: Paritätischer Gesamtverband (2024): Armut in der Inflation. Paritätischer Armutsbericht 2024. Berlin.

90 Vgl.: Paritätischer Gesamtverband (2024): Armut in der Inflation. Paritätischer Armutsbericht 2024. Berlin.

91 Spannagel, D. (2017): Menschen mit niedrigem sozioökonomischem Status – Armut und Teilhabe. In: Diehl, E. (2017): Teilhabe für alle?! Lebensrealitäten zwischen Diskriminierung und Partizipation. Bonn

92 DeStatis (2023). Haushalte wendeten 2022 durchschnittlich 27,8 % ihres Einkommens für die Miete auf. Pressemitteilung 129. Auf https://www.destatis.de/DE/Presse/Pressemitteilungen/2023/03/PD23_129_12_63.html Abgerufen am 27.01.2025.

93 Paritätischer Gesamtverband (2024). Neue Expertise zu Wohnarmut. Auf https://www.der-paritaetische.de/alle-meldungen/neue-expertise-zu-wohnarmut/ Abgerufen am 27.01.2025.

94 Mogge-Grotjahn, H. (2022). Gesellschaftliche Teilhabe. W. Kohlhammer GmbH.

95 Haan, P., Stichnoth, H., Blömer, M., Buslei, H., Geyer, J., Krolage, C., & Müller, K. U. (2017). Entwicklung der altersarmut bis 2036: Trends, Risikogruppen und Politikszenarien. ZEW-Gutachten und Forschungsberichte.

96 Simons, J.; Kelle, N.; et al. (2021). Zentrale Ergebnisse des Fünften Deutschen Freiwilligensurveys (FWS 2019). Bundesministerium für Familie, Senioren, Frauen und Jugend. Freiwilliges Engagement in Deutschland.

97 Kessl, F. (2023). Im Schatten des Wohlfahrtsstaates: Die Wiederkehr der Armutslinderung in der neuen Mitleidsökonomie. Politikum, 9(1), 32-37.

98 Mehr zu Anna-Sophia und ihrem Werdegang bei der Tafel findet sich hier: Tafel Akademie (2023): Anna-Sophia Majewska. Eine Stimme für die Tafel Jugend. Tafel Akademie. Blog. Auf: https://blog.tafel.de/2024/05/anna-sophia-majewska-eine-stimme-fuer-die-jugend/. Abgerufen am 03.01.2025.

99 Vgl. hierzu exemplarisch: Sedelmeier, T. (2011): Armut und Ernährung in Deutschland. Eine Untersuchung zur Rolle und Wirksamkeit der Tafeln bei der Lebensmittelausgabe an Bedürftige. Berlin // Blaeser, M. (2023): Zwischen Lebensmittelrettung und politischer Repräsentation. Eine Organisationsanalyse der Tafel. Deutschland e. V. Wiesbaden.

100 Vgl. hierzu im Folgenden vbw – Vereinigung der Bayerischen Wirtschaft e. V. (2021) »Sozialstaat der Zukunft«.

101 Betrug der Anteil der Sozialleistungen am Bruttoinlandsprodukt in Deutschland 2010 noch 29 Prozent, waren es 2020 bereits 34 Prozent. Trotz steigender Beschäftigung und sinkender Arbeitslosenzahl stiegen die Sozialausgaben bereits vor der Corona-Krise in den Jahren 2017 bis 2020 um 16 Prozent, während das Bruttoinlandsprodukt in diesem Zeitraum nur um lediglich 2,2 Prozent zulegte. (Quelle: BMAS)

102 Vgl. u. a Konjunkturbericht der Sächsischen Industrie- und Handelskammern zum Jahresbeginn 2025.

103 https://www.zeit.de/arbeit/2024-02/sozialleistungen-buergergeld-wohngeld-arbeit-rechner

104 https://www.normenkontrollrat.bund.de/Webs/NKR/DE/veroeffentlichungen/gutachten/_documents/2024-03-26-nkr-gutachten-sozialleistungen.html

105 https://www.bundesrechnungshof.de/SharedDocs/Downloads/DE/Berichte/2025/leistungsbezug-kommunale-jobcenter-volltext.pdf?__blob=publicationFile&v=4

106 https://www.bundesrechnungshof.de/SharedDocs/Downloads/DE/Berichte/2023/hauptband-2023/08-volltext.pdf?__blob=publicationFile&v=4#:~:text=Der%20Bundesrechnungshof%20pr%C3%BCfte%20die%20Vermittlungsaktivit%C3%A4ten,Flugh%C3%A4fen%20in%20der%20Hauptreisezeit%202022.

107 https://www.cbp.caritas.de/themen/soziale-teilhabe/soziale-teilhabe

108 https://ec.europa.eu/eurostat/statistics-explained/index.php?title=Living_conditions_in_Europe_-_income_distribution_and_income_inequality

109 https://www.statista.com/chart/33270/income-inequality-by-country/

110 Europäische Zentralbank (EZB) 2023, Household Finance and Consumption Survey (HFCS); Link: https://www.ecb.europa.eu/stats/ecb_surveys/hfcs/html/index.en.html

111 https://www.bpb.de/system/files/dokument_pdf/Sozialbericht_2024_bf_k2.pdf

112 Hendren, Nathaniel und Ben Sprung-Keyser (2020): Unified Welfare Analysis of Government Policies, The Quarterly Journal of Economics, Volume 135, Issue 3, August 2020, Pages 1209–1318. Link: https://doi.org/10.1093/qje/qjaa006

113 https://www.iwkoeln.de/presse/pressemitteilungen/michael-huether-simon-gerards-iglesias-600-milliarden-euro-fuer-eine-zukunftsfaehige-wirtschaft.html

114 Topothek, abrufbar unter: https://gramatneusiedl.topothek.at

115 Kasy, Maximilian, and Lukas Lehner (2024). »Employing the unemployed of Marienthal: Evaluation of a guaranteed job program.« doi:10.31235/osf.io/cd25u.

116 Stiglitz J., Fitoussi J., Durand M. (2020): Jenseits des BIP: Was bei der wirtschaftlichen und sozialen Entwicklung wirklich zählt. OECD Publishing, Paris. Im Internet: https://doi.org/10.1787/80cca758-de (letzter Zugriff am 10.02.25).

117 Özgöde O. (2021): The Invention of Economic Growth: The Forgotten Origins of Gross Domestic Product in American Institutionalist Economics. ProMarket. Im Internet: https://www.promarket.org/2021/10/31/gdp-invention-economic-growth-kuznets-history/ (letzter Zugriff am 10.02.25).

118 Bundesministerium für wirtschaftliche Zusammenarbeit und Entwicklung (BMZ) (o. J.): Index der menschlichen Entwicklung (HDI). Im Internet: https://

www.bmz.de/de/service/lexikon/index-der-menschlichen-entwicklung-hdi-14516 (letzter Zugriff am 10.02.25).

119 Fox M.-J. V., Erickson J. D. (2020): Design and meaning of the genuine progress indicator: A statistical analysis of the U.S. fifty-state model. Ecological Economics. Im Internet: https://www.sciencedirect.com/science/article/abs/pii/S0921800919302411 (letzter Zugriff am 10.02.25).

120 Döring T., Aigner-Walder B. (2022): The Limits to Growth – 50 Years Ago and Today. Intereconomics. Im Internet: https://www.intereconomics.eu/contents/year/2022/number/3/article/the-limits-to-growth-50-years-ago-and-today.html (letzter Zugriff am 10.02.25)

121 NABU & BCG (2020): Wirtschaften im Einklang mit der Natur – Handlungswege zur Sicherung der Biodiversität. Im Internet: https://www.nabu.de/imperia/md/content/nabude/biodiv/200923-nabu-bcg-studie-biodiv2.pdf (letzter Zugriff am 10.02.25)

122 Prognos, Institut für ökologische Wirtschaftsforschung (IÖW) & Gesellschaft für Wirtschaftliche Strukturforschung mbH (GWS) (2023): Bezifferung von Klimafolgekosten in Deutschland. Im Internet: https://www.prognos.com/de/projekt/bezifferung-von-klimafolgekosten-deutschland (letzter Zugriff am 10.02.25)

123 Dasgupta, P. (2021): The Economics of Biodiversity: The Dasgupta Review. Abridged Version. London: HM Treasury. Im Internet: https://assets.publishing.service.gov.uk/media/6014329ce90e076265e4d9ba/Dasgupta_Review_-_Abridged_Version.pdf (letzter Zugriff am 10.02.25)

124 WWF International & adelphi consult GmbH (2022): The nature of conflict and peace. The links between Environment, security and Peace and their importance for the United Nations. Im Internet: https://adelphi.de/system/files/document/WWF-adelphi_The%20Nature%20of%20Conflict%20and%20Peace_mid%20res_0.pdf (letzter Zugriff am 10.02.25)

125 Richardson, K. et al. (2023): Earth beyond six of nine planetary boundaries. In: Science Advances. Vol. 9, Iss. 37. Im Internet: https://www.science.org/doi/10.1126/sciadv.adh2458 (letzter Zugriff am 10.02.25)

126 Richtlinie (EU) 2022/2464 des Europäischen Parlaments und des Rates vom 14. Dezember 2022. Im Internet: https://eur-lex.europa.eu/legal-content/DE/TXT/PDF/?uri=CELEX:32022L2464 (letzter Zugriff am 10.02.25)

127 EEA (European Environment Agency) (2020): The European environment – state and outlook, Copenhagen.

128 IPCC (Intergovermental Panel on Climate Change) (2023): Sections. In: Climate Change 2023: Synthesis Report. Contribution of Working Groups I, II and III to the Sixth Assessent Report of the Intergovernmental Panel on Climate Change. IPCC, Geneva, Switzerland, pp. 35-115. DOI: 10.59327/IPCC/AR6-9789291691647.

129 IPBES (Intergovernmental Science-Policy Platform on Biodiversity and Ecosystem Services) (2019): Global assessment report on biodiversity and ecosystem services of the Intergovernmental Science-Policy Platform on Biodiversity and Ecosystem Services. IPBES secretariat, Bonn, Germany. https://doi.org/10.5281/zenodo.3831673.

130 UNEP (United Nations Environment Programme) (2024): Global Resources Outlook 2024: Bend the Trend – Pathways to a liveable planet as resource use spikes. International Resource Panel. Nairobi. https://wedocs.unep.org/20.500.11822/44901.

131 BfN (Bundesamt für Naturschutz), UBA (Umweltbundesamt) (2024): Für einen grünen und gerechten Wandel in Europa: Empfehlungen für die Umwelt- und Klimapolitik der EU in den kommenden Jahren, https://www.umweltbundesamt.de/sites/default/files/medien/479/publikationen/scientific_opinion_paper_fuer_einen_gruenen_und_gerechten_wandel_in_europa.pdf.

132 UBA (2024a): Treibhausgasprojektionen 2024, https://www.umweltbundesamt.de/publikationen/treibhausgas-projektionen-2024-ergebnisse-kompakt.

133 BCC (Boston Consulting Group), BDI (Bundesverband der deutschen Industrie), IW (Institut der Deutschen Wirtschaft) (2024): Transformationspfade für das Industrieland Deutschland – Eckpunkte für eine neue industriepolitische Agenda, https://bdi.eu/artikel/news/transformationspfade-fuer-das-industrieland-deutschland-studie-langfassung.

134 UBA (2025 i.E.): Zirkuläres Wirtschaften als Richtschnur für die Transformation – ein Diskussionsbeitrag aus dem UBA (vorläufiger Titel), Dessau.

135 BfN, UBA (2024)

136 BCC, BDI, IW (2024)

137 UBA (2024b): CO2-Bepreisung sozial gestalten, https://www.umweltbundesamt.de/themen/nachhaltigkeit-strategien-internationales/soziale-aspekte-des-umweltschutzesoekologische/co2-bepreisung-sozialvertraeglich-gestalten.

138 Europäische Kommission (2024): The future of European competitiveness – A comprehensiveness strategy for Europe. Bericht von Mario Draghi, https://commission.europa.eu/topics/strengthening-european-competitiveness/eu-competitiveness-looking-ahead_en#paragraph_47059.

139 BCC, BDI, IW (2024)

140 Van Daalen, K. R., Tonne, C., Semenza, J. C., Rocklöv, J., Markandya, A., Dasandi, N. et al. (2024): The 2024 Europe report of the Lancet Countdown on health and climate change: unprecedented warming demands unprecedented action. Lancet Public Health Vol. 9: pp. e495-522. DOI: 10.1016/ S2468-2667(24)00055-0.

141 Richardson, K. et al. (2023): Earth beyond six of nine planetary boundaries. Science Advances Vol. 9 Nr 37, eadh2458. DOI:10.1126/sciadv.adh2458

142 Wesche, J. P.; Negro, S. O.; Dütschke, E.; Raven, R.P.J.M.; Hekkert, M. P. (2019): Configurational innovation systems – Explaining the slow German heat transition. In: Energy Research & Social Science 52, S. 99–113. DOI: 10.1016/j.erss.2018.12.015.

143 Expertenrat für Klimafragen (2025): Zweijahresgutachten 2024. Gutachten zu bisherigen Entwicklungen der Treibhausgasemissionen, Trends der Jahresemissionsgesamtmengen und Jahresemissionsmengen sowie Wirksamkeit von Maßnahmen (gemäß § 12 Abs. 4 Bundes-Klimaschutzgesetz). https://www.expertenrat-klima.de.

144 Draghi-Report (2024): The future of European Competitiveness. Report by Mario Draghi. European Commission. https://commission.europa.eu/topics/eu-competitiveness/draghi-report_en

145 Praetorius, B. (2025): Transformative Industriepolitik als Beitrag zum Klimaschutz. In: Schroeder, W., Ranft, F. (eds) Varianzen der Transformation. Studien der Bonner Akademie für Forschung und Lehre praktischer Politik. Springer VS, Wiesbaden. https://doi.org/10.1007/978-3-658-44721-2_6

146 BMU/Roland Berger (2021): GreenTech made in Germany 2021. Umwelttechnik-Atlas für Deutschland. Hg. v. Bundesministerium für Umwelt, Naturschutz und nukleare Sicherheit (BMU). Berlin. https://www.rolandberger.com/publications/publication_pdf/roland_berger_greentech_atlas_2.pdf, zuletzt geprüft am 22.03.2023.

147 Lindner, Ralf; Edler, Jakob; Hufnagl, Miriam; Kimpeler, Simone; Kroll, Henning; Roth, Florian et al. (2021): Missionsorientierte Innovationspolitik. Von der Ambition zur erfolgreichen Umsetzung. Policy Brief. Fraunhofer ISI. Karlsruhe. https://

publica.fraunhofer.de/bitstreams/f959f5a0-b1e7-4b9d-a6ac-fa9121a64762/download, zuletzt geprüft am 22.03.2023.

148 Erneuerbar beschäftigt – Entwicklungen im Jahr 2023. GWS-Kurzmitteilung 2025/1, Gesellschaft für Wirtschaftliche Strukturforschung mbH (GWS), Osnabrück, 2025

149 Wirtschaftliche Impulse durch Erneuerbare Energien Zahlen und Daten zum Erneuerbaren-Ausbau als Wirtschaftsfaktor. Kurzdokumentation Stand: September 2024. Zentrum für Sonnenenergie- und Wasserstoff-Forschung Baden-Württemberg (ZSW), Stuttgart, 2024

150 »Windkraft rückbauen«?! – Welche Auswirkungen die sofortige Abschaltung aller deutschen Onshore- Windkraftanlagen hätte. Policy Brief, Forum Ökologisch-Soziale Marktwirtschaft (FÖS) e. V., Berlin, 2025

151 Think Tank Ember: Erneuerbare Energien auf Vormarsch in EU, Interview Leo Heberer. Deutschlandfunk. https://www.deutschlandfunk.de/think-tank-ember-erneuerbare-energien-auf-vormarsch-in-eu-int-leo-heberer-100.html und https://x.com/ember_energy/status/1890732936372130242. 2025

152 BEE-Stellungnahme zum Entwurf eines Gesetzes zur Einführung von Ausschreibungen für gesicherte Kraftwerksleistung (Kraftwerkssicherheitsgesetz) des Bundesministeriums für Wirtschaft und Klimaschutz vom 25. November 2024. Bundesverband Erneuerbare Energie. Berlin, 2024 (https://www.bee-ev.de/service/publikationen-medien/beitrag/stellungnahme-zum-gesetzentwurf-eines-kraftwerkssicherheitsgesetzes-kwsg)

153 Öffentliche Stromerzeugung 2024: Deutscher Strommix so sauber wie nie. Pressemitteilung des Fraunhofer ISE vom Januar 2025 https://www.ise.fraunhofer.de/de/presse-und-medien/presseinformationen/2025/oeffentliche-stromerzeugung-2024-deutscher-strommix-so-sauber-wie-nie.html. Freiburg, 2025

154 Naturkatastrophen-Bilanz 2024 der Munich RE, https://www.munichre.com/de/unternehmen/media-relations/medieninformationen-und-unternehmensnachrichten
/medieninformationen/2025/naturkatastrophen-2024.html, München, 2025

155 Vgl. Studie von Oliver Wyman und IW Consult »Die Stahlindustrie am Scheideweg – Wegbereiter für Transformation und gesamtwirtschaftliche Resilienz« (16.12.2024): https://www.wvstahl.de/wp-content/uploads/20241216_Oliver-Wyman_Stahl_Studie.pdf

156 Vgl. Studie Oliver Wyman / IW Consult (2024) S. 13.

157 Wissenschaftlicher Beirat beim Bundesministerium für Wirtschaft und Klimaschutz (Dezember 2022): »Transformation zu einer klimaneutralen Industrie: Grüne Leitmärkte und Klimaschutzverträge«, https://www.bmwk.de/Redaktion/DE/Publikationen/Ministerium/Veroeffentlichung-Wissenschaftlicher-Beirat/transformation-zu-einer-klimaneutralen-industrie.pdf?__blob=publicationFile&v=8; Abrufdatum: 11.02.2025

158 Bundesregierung (Juli 2020): »Für eine starke Stahlindustrie in Deutschland und Europa« – Handlungskonzept Stahl, https://www.bmwk.de/Redaktion/DE/Publikationen/Wirtschaft/handlungskonzept-stahl.pdf?__blob=publicationFile&v=1, Abrufdatum: 11.02.2025

159 Ministerium für Wirtschaft, Industrie, Klimaschutz und Energie des Landes Nordrhein-Westfalen (Hrsg.), Stahlallianz (September 2024): Nationaler Aktionsplan Stahl, https://www.wirtschaft.nrw/system/files/media/document/file/aktionsplan_stahl_2024_final_web.pdf, Abrufdatum: 11.02.2025

160 World Economic Forum (2025): The Global Risks Report 2025, https://reports.weforum.org/docs/WEF_Global_Risks_Report_2025.pdf

161 https://www.water-energy-food.org/

162 Levke Caesar Sakschewski et. Al (2024): Planetary Health Check Report 2024. Potsdam Institute for Climate Impact Research, Potsdam, Germany. https://www.planetaryhealthcheck.org/

163 United Nations Environment Programme, & International Science Council (2024). Navigating New Horizons: A global foresight report on planetary health and human wellbeing. https://wedocs.unep.org/20.500.11822/45890.

164 siehe z. B.: »Wertschöpfungsnetzwerke statt Kette: Rohstoffe effizienter nutzen« Blogeintrag https://www.mittelstand-digital-wertnetzwerke.de/blog/wertschoepfungsnetzwerke-statt-kette-rohstoffe-effizienter-nutzen/

165 https://mediacenter.rewe.de/pressemitteilungen/gruene-woche-rewe-group-stellt-foerderprogramm-klimaschutz-vor

166 Torsten Kurth, Benjamin Subei, Paul Plötner, Felicitas Bünger, Max Havermeier, Simon Krämer, BCG & Nabu (2023): The Case for Regenerative Agriculture in Germany— and Beyond. https://www.bcg.com/publications/2023/regenerative-agriculture-benefits-germany-beyond

167 Torsten Kurth, Benjamin Subei, Paul Plötner, Max Havermeier, Jochen Hauff, Stephan Schindele, Alice Lefort, Bram Wasser, Erion Bousi, Maximilian

Tegtmeyer, BCG and BayWa r.e. AG (2024): How Agri-PV Can Boost the Transition to Regenerative Agriculture in Europe.

168 Bundesministerium für Ernährung und Landwirtschaft (Hrsg.) (2024): Ergebnisse der Waldzustandserhebung 2023.

169 Eurelectric (Hrsg.) (2024): Powerplant 2.0 – a guidebook to electrify in harmony with nature. https://powerplant.eurelectric.org/

170 Umweltbundesamt (Hrsg.) (2020): Leitsätze einer Kreislaufwirtschaft.

171 Stephan Rammler (2024): Klimabauhaus Berlin Die adaptive Stadt: Berlin als Reallabor der Klimaanpassung
Herausgegeben für die Friedrich-Ebert-Stiftung von Nora Langenbacher.

172 NRDC (2024): Big Oil Made Billions Amid the Hottest Year on Record, https://www.nrdc.org/bio/zanagee-artis/big-oil-made-billions-amidst-hottest-year-record

173 Bundesministerium für Umwelt, Naturschutz, nukleare Sicherheit und Verbraucherschutz (2024a): Deutsche Anpassungsstrategie an den Klimawandel 2024, https://www.bmuv.de/fileadmin/Daten_BMU/Download_PDF/Klimaanpassung/das_2024_strategie_bf.pdf

174 Bundesministerium für Umwelt, Naturschutz, nukleare Sicherheit und Verbraucherschutz (2024b): Anhang 1 zur Deutschen Anpassungsstrategie an den Klimawandel 2024, https://www.bmuv.de/fileadmin/Daten_BMU/Download_PDF/Klimaanpassung/das_2024_anhang_1_bf.pdf

175 Siehe zum Beispiel das Angebot der Landbanking Group: https://www.thelandbankinggroup.com/

176 https://www.iwd.de/artikel/produktion-in-der-deutschen-industrie-erneut-ruecklaeufig-630991/

177 https://www.imf.org/en/News/Articles/2025/01/16/pr25004-poland-imf-executive-board-concludes-2024-article-iv-consult

178 Der Beitrag wurde Anfang Januar 2025 verfasst. Darauffolgende Ereignisse konnten nicht berücksichtigt werden.

179 WTO, Trade Monitoring Report 2024, 20. November 2024, https://www.wto.org/english/tratop_e/tpr_e/factsheet_dec24_e.pdf (abgerufen am 8.1.2024).

180 WTO, Marrakesh Agreement Establishing the World Trade Organization, https://www.wto.org/english/docs_e/legal_e/04-wto_e.htm (abgerufen am 15.1.2025).

181 G7 Deutschland, Erklärung von 2022 über Resiliente Demokratien, 27.6.2022, https://www.g7germany.de/resource/blob/974430/2057606/1ad922d71e9539ce6de674a8dc3244b0/2022-06-27-g7-resiliente-demokratien-data.pdf?download=1 (abgerufen am 18.1.2025).

182 Bundesministerium für Arbeit und Soziales, Beschäftigungs- und Sozialpolitik im Rahmen von G7 / G20, 14.2.2024, https://www.bmas.de/DE/Europa-und-die-Welt/International/Beschaeftigungs-und-Sozialpolitik-von-G7-G20/beschaeftigungs-und-sozialpolitik-von-g7-g20.html#docbc35309d-60e1-4263-bc57-4625f3fa0370body Text1 (abgerufen am 18.1.2025).

183 G20 Brasilien, Global Governance Reform with Inclusion, Social justice, and Sustainability, 22.8.2024, https://g20.gov.br/en/news/global-governance-reform-with-inclusion-social-justice-and-sustainability (abgerufen am 17.1.2025).

184 World Bank (2024): Poverty, Prosperity and Planet: Pathways out of the Polycrisis. World Bank: Washington D.C.

185 Oxfam (2025): Takers, not makers: The unjust poverty and unearned wealth from colonialism. Oxfam: Oxford, UK.

186 Chancel, Lucas; Piketty, Thomas; Saez, Emmanuel; Zucman, Gabriel (2022): World Inequality Report. Paris School of Economics: Paris.

187 Oxfam (2025): Takers, not makers: The unjust poverty and unearned wealth from colonialism. Oxfam: Oxford, UK.

188 Chancel, Lucas; Piketty, Thomas; Saez, Emmanuel; Zucman, Gabriel (2022): World Inequality Report. Abbildung 5

189 Siehe beispielsweise: Manager (22.1.25): Weltwirtschaftsforum: Superreiche fordern in Davos höhere Steuern für sich selbst – manager; Initiative taxmenow.

190 https://www.economist.com/briefing/2022/03/05/the-war-in-ukraine-is-going-to-change-geopolitics-profoundly

191 https://x.com/Brad_Setser/status/1758935790011244710

192 https://www.ft.com/content/a19aa690-fb54-41ea-9885-10972b11ab24

193 https://www.cer.eu/publications/archive/policy-brief/2025/how-german-industry-can-survive-second-china-shock

194 Economist Intelligence (2024): Democracy Index 2023: Age of Conflict.

195 Ebd.

196 Küpper, Beate/Elif Sandal-Önal/Andreas Zick (2023): »Demokratiegefährdende Radikalisierung in der Mitte. In: Zick, Andreas/Beate Küpper/Nico Mokros: Die distanzierte Mitte. Rechsextreme und demokratiegefährdende Einstellungen in Deutschland 2022/23. Bonn: J.H.W. Dietz. Friedrich-Ebert-Stiftung, S. 91-136.

197 Best, Volker/Frank Decker/Sandra Fischer/Anne Küppers (2023): Demokratievertrauen in Krisenzeiten. Wie blicken die Menschen in Deutschland auf Politik, Institutionen und Gesellschaft? Friedrich-Ebert-Stiftung.

198 Schatz, Roland/Thomas Petersen/Ralph Erich Schmidt (2023): Bricht die Mauer des Schweigens? Freiheitsindex 2023 – das Forschungsprojekt des Instituts für Demoskopie Allensbach und Media Tenor International. Zürich: InnoVatio Verlag.

199 Snyder, Timothy (2025): Die AFD – ein Element einer oligarchischen Front. In: welt. Online unter: https://www.welt.de/debatte/kommentare/plus255088470/Timothy-Snyder-AfD-entpuppt-sich-als-Element-einer-oligarchischen-Front.html (Zuletzt: 29.01.2025).

200 Blühdorn, Ingolfur (2024), Soziologische Zeitenwende, in: vorgänge 245/246, Hefte 1-2/2024, S. 101-115.

201 Heller, Herrmann (1992[1933]), Autoritärer Liberalismus? in: Gesammelte Schriften II. Recht, Staat, Macht, 2. Aufl. (durchgesehen und um ein Nachwort erweitert), S. 643-653.

202 Matthes, Sebastian (2025), Die 11 Lehren aus Davos, in: Handelsblatt Nr. 17 vom 24./25. Januar 2025.

203 Dalio, Ray (2022), Weltordnung im Wandel. Vom Aufstieg und Fall von Nationen. München: FinanzBuch Verlag.

204 Beaud, Stéphane/Pialoux, Michel (2004): Die verlorene Zukunft der Arbeiter. Konstanz, S. 310.

205 Chancel, Lucas (2022), »Global carbon inequality over 1990-2019«, Nature Sustainability, Jg. 5, H. 11, S. 931–938.

206 Anders, Günther (2018), Die Antiquiertheit des Menschen 1. Über die Seele im Zeitalter der zweiten industriellen Revolution, München.

207 Michael Zürn, Die Wege der Macht. Nach der Wahl Donald Trumps zum amerikanischen Präsidenten und vor der Bundestagswahl: Die politische Strategie der Angriffe auf das liberale Wahrheitsregime, Frankfurter Allgemeine Zeitung, Bilder und Zeiten, 28.12.2024, Z 1-2.

208 Marina Nord, Martin Lundstedt, David Altman, Fabio Angiolillo, Cecilia Borella, Tiago Fernandes, Lisa Gastaldi, Ana Good God, Natalia Natsika, and Staffan I. Lindberg. 2024. Democracy Report 2024: Democracy Winning and Losing at the Ballot. University of Gothenburg: V-Dem Institute. https://www.v-dem.net/documents/43/v-dem_dr2024_lowres.pdf

209 Vgl. hierzu Armin Schäfer und Michael Zürn 2021: Die demokratische Regression, Berlin: Suhrkamp.

210 Vgl. hierzu Zachary P. Dickson, Sara B. Hobolt, Catherine de Vries und Simone Cremaschi i.V., Public Service Delivery and Support for the Populist Right und Lukas Antoine, Jürgen Gerhards, Heiko Giebler, Rasmus Ollroge und Michael Zürn i.V., : Liberal or not? Findings from a Survey about the Liberal Script in 26 countries.

211 Vgl. Frank Decker / Eckhard Jesse / Roland Sturm, Politik in stürmischer Zeit. Deutschland in den 2020er-Jahren, Bonn 2023.

212 Vgl. Volker Best u.a., Demokratievertrauen in Krisenzeiten. Wie blicken die Menschen in Deutschland auf Politik, Institutionen und Gesellschaft?, Bonn 2023 (Friedrich-Ebert-Stiftung).

213 Vgl. Frank Decker, Gespaltene Gesellschaft, polarisierte Politik. Wie sich die Demokratie unter dem Druck des Populismus verändert, in: Zeitschrift für Politik 71 (2004) H. 1, S. 3-14.

214 Vgl. Marcel Lewandowsky, Abgrenzung oder Anpassung? Zum Umgang mit populistischen Parteien, in: Aus Politik und Zeitgeschichte 75 (2025) H. 6-7, S. 37-42.

215 Vgl. Thomas Hartmann-Cwiertnia / Jochen Dahm / Frank Decker (Hg.), Der moderne Staat. Was er ist, was er braucht, was er kann, Bonn 2023.

216 Volker Best u.a. (vgl. Fn 212), S. 31 ff.

217 Vgl. Jan-Werner Müller, Freiheit, Gleichheit, Ungewissheit. Wie schafft man Demokratie?, Berlin 2021.